唐博／著

扫二维码 听唐博士有声书

一驿过一驿：中国驿站2000年

齊魯書社

图书在版编目（CIP）数据

一驿过一驿:中国驿站2000年/唐博著.--济南 :
齐鲁书社,2021.2
ISBN 978-7-5333-4433-7

Ⅰ.①一… Ⅱ.①唐… Ⅲ.①驿站—史料—中国—古
代 Ⅳ.①F512.9

中国版本图书馆CIP数据核字(2021)第026576号

演 播 者：唐　博
策划编辑：傅光中
责任编辑：王亚茹
装帧设计：刘羽珂

一驿过一驿：中国驿站2000年

YIYI GUO YIYI ZHONGGUO YIZHAN 2000 NIAN

唐博　著

主管单位	山东出版传媒股份有限公司
出版发行	齊魯書社
社　　址	济南市英雄山路189号
邮　　编	250002
网　　址	www.qlss.com.cn
电子邮箱	qilupress@126.com
营销中心	（0531）82098521　82098519　82098517
印　　刷	山东临沂新华印刷物流集团有限责任公司
开　　本	720mm×1020mm　1/16
印　　张	23.5
插　　页	2
字　　数	380千
版　　次	2021年2月第1版
印　　次	2021年2月第1次印刷
标准书号	ISBN 978-7-5333-4433-7
定　　价	68.00元

引子

两千多年前的爱琴海沿岸。

公元前 490 年，独占小亚细亚和中东地区的波斯帝国出兵攻打古希腊城邦，在雅典附近的马拉松登陆。面对数倍于己的强敌，深知此战关乎城邦存亡的雅典军队同仇敌忾，顽强作战，取得了辉煌胜利。

狂奔40多公里回雅典报捷的英雄斐力庇第斯

为了让所有翘首期待战报的雅典市民早日结束担惊受怕，共享胜利喜悦，雅典军队统帅米太亚得派出擅长奔跑的士兵斐力庇第斯回城报信。

尽管身负战伤，斐力庇第斯还是接受重任，用最快的速度从马拉松启程。

这个满身血迹的小伙子一路不停，跑到雅典中央广场，对市民们奋力高喊：“大家欢乐吧，我们胜利了！”随后因精疲力竭倒地牺牲。

毫无疑问，斐力庇第斯是英雄。现代奥林匹克运动会也因此开设马拉松赛跑项目以纪念他。

然而试想，如果马拉松到雅典的 40 多公里路程中，能有一两处歇脚的地方，让他喘口气、喝口水，甚至提供马匹，或者中途换人跑完全程，是不是不仅更有效率，而且能让英雄尽享胜利的喝彩呢？

遗憾的是，这样的歇脚点，斐力庇第斯跑了一路都没找到。

一千多年后，中国也有一批善于骑马奔跑的人，每天穿梭于大道之上，运送公文。按照唐代官府的规定，快马日行 180 里。如果遇到紧急公文，则有日行 300 里、400 里和 500 里三档。

天宝十四载（755）十一月初九，安禄山在范阳（今北京附近）起兵叛乱，当时唐玄宗正在华清宫（在今陕西临潼），两地相隔近 3000 里。六天后，唐玄宗收到了“渔阳鼙鼓”的消息。这说明当时最快的情报传递速度就是日行约 500 里。

到了清代，增加了日行 600 里和 800 里两档。著名的“六百里加急”“八百

策马疾驰在大道上

里加急”就是从这儿来的。如果让一个人一匹马不间断地每天都跑600里或800里，恐怕马要跑死，人会跑虚脱。这就需要中途换马、歇脚，甚至换人。

这样的歇脚点、换马点，古希腊没有，但在秦汉以后的中国则并不鲜见。它的学名叫“驿站”。

什么是驿站？

“驿”这个字，《说文解字》解释为“置骑”，指古代传递官方文书的马和车；《玉海》解释为“邮骑传递之馆，在四方者”，即信使中途歇脚、换马的馆舍或站点，它们遍布全国各地。

“驿”之所以为“驿”，道路、驿站、信使、信件这四个要素不可或缺。正是它们，将通信双方串联了起来，确保古代信息（主要是官方）交流的畅通无阻。

“一驿过一驿，驿骑如星流。”接下来，我们就要讲述关于23座驿站的逸闻趣事。由驿站和奔跑在驿站之间的信使这个小切口，穿越和追忆两千多年的中国大历史。

目录

锦官驿
——酒香不怕巷子深

元至元二十五年(1288),47岁的诗人汪元量第一次来成都。

他不是来游山玩水的,而是奉旨替元世祖忽必烈祭祀青城山。同年,17岁的宋朝皇帝赵㬎前往西藏,出家为僧,途中也经过成都。这一年,赵㬎已经不做皇帝12年了。

虽说皇命在身,但初到一个陌生的城市,还是给汪元量带来了新鲜感。于是,他挥毫写下了七言律诗《成都》:

锦城满目是烟花,处处红楼卖酒家。
坐看浮云横玉垒,行观流水荡金沙。
巴童栈道骑高马,蜀卒城门射老鸦。
见说近来多盗跖,夜深战鼓不停挝。

汪元量是中国文学史上颇有地位的诗人。钱锺书称赞他“对于‘亡国之苦、去国之戚’,有极痛切的感受,用极朴素的语言抒写出来”。虽然同经成都,但作为南宋遗臣的汪元量有没有见到赵㬎,我们不得而知。不过在这首诗中,确实感受不到南宋政权灭亡的痛楚。

诗人眼中的成都，酒楼歌肆，一派繁荣。对于成都这座古城来说，只要和平降临，成都人就会迅速医治好战争的创伤，重建一座享受生活的繁华都会。

在成都，酒是常见的，“处处红楼卖酒家”。四川的酒文化源远流长，酒坊遍地开花。如今的五粮液、剑南春、水井坊，知名度超高。品酒成了人们活跃气氛、沟通感情、享受生活的重要活动。

在成都，路是难走的，“巴童栈道骑高马”。交通对于四川来说格外重要，诸葛亮六出祁山，功败垂成，跟交通不便导致的粮草不济有很大关系。因此，维系四川的交通系统离不开驿站这种枢纽。

当驿站与酒坊碰撞在一起，会擦出怎样的火花呢？

一、锦江锦里锦官城

“成都”这个名字，源于《太平寰宇记》里对西周早期建都历史的记述，即周王迁岐，一年成聚，二年成邑，三年成都。所谓“成都”，就是最终成型的都邑。

古代蜀语里，“成都”就是蜀都的意思。公元前367年，古蜀国把都城从广都樊乡（今成都双流）迁往成都，构筑城池。五十一年后（前316），张仪、司马错率秦国军队攻入四川盆地，灭掉了蜀国，在成都设置了蜀郡。

在这里，张仪展现了“多面手”的才干。他不但靠伶牙俐齿游走各国，宣传“连横”，而且经营地方，开展城市建设，扩建成都城，在城南修建益州城就是他的大手笔。

《初学记》卷二七引《益州记》载：“锦城在益州南，笮桥东，流江南岸，蜀时故锦宫（按‘宫’字当为‘官’字之误）也。其处号‘锦里’，城墉犹在。”所谓“锦官”，就是官营织锦作坊及其负责人。三国时期，蜀国把全城的织锦工人集中在这里生产，设置“锦官”监督管理和征税。

锦官城以蜀锦集中产地而得名，成都又以出产蜀锦而闻名。久而久之，“锦官城”就成了成都的别称。唐《元和郡县志》就记载：“锦城，在（成都）

县南十里，故锦官城也。”

古代成都，城池较小，锦官城所在的位置是成都的南郊，离城十里。不过，它所在的老南门外凉水井小学和四川省农业农村厅一带，如今已经是成都的核心地段了。

锦官城的北侧就是锦江。战国末期，蜀郡太守李冰修建都江堰的时候，曾“穿二江成都之中”。他主持开凿的“二江”，就是郫江和检江。到了唐代，郫江被人工改道，流经成都老城的北面和东面，形成了今天的府河。检江下游的清水河，在流经草堂寺龙爪堰分水后，进入成都老城西南方向，故而称为南河。

府河、南河各据一边，绕城流淌，在合江亭附近交汇之后东流。人们常常认为，这两条河是一脉，也就习惯性地把它俩并称“府南河”。

南河离老城较远，水里杂质和盐分较少，离锦官城很近，锦工织的锦大多在此漂洗。渐渐地，人们就把南河称为“锦江”。《华阳国志·蜀志》就记载：“锦江，织锦濯其中则鲜明，濯他江则不好。”北魏郦道元在《水经注》里记载：“道西城，故锦官也。言锦工织锦，则濯之江流，而锦至鲜明，濯以他江，则锦色弱矣。”

明清时期，成都不断南扩，更加靠近锦官城。由于人口增多，锦官城附近的锦江水遭到污染，民间锦工只好到更远的万里桥东、合江亭附近的锦江里漂洗织品，这也凸显了锦江对于锦官城的价值。

锦江靠着自身优良的水质，不仅成就了蜀锦的闻名，也成就了成都的便捷交通。它通过岷江而上，与长江沟通，从而开辟了输出成都物产的重要通道。早在两汉时期，丝绸、茶叶、井盐、药材、竹器、铁器等蜀中特产，就由此进入长江航道，运往江南和岭南。唐宋时期，蜀锦、生丝、生蜡、麻、盐、茶、中药材、漆器等成都特产，也由此运往全国各地。

今天四川大学老校区附近的九眼桥，曾是唐宋时期锦江的水码头。唐代宗广德二年（764）春，杜甫追随老朋友严武来到蜀地。此时安史之乱刚刚平定，所幸成都并未被波及，仍旧是一派欣欣向荣的景象。杜甫见此，情不自禁，欣然提笔，写下了那首脍炙人口的《绝句》：“两个黄鹂鸣翠柳，一行白鹭上青天。窗含西岭千秋雪，门泊东吴万里船。”

在这首即兴小诗里，“门泊东吴万里船”是对当时九眼桥码头舟楫林立的盛景的描绘。直到民国时期，锦江仍然担负着跟外地沟通、交流的重任，尤其是抗战时期，发挥了重要的物资运输功能。直到中华人民共和国成立后，四川通了铁路，高速公路也越来越多，锦江的运输功能才逐渐萎缩，如今只有观光和水利功能了。

居民聚居的地方常被称为“里”，北京有和平里、康乐里，上海有里弄。织锦工人白天在锦官城的官办作坊里上班，大概也图近，就在附近置业居住，安家落户。时间长了，就在锦官城旁边形成了织锦工人聚居区，这个区域就被称为“锦里”。

这种按行业分区聚居的形态，在古代成都是很常见的。秦灭蜀后，工商业者就在老城内聚居一区，毕竟城里人气足、商业繁荣，做生意更方便，当然就近居住。锦里的形成也是循此规律。于是，成都南门外夷里桥一带，既是织锦生产区，又是锦工聚居地。现代社会解决“大城市病”努力追求的“职住平衡”“职住一体”，早在两千多年前已经有一些案例和经验。

2004年10月31日，成都市在武侯祠周边建成了550米长的“锦里”一条街。其实这是披着古建筑外衣的现代商业街，外观隐约勾起人们对古代锦里的回忆，但内涵已完全不同。

成都有蜀锦，有都江堰，有坚韧和乐观的精神品质，让这里水旱从人，时无荒年，天府之土，长期富庶。南宋诗人陆游曾作《成都书事》，讲述了成都给他留下的美好印象：

剑南山水尽清晖，濯锦江边天下稀。
烟柳不遮楼角断，风花时傍马头飞。
芼羹笋似稽山美，斫脍鱼如笠泽肥。
客报城西有园卖，老夫白首欲忘归。

陆游家在江南鱼米之乡，他终生抱着收复失地的梦想，但也为成都的悠闲气氛所陶醉，想要在此买园养老。

成都，真是一个来了就不想走的城市！

二、门泊东吴万里船

当杜甫感慨九眼桥“门泊东吴万里船”的盛况时，他似乎没有注意到，就在九眼桥水码头旁边有一座驿站。由于服务对象包括锦官和过往商旅，又挨着织锦工人漂洗锦缎的锦江河段，故而此地名曰“锦官驿”。

锦官驿始建于明朝。洪武四年（1371），明军攻入四川，消灭了明玉珍的夏政权，平定全川。紧接着，明太祖朱元璋采取了一系列治川措施：

——派曹国公李文忠入川安抚军民。

——“筑成都新城，发军戍诸郡要害。”

——封十一子朱椿为蜀王，在成都开府。

——收拢和清理夏政权残兵败将。

——将四川统治中心从夏政权的首府重庆重新迁回成都。

蜀王府位于成都，此时明王朝的京城在南京。从成都去南京，都要从成都的东门出发，这就为成都老城区的东门内街道、东门外近郊赢得了发展机遇，也为加强成都向东的交通建设提出了新需求。

洪武十五年（1382），明军平定云南，完成了对大西南的统一。为了强化对云南的统治，明朝必须疏通从内地经四川、贵州、广西进入云南的道路。在四川增修驿道，加修驿站、邮亭，成了朝廷必不可少的工作。

洪武二十一年（1388），景川侯曹震奉旨督理四川军务。他坐镇泸州，疏通了当地通往永宁的河道，保证了水路漕运的畅通。他又兴建驿舍邮亭，架桥立栈，开辟了茂州到松潘、贵州、保宁的陆路。《明史·曹震传》记载：“（曹）震在蜀久，诸所规画，并极周详。蜀人德之。”当地人对曹震擘画的交通网络给予充分肯定。

洪武年间，从南京到重庆，再到成都的水陆驿道、驿站基本建成。锦官驿也是在这个时候建起来的。

永乐十八年（1420）明朝迁都北京后，一直到清代，如果朝廷向成都递送公文，信使都会骑快马从北京出发，一路向南，抵达湖北公安，然后沿着湖北老驿道，取道江陵、巴东入川；而后经由巫山、奉节、云阳、万县、梁山、垫江、长寿，至重庆朝天驿；再从重庆出发，经白市驿、来凤驿、永川、荣昌、隆昌、内江、资州、资阳、简州、龙泉驿、锦官驿，抵达成都。

尽管清朝对驿递运送信件的速度做出了分级分类规定，根据紧急程度，从日行300里到日行600里不等，特殊情况还有日行800里。不过，四川多山路，根本做不到日行五六百里。于是，四川驿路的递送速度只有日行300里和400里两类。不管每天跑多少里，北京来的信件，锦官驿总是最后一站。

明代的时候锦官驿就很热闹。作为水马驿，它有“四多”：装备种类多，人员数量多，接待官员多，日常花销多。

锦官驿拥有驿马100匹，驿船8艘，每年分别要花费养马银2600两，船费数百两（每船3两，修船另算）。常备驿卒、差夫、厨子等376人，每年要支领工食钱2682两4钱。

此外，四川巡抚、布政使、按察使、分巡道、督粮道、提学道、驿传道、成都知府等官员的伞夫、轿夫，以及布政使司、成都府等机关的办事人员都住在这里，每天的食宿费也是一笔开销。

只要有官员过境、还乡、退休，凭兵部开的批条，他们不但可以在锦官驿免费吃住，还配给5个当差人从旁伺候。当然，这些当差人每人每年要开7两2钱的工钱。按照每年的常规需求，驿站得配备四五百人，算起来每年要3000多两银子。

养马、养船、修缮、工钱，林林总总加在一起，锦官驿一年的总开销得有1万两银子了。

锦官驿不是独自在“战斗”。锦江码头带来的客流量，带动了成都老城东门的街市一直延伸到锦官驿附近。东门外不远处有个递运所，跟锦官驿形成互补。这里有各类当差人302人，马船7艘，红船12艘，每年拨给经费2643两2钱。锦官驿往东20公里的龙泉驿，是距离锦官驿最近的陆驿（马驿），拥有当差人66人，马45匹，每年经费银2068两8钱。从锦官驿出发，沿水路走30公里，可以找到木马水驿，拥有当差人41人，站船8艘，每年经费银475两2钱。

以锦官驿为中心，三个驿站，一个递运所，共同编织了成都东部的驿道运输网。从成都出发，不管是经德阳、绵阳去保宁、广元，还是经灌县去汉川、松潘，抑或是经新津、邛州去雅安、冕宁、西昌，锦官驿都是集结点和起点。

有意思的是，成都的水井街酒坊由于地理优势，跟锦官驿结下了不解之缘。

三、酒不醉人人自醉

水井街酒坊的遗址，位于成都市锦江区水井街南侧。

为什么叫水井街酒坊呢？明清时期，成都河流纵横，地下水丰富，每条街巷、每个院子都有水井。尽管今天这些水井已难觅踪迹，但街名还是留下了水井的印记，比如凉水井街、铜井巷、铁箍井街、井巷子、大井巷、金泉街、水井街。巴金先生的故居正通顺街口，还保留了一口双眼井，据说他生前十分

20世纪80年代的锦官驿（图片来源：建川博物馆）

钟情。

水井街的商铺，以前都是卖木材和柴火的，都是易燃物品，容易着火。为了方便灭火，百姓就在院子里挖水井。家家户户都有水井，故名“水井街”。

水井街酒坊的地理位置，恰在府河和南河的交汇点以东。这里曾是明清时期成都老城的东门外，紧邻锦官驿。中华人民共和国成立后，它成为全兴酒厂的曲酒车间。

1998年8月，全兴酒厂在这里改建厂房，偶然发现地下埋藏有古代酿酒遗迹。四川省博物馆闻讯，组织力量进行了考古调查，确定了遗址分布范围。次年3—4月，成都市文物考古研究所和四川省文物考古研究所联合进行了考古发掘，收获巨大。

这里已发现面积约1700平方米，发掘面积近280平方米，发现的遗迹包括晾堂3座、酒窖8口、炉灶4座、灰坑4个及路基、木柱、酿酒设备基座等，出土了大量明清时期的青花瓷片。酒厂遗址的发现，揭示了明清时期酿酒工艺的全过程，展现了“前店后坊”的布局形式。这表明，成都酿酒行业业已形成了集中成片的规模化生产和较为完备的营销体系。

更为珍贵的是，水井街酒坊遗址从地层叠压堆积和器物的类型学排序上，可将明、清、民国连接起来。由此说明，这里的酒坊延续了近600年，从未间断生产，是国内发现的古代酿酒坊和酒店的唯一实例，堪称“中国白酒第一坊”，其史学价值堪比秦始皇陵兵马俑。

水井街酒坊遗址的发现，令众多荣誉纷至沓来：发掘事件被评为“1999年度全国十大考古新发现”；遗址被列入第五批全国重点文物保护单位；水井坊酒传统酿造技艺成为国家级非物质文化遗产；遗址博物馆项目也建成开展；2019年12月，水井街酒坊遗址入选第三批国家工业遗产。

现代科学研究显示，酒窖的窖池是有生命活力的。窖泥里有着数以万计的微生物，窖池越老，微生物家族越庞大，所酿的酒也越陈越香。这个意外的考古发现，令水井坊酒的知名度迅速上升，成了中国国家地理标志产品之一。

水井街酒坊遗址发掘的晾堂、酒窖、蒸馏装置基座等酿酒设备遗迹　李绪成、李升／摄影

这一切，或许是水井街酒坊当年的创业元老始料未及的。

水井街的烧酒小作坊，明代就有，延续不断。不过，真正做到创业元老级别的，还得是明末清初陕西凤翔籍的王老板。在那个鼎革乱世里，成都也非世外桃源，但很快归于平静。王老板便留了下来，在成都开创自己的生意。

陕西人会酿酒。一开始，王老板只是开店卖酒，后来发现，成都粮食充裕，锦江水清纯，适合酿酒，他便干脆从销售端转移到生产端，开作坊酿酒。王老板思维开阔，不拘一格，吸收成都各个酒家的传统工艺，融会贯通。就在准备树立品牌一炮打响的时候，他英年早逝，其酿酒事业也就暂时沉寂下来了。

乾隆五十一年（1786），王氏家族涌现出两兄弟，他们把水井街的老作坊买了下来，准备把王老板的未竟事业做起来。传说，水井街上有个海眼，经常会冒水，酿成水灾。为了不再遭灾，人们集资建了一座大佛寺，塑了一尊全身大佛镇在海眼之上。王氏兄弟当时正在琢磨品牌名称，一听这，干脆就用“全身佛”三个字的谐音倒过来念，叫“福升全”（即“佛身全”），作为烧酒坊的名号，为的是求得大佛保佑。

王氏兄弟沿用的酿酒配方还是王老板留下的。不过，他们发现，经过百年承平，成都人口不断增长，锦江受到污染，水质不如明末清初那个时候，用锦江水酿出的酒，口味一般。后来，他们多方寻找比对，发现距离水井街一公里的薛涛井，井水甘甜，用这个井水酿出的酒，芳香四溢。于是，这款新产品就被命名为“薛涛酒”。

薛涛是中国古代著名才女。借助她的名气，仰仗薛涛井井水的清澈，薛涛酒一经问世，大放异彩，引得许多文人吟咏诗词，赞不绝口。号称清代“蜀中诗人之冠”的张问陶，在品尝薛涛酒后，即兴赋诗《咏薛涛酒》：

浣溪何处薛涛笺，汲井烹泉亦惘然。
千古艳才难冷落，一杯名酒忽缠绵。
色香且领闲中味，泡影重开梦里缘。
我醉更怜唐节度，枇杷花底问西川。

薛涛酒让王氏兄弟名利双收。为了扩大经营、提高声誉，福升全决定进军成都老城的市中心。道光四年（1824），福升全在暑袜南街开设新号。王氏后人为求吉祥，给品牌改了个名，叫“全兴成”。此后，全兴成对薛涛酒进行了改造，创制了“全兴酒”。由于暑袜南街地理位置比水井街更加优越，人流量更大，因而全兴酒的知名度和销售额迅速超过薛涛酒，至今仍然名声在外。

水井街酒坊的发家史，与它最初的选址有很大关系。锦官驿及锦江码头的水陆交通优势，以及作为四川驿道网的起点和集结点的功能定位，为水井街酒坊的产品提供了人流量、销售渠道和传播平台。便捷的水陆交通网让水井街酒坊的产品和声誉辐射全川，乃至全国。

明清时期，都有哪些人会来消费水井街酒坊的酒呢？一般包括四类消费者：第一类是成都、华阳等地的本土官民；第二类是从陆路和水路途经锦官驿的客商；第三类是锦官驿自身，驿站会买酒来招待使用驿站的过路官员和信使；第四类是锦官驿和附近递运所的当差人，他们中的“酒鬼”不少，且薪水不低，能够喝得起，通常会拿出十分之一的工食银来喝酒，也能让酒坊大笔赚钱。

有文献记载，京城来的公差大多十分骄横，每路过一座驿站，当地州县都要出面犒劳，给银二三两，专款专用，用于喝酒。当差人里的“酒鬼”“酒坛子”酒量惊人，跟“酒仙”“酒圣”“醉翁”之类的文人不同：文人喝酒，大多“饮少辄醉”，“醉翁之意不在酒”，喝酒不多，感慨良多；当差人要干力气活，没有闲心抒发情感，一门心思要喝酒，他们才是水井街酒坊的消费主力。

锦官驿成就了水井街酒坊的生意兴隆，水井街酒坊又为锦官驿增添了酒香和内涵。两者相得益彰，共同谱写了一段酒逢知己的历史传奇。

小贴士　蜀道难于上青天

“蜀道之难，难于上青天。”然而，蜀道再难，也比没有强。这条意义非凡的蜀道，历史上称为“栈道”。

它从咸阳出发，跨越秦岭，直通巴蜀。三五米宽的栈道，外侧或有护栏，或一无所有。它盘旋于高山峡谷之间，或凿山为道，类似隧道；或修桥渡水，类似飞桥；或依山而建，类似天梯，铺上木板，用木柱支撑于深壑之上。

秦人修筑的入蜀栈道只有一条，是秦惠王时期为征伐蜀国而修建的。栈道分为两段：北段是从陕西褒城（今汉中汉台）褒谷到郿县（今宝鸡眉县）斜谷的褒斜栈道，南段是从汉中抵达剑阁的金牛道。

金牛道的得名很神奇。公元前4世纪末，秦国打算攻打蜀国，苦于入蜀无路，就派人做了5头石牛，事先将黄金藏于牛屁股里，谎称石牛能便金，作为礼品送给蜀王，以示交好。蜀王贪财而轻信，就派兵丁和大力士拖着石牛入蜀。

抬回成都的石牛，当然便不出金子。蜀王大怒，不仅退还石牛，而且嘲笑秦人是“东方牧犊儿”。可这一来一回，自然辟出了由秦通蜀的道路。周慎靓王五年（前316），秦国大夫张仪、司马错、都尉墨等人，率军就沿这条石牛开辟的道路攻入蜀地，灭掉蜀国，将秦国的辖区延伸到西南。这条道路也就得名“石牛道”或“金牛道”。今天成都市内有金牛区，也得名于这个典故。

栈道的故事还没有完。

秦朝灭亡后，被项羽封在巴蜀的刘邦，为表明自己立志偏安，不再争夺天下，便在入蜀途中下令烧毁栈道。

从一介亭长混到汉王的刘邦，会是安于现状的人吗？当然不是。他采用韩信计策，派樊哙带兵一万修造栈道，限期一年完工。然而，栈道绵延数百里，地形格外复杂，别说一年，三年也修不好！

明修栈道的行动，早被替项羽据守关中的章邯等人看在眼里。作为秦朝降将，章邯深知栈道难修，认为刘邦此举无异于螳臂当车，便不以为意。他哪里知道，樊哙等人汗如雨下地干活，只是障眼法，韩信已经偷偷挥师绕道，从一条无人知晓的小路翻山越岭，直插陈仓。

当汉军突然出现在关中腹地时，章邯等人措手不及，束手待毙。刘邦成功重返关中，拉开了与项羽争夺天下的楚汉战争序幕。这就是成语“明修栈道，暗度陈仓”的由来。

西汉建立后，刘邦及其子孙对巴蜀——汉家的龙兴之地颇为看重。鉴于栈道容易被山洪冲毁，而且险峻难行，他们便陆续修缮了从关中通往汉中的子午道、褒斜道，从关中通往大散关的故道，从周至通往洋县的骆谷道，这些栈道都成为商旅往来和军事运输的重要通道。

云南驿

——茶马古道上的活化石

1942年1月1日，中国参与签署了《联合国家共同宣言》，成为反法西斯盟国之一。至此，中国的抗战不再孤立，而是融入了世界反法西斯战争的洪流之中。

紧接着，中国政府在大后方修建机场，越来越多的美军飞机在这里起降，去轰炸日军。美军驻滇航空训练基地，就是这些机场中的一个。

这个机场很简易，却不简单，承担的功能很多。它是“驼峰航线”的中转站，每天有大量战略物资进出，甚至不乏“飞虎队”飞行员的身影；它也是国民党空军第38站驻地，许多中国飞行员在这里驾机升空，打击日寇；它还是从洛阳迁来的国民政府中央空军军官学校校址，云集了大批美军教官和中国空军学员，这些学员夜以继日地苦练飞行技术。

如果把它称为盟军空军在大西南的一座驿站，大概恰如其分。在机场附近的道路上开有许多口味各异的中西餐厅，生意很好，让这里的中西各国军人流连忘返。美军从美国带来的洋货，英军从印度带来的稀罕货，都会在这里摆摊叫卖，让这里一度有“小香港”的别称。

其实，这座训练基地的所在地也曾是一座驿站，名叫“云南驿”。许多来华参战的美国军人可能不知道云南省，但都知道这座云南驿。

一、西南丝绸之路上的交通要冲

云南驿究竟在哪儿？

在搞清楚这个问题之前，得先搞清楚另一个问题："云南"二字从何而来。这或许是来云南的游客最关心的话题之一。

"云南"是因云霞而得名。汉武帝时期，有人奏报说南方有五彩祥云出现，祥云之南有城邑。于是，彩云之南的城邑就被称为"云南"。

云南驿位于云南大理祥云县境内，坐落在县城东南不足十里的地方，刚好应了"祥云之南"的说法，成为既保留"云南"名称的一个地名概念，又体现交通内涵的一座标志性建筑。如今，这里的名字叫云南驿镇云南驿村。

作为中国古代西南丝绸之路的重要节点，云南驿的历史至少有两千年。它至今仍然保留着一条青石板古驿道，石板早已磨得锃亮；旧房舍顶部也长满了枯草，这些似乎都在诉说着马帮穿梭往来，促进贸易融通和文化交流的点滴传说。

西汉前期，张骞奉命出使西域，主要是为了寻找与匈奴有仇怨的大月氏，希望能够与之联手，共同打击匈奴。张骞历尽千辛万苦，找到了大月氏，却因其早已西迁至阿姆河流域，安于现状，不愿再起战事，使命没能完成。不过，张骞也有意外收获："凿空"了西汉王朝与西域的联系，使得汉武帝对这片未知地域有了全新的了解。

回到长安（今陕西西安）后，张骞向汉武帝讲述西域风情时提到，他在当地集市上看到了邛竹杖和蜀布。这些原产于四川的特产，是怎样流入西域这片陌生地域的呢？

张骞讲，这些四川特产是从身毒（今印度）运来的。这说明，早在张骞开辟传统的陆地丝绸之路以前，西南地区的先民已经开辟了一条从四川成都至云南滇池地区，然后经大理、保山、腾冲，翻山越岭进入缅甸、印度，而后向北抵达西域的贸易通道，当时称为"蜀身毒道"。由于起点位于丝织行业发达的成都，故而这条通道今天也被称为"西南丝绸之路"。

一般认为，西南丝绸之路的形成，比张骞“凿空”西域至少要早两个世纪，它成为中国最早的对外陆路交通线，也是中国西南地区与西欧、非洲、南亚诸国交通线中距离最短的一条。

汉武帝对这条通道的认识，最初仍是从军事角度出发的。他立即派人去经略云南，希望能打通经身毒到大月氏的通道，实现与大月氏联手对抗匈奴的战略目标。元狩元年（前122），汉武帝的使臣来到云南，当时途经了今云南驿所在地，“五色云见于白崖，遣使迹之，置云南县”。

最初的联络并不顺利，汉武帝便发动了针对云南的战争，结果在昆明滇池被当地土著打败。为此，汉武帝着手训练水师，建造楼船，最终将云南纳入西汉王朝版图。这样一来，西南丝绸之路的起步路段，就置于中央政府的控制范围之内了。

元封二年（前109），西汉设置云南县，治所就在云南驿。蜀汉建兴三年（225），诸葛亮七擒孟获后，蜀汉政权为了加强对南中地区的治理，专门设置云南郡，治所也在云南驿。唐代中叶，云南的南诏政权在云南驿设置云南节度，将其作为区域行政中心。大理政权延续了这一设置。至元十一年（1274），元朝设置云南州，治所仍设在云南驿，并在这里设立了马站，有驿马50匹。

这样说来，从西汉到元代，差不多1500年的时间里，云南驿成了滇西北地区的政治、经济、文化、军事中心，同时也是云南地区第二大行政中心。不过，明朝统一云南后，云南驿的政治地位有所下滑。

明洪武十七年（1384），云南县的治所从云南驿迁到了洱海卫城，明王朝在云南驿所在地另筑新城，这就是后来的祥云县城。由此，云南驿从区域行政中心降格为一个普通的县城。这样安排，或许也是朱元璋为了防止边疆地区割据想出的招数吧。

明弘治二年（1489），朝廷在云南驿设立了土驿丞。于是，云南驿只是作为驿站被保留了下来，它的区域行政、军事中心的地位被剥夺了。

1918年，由于省县重名，云南县只好改称祥云县，但云南驿的名字保留了下来，一直至今。

地名多有变化，行政级别也曾有升有降，但云南驿在地理上的独特性一直没有变化。西南丝绸之路从成都出发后，分东、西两线进入云南，两线的会合点就是云南驿。而后由这里经大理，过永昌（今云南保山），出缅甸，进印度。确实，云南驿就是西南丝绸之路的交通枢纽。

西南丝绸之路，是一条开辟时间早、沿用时间长、使用频率高的古老通道。

历代将它维护得比较好，至今还保留了大量道路、桥梁、驿站。这些人工开凿的道路铺着石板，路面宽约2米。人畜长期往返践踏，让石板上踏痕累累，最深的马蹄印有13厘米。

西南丝绸之路，是一条具有历史意义的古老通道。

一方面，两千多年来它从未中断，把中国西南地区与东南亚、南亚有机联系在一起，对于加强中外联系、开展经济文化交流、讲好中国故事有着重要作用。中原文化借此播撒到西南广袤的土地上，印度佛教借此传入中国，因此，有学者把这条路称为“南传佛教之路”。

另一方面，汉王朝将开辟通道和置县设吏同步推进，较早地将云南纳入中国统一多民族国家的版图，使西南丝绸之路成为中央政府掌控和经营的一条对外交通线。

西南丝绸之路，是一条古典与现代交融的重要交通线。

清末民初，西南丝绸之路仍是云南与外界联系的主通道，相当繁忙。腾冲、保山、大理、云南驿等地也因路生财，成为繁华的通商重镇。抗日战争时期，作为中国大后方与盟国之间开展人员、物资补给的陆上交通线，滇缅公路、中印公路其实还是沿着这条千年老路修建的。它的部分路段和连接线为民间长期使用，仍在讲述新故事。

二、茶马古道的传说与现实

茶马古道，闻名遐迩。

唐代以来，在横断山脉的崇山峻岭中，在怒江、澜沧江、金沙江的幽深峡谷中，在四川、云南、西藏三省区交界的山野丛林中，茶马古道蜿蜒盘旋。这是世界上海拔最高、地理形态最复杂的云南茶马古道，也是西南丝绸之路的重要组成部分。

西藏和四川康定地区的藏民，把牛羊肉、牛羊奶、酥油、糌粑等作为主要食物。之所以吃这些东西，主要是因为这里属于高海拔地区，天气寒冷，人体需要摄入更多脂肪以维持足够热量。但这里缺少蔬菜，糌粑又燥热，过多的脂肪进入体内不易被分解消化。

茶叶恰好既能分解脂肪，又能防止燥热。于是，藏民就养成了喝酥油茶的生活习惯，甚至有“汉家饭果腹，藏家茶饱肚”“宁可三日无食，不可一日无茶”的说法。汉文文献中也经常见到藏民“嗜茶如命”“以茶为命”“如不得茶，则病且死”的记载。

不过，藏区的高寒、高海拔条件，根本没法种茶叶。所以，藏民要想获得茶叶，必须从四川、云南等地采购。茶叶就成了藏区对这些地区保持经济依赖的重要载体。

同时，军队作战、民间运输需要大量骡马，但中原地区的骡马数量不够，体质羸弱，品种较差，而藏区和川滇地区则盛产好马。于是，中原地区对藏区又通过骡马形成了经济依赖关系。

藏区需要中原地区的茶，中原地区需要藏区的骡马。于是，具有互补性的茶和马的交易，也就是“茶马互市”应运而生了。藏区和川滇地区出产的骡马、毛皮、药材，以及川滇和中原地区出产的茶叶、布匹、盐、日用器皿等物资，就在横断山脉的高山深谷之间往来穿梭，川流不息，久而久之形成了茶马古道。

“茶马互市”的兴起，不仅促进了中原地区和藏区各自经济的发展，还实现了两地密切的经济往来和文化交流。宋代官府设置茶马司，作为“茶马互市”的市场管理机构，并将茶叶销售分成官茶和商茶两类，前者由官府采购交易，后者由茶商交税后获得官府颁发的执照，在指定地域销售一定额度的茶叶。这一做法一直延续到清末，到民国时期茶叶销售的官方管制才完全解除。

人们所说的“茶马古道”主要有三条线路：青藏线、滇藏线、川藏线。云南驿就是滇藏线上的重要连接点。

如果说青藏线是唐朝和吐蕃经济文化交流的主干道，那么滇藏线就是吐蕃和南诏开展贸易活动的主干道。唐高宗时期，吐蕃势力东扩，进入洱海北部地区。它建立神川都督府，派驻官员，在当地征税和摊派差役。当地的贸易特别是茶马贸易也随之有了长足发展。

滇藏线的走向与今天的滇藏公路大致相近。它从云南大理出发，北上到剑川、丽江、盐井，再沿澜沧江北上到芒康、左贡，而后分两路进藏：一路经由八宿、邦达、察雅抵达昌都，另一路由八宿至波密、林芝，再前往拉萨。

这样看来，茶马古道滇藏线途经的重要站点包括西双版纳、普洱、云南驿、丽江、德钦、察隅、邦达、林芝、拉萨。运到拉萨的茶叶，还可以经喜马拉雅山口运往印度加尔各答，再行销欧亚其他地区，使茶马古道变成一条国际大通道。云南驿、丽江、德钦等地是茶马贸易的重要枢纽。中原地区的商人把普洱茶等物资运到这些枢纽，转销给当地坐商或者在这里等货的西藏商人，再从当地坐商那里购买马匹、药材，运到大理、昆明等地销售。而西藏商人在此换取茶叶等日用品后，用骡马和牦牛将其运回西藏。

茶马古道不仅仅是一条经济通道，更是一条全方位交流融合的大走廊。它使藏传佛教经由茶马古道得以在沿途广泛传播，串联起滇西北纳西族、白族、藏族等兄弟民族，带动了沿途地区的农业、畜牧业、商业和艺术、宗教、风俗文化等方面的发展。

如今，茶马古道还有不少遗迹，最典型的代表就是堪称古代驿站“活化石”的云南驿。

三、行千里如至邻家

云南的交通建设，在中国古代史上先后有过三次高潮，分别在汉代、唐代和元代。其中，以元代的成效最显著，影响也最大。

元代云南的交通建设，有三方面特点：

一是道路成网络。当地不仅恢复了前代旧道，还开辟了一些新道，比如经贵州进湖南的滇黔道，基本形成了以省城昆明为中心，覆盖云南全省的道路网络。

二是驿站全覆盖。元代云南全省有78座驿站。仅至元二十八年（1291），清溪关道15站，一次就削减驿马500多匹、驿夫1500多人，可见当时驿站规模之庞大。这也为人员往来提供了极大便利。过往人员只要持有官方审批的乘驿文书，就可以在驿站免费享受食宿待遇，免费使用驿马。道路的加密，也使路上花费的时间大大减少。边疆民族进京朝贡，也可以使用驿站的资源，从而吸引更多部族争相进京朝觐，如此既能得赏赐，还能开眼界。忽必烈对此难以招架，只好下令予以限制："云南边徼入朝，非初附者不听乘传，所进马不给刍豆。"

三是影响很深远。如果说汉唐时期，云南和中原王朝的联系是粗疏的，中原王朝对云南的治理是羁縻统治的话，那么从元代起，云南和中原王朝的联系就不间断且很密切，大量内地移民迁入云南，促进了当地经济社会的发展。驿道的大量修建，带动了沿途地区的经济发展，比如昆明经威宁入川的驿道开通后，朝廷于沿途"为其民植茶三百里"。

驿站的空前繁荣，给云南带来了巨大的收益："远夷蚁附，烟火相望，千里无间，既富且庶，诸蛮朝贡，络绎不绝。"这奠定了云南陆路交通的基本格局，巩固了中央政府对边疆的经营和治理。其中，云南驿就是以上历史的见证者和受益者。

云南驿位于云南驿镇北部。目前现存的云南驿村，围绕白马寺山北麓，沿

茶马古道上的云南驿今貌

着昆畹公路两侧呈弧形分布，北接320国道，南邻楚大高速，西枕白马寺山，东连云南驿坝。

云南驿是大理的东大门，也是进入大理的必经之地。在茶马古道上，驮运杂货的马帮从东面的昆明、楚雄而来，驮运茶叶的马队从南面的普洱、临沧过来，他们在云南驿会合、休整，再进入大理，走滇藏线入藏，或者进入东南亚各国。

很显然，云南驿更像是高速公路上的一个超级服务区。这里曾经会集了各地的马帮，要么向东驮运皮革和药材，要么向西驮运茶叶、布匹、食盐等。明清时期，每天在这里停留的大马帮有10多个，小马帮20多个。大马帮一般有百余匹马，小马帮起码也有五六匹马。

马帮络绎不绝，熙熙攘攘，只要停下来休息，就会有消费。于是依托云南驿，此地自然而然形成了一个商贸小镇。在这里开的马店曾多达30家，最多可以接待300多匹马，一天供应几千斤草料。这些马店大多分布在云南驿门前驿道的东西两端。而在驿站站区的中心位置，主要是给过往马帮置办货物的店铺。

在云南驿的站区里，两条古驿道交叉穿行而过：其中一条长1000多米，宽5米，是东西向的主干道；另一条长500米，宽4米，跟主干道交会，形成了“丁”字形布局。路两侧用不规整的石灰石铺砌，路中间用规整的长方形石板铺砌，俗称“引马石”。许多青石板被磨得光滑铿亮，算是两千多年来过往马队和商贾留下的印记。

站区里的各处院落、店铺、宗祠等，依次排列在古驿道两侧。走在古驿道上，可以把它们挨个“检阅”一番。

云南驿的主角当属驿站院落。它是个坐北朝南的三进院，前面一进是个大院，中间一进是两个并排的小院，后面一进是仓库。现在只有中间一进保留了下来，里面有两座三楹单檐歇山顶抬梁式木结构的清代建筑。这是清代同治年间，云南巡抚岑毓英镇压杜文秀起义，当地士绅为了纪念他的“功绩”，为他集资建的一座生祠。因此，同治以后，这座驿站院落就有了个别称，叫“岑公祠”。

作为茶马古道上的枢纽，马店自然是云南驿的一抹风景。其中的大马店位于古驿道南侧，与驿站（岑公祠）隔路相对。大马店坐南朝北，同样是一座三进院落，宽10米，纵深54米。院落有两层木结构小楼，一层临街的是商铺，院内是马厩和仓库，马厩能容纳上百匹马，二层住人。整个布局以天井为中轴线，看起来经营规模很大。

大马店和高级客栈是互为配套的。走出大马店的后门，豁然看到这里隐藏着的高级客栈，有小巷子与古驿道相连。客栈有彼此相通的两个院落，正房东向，有两个出入口，一个照壁，楼上楼下有走廊相连，二楼走廊上设有美人靠，走廊上方还有一个穹形的藻井装饰。整个院落的门扇、窗棂、滴水板都雕刻精美，如正房六扇格子门，两侧雕刻喜鹊梅花，中间四扇雕刻“渔”“樵”“耕”“读”戏文故事。客栈设计巧妙，空间布局紧凑合理，会客私密，居住舒适。

云南驿的大院比较多，其实也是“民居+马店”的类型。沿着古驿道一字排开，有李家大院、钱家大院、钱家二院、郭家大院等，这些院落大多是当地富户所建，他们借助云南驿的交通优势经商发了财，居住环境自然也想讲究讲究。其建筑风格大体一致，比如楼上住人，楼下拴马，沿街开铺，前店后宅，融合了中原汉族和云南白族的民居风格。

除了大院，古驿道两侧还有大量明清时期的商铺，现存两百多间。一般是重檐式硬山顶木结构青瓦建筑，多数格局是“一门一窗一铺台”。

值得一提的是古驿道西侧的天星杆。这是云南驿的标志灯杆，主要功能是告知和调节马店的入住率。灯杆很高，灯光很亮，即便是十里外也能清晰辨认。红灯表示还有空房，绿灯表示马厩还有空位，黄灯表示客满。

云南驿的常客和消费主力来自各地的马帮，他们都过着怎样的生活呢？

四、山间铃响马帮来

20世纪50年代，于洋先生主演了一部电影名叫《山间铃响马帮来》，描述了云南边疆的生活风貌。上了年纪的人可能有印象。银幕上一阵铜铃声响起，山间小路上一队马帮神秘出现，此情此景，别有滋味。

早在张骞“凿空”西域之前，就有马帮跋涉于崇山峻岭中的西南丝绸之路上，把四川出产的蜀布和邛竹杖，以及中国西南地区的其他特产，源源不断地运到缅甸、印度，再转售到西域乃至更远的地方。马帮存在了几千年，其历史超越了绝大多数交通工具。在地形险恶、行路艰难的山区，马帮的作用尤其重要。

云南驿的主要客源，就是马帮；云南驿经济发展的润滑剂，还是马帮。

马帮是有行规的，凡事都由帮主和管事说了算。

帮主又叫“马锅头”，是整个马帮的指挥官。要当好“马锅头”并不容易，既要心态好，泰山崩于前而面不改色，又要主意多，眉头一皱计上心来；既要熟悉路况、商情，又要“长袖善舞”，跟各色人等打交道。

管事是马帮的管家，他既要安排好所有人的吃饭住宿，分配好骡马饲料，又要把行进过程中的各种情况考虑到位，做好分工。

即便是马帮成员，也不是什么人都能做得了的。他们要懂天时地利，识骡马性情，会探路打掌，能做饭治病，还要身体强健，吃苦耐劳，会讲几门少数民族语言。

马帮选骡马也是有讲究的，不能选高大雄壮的千里马，而要用矮小敏捷的云南山地马和云南骡。

山地马平日里养在山间，惯于爬上爬下，觅草饮水，“涉峻奔泉，如履平地”，“形步收敛，不敢放蹄，故蹀峻驰危，稳骤不蹶”。在艰险的山路上行进，相对轻盈稳重。不过，山地马的负重能力不如云南骡。

云南骡不仅可以驮200斤的货物，比山地马多一倍，而且耐力好，易调教，能吃粗饲料，适合作为长途贩运的主力。

因此，所谓“马帮”，其实就是“骡马帮”的简称。

挑选骡马的门槛高，有技巧。“先选四只蹄，后选一张皮”，即首先看脚力，其次看皮色。好骡马的外表特点，一般是“前夹一筒盐，后夹一文钱”，也就是前胸厚实宽阔，后腿健壮丰满。每个马帮都会拥有一匹训练有素的头骡，头戴红缨，脖系铜铃，成为整个骡马队的领头者，全队都要随它行止。

“马锅头”在出发前，必须先找到要运的货，之后随行的旅客闻风而至。货主会先付给少量定金，待到马帮把货运到目的地后，再一手交钱，一手交货。从这个意义上说，马帮的职能近乎今天的物流公司。

为了尽早完成交易，马帮一般天不亮就上路了。骡马走平地的时候轻松惬意，跑得很快，赶马人甚至要一路小跑才追得上。不过，走山路就费点劲了，如果再遇上风雨天气，就会更糟糕。唯一的办法就是踩着前人留下的马蹄窝，艰难前行。

最让赶马人闹心的，还是“闯帮”，相当于机动车“撞车”。由于道路狭窄，“闯帮”的事并不罕见。一旦两支骡马队相向而行，双方的头骡便只管往前冲，根本不会谦让，后面的骡马就会蜂拥而上，相互冲撞和撕咬，导致场面失控，货物散落，马背上的旅客也会摔下来。赶马人给骡马佩戴铜铃，敲响铓锣，就是为了及时通知对面的马帮，提前退让，避免相撞。

走了一天路，日头朝西，需要找住处了。如果为了赶路错过了旅店，马帮就只能寻个避风的地方露宿一晚了。大家把骡马背上驮着的货物卸下来，围成一大圈，把骡马都拴牢在圈内。人们围着火塘，裹毡而睡，火塘中烤几个草果，据说可以驱虎。赶马人不能都睡，必须轮流站岗放哨，顺便给骡马添加草料。大家随身都带着刀剑防身，就是为了一路平安。

马帮对云南驿这样的交通枢纽是情有独钟的。这里马店多，规模大，接待能力强，还有不少店铺，做点买卖也方便。近代云南有昆明、昭通、玉溪和下关四大马帮集散地，不少马店、客栈能同时接待有四五百匹骡马的大马帮。即便是德宏地区芒允、弄璋这样的小镇子，虽说只有几百户人家，也能供给一二千人同时食宿。马店和客栈俨然成了马帮产业链上的重要环节。

抗战时期，国民政府退守大西南后，依赖滇缅公路获取外援。因此，滇缅公路也就成了日军飞机重点“光顾”的对象。如此一来，马帮驿运，作为最原始、最简易的运输方式，在山区羊肠小道穿行，反而发挥了更大的作用。而马帮运输服务的对象之一，便是云南驿附近的“飞虎队”及其训练基地。

五、云南驿的老兵新传

云南地处高原，自古道路艰险难行，但近代云南的交通建设非但没有落伍，还实现了弯道超车。地面上难行，那就开辟空中通道。

1929年，云南地方政府在祥云云南驿古镇的下川坝至旧站村的开阔土地上，修建了一座占地17公顷的机场。当然，这不是民用机场，而是为国民党空军第38站建设的。机场不大，但配套齐全，有油料、机械等，有养场大队、运输队、航转站，有守备团、宪兵队、高炮连。1937年抗战全面爆发，为了巩固和强化大后方的空军基地，云南驿机场就从省管变成了国民政府直管。

全面抗战才打了几个月，中国空军仅有的战斗机和飞行员就损失殆尽。飞机好买，但培养技术过硬、经验丰富的飞行员并不是容易的事。1938年初，中央空军军官学校初技培训学校从洛阳迁到云南驿机场，将这里改为飞行员训练基地。为了满足前方战事需要，机场必须扩建，但学校仍然没有放松对飞行员的培训，而是边扩建边培训，仅一年时间，就有300多名航空学员学成参战。

1941年8月，随着战场形势的变化，云南驿机场不光要承担训练任务，还要承担更多的战斗机、轰炸机起降任务。于是，新一轮机场扩建开始了。

几万名工人云集这里，夜以继日，加班加点，终于建成了占地面积81.5公顷的云南驿新机场。这里拥有跑道3条、滑行道4条、疏散道25条、停机坪10个、飞机掩体25个、专用公路5条，成为云南屈指可数的几个大型军用机场之一。

云南驿机场的扩建正当其时。1942年，滇缅公路被日军切断。当地面运输通道被堵住后，空中通道的重要性就凸显出来了。这年年初，这里送走了中央空军军官学校初技培训学校，迎来了一支更厉害的队伍——陈纳德将军率领的第23战斗机队和第25运输机队，他们共有200多架飞机。要知道，陈纳德可是赫赫有名的“飞虎队”负责人。

随着云南驿机场地位的提升、装备的改进，以及进驻空军力量的增强，日军对这里轰炸袭击的次数也越来越频繁。最糟糕的一次当属1943年4月26日的轰炸。这天中午11点到12点之间，日军54架轰炸机和零式战斗机，对云南驿机场及其附近的村庄进行了大规模轰炸扫射。虽然美军驾机起飞迎战，击落日机3架，但由于当时中国民工正在机场施工，突遭扫射，死伤777人，其中遇难406人。

其实，这次灾难本应避免，或者损失不该这么大。空袭前，重庆国民政府航空委员会航空总监部防空情报所在云南驿设置的第三电台，在上午9时得到前沿监视哨的情报，进行综合分析后认为“日军大批飞机前来空袭”。电台随即将这个情报转给了美国空军驻水口村的司令部。然而，美国军方没把这个信息当回事。

日本飞机兵临云南驿上空，这时防空警报还是没响。工地上的中国民工误以为是盟军的飞机前来增补换防，依然埋头干活，没有找地方躲避。于是，日机开枪扫射，扔下炸弹，停机坪上的美军飞机被炸得稀烂。

当民工发现情况不对劲，想夺路而逃的时候，工地周围的卫兵荷枪实弹堵在路口，不让民工乱跑。如此，民工聚在一起，死伤惨重。

随着战争进程的推进，日军的空中打击变得有恃无恐，对云南驿的袭击也随之增多。而此时，陈纳德认为，中美两国空军实力增强，都具备了抗击日机的能力，所以到抗战后期，日军每次前来袭击，都有中美两国军机起飞，迅速打败强敌，化解空中危机。

在1944年2月云南驿上空的一次空战中，美军飞行员莫尼中尉在击落了两架敌机后，自己的飞机也受了重创。他当时如果立即跳伞，完全可以生还，但是下方正是人口密集的祥云县城。为了不让飞机在城里爆炸，殃及老百姓，他放弃了跳伞的最佳时机，驾驶飞机离开县城。飞机坠毁在城外的田野上，莫尼中尉牺牲。

祥云县很多民众目睹了这一悲壮场面，他们第一时间捐款捐物，为这位异国他乡的抗战英雄立了纪念碑。

小贴士 秦汉驰道

咸阳，秦王朝的都城。从各个城门出发，沿着上郡道、临晋道、东方道、武关道、西方道、直道等，可以通向秦王朝疆域内的任何角落。

这是一条条覆盖全国的高速公路网，它将东方六国、河套平原、四川盆地与都城咸阳有机联系起来，“东穷燕齐，南极吴楚，江湖之上，濒海之观毕至”，实现朝廷对全国的有效控制。

这是一条条壮观的驰道，“道广五十步，三丈而树，厚筑其外，隐以金椎，树以青松”。蜿蜒于平原之上的驰道，1步相当于5尺，50步相当于250尺，当时的尺比现在的略小，驰道的宽度当在70米左右，跟今天北京的三环路差不多。驰道上每隔7米左右就栽一棵青松树，四季常绿。驰道两边用金椎夯筑厚实，无论是皇帝出巡，还是大军前行，路基都不会被轻易毁坏。

在所有的驰道里，从咸阳以北的云阳（今陕西淳化）开始，跨越黄河通往九原郡（今内蒙古包头）的直道最引人注目。这是名将蒙恬修筑的战备道路，全长900多公里，宽阔平坦，平均宽50米，转弯处甚至超过60米，最窄处也有四五米，两辆车并排交会没有问题。

在这条直道上，少年英雄卫青、霍去病挥师北上，大获全胜，使匈奴发出“失我祁连山，使我六畜不蕃息；失我焉支山，使我妇女无颜色”的感叹。

在这条直道上，飞将军李广一马当先，奋勇搏击，在戈壁大漠书写了壮烈史诗。

在这条直道上，奇女子王昭君义无反顾，沿直道北上和亲，为汉匈两族的长久和平和民族融合做出了巨大贡献。

有了直道，西汉王朝对匈奴的战争才得以获胜；有了直道，汉朝才得以向西北移民实边，繁荣边陲经济，巩固北部边防；有了直道，秦汉的统治区域才得以延伸到长城内外，为咸阳和长安营造了坚实的屏藩。

西汉元平元年（前74），一队人马奔驰在山东昌邑（今山东巨野）通往都城长安的驰道上。为首的年轻人年方十九，意气风发，他乘坐的轻车一刻不停。这就是昌邑王刘贺，汉武帝的孙子。

就在几天前，长安传来消息，21岁的汉昭帝驾崩，膝下无子。大将军霍光和群臣商议，决定迎立刘贺为新帝。对于刘贺来说，这是天上掉馅饼，得赶紧接着。于是，他即刻动身。

《汉书·武五子传》记载："其日中，贺发，晡时至定陶，行百三十五里，侍从者马死相望于道。"意思是说，午间（13点左右），刘贺一行从昌邑出发，15点至16点抵达定陶。在这两三个小时内他们急行135里，相当于时速二三十公里，以致随从骑乘的马匹为了追赶刘贺的轻车，累死了不少。没有宽阔平坦的驰道，刘贺无论如何也不可能跑出云霄飞车的速度。

刘贺如愿以偿，赶到长安，坐上了皇位。然而，他的帝王生涯只持续了27天就被霍光强行终结，罪名是：生活作风不检点。

其实，刘贺下台的主要原因，是过早暴露了政治野心。他把昌邑王府的许多僚属带到长安，安排官职，打算削弱甚至架空霍光集团。遗憾的是，他羽翼未丰，操之过急，把霍光等老臣推向了对立面，最终只落得被废的下场。

刘贺的一生波澜起伏，死的时候悄无声息。不过，两千多年后，他的墓地出土了大量文物，成了当年"全国十大考古新发现"之一，这就是著名的海昏侯墓。

武胜驿

——河西走廊的刀光剑影

武胜驿，是甘肃兰州附近的一个小镇，也是一处景点。

当地印制的宣传册上，有句话是这样说的："武胜驿历史悠久，是丝绸古道上的重要驿站，是兰州地区的西大门，明代冯胜西征，在此大胜，取名武胜，建堡设驿。"

历史上，武胜驿的确是座重要驿站。

所谓"重要"，有两个层面：

其一，它地处陆地丝绸之路的咽喉要地，交通地位重要。永登县庄浪河谷，位于甘肃兰州附近，这里南北皆为狭长山谷，湍急的庄浪河从中穿流而过，东边是悬崖峭壁，犹如边墙，西北群峦耸峙，海拔超过3000米。山谷之间有一条天然通道，武胜驿就在通道的要冲，扼守河西走廊的咽喉。

其二，官府为它投放的资源不少，政治地位重要。《甘肃新通志·驿递》记载，光绪年间，武胜驿配备了驿马32匹，马夫26人，牛9头，牛夫9人，每年安排经费白银332两、粮食210石、料410石、草26280束。

不过，武胜驿的得名究竟跟冯胜有没有关系？武胜驿的历史究竟有多久？在明朝的驿站体系中，武胜驿究竟处于怎样的地位？武胜驿在丝绸之路上究竟发挥了怎样的作用?

一、威震河西

武胜驿所在的河西地区，包括今天甘肃的武威、张掖、酒泉、敦煌等地，由于其地位于黄河以西，故而得名“河西”。又因其夹在祁连山和合黎山之间，地块狭长，故而也称“河西走廊”。这是中原地区通往西域距离最近的通道。

这里历史悠久。1985年，武胜驿附近的向阳村发现了一座史前墓葬，出土了两件马家窑文化的彩陶钵，被文物专家鉴定为国家一级文物。这一墓葬的发现证明，早在五千年前的新石器时代，武胜驿所在的地区就有人类活动。不过，在相当长的时间里，它不归中原王朝管辖。

河西地区曾是大月氏的领地。汉初，冒顿单于率领匈奴骑兵打败大月氏，迫使其西迁，而后取而代之。匈奴单于让浑邪王管理酒泉地区，休屠王管理武威地区，他俩麾下还有若干个匈奴的小王。

匈奴在河西的这个布局，一方面可以控制河西走廊西侧的西域各国，一方面可以联络河西走廊南侧的羌人，对西汉王朝的西部边陲构成南北西三面夹击的态势。

这是一个让西汉决策者如芒在背的糟糕处境。

汉初的六十年，西汉王朝由于国力不济，只能一面靠和亲政策与匈奴周旋，一面忍辱负重，休养生息，逐渐具备了与匈奴展开决战的经济和军事实力。

汉武帝上台后，决心转换政策。他的战略考虑是：在汉军骑兵正面出击前，派遣使者到西域，找到跟匈奴有仇怨的大月氏，与其联合夹攻匈奴。

张骞领命出使西域，历尽千辛万苦，终于找到大月氏，建立起西汉王朝与西域各国的初步联系。可是，由于大月氏对新地盘非常满意，不愿再举刀兵，汉武帝联合大月氏夹击匈奴的构想落空了。

西域各国一时是指望不上了，但张骞西行的经历对汉武帝是有触动的。张骞一去一回，两次被匈奴俘获，就是因为中原与西域之间缺乏由汉朝控制的、直接相连的安全通道，想去西域，必须经由匈奴人控制的河西走廊。

张骞“凿空”西域（图片来源：莫高窟第323窟中的唐代壁画）

另外，尽快攻占河西走廊，赶走这里的匈奴势力，不仅可以切断匈奴与西域、羌人的联系，让汉朝把影响力延伸到西域和羌人各部，而且可以斩断匈奴的右臂，使其无法威胁西汉王朝的西部边陲，为汉军发动漠北决战、彻底打垮匈奴主力扫清障碍。

此前，汉军出击河南地（河套地区）、漠南都取得了胜利，使得匈奴的右贤王自顾不暇，对河西的浑邪王、休屠王失去控制，匈奴单于也不得不退到漠北。这样一来，河西走廊的匈奴军队实际上已经陷入了没有外援的境地。

各方面条件都已成熟，河西之战箭在弦上。新的问题来了：派谁攻占河西呢？

元狩二年（前121），汉武帝任命霍去病为骠骑将军，出击河西地区。

霍去病出身寒微，是平阳侯府女奴卫少儿和平阳县小吏霍仲孺的私生子。他1岁那年，卫少儿的妹妹卫子夫得到汉武帝宠幸，卫氏家族跟着“鸡犬升天”。他12岁那年（前128），卫子夫被立为皇后，霍去病随之升格为皇帝的外甥，从此跻身贵族行列。

年轻气盛的霍去病“善骑射”，熟读《孙子兵法》，此前曾率军出击过匈奴，屡立战功。不过，独当一面打这样的大仗，对他来说还是头一次。这年，霍去病才19岁。

19岁，对很多现代人来说，只是刚刚离开父母，步入大学校门，或者刚刚踏入社会，在企业打工，从底层做起，而霍去病已经成了军队统帅。他不负众望，两次河西之战打得出神入化。

第一次是春季攻势。霍去病独自率领1万骑兵，从陇西郡出发，翻越乌戾山，渡过黄河，击败遬濮部，斩杀遬濮王；紧接着，涉狐奴水，穿插分割和包围这里的匈奴诸小王的部落，如摧枯拉朽般将其击溃。

这些部落的人口和财产本该作为战利品运回去邀功，但霍去病下令统统放弃，率领骑兵继续追击。汉军骑兵始终保持轻装前进，没有后勤包袱就能连续高速奔袭作战，让与之交手的匈奴军队根本没有喘息之机，更谈不上有组织、有计划的反击。

接下来，汉军翻越焉支山，在六天里急行千余里，在皋兰山与匈奴主力展开会战。虽然汉军骑兵深入敌境，孤立无援，但在跟匈奴的短兵相接中展现了彪悍的气势，汉军歼敌近9000人，斩杀匈奴折兰王、卢侯王。浑邪王见势不妙，趁乱逃走。他的儿子、相国和都尉都当了俘虏，连休屠王祭天用的金人也被汉军当作战利品运了回去。

此战过后，汉武帝大喜过望，“益封（霍）去病二千二百户”。

春季攻势后，汉武帝审时度势，决定打破常规，缩短部队休整期，继续发起夏季攻势。

夏季攻势的规模更大。汉武帝策划了一场联合作战：博望侯张骞、郎中令李广率1万多骑兵出右北平郡，攻击匈奴左贤王部，作为牵制力量，使其不能顾及河西；霍去病和合骑侯公孙敖率领数万骑兵，从北地郡出发，采取分进合击的方式，向西出击，并事先约定了会合时间和地点。

霍去病率军一马当先，深入匈奴腹地。公孙敖走错了路，没找到会合点。霍去病的骑兵采用大纵深外线迂回的作战方法，先从今宁夏灵武附近渡过黄河，向北翻越贺兰山，进入今内蒙古境内，而后跨过腾格里沙漠和巴丹吉林沙漠，绕道居延海，再转向南，经今甘肃酒泉一带的小月氏，再由西北转向东南，深入匈奴境内两千多里。

这样七拐八绕，让匈奴人摸不准汉军骑兵的踪迹和作战意图，而汉军则出其不意地抵达祁连山和合黎山之间的弱水上游地区，出现在浑邪王、休屠王军队的侧背。

汉军骑兵有如神兵天降，匈奴人猝不及防，全线溃败。浑邪王、休屠王只身逃走，捡了条命。经此一战，汉军歼敌3万多人，迫使单桓王、酋涂王等匈奴小王及相国、都尉等2500人投降，俘获匈奴小王及王母、单于阏氏、王子64人，相国、将军、当户、都尉63人。汉军伤亡只有3000多人。

遗憾的是，配合作战的李广、张骞部出师不利。李广率先头部队先行出发，张骞所率的主力部队也是没按预定时间出击，导致李广深入敌境被左贤王部包围。好在李广沉着应战，一直撑到两天后张骞率领的主力赶到，这才成功解围。

战后，张骞、公孙敖都被贬为庶人，李广功过相抵，没有封赏。整个夏季攻势，只有霍去病打了胜仗。汉武帝对霍去病大加赞赏，益封其食邑5400户，其手下部将也跟着因功封侯。

再说匈奴这里。浑邪王、休屠王两战全败，丢掉了河西大部分地盘。伊稚斜单于非常生气，准备对他俩严加惩处。这两位生怕丢了性命，在当年秋天派出使者向汉朝乞降。

对于这突然而来的乞降，汉武帝担心其中有诈。毕竟，这二王手里还有4万军队，实力不弱。于是，霍去病再次领命，率1万骑兵前往受降。显然，霍去病做了两手准备：真投降，就和平接收；假投降，就直接开战。

果然，霍去病还没抵达河西休屠王就变卦了，拒绝投降汉朝。这下，铁了心打算投降汉朝的浑邪王不干了，二王发生了火并。浑邪王干掉了休屠王，侵吞了后者的人马，等候霍去病受降。休屠王的部下虽然死了主子，自己也被收编，但他们并不服气，随时可能哗变。

汉军渡过黄河，列阵向前，浑邪王也列阵迎候。就在这时，浑邪王的阵列里出现骚动，眼看就要大乱。霍去病当机立断，率军冲入匈奴阵中，跟浑邪王见面；简单交流后，将骚动的8000多人全部斩杀，稳住了匈奴全军。随后，霍去病先派人护送浑邪王到长安，面见汉武帝，而自己带领其他匈奴人，向西汉边境缓缓前进，边走边做思想工作，让这些人心悦诚服，不再有任何哗变的念头。

浑邪王到了长安，得到了汉武帝的接见和款待，被封为漯阴侯。他的部众被安置在陇西、北地、上郡、朔方、云中五郡的边境地区，成为最早一批与汉族实现民族融合的匈奴部落。为了加强对河西走廊的控制，切断匈奴和羌人的联系，西汉王朝在河西地区设立了武威、酒泉、张掖、敦煌四郡，迁徙大量内地人口前去戍边屯垦。

霍去病受降有功，再次益封1700户。其在河西之战中展现的勇武、机智和果敢的军事指挥才能，让他在全军和满朝文武中威望大增，军中地位与大将军卫青相当。别忘了，论年龄，霍去病还是个刚成年的孩子。

河西之战，是汉武帝对匈奴采取的重大军事行动之一。此战获胜，西汉王朝完全控制了河西走廊，打开了通往西域的道路。两年后，张骞再次出使西域，一路畅通，大获成功。匈奴和羌人的联系被切断，这就为此后卫青、霍去病远征漠北、彻底击垮匈奴单于和左贤王部创造了有利条件。

河西之战，让西汉王朝的西北边境，从“金城、河西西并南山（祁连山）至盐泽（罗布泊）”，再无匈奴袭扰，边民得以安居乐业。朝廷也将陇西、北地、上郡的戍守官兵削减了一半，从而节省了军费开支，减轻了百姓的赋税和徭役负担。祁连山北麓拥有匈奴最大的马场，为汉军补充了大批军马，进一步增强了汉军骑兵长途奔袭的战力。

难怪匈奴人对丢掉河西感慨不已，唱出了“失我祁连山，使我六畜不蕃息；失我焉支山，使我妇女无颜色”的悲歌。

河西之战，不光改变了河西走廊的命运，也改变了武胜驿所在地区的命运。霍去病在这里击败了羌人，俘获了羌人部落头领，建立了伏羌堡，实现了将匈奴和羌人隔开，避免汉军腹背受敌的战略目标。此外，该地设有杨非亭，又叫阳非亭，位于庄浪河谷中部的广武城（今甘肃永登境内），是用来监视外敌、警戒边防的军事设施。

武胜驿所在的地区，也就是庄浪河谷，见证了汉匈战争的惨烈与汉军将士的勇猛，也见证了霍去病“武胜”的经过，但它发挥的作用只是军事层面的。由于战事迅速结束，军报传输的需求并不迫切，西汉王朝也就没在这里设立驿站或者驿亭。

二、一驿过一驿，驿骑如星流

河西走廊地区大规模建设驿站是在唐朝。

贞观二十二年（648），唐王朝击败龟兹国，将安西都护府迁至龟兹，统领龟兹、焉耆、于阗、疏勒四镇。长安二年（702），又设立北庭都护府，管理西域北部地区。这样一来，从长安到西域绵延万里，都在唐王朝的控制范围内。为了巩固对西域的统治、维护陆地丝绸之路的畅通，“开通道路，别置馆驿”就显得很有必要。

根据《唐六典》的记载，唐王朝在全国设有驿站1639座，其中陆驿1297座，水驿260座，水陆两用驿86座。除了首都长安的都亭驿，全国驿站分为6个等级，不同的等级会配备不同数量的马匹、马夫、耕地，以及其他配套人员和设施。这是唐王朝驿站体系的基本状况。

具体到河西走廊来说，唐朝初年开辟的丝路驿道，分为南北两条。

南驿道是从长安出发，经今陇县固关越过陇山，抵达天水，再沿渭河西行，经渭源、临洮，渡过洮河，抵达临夏，再从临津关渡黄河到青海乐都。隋大业五年（609），隋炀帝在山丹焉支山接见西域27国的使臣，走的就是这条道。

北驿道也是从长安出发，经今长武、彬州，沿泾河河谷抵达平凉，再经萧关至银川，后经居延进入河西走廊。开元二十五年（737），河西节度副使崔希逸率唐军击败吐蕃，唐玄宗派大诗人王维以监察御史身份出塞，慰劳前方将士，调研军情，走的就是这条道。王维此行，留下了不朽诗篇《使至塞上》：“单车欲问边，属国过居延。征蓬出汉塞，归雁入胡天。大漠孤烟直，长河落日圆。萧关逢候骑，都护在燕然。”堪称千古绝唱。

南北驿道，虽然各走各道，但有两个共同点：一是都取道河西走廊，二是都不走甘肃中部，尤其不途经兰州。

要想富，先修路。丝路驿道的完美错过，显然是兰州发展的瓶颈。看着敦煌、武威、张掖等地，借助丝路驿道，实现了诗人元稹所述“吾闻昔日西凉州，人烟扑地桑柘稠”的景象，兰州人艳羡不已。司马光《资治通鉴》载：“天下称富庶者，无如陇右。”后来，兰州积极进取，不但赶上了河西经济发展的快车，还赶上了全国新修驿道的潮流，开辟了第三条丝路驿道，这就是途经兰州的“中驿道”。

中驿道同样是从长安出发，经泾川到平凉、定西，抵达兰州，再由兰州直通武威。兰州周边有许多驿站，但位于黄河北岸白塔山下的临河驿，或许是由于风光壮美，让许多诗人流连忘返，留下了不少诗作。

岑参应该算是专以临河驿题诗的第一人。

天宝八载（749），岑参随同安西四镇节度使高仙芝前往西域，途经兰州时，留下了一首《题金城临河驿楼》的诗篇：“古戍依重险，高楼见五凉。山根盘驿道，河水浸城墙。庭树巢鹦鹉，园花隐麝香。忽如江浦上，忆作捕鱼郎。”

奔波途中，岑参还写了《初过陇山途中呈宇文判官》一诗，其中有云：“一驿过一驿，驿骑如星流。平明发咸阳，暮及陇山头。”讲述了唐代驿递体系的高效快捷以及驿骑的辛苦不易。

岑参不是一个人在“战斗”。天宝十一载（752），诗人高适投奔陇右节度使哥舒翰麾下，担任幕府掌书记。他在前往陇右节度使的驻地临洮时，途经兰州，在这里，他写下了《金城北楼》一诗，其中有云：“北楼西望满晴空，积水连山胜画中……为问边庭更何事，至今羌笛怨无穷。”其中的金城北楼就是临河驿，由于它在黄河北岸，故而名曰“北楼”。

杜甫在《秦州杂诗》里写有“州图领同谷，驿道出流沙”“今日明人眼，临池好驿亭”的诗句，说明唐王朝在兰州、天水等地，已有众多驿站。

临河驿不是孤立存在的。按照唐朝法律规定，平地每30里设一驿站。山区地势险阻，可以不循此例，但也要每隔一定距离设置驿站。兰州周边，临河驿知名度最大，但并非唯一。它的东面有清水驿、定远驿，西面有沙井驿、苦水湾驿、在城驿、岔口驿及武胜驿。这些驿站连成一体，才能让“一驿过一驿，驿骑如星流”成为现实。

跟紧靠兰州的临河驿相比，武胜驿虽然重要性差一些，接待能力也稍逊一筹，但也有其特殊的区位优势：向西经由岔口驿，可以抵达武威，从而进入河西走廊和西域；向南经由冰沟驿（今青海乐都境内），可以抵达乐都、西宁，直通西藏；向东经由清水驿，可以到达平凉，直抵首都长安；向北经由安宁堡、三眼井、红水驿，直达宁夏。

武胜驿的西北方向，有天马岭、喜鹊岭、奖俊岭、标杆山、鸡冠山等，诸峰环绕，地势险峻，这些山峰中有一条峡谷，为古今交通要道。东南方向是石家滩和金嘴川、大川、小川的平地。这样的话，这一地区就形成了坐北朝南的喇叭状地形，而武胜驿恰好位于喇叭口上，扼守丝路要冲。在这里设个驿站，具有地理优势。

对于武胜驿，《明会典》没有将其列为明代新设驿站。这就说明，它的历史比明朝要早，至少可以追溯到唐朝。不过，根据《寰宇通衢》记载，武胜驿在唐代有另外一个名字，叫“阿都口驿”。这个名字很有民族特色和地域特色，毕竟这里最早居住的主要是羌人、匈奴人、党项人，而武胜驿又恰好在喇叭口上，阿都口驿这个名字，很形象，接地气。

发生在武胜驿的唐代故事很多，但几乎没有见诸历史文献。真正让武胜驿声名鹊起的，倒是在积贫积弱的北宋时代。

三、经略西夏

北宋景祐五年（1038），党项族首领李元昊在兴庆府（今宁夏银川）称帝，国号“大夏”，史称“西夏”。这个雄踞西北的新政权，控制了河西一带，占领了兰州地区，并向北宋统治的陕北和河套地区连续发起了进攻。

在中国历史上，北宋王朝给人的印象，总体上是国力积贫积弱，内战外战都外行。面对北方强敌契丹（辽国），北宋主动进攻打不赢，被动防御也勉强，只能出岁币破财免灾。如今，北边的对手还没摆平，西北又多了个劲敌。

决策层里既有主和派，也有主战派。主和派认为，西北地区是不毛之地，派兵争夺，劳师糜饷，得不偿失，不如仿照澶渊之盟，花钱买面子，花钱买和平，在经济上做出让步，腾出更多精力搞好内政。

这样的思路似乎也有道理。宋仁宗庆历年间，北宋跟立国不久的西夏打了几场大仗，都以惨败而告终。前线将士一听到李元昊的名字就害怕，不少将士武艺不精，连拉弓射箭的基本功都不过关。这样的状态，再打还得吃亏。因此，宋仁宗也倾向于媾和。

庆历四年（1044），宋夏订立盟约，西夏取消皇帝尊号，向北宋称臣，北宋册封李元昊为“夏国主”。不过，李元昊不白称臣，北宋要以“岁赐”的名义，每年给西夏7万两银子、15万匹绢、3万斤茶叶。

盟约订立后，北宋捞了面子，西夏赚了实惠。用远少于军费开支的“岁赐”，获取了打仗烧钱也买不来的“和平”，宋仁宗觉得很划算。宋夏停战后，重开边贸，宋朝依靠经济实力长期保持贸易顺差，赚的钱足够补贴“岁赐”的开销，甚至通过向西夏输出生活日用品和钱币，逐步控制了西夏的经济命脉。

宋夏和平的局面就这样维持了20多年，直至熙宁元年（1068），不到20岁的宋神宗上位。

宋神宗是一位有理想、有抱负的皇帝，他渴望建功立业，开疆拓土，收复幽云十六州，当个中兴之主。他重用王安石，推行“熙宁变法”，以富国强兵为己任。几年下来，国家财政状况大有好转，原先臃肿的军队也“瘦身”了。接下来，他打算用实战检验变法的成果，让北宋王朝换个活法，顺便用战绩让反对变法的守旧派闭嘴。

西夏人作战勇猛，但也有软肋，那就是经济不独立，大量生活物资仰仗中原。西夏索要的“岁赐”，不光有银子和绢，还有茶叶，这也是经济依赖的表现。而且，相比历史更悠久、地盘更辽阔的契丹，西夏的实力还是稍逊一筹的。

因此，宋神宗和王安石决定，“柿子先捡软的捏”，先拿西夏“开刀”。

北宋在西部边陲部署了几十万军队，分驻五路二十四州军及几百个寨堡。兵力不少，但太过分散，很容易让西夏人各个击破。这种以守为主的打法，肯定不是宋神宗想要的。他渴望攻出去，至少也得是防守反击。可是，这仗该怎么打呢？

宋神宗曾求教于老将韩琦、富弼，结果他们早已磨光了锐气，都不赞成开战。王安石虽然是变法的总指挥，但并非军事内行。这时，宋神宗渴望志同道合的专业人才出现。

王韶及其《平戎策》进入了他的视野。

王韶自幼丧父，靠辛苦读书考取进士，改变了贫穷的命运。不过，他只能长期宦游于基层，当个低阶小官。或许正是由于人微言轻，他有精力做自己感兴趣的事：只身跑到陕西，调研西北边境的风土人情。这些看似盲目的点滴积累，为他后来的异军突起做了充分的情报准备。

功夫不负有心人，王韶等来了施展才干的历史性机遇，他没有错过。

熙宁元年（1068），王韶献上《平戎策》三篇，详细陈述了攻取西夏的策略。他认为，要想攻取西夏，必先收复河州、湟州，也就是陇西和河西地区。河西地区物丰人稠，市易繁旺，宜耕宜收。那里的吐蕃人和羌人部落分散，互不统属。朝廷如果对其加以招抚，将其纳入北宋的阵营，就能达到三重目的：一是斩断西夏的右臂，对其形成迂回包抄之势；二是壮大北宋进攻西夏的军事力量；三是瓦解西夏境内各部落的军心斗志。

他特别强调，如果西夏人抢先控制河西地区，接下来就会联合当地羌人，修筑城堡，对北宋的西北边陲构成包抄之势。因此，占领河西地区势在必行，而且要快。

《平戎策》客观分析了河西地区吐蕃人和羌人的实际情况，对北宋解决西夏问题提出了新思路，很符合宋神宗和王安石的胃口。于是，王韶被越级提拔为秦凤经略司机宜文字，以文人身份出掌军事，担负起收复河西的重任。

熙宁五年（1072）七月，王韶率军修筑渭源堡（今甘肃渭源），将古渭寨（今甘肃陇西）升格为通远军，作为开拓河西地区的前沿阵地。与此同时，西夏军队从吐蕃人手里抢占了武胜城（今甘肃临洮）。

武胜城是西夏进入洮河地区的咽喉要冲。占领武胜，西夏人就可以长驱直入，向南发展，联络羌人。王韶当然不会坐视武胜陷于敌手。八月，他趁西夏人立足未稳、来不及设防的机会，发动突袭，击溃了西夏人，占领了武胜城，这是宋夏开战以来宋军主动进攻取得的第一场胜利。武胜城由于战略地位重要，被北宋王朝升格为熙州。

武胜之战获胜后，王韶没有停歇，而是继续进攻。他行军54天，连续攻占河州（今甘肃临夏州）、洮州（今甘肃临潭）、岷州（今甘肃岷县）、叠州（今甘肃迭部）、宕州（今甘肃宕昌）5州，拓地2000多里，招抚吐蕃、羌族等部落30多万户。

北宋在这片区域新设了熙河路，因而这场胜利也称“熙河大捷”。它是宋太宗灭北汉之后近百年来北宋对外作战的最大胜利，实现了斩断西夏右臂的战略目标。宋神宗大喜过望，把自己的玉带赐给了王安石，而王韶则连续升官，一度做到了枢密副使。

作为文弱书生、低阶文官，被历史文献评价为“谋必胜，攻必克，宋世文臣筹边，功未有过焉者也”，王韶创造了一个奇迹。这在很大程度上源于他的沉稳个性。

王韶每次带兵出征，都会事先召集部将开会，会上只有一个议题：宣布作战计划，别的什么也不过问。一天晚上，部队前锋和敌人发生遭遇战，前方箭矢如雨、杀声震天，他却在中军帐里酣睡。显然，只要充分授权放权，发挥好各级将领的积极性和创造性，那些具体的事情根本不需要他去操心。换句话说，他很清楚主帅该做什么：掌舵和拍板。

一次，王韶驻军熙河，部下抓获了一名羌人的探子，搜出一封信，上面写的是熙河守军的人马粮草数据。部将们建议把这名探子杀了，王韶哈哈一笑，只是下令打他20军棍，再在他身上刺六个大字“番贼决讫放归”，而后放了回去。

羌人本来打算偷袭熙河，一看探子被打成这样，再看探子带回来的信里的数据，晓得王韶已经做好了准备，再去偷袭肯定吃亏，只好放弃。

王韶有谋略，会带兵，但军纪很差。当时，有些羌人部落不跟宋朝合作，王韶就发兵攻打，将其消灭，而后按照斩杀的人头记功。可是，有些将士为了冒功，甚至闯到那些跟宋朝合作的羌人部落里，残杀老弱，凑人头数。这种事王韶根本不管。显然，他只在乎结果，不在乎过程。为了达到占领河西的战略目标，他可以不择手段。

熙河大捷实现了对西夏的战略包抄，接下来宋军就要跟西夏硬碰硬了。

元丰四年（1081），宋神宗趁西夏内乱之机，下令兵分五路攻击西夏控制的兰州。在付出重大伤亡代价后，宋军占领兰州。接下来，北宋在兰州周边增设大量堡寨，在黄河北岸的临河驿附近修建了金城关，开辟了兰州至关中、凉州、青唐的驿道，提升了兰州的交通地位。

宋徽宗崇宁年间（1102—1106），宋军发动“河湟之战”，拓疆3000余里，招降羌人、吐蕃2700多名部落首领，收纳70多万户，斩杀1万多人，消灭唃厮啰政权，进一步斩断了西夏的右臂，巩固了对西夏的包抄态势。

在熙河大捷、兰州大捷、河湟大捷这三场战役里，武胜都是焦点。这一时期出现了“武胜城”“武胜军”的概念，唐代的“阿都口驿”也很可能随之更名为“武胜驿”。显然，“武胜”的提法跟王韶指挥的熙河大捷有很大关系。相比之下，王韶在北宋的威望，比冯胜在明代的威望要高得多。

既然提到了武胜城，就不得不多说几句堡寨的事。为了巩固新拓疆土，北宋军队往往会在重要城镇周边修筑大量堡寨。其中城堡具有守御、照护及护耕功能，大者六百步，小者百步，一般都有围墙掩护。由于地处边疆，这些堡寨大多招募番兵驻守。番兵大多来自当地吐蕃、羌等少数民族，他们耐苦寒、善骑射、习险阻，更好用。显然，堡寨的性质和作用是纯军事的，跟驿站迥然不同。

就在对西夏即将形成压倒性优势的时候，北宋政权突然崩塌，倒在了金人的铁蹄之下。赵构南渡，建立南宋，从此，宋朝失去了北方半壁江山，跟西夏不再接壤，辛苦营建的熙河、兰州、河湟防御体系以及堡寨、驿站等，逐渐废弃。直至元朝统一，重建全新的站赤（驿站）体系。

四、冯胜西征

元末大乱，群雄逐鹿。

出身贫民的朱元璋异军突起，他摸爬滚打多年，逐渐荡平南方各路豪强。

元至正二十八年（1368）正月初四，朱元璋在应天（今江苏南京）正式称帝，建立明王朝。这年八月，明军北伐，占领大都（今北京）。元顺帝仓皇逃往应昌（今内蒙古赤峰附近），不久去世。其子爱猷识理达腊继位，纠集元朝残余势力，继续与明朝对抗。

此时，元朝在长城以南还控制着山西、陕西、甘肃、宁夏等地。河南王扩廓帖木儿（汉名王保保）被元顺帝册封为中书右丞相，先是驻守太原，而后率军退据甘肃庆阳、定西、兰州、河湟一带，打算跟吐蕃结盟，割据陇西，并对中原虎视眈眈。

扩廓帖木儿是个“奇男子”。这个名号不是他自封的，而是朱元璋在一次大宴群臣的场合说的。朱元璋对扩廓帖木儿非常欣赏，很希望将其招揽到自己麾下，为此不惜放低姿态，多次招降。明军攻占河南后，俘获了扩廓帖木儿的家眷，朱元璋不仅对他们加以善待，还做主把扩廓帖木儿的亲妹妹嫁给了自己的儿子。

这样费尽心机的拉拢，非但没有让扩廓帖木儿归降，反倒让他觉得继续效忠黄金家族更有价值。洪武元年（1368），扩廓帖木儿在山西韩店大败明军，坚定了他与明朝对抗到底的决心。

要想完成对长城以南中国疆域的统一，明朝必须尽快解决掉扩廓帖木儿集团。洪武三年（1370），朱元璋任命徐达为征虏大将军，李文忠、邓愈为左副将军，冯胜、汤和为右副将军，兵分两路进攻元朝残余势力。其中，李文忠率领东路部队进攻应昌，徐达率领西路部队进攻甘肃，让元朝残余势力“彼此自救，不暇应援”，达到各个击破的目的。

东路部队迅速攻占应昌，爱猷识理达腊仓皇逃往漠北的和林（今蒙古国哈拉和林）。西路部队在甘肃打了三场战役。

第一场是庆阳之战。庆阳是陇东门户，元军守将张良臣和姚晖能征善战。明军这里，冯胜负责外围攻击任务，他认真分析形势后认为，与其发力强攻，不如长期围困。时间一长，庆阳城弹尽粮绝，张良臣、姚晖只好开门投降。打下庆阳后，冯胜便驻扎此地，节制诸军，直至徐达的大军抵达甘肃。

为配合庆阳之战，徐达派出部队攻打兰州。据说明军久攻不下，便秘密制作了三尺长鼓，内藏兵器，趁正月十五闹元宵，让军士扮作“社火”队员混进城内，里应外合，一举拿下兰州，从而上演了一幕中国版“特洛伊木马”。从此，兰州享受了百年太平。老百姓为了纪念徐达，每年春节都擂鼓闹春，祈求太平，并把擂的鼓称为“太平鼓”。

庆阳之战结束后，扩廓帖木儿发起了一波冬季攻势，包围了兰州。其间还围点打援，全歼了兰州的援军。然而，兰州城易守难攻，扩廓帖木儿围了四个月，愣是没打下来，他觉得再这么围下去，师劳兵疲，得不偿失，便只好把部队带回了安定州（今甘肃定西）。

第二场是沈儿峪之战。扩廓帖木儿虽然丢了庆阳，兰州也没打下来，但主力尚存。洪武三年（1370）四月，徐达亲率大军抵达安定州附近，驻扎在沈儿峪（今甘肃定西的大涧沟和巉口一带）。扩廓帖木儿也把主力调到此地，利用这里森林茂密、地形险要、交通便利的地理优势，跟明军“隔沟而垒，日数交”。

徐达见扩廓帖木儿气势汹汹，觉得与其速战，不如用点计谋。他让麾下众将每天晚上不断制造噪音，骚扰扩廓帖木儿的军营，让对手休息不好。这样天天折腾，搞得元军精疲力竭，睡又不敢睡，整夜戒备又等不到一个敌人上门。

几天后的一个夜晚，明军突然偃旗息鼓。元军人困马乏，纷纷昏睡。这时，徐达突然下令整军出战。元军毫无防备，几乎全军覆灭。扩廓帖木儿的贵族和官员1860余人、将士84500余人全部被俘，马、骆驼、骡等上万头，悉数成了徐达的战利品。扩廓帖木儿丢下大部队，带着妻子毛氏和少数随从，逃往和林。

第三场是河西之战。洪武五年（1372）六月，冯胜奉命出征河西。短短一个多月间，他率军连克武威、张掖、酒泉、瓜州、沙州、敦煌。由于元军主力此前早已溃散，他犹如秋风扫落叶般快速推进，没有遇到太多阻挡，也没打什么硬仗。

或许是胜利来得太快，滋生了骄傲自满情绪，冯胜虽然缴获了10多万头各类牲畜，以及数枚金印、银印，但并没有尽数上交，而是在账本上作假，私自扣下了一批财物和牲畜据为己有。

俗话说，没有不透风的墙。十月，冯胜班师回京请功，但他的贪腐罪行也被揭发。最终朱元璋让他功过相抵，他保住了性命，但没拿到任何封赏，失去了升官的资格，只落得一个贪官的帽子黯然终生。

三场战役比起来，打下甘肃的头功应归徐达。至于冯胜，虽然在甘肃打下的地盘最多，但也洗刷不掉他贪腐的人生污点。不管武胜驿的名称是否源自这场甘肃战事，为这座驿站注入“武胜”气质的，不是冯胜，而是徐达。

甘肃纳入明王朝的版图后，武胜驿发挥了更加积极的作用。它不仅是阻挡元朝残余势力（瓦剌、鞑靼）南下的前沿阵地，而且是凉州与兰州之间的中转站，集丝绸贸易、茶马互市、文化交流、佛教东传、军事防务于一身。为了保障丝路畅通，明清两朝不仅在此驿部署重兵，而且多次维修庄浪河桥。1920年，庄浪河桥再次重修，更名广济桥。

如今，武胜驿原先的馆舍早已凋零，但它所在的庄浪谷地有着丰富的地方特产。比如武胜驿西部山区的广袤草场上盛产马匹，比如古朴典雅的民间建筑，还有风格独具的手抓羊肉，以及“风味手抓一条街”等。这些特产都跟武胜驿当年的迎来送往、收寄函件脱不开干系。换句话说，它们正以别样的形式，继续弘扬着武胜驿贯通东西的传统。

小贴士　早期“民营驿站”

中国历史上的驿站体系基本上是官营的，但在战国时期，“民营驿站”崭露头角，这算是战国大变革的一个缩影。那么，“民营驿站”究竟是什么样的呢？

战国中叶，齐国贵族孟尝君礼贤下士，凡有一技之长者，不问出身，以礼相待，所以其门下食客多达3000人。有个名叫冯谖的人前来投奔，他衣着破烂，足蹬草鞋，腰里别一把没鞘的剑，一看就是个穷人。

孟尝君问他：“先生找我有何见教？”

冯谖说：“我穷得活不下去了，到您这儿讨口饭吃。”

孟尝君又问：“先生有什么本领吗？”

冯谖说："我什么也不会。"

没想到，孟尝君竟收留了他，安排到传舍去住。

过了几天，孟尝君忽然想起了他，就问左右："冯谖最近在干吗？"

左右答说，他天天以剑为琴，边弹边唱道："长铗归来乎，食无鱼。"意思就是"剑啊，咱们回去吧，这里的饭没鱼吃"。

孟尝君觉得这话要是传出去，会毁了自己的好客之名，于是让冯谖搬到幸舍，给他鱼吃。

几天后，冯谖弹剑而歌曰："长铗归来乎，出无舆。"抱怨自己出门没车坐。孟尝君听说后，下令让他搬到代舍，给他配车。

不久，冯谖又开始弹剑而歌："长铗归来乎，无以为家。"抱怨自己无力养家糊口。孟尝君就派人给冯谖之母送吃送穿。

后来，孟尝君派冯谖到自己的封邑薛地（今山东滕州）放债收息。冯谖却集合负债者，当面烧掉了债券。直到这时，恐怕所有人都认为，冯谖这个人不仅得寸进尺，而且成事不足，败事有余，但孟尝君依然用他。

孟尝君在高层政治斗争中失败，罢了相，被迫回到封邑薛地。没想到当地民众会对这个政坛落魄者箪食壶浆，夹道欢迎。直到这时，他才感慨自己没有看走眼：冯谖确实是"高手"，烧债券之举是给自己打了广告，博了美誉，留了后路。

其后，冯谖到处打点，巧妙地帮孟尝君恢复了相位，而自己也成了上宾。

《史记·孟尝君列传》的这段故事里，出现了"传舍""幸舍""代舍"这样档次不同的旅馆。其中，"传舍"既可接待客人，也留报信之人歇脚，有点类似于驿站。不过，"传舍"并非官营，而是孟尝君的私产，是私人建设的驿站。这是以前没有的新事物。

"民营驿站"的所有者只履行出资人责任，具体管理则另找专业人士负责，比如"舍长"，名医扁鹊就曾"少时为人舍长"。据说一个名叫长桑君的客人寄宿，扁鹊"常谨遇之"，谦恭相待，关系处得好，长桑君一高兴，就将罕见药方相传，给扁鹊打下了神医的底子。

与函谷关以东的列国不同，秦国的“民营驿站”称“客舍”，其主人称“客人”，投店住宿的旅客则称“舍人”。

周显王三十一年（前338），就在商鞅变法如火如荼之际，他的后台秦孝公病逝，守旧势力开始反攻倒算。商鞅眼看都城没法待了，连忙逃跑。

夜半时分，他来到函谷关前，要求入住客舍。然而，“客人”管他要“验”，类似于今天的身份证、通行证，逃亡在外的商鞅当然没这东西。“客人”只好依照秦国律法，拒绝接纳他。无处躲藏的商鞅最后被抓获，惨遭车裂酷刑。

有意思的是，住宿要“验”这条律法还是商鞅自己制定的，正可谓“作法自毙”。这也说明，“民营驿站”虽然是新生事物，但仍旧在政治强权的严密控制下。

悬泉置——汉代边疆驿站的衣食住行

2014年，丝绸之路申遗尘埃落定。

在丝路申遗成功的遗址名录里，玉门关、悬泉置、麦积山石窟、炳灵寺石窟、锁阳城5座甘肃省内的遗址名列其中。这里面，玉门关和麦积山石窟闻名遐迩，炳灵寺石窟和锁阳城也是历经沧桑，风采依旧，唯独悬泉置，不但是考古发掘的遗址，而且鲜为人知。

悬泉置遗址的具体位置，是在敦煌和瓜州（今属酒泉）的交界处，314省道路南1.5公里的戈壁坡地上。从这里出发，到这两座城市，都要走60多公里。

这个地方，地处祁连山余脉火焰山的冲积扇上，海拔1124米。东边有汉代敦煌郡冥安县故址锁阳城，西边有汉代敦煌城，北边隔着西沙窝盐碱滩跟疏勒河流域的汉长城遥望，南边直通悬泉谷悬泉水。

这是一处宝地：居高临下，一览无余，背靠大山，进退自如；既有泉水饮用，又有山窝避风。尤其是高地东南侧后面的一股山泉，从半山腰涌出，依次通过二层台地，流入山沟，很像是悬挂在半空中一样，人称“悬泉水”，四季长流。据说它还有特异功能，“人少时水少出，人多时水多出”，悬泉置也因此得名。悬泉置附近有个地名，叫“甜水井”，更印证了这里泉水的价值。

泉水给悬泉置带来了灵气。这个地方风沙漫天、干旱少雨、植被稀少、环境恶劣，悬泉水成了这片百里无人区的生命之泉、希望之泉。也正因有这股山泉，西汉王朝才考虑在这里设了悬泉置，开通了与长城边防线平行的驿道，使之成为河西走廊的重要交通线。

1990年10月至1992年12月，就在这座戈壁高地上，甘肃省文物考古研究所发掘了两年多，发现了一系列建筑遗址，出土文物多达7万件，为我们揭开了一段段尘封千年的岁月往事。

一、艰苦的发掘过程

1987年9月，第二次全国文物普查期间，敦煌博物馆参加普查的工作人员传来消息，说新发现了一处文物点，位于敦煌甜水井一带的南山上，离一座烽火台不远。最主要的发现就是该区域有很厚的灰层，但是没采集到什么东西，也不知道是什么年代的遗址。

不过，自从20世纪初，英籍匈牙利人斯坦因在敦煌玉门关一带的古长城烽燧遗址下发掘出700多枚汉简以来，只要这个地方找到新的文物点，总会有些考古收获。因此，甜水井附近的这个新发现，很快就传到了甘肃省文物保护研究所的何双全先生的耳朵里。

此时，何双全正在敦煌飞机场考古现场，闻讯后立即赶赴这处新的文物点。戈壁滩上没有路，他只能沿着一条条沙沟凑合着往前走。

这处文物点最重要的标记是烽火台，可当何双全到了现场后发现南山边上有好多烽火台。敦煌博物馆的工作人员也懵了，搞不清新文物点在哪座烽火台旁边。他们找了整整一天，运气不错，总算找到了。不过，天色已晚，大家只好返回。

第二天，考古队员们再次来到现场，发现灰层果然很厚，没有瓦片。于是，大家排成一排，在地上搜寻。功夫不负有心人，他们找到了一些绳纹灰陶片和丝绸片，可以确定它们是西汉时期的物件。此时基本可以断定，这个遗址就是西汉时期的。

确定了年代，接下来就要搞清楚这个遗址究竟是什么遗址。

何双全便把注意力转向了烽火台。他发现，山顶上的烽火台是石头垒的，材料和形制都跟汉代的烽火台不一样。山下公路旁边的甜水井附近还有一处遗址，可以确定它是清代的驿站，有烽火台，有院落，保存较好。

一个小区域，距离这么近，居然有三处不同时期的遗址！

第三天，何双全等人调整了策略，又把重心转回西汉遗址。他们运气不错，很快就捡到了8枚汉简。原来，这里地势较高，晚上刮了一阵风，把埋得不深的汉简刮了出来。

出土汉简，这是个不得了的事。于是，这处西汉遗址就升格了，被列为敦煌在第二次全国文物普查中的重大发现。不过，对它的发掘，进度迟缓，主要还是因为没有相应的经费。

西汉遗址就在公路边上，何双全每次去敦煌都会下来看看。1988年夏天的一次，他还捡到了几枚竹简。其中有一枚标注了纪年，是汉武帝元鼎六年（前111）。这个价值就大了，要知道，汉武帝在河西走廊设置郡县，修筑长城，也是在这个年份前后。

到1989年，在灰层最厚的地方发现了几个盗洞。何双全被触动了，他意识到，必须跟盗墓贼赛跑，对这个地方进行抢救性发掘。

于是，何双全回到兰州后，马上向国家文物局打报告求助。他提出，这里虽然是第二次全国文物普查的重大发现，可是没设等级，又在野外，管理难度极大，需要进行抢救性发掘。1990年5月，国家文物局批准了何双全的申请。经费有了着落，抢救性发掘正式开工。

火焰山下，寸草不生，前不着村，后不着店。考古队员的临时居所，就是公路边一处废弃的道班房；吃水需要从敦煌运来，只能保障饮用和做饭，至于洗脸洗澡，那是奢望；天天吃大白菜和土豆，吃腻了也得吃；当地气候寒冷，睡一觉醒来就是一身薄雪。五六十人就这么晚上挤在这里，白天下工地干活。

大队人马进场的第一天就出土了1000多枚汉简，这可能是最值得兴奋的事了。然而，他们很快就被经济难题困住了。

国家文物局的经费，额度是有了，但还没下拨到位。为了让大家把活儿先干起来，何双全只能自掏腰包，先垫付5000块钱。可等到这钱花光了，经费还是没拨下来。何双全手里捏着一沓票据，又没法报销，接下来给考古队里的民工开工资就只能打白条了。另外，每天的吃饭和柴米油盐等，都得花钱啊。这可怎么办？

何双全只好出面，跟民工队队长商量，从他那儿借钱。

民工队来考古工地干活，原本是来挣钱的，结果反倒被雇主借钱。这也太说不过去了！还好，队长比较实诚，慷慨解囊，考古工作总算没有中断，一直坚持到经费拨下来。

在荒野里考古，是个非常辛苦的活儿。

一方面，气候不好，要么是大风伴随着沙尘，把每个人都吹得灰头土脸；要么是忽冷忽热，夏天气温高达40多摄氏度，地表甚至有80多摄氏度，冬天又特别冷。另一方面，劳动强度大，没有节假日，昼夜值班看守工地，很熬人。

更重要的是，除了体力活，还有脑力活。平时发掘的时候，大家必须一丝不苟，清理现场、绘图记录等环节，一个都不能松懈。

最大的挑战还是经济上的难题。考古现场，缺粮，缺水，缺煤，缺油。据何双全回忆，某年元旦前后，工地上90%的人都感冒发烧，几乎全部病倒。工地上几乎弹尽粮绝，只剩一瓶开水，连灶都开不了了。最后一顿饭，28个馒头被39个人分着吃了。

就是在这样艰苦的条件下，考古队从悬泉置发掘出各类文物7万件，其中汉简3.5万枚，有文字的2.3万枚。这个发掘是轰动性的，尤其是有字的2.3万枚汉简，为历史研究提供了资料。

二、悬泉置都有啥

张骞“凿空”西域，卫青、霍去病击败匈奴，是汉武帝时期在西北地区开疆拓土的两项壮举。由于河西走廊的打通和匈奴威胁的解除，从长安出发，经由西域抵达西亚、印度、地中海沿岸的商贸运输通道和文化传播通道得以贯通。近代欧洲探险家李希霍芬将其称为“丝绸之路”，也就是今天我们所说的“陆地丝绸之路”或者“传统丝绸之路”。

从长安出发，经河西走廊抵达玉门关的这一路段，处在西汉王朝直接控制区域。一路之上，朝廷设置了许多驿站，悬泉置就是其中之一。

关于“置”，在历史文献中有“厩置”“传置”“骑置”“邮置”等多种称谓，分别代表了“置”的不同类型。如《史记·田儋列传》：“未至三十里，至尸乡厩置。”《汉书·文帝纪》：“太仆见马遗财足，余皆以给传置。”《汉书·西域传下》：“事有便宜，因骑置以闻。”《后汉书·西域传》：“立屯田于膏腴之野，列邮置于要害之路。”这些“置”，要么提供马匹，要么提供车辆，要么提供骑手，要么提供邮差。

其实，早在春秋战国时代，“置”这个概念就出现了。《孟子·公孙丑上》就引述了孔子说过的一句话：“德之流行，速于置邮而传命。”这里强调的是“德”的流传速度很快，但也从另一侧面凸显了“置邮”在信息传递方面的高效快捷。

然而，“置”跟我们印象中汉唐时代的驿站有什么相同点和不同点呢？它的建置、分布、规模、布局、人员编制、车马数量、管理体制、功能作用、角色定位，究竟是怎样的呢？悬泉置的发现，为我们提供了比较清晰的答案。

根据出土简牍记载，悬泉置全称为“敦煌郡效谷悬泉置”，是一座驿站。效谷是西汉设置的敦煌郡下辖的6个县之一。汉武帝时期，这里称“悬泉邮”，汉昭帝时改称“悬泉置”，东汉后期又改称“悬泉驿”，魏晋时期废弃，唐代又改回“悬泉驿”称谓，宋代以后再度废弃。到了清代，老百姓把这里称为“贰师庙”“吊吊水”。所谓“吊吊水”，说的就是“悬泉”。

悬泉置的日常任务就两条：一是传递公文，二是负责接待。

它传递的公文种类繁多，主要是公家的文件，包括皇帝的诏书、朝廷的紧急公文、将士的军报以及官员的信函和物品。当然，邮费全免。

它通常接待六类人：西域各国的使者和宾客、西汉中央和地方的官员、给朝廷打工的勤杂人员、归顺朝廷的羌人、官家的奴婢、由官府统一安置的内地流民和刑徒。其中的刑徒，主要是被判流放之刑的罪犯，他们是被送到敦煌“劳改”干苦力的。

上述六类人路过悬泉置，只要有官府的批文，都可以免费吃饭歇脚。

翻遍悬泉置的出土汉简，我们找不到它接待私人商旅的记载。由此判断，这个官办驿站不接待平民百姓和普通商人。丝绸之路最繁盛的时候，这里一次接待于阗国国王及其随从1060多人，光用坏的杯子就有300多个。这里也接待过乌孙国公主，当时还铺了地毯。这些都说明悬泉置当年的接待能力很强。

这样的接待能力，在“置”这种类型的驿站里，是非常罕见的。

这得益于它的牌面实力：纳入编制的有37人，拥有40匹马、10～15辆传车、5辆牛车等。事实上，到西汉末年，悬泉置拥有右令史以下人员100多人，马100多匹，每月消耗粮食7100多石。

这也得益于它在后勤方面的精细分工：悬泉置设了传舍、厩、厨、仓四大机构，各设“啬夫”和“佐”作为正副负责人。传舍啬夫管住宿，厩啬夫管马匹、车辆，厨啬夫管餐饮，仓啬夫管物资供应。

这一切有个总指挥，就是“丞”。他还有一些副手，比如令使、置啬夫之类。悬泉置接受敦煌郡和效谷县双重领导，敦煌郡负责重大事务，效谷县侧重后勤。

没有这点家底，悬泉置是无论如何不敢接待如此高规格团队的。

其实，悬泉置的家底还远不止这些。仅就出土的文物来看，种类之多、数量之大，世所罕见，足够考古学家研究很久很久了。

比如铁器，完整的就有30多件，成形的有上百件，包括锄头、镢头、铲子、斧子、刀、凿子、镰刀，最漂亮的要数犁铧和锯子。不过，这些工具的木柄都很平整，不像是被反复使用过的。

除了铁器，这里还出土了储粮、盛水用的陶罐，吃饭用的碗、盆、盘子、勺，蒸饭用的甑，木锥子、泥抹子、泥瓦刀之类的木器，樽、棋盘子、耳环之类的漆器，还有针、锥子、石磨盘、铜箭头，等等。值得一提的是，仅单个的漆筷子就出土了500多根，不过它们根本没法配对。总体看来，这些日用品琳琅满目，种类丰富。

悬泉置出土了不少穿的东西，衣服有麻、绸、棉3种，鞋则有麻、皮、毡、草、布5种。麻鞋是大人穿的，有的长40多厘米，说明那个时代大人的脚丫子不比现在小；皮鞋是小孩穿的居多，这也是目前国内出土的最早的皮鞋。

“吃货”最感兴趣的是出土的食物。种类也不少，粮食作物有大米、大麦、糜子、谷子，副食有牛肉、羊肉、鸡肉、骆驼肉，反倒是猪肉比较少见。另外，有韭菜、苜蓿籽、核桃、桃核、杏核等。

悬泉置的出土物件里，有三件是很有趣的：

——天马骨头。悬泉置接待过于阗国国王、康居国国王、乌孙国公主，陪同这些达官贵人而来的，自然就有天马，也就是众所周知的汗血宝马。出土简牍里记载，天水郡的人会到悬泉置来接收天马。悬泉置的灰坑里，也发现了天马的骨头。

——字体相仿的汉简。出土的几万片汉简中，字体差别不大。不过，不同级别的衙门发出的简牍文书，简的长度、编的绳数量都不一样。中央级的文件，简牍就长，绳子就多。估计这些汉简是由经过王朝统一培训的书写员来写的，类似专业打字员或者速记员，字体一致，文句工整，格式标准。

——地下有书香。出土文物里，文房四宝笔墨纸砚凑齐了俩：笔和纸。出

悬泉置遗址及其出土的汉简

土有毛笔4支，纸460多张，其中有字的13张。这个数量，超过了各地出土的西汉纸张的总和。这些纸，有的用来写字，有的用来包裹货物，都比蔡伦纸要早。另外，找到了私人印章和信件用的封泥。这也说明，丝绸之路向西传播的，不光有丝绸和茶叶，还有纸张和印章。

像这样的“置”，西汉时期的敦煌郡有9座，分别是渊泉置、广至置、效谷置、鱼离置、悬泉置、遮要置、龙勒置、玉门置和冥安置。每个置相距30公里，从东到西一线排开。它们承担的任务类似，地理位置类似，出土的汉简记载的内容也大体反映了汉代中西交通的基本情况，见证了汉朝的强盛、丝路的繁荣，成为今天研究陆地丝绸之路的第一手资料。

三、吃在悬泉置（上）：吃什么

悬泉置的首要功能就是招待所，要管吃、管住、管交通。吃是第一位的。

人要吃，马也要吃。悬泉置供应“传马”，就得安排“厩置”，配套饲料。

张家山汉简载：“□□马日匹二斗粟、一斗菽。传马、使马、都厩马日匹菽一斗半斗。”

悬泉置汉简也记载：“制曰：下大司徒、大司空，臣谨案：令曰：未央厩、骑马、大厩马日食粟斗一升、叔（菽）一升。置传马粟斗一升、叔（菽）一升。其当空道日益粟，粟斗一升。长安、新丰、郑、华阴、渭成（城）、扶风厩传马加食，匹日粟斗一升。车骑马匹日用粟、叔（菽）各一升。建始元年，丞相衡、御史大夫谭。”

按照《汉律》规定，给驿站传马提供的主要饲料是粟和菽。根据张家山汉简和悬泉置汉简的记载，说明当地是依法饲养的，饲料种类严格按规定供应。

不过，政策是死的，人是活的。驿卒和传马都是为驿站的正常运转服务，相处久了总会有感情。因此，传马的伙食种类会比政策规定的要多。居延汉简和悬泉置汉简中就有这么几段，值得玩味：

> 丙辰，出茭卌束，食传马八匹，出茭八束，食牛。

出麦四斗，以食戊校莫（幕）府史张卿所乘广至马一匹，再食，食二斗。都吏石卿监。

出麦四斗，已。建平五年闰月□□，县（悬）泉啬夫付宜禾书佐王阳，给食传马二匹，迎昆弥。

甘露二年二月庚申朔丙戌，鱼离置啬夫禹移县（悬）泉置，遣佐光持传马十匹，为冯夫人柱，廪穬麦小卅二石七斗，又茭廿五石二钧。今写券墨移书到，受薄（簿）入，三月报，毋令缪（谬），如律令。

这几条资料显示，汉代驿站传马的饲料，在实际操作中种类很多，不限于粟和菽，还有麦、茭、穬麦。

让传马吃得精细一些，有助于它多长肌肉，多存体能，关键时刻能跑得快、耐力足。而悬泉置更重要的任务，是要让人吃饱吃好。

说到吃，不得不先说说汉代餐桌上的食品。

居延汉简中所见的汉代农作物，主要包括粮食、油料、蔬菜三大类。粮食类包括粟、小麦、大麦、穬麦、黍、稷、秫、糜、胡豆9种，油料类包括葵、芥2种，蔬菜类包括韭、菁、葱、大薯4种。其他史料还记载有粱米、黄谷、土麦、白米、黄米、菽6种粮食作物。可以说，汉代的农作物种类是比较丰富的。

然而，这并不意味着行走在汉朝的驿路上就能当个愉快的“吃货”了。

事实上，汉简记载的边疆驿站提供的传食里，包括悬泉置在内，给人吃的主食只有粟、米等粮食作物，至于油料类、蔬菜类，则是极其罕见的。睡虎地秦简里显示，驿站的传食供应还包括菜羹。这种食物没供应多久就被偷偷地抹掉了。这是怎么回事呢？

别忘了，悬泉置只是个边疆的招待所。在当时的交通条件下，位于沙漠边沿的这么个站点，官府给运去点粮食很艰难。蔬菜、油料更是没法自给自足，外运来的又很难保鲜。因此，粮食种类稀少，蔬菜、油料罕见，也就不奇怪了。

更何况，这些都是由官府供应。官府的习惯是用规模经营和统一行动来降低成本，提高效率，保障供应。实话说，能给点常见的粮食作物，管够管饱，已经不错了。像黍这样的稀罕物，没法敞开供应，只能特供给有头有脸的高官贵族了。

虽然蔬菜、油料稀少，但如果只让过往客人吃主食，一口菜都不给，那就太不像话了。于是，悬泉置只能克服困难，自力更生，在自留地里种菜。毕竟，从当地的气候和水文条件来看，只要选对了品种，像韭菜、葱等还是能大量种植的。悬泉置就开设了“农场”，修建了基本的水利设施，自己种点庄稼，以补充不时之需。

汉代驿站的传食，并不都是一视同仁的。服务的对象级别不同，吃的东西也有差别。比如，张家山汉简《二年律令·传食律》就记载，有些驿站规定，官员吃的食物可以提供酱这种调料，而他的随从就只能给盐。

悬泉置似乎还没干得这么极端，但也区分等级。比如，可以给所有人提供粟或米作为主食，并辅以酱，但如果给高官提供，就不光这些了，还要有鸡鸭鱼肉以及酒。

四、吃在悬泉置(中)：吃多少

还是先说说马。

张家山汉简和居延汉简，对于汉代传马应该吃多少都做了记载。张家山汉简载，每匹传马每天吃1斗半菽。居延汉简载，每匹传马每天吃1斗1升粟、1斗菽，一些重要的驿站，传马吃的粟会翻倍，达到2斗2升。

当然，这也体现了不同地区、不同经济条件下，传马饮食待遇的一些差异。

敦煌悬泉置汉简也有一些记载可以说明问题。比如：

出麦四斗，以食戊校莫(幕)府史张卿所乘广至马一匹，再食，食二斗。都吏石卿监。

出粟三石，马十匹，送大昆弥使者，都吏张掾。阳朔四年二月戊申，县(悬)泉啬夫定付遮要厩佐常。

出粟十八石，骑马六十匹，乌孙客。都吏王卿所送。元延四年六月戊寅，县（悬）泉啬夫䜣付敦煌尉史褒马。

可见，虽说西汉王朝给传马的食量设了上限，但只要传马想吃，王朝给不了的，驿站自己会想办法解决。一般来说，每天每匹传马大概能吃2斗麦子或者3斗粟，这超出了规定的上限。

马吃饱了，该考虑考虑人了。

人当然没马吃得多，但吃得更精细，要求更高。

睡虎地秦简里有篇《传食律》，规定："使者之从者，食粝米半斗；仆，少半斗。"也就是说，按照秦代的通行做法，使者的随从每天配给半斗糙米，相当于现在的6斤左右。不过，如果每天能吃这么多，那也太能吃了。

实际上，半斗可能只是个额度，或者说价格上限，它指的是吃价值半斗糙米的食物，可以包括蔬菜、水果、肉、酱等。信使的仆人，额度略少一些，但也够吃了。

这样的食量上限，在张家山汉简的《二年律令·传食律》里没有变化。也就是说，秦汉时代，人们路过驿站吃顿饭，标准不太高，但肯定能吃饱。按照每天每人半斗，也就是一天消费5升来算，一个月就得1.5石。

不过，敦煌悬泉置汉简显示，悬泉置过往客人吃得更多，种类更丰富。比如下面两句：

出粟一斗八升，以食守属萧嘉送西罕侯封调，积六食，食三升。

出米一斗二升，十月乙亥，以食金城枝阳长张君夫人、奴婢三人，人一食，东。

这么看来，住在悬泉置的客人，每顿饭大概吃3升粟或米，一天至少吃2顿，就得6升粟或米，高于《传食律》的上限。当然，驿站自己会有办法填补这个差额。

说完了主食，再来说说肉食。

在吃肉的问题上是要论等级的，比如乌孙使者的待遇就是一天吃4升粟，没说肉的事；乌孙贵族就可以在此基础上增加2斤肉和半斗酒；主羌使这样的官员及其1名随从，则能享用6升米和1斤肉；羌族首领每人可以吃5斤肉；长罗侯军长史及斥候共72人则可享用180斤牛肉。

当然，在悬泉置吃鸡，在多数情况下还是管够的，每人每次吃1只鸡算常态。

五、吃在悬泉置（下）：吃的供给侧和需求侧

悬泉置要想满足过往客人的口腹之欲，物资储备必不可少，后勤供应必须跟得上。那么，它提供的传食，食材都从哪儿来呢？

敦煌悬泉置汉简显示，悬泉置食材供给侧很广泛，主要有四个源头：

——所在郡。敦煌郡通常会统一调拨粮食，比如从悬泉置所在的效谷县调拨，或者从郡直管的粮仓调拨，或者从其他县调拨。如果数量庞大，悬泉置的搬运人手不足，敦煌郡还会派兵来协助搬运。

——所在县。敦煌悬泉置汉简记载：“效谷长禹、丞寿告遮要、县（悬）泉置，破羌将军将骑万人从东方来，会正月七日，今调米、肉、厨、乘假自致受作，毋令客到不办与，毋忽，如律令。掾德成、尉史广德。”这段话是效谷县调拨米、肉、厨、乘给悬泉置，用于迎接破羌将军的相关公文，说明悬泉置的传食中，部分米、肉等食物就地取材，由所在县提供。这些东西不见得县里都有，那就需要花钱去买。敦煌悬泉置汉简又记载：“正月尽十二月丁卯所受县鸡廿八只（双）一枚，正月尽十二月丁卯置自买鸡十五只（双）一枚，直钱千二百一十五，唯廷给。”

——隔壁置。有时候临时需要的食材不多，或者郡县的补给暂时跟不上，悬泉置也会找隔壁置帮帮忙。敦煌悬泉置汉简记载：“入鸡一只（双），十二月壬戌，厨啬夫时受鱼离乡佐逢时。”意思是说，悬泉置的厨啬夫，也就是厨师长，从隔壁置——鱼离置的佐逢时手里拿到了一只鸡。当然，置与置之间不存在互相帮忙的义务，如果需要在它们之间调拨物资，还是需要敦煌郡批准，或

者统一安排。

——附近的亭。敦煌悬泉置汉简记载：“入鸡一只（双），十月甲子，厨啬夫时受毋穷亭卒□。”意思是说，悬泉置的厨啬夫，从附近的毋穷亭的两个士兵手里得到了一只鸡。“亭”是汉代最基层的行政单位，它跟敦煌郡隔得比较远，大概就不需要郡守出面调拨了。

悬泉置解决吃的问题，主要是靠山吃山，受到所在郡县和附近亭置的帮助。当然，悬泉置的日常开销，包括修路造桥、建造传舍、养马雇人、笔墨纸砚等，也离不开所在郡县的帮助。比如悬泉置在西汉末年就曾在两个月间领到上万钱的经费，开销还是比较大的。

搞来这些鸡鸭鱼肉之后，谁有资格吃呢？这就涉及需求侧的问题了。

根据张家山汉简里《二年律令·传食律》以及敦煌悬泉置汉简的记载，我们可以把悬泉置的“吃货”分成七类：

第一类：地方官。比如主羌使者、护羌都吏、护羌从事、戊己校使者、幕府史、军候、宜禾书佐、骊轩（靬）佐等，这些主要是郡、县衙门的主要官员。

第二类：中央官员。比如出使使节、太医等。

第三类：出征将领和随行人员。

第四类：以羌族为代表的少数民族头领。

第五类：外国客人，以使节居多。

第六类：出嫁异域的公主和其他贵族女子。

第七类：换防调动的戍边军人。

这七类人使用悬泉置，在这里吃住，有几个共同点：第一，主要是为了办理公务，比如赴任、离任、调动、巡视、致仕、政治联姻、因公出使等；第二，少数民族首领和外国使节会受到优待；第三，官员只要够级别，他的下属和亲属都能在悬泉置吃住；第四，必须有官府批文才能免费吃喝住用。

六、悬泉置的价值（上）：还原历史

悬泉置是怎样承担信息中转使命的呢？悬泉置出土的大批汉代竹简，最大限度地还原了历史真相。

汉代人在寄信之前，是要接受严格检查的，主要有两个环节：一是封检，二是题署。封检是用来封缄文书的东西，材质一般是木板。封检上有刻齿、封泥，盖印后用绳捆好。主要用来防止内容泄漏和伪造，确保文书的真实性和权威性。题署即在封检上题字，注明寄件者、收件者、传递方式等。

悬泉置遗址就出土了一些印章、封泥和封检，其中一枚封检上有“悬泉亭次行”的字样。这是什么意思呢？“悬泉”表明了该文书的寄出地点，“亭次行”表明了该文书的传递方式。

把书信封好以后，在寄出之前是要登记的。汉代每个亭都有登记簿，名曰“邮书簿”，详细记录了发件人、经手人、收件人的信息，主要是为了备查，一旦弄错弄丢，便于作为证据，分清责任，免得无端背锅。

悬泉置出土的邮书簿里，就有一条是“入西皂布纬书一封，大司徒印章，诣府。纬完，赐……从事宋掾书一封，封破，诣府”。

这是什么意思呢？它说的是，悬泉置收到一份从东边来要传递到西边去的皂布纬书一封，上面盖着大司徒的印章，保存完好，书信的目的地是敦煌太守府。所谓“皂布纬书”，意思是书信外边包裹着一层黑布。另一封是“从事宋掾书”寄的书信，封检破损，目的地也是敦煌太守府。

登记之后，那就要传递了。

不管一次投递的书信是一封还是多封，收件人是同一人还是多人，情况再复杂也要登记。比如：

出东书八封，板檄四，杨檄三。四封太守章：一封诣左冯翊，一封诣右扶风，一封诣河东太守府，一封诣酒泉府。一封敦煌长印，诣鱼泽候。二封水长印，诣东部水。一封杨建私印，诣冥安。板檄四，太守章：一檄诣宜禾都尉，一檄诣益广候，一檄诣广校候，一檄诣屋兰候。一杨檄敦煌长印，诣都史张卿。一杨檄郭尊印，诣广至。（一）杨檄龙勒长印，诣都史张卿。九月丁亥日下铺时，临泉禁付石靡卒辟非。

在长23.5厘米、宽1.9厘米的邮书简上，亭卒把15封邮件的封印、送达地点、受付时间、交接单位及收件人都登记得一清二楚，文字简洁，语义连贯，保存完整，非常难得。

悬泉置出土的最完整的汉代私人信件是《元与子方帛书信札》。它是一位名叫“元”的下级军吏写给同事兼朋友“子方”的信件，这是目前发现的字数最多、保存最完整的汉代私人信件。除了问候客套，信中主要讲了几件事：请子方给自己买一双皮鞋，买五支质量好的毛笔；请子方看望一下经子方推荐任记差的次孺，并给家属写一封信；请子方给吕安刻一枚私印；请子方给郭营尉买一条响鞭。

传递分为两种类型：一是限时传递，二是分段传递。

先说限时传递。

只要是官方文书，都有时间限制，特别是皇帝的命令以及标注“急”字的文书，都是紧急文书，必须立即递送，不得延误。这就是限时传递。悬泉置就收到过这样一份紧急文书：“皇帝橐书一封，赐敦煌太守。元平元年十一月癸丑夜几少半时，县（悬）泉驿骑传受万年驿骑广宗，到夜少半时付平望驿骑。”

这是说悬泉置的驿骑收到一封装在口袋里的文书，是皇帝写给敦煌太守的。收到的时间是夜几少半时，也就是接近夜少半时，要求到夜少半时就得交付到下一站的平望驿骑。这就意味着，这封文书必须迅速交接，没时间耽搁。

再说分段传递。

由于递送文书有严格的时间限制，一些长距离递送，指望同一个信使一路跑下来，显然有风险。因此，需要在传递过程中分段，每个信使跑其中一段，前后相继，接力传递。这就需要各驿站、邮亭登记保留详细的过往和收发记录，而且要对过往文书的性质、数量、种类、收件人、发件人、印章封泥是否完好、信封颜色和质地、文书交付和发出时间、传递者等情况做到详细记录。

悬泉置汉简中就有这样的记载：“出西书三封，置记二。二封诣府，一封冥安长印，一封酒泉太守章，一封毋（无）印章，诣敦煌。十二月癸酉，大农付乐望卒印。”

这段话记载了文书的邮寄方向、数量和性质，还记载了悬泉置的递送人，即大农，以及下站（乐望）的交接人印。大农要负责悬泉置到下站之间这段路的文书递送，确保安全快捷。

文书的传递方式也是有讲究的。悬泉置汉简里就有“以亭行”和“亭次行”的字样，这两者虽然都是步行传递文书，但差异是很明显的：“以亭行”是指一个亭一个亭依次传递，“亭次行”是指按亭的编次传递，并不是所有亭都要停留。

此外还有“驿马行”，就是调用驿站的马匹，进行中长距离的递送。

重见天日的汉简，让后人以悬泉置为切入口，了解了两千多年前，边疆小型驿站作为基层机构，是怎样履行职能的，是怎样串联起这个庞大王朝的。显然，悬泉置麻雀虽小，五脏俱全，涵盖了邮驿、行政、军事、接待、农场等多种功能。

悬泉置的综合性特色，使它有机会见证一个个重要的历史时刻，并成为陆地丝绸之路的重要枢纽。

七、悬泉置的价值（中）：沙尘暴与西汉纸

悬泉置能够保存下来是很不容易的，这不仅是因为它处在大漠深处，也因为这一地区气候恶劣，沙尘暴是这里的常客。

今天，在河西走廊一带生活的居民的方言里，人们常把沙尘暴说成是“大风”，弱一些的叫“黄风”，强一些的叫“黑风”。这样的说法很形象，毕竟沙尘暴离不开狂风，沙尘暴形成的时候，漫天黄沙，遮天蔽日，白昼宛如黑夜。这样的场景，在悬泉置并不罕见。

有汉简记载，悬泉置的官员送渠犁校尉的一位属官，路上遇到了“大风”。风很大，把树木都刮断了，一个叫赵定的人还受了伤。

也有记载，某年二月，悬泉置的官员送一位黄姓使者，路遇“大风”，使者的坐骑受惊而死。

还有记载，某天某官府派人执行公务，为其配备了一车一马，结果此人走到半路就折返回来，跟上级报告说，自己在敦煌的悬泉置附近遇上了很强的沙

尘暴，风沙把车刮坏了，马受惊跑丢了，本人也受了伤，只能徒步返回。

汉简的记载在考古发掘中得到了证实。悬泉置的地层出现了黄沙和沙砾相叠的情况，最上一层黄沙距离地面大约80厘米，接下来在120厘米、140厘米的地方都发现了黄沙，这些黄沙层的厚度约为1厘米。如此推算，在汉代大约每隔5年就会来一次规模较大的沙尘暴。

这样的沙尘暴，直到今天仍然时不时来上一场。它刮起来就像一堵黑墙，席卷而来，置身其中，伸手不见五指，十分恐怖。

环境太恶劣，反倒激发了人们对生态环境的保护意识。

考古工作者在悬泉置遗址一块倒塌的墙壁上发现了一段神秘的文字。经研究发现，它是一篇《月令》，主要讲了一年四季的农事安排与自然生态保护的禁令。这应该算是古代比较早的生态环保规定。

墙壁坍塌变成了碎块，考古工作者只能小心翼翼地把它们编号、包裹、装箱，接下来就是系统整理和修复。

文物修复，要修旧如旧。考古工作者首先尝试细麦草拌泥的办法，试验后对比明显，跟搬回来的墙壁碎块的泥不一致。之后又尝试了几种办法，都不成功。后来还是有人剑走偏锋，把牛粪和泥土搅和成细泥，既有黏性，纤维又比较细，试验效果满意。解决了原材料问题后，墙壁碎块被拼接了起来，基本实现了复原。

修复的墙壁上，用墨书写了一篇诏书，题为《使者和中所督察诏书四时月令五十条》。全文1300多字，为西汉元始五年（5）太皇太后发布的诏书，结尾有安汉公王莽奏请和逐级下达的文书。元始是汉平帝的年号，汉平帝年幼继位，太皇太后垂帘听政，而朝政由王莽把持，这段墨书实际上是王莽为篡权营造舆论氛围而采取的修法措施。

诏书里说，如果阴阳不调，风雨不按时，农民就难以安心耕作，水旱灾害就会接踵而至。为了克服灾害，就必须对人们的生产生活做出规定，比如严格限制采伐树木，到农历八月草木凋零后才能采伐那些能砍伐的树木。

悬泉置作为西汉行政体系中的基层组织，能把这样的诏书写在办公室的墙壁上，供长官天天看、月月想，说明这道诏书很重要。或许，两千多年前的西汉时期，河西走廊的生态压力就很大，官府修订颁布《月令》，郑重涂写在基层组织办公室的墙壁上，就是要确保这些措施落实到位，不能懈怠马虎。

悬泉置遗址的另一个重大发现，就是出土了460多片纸。经过化验，它们大多是麻纸，麻纤维很明显，表面粗糙，纤维分布不均，由此推测其制作工艺为浇纸法。这种古老的造纸方法，在中国云南、西藏、新疆等少数民族地区以及东南亚地区仍然保留。

浇纸法生产的纸张分为两类：一类是粗糙、较厚、呈黄色的纸，技术更原始，很可能是中国最早的古纸之一；一类是相对柔软、较薄、呈黄白色、表面添加填料的纸，技术有进步。

这些麻纸中，有10多张写有墨书，内容是西汉后期的，但字体有魏晋风格。因而，悬泉置出土的这些纸，究竟是不是西汉时期的产物，还有争议。当然，悬泉置也出土了一批麦草纸、树皮纸、蒲草纸，其年代显然晚于西汉。

由于纸张的制作工艺还很落后，制作效率较低，这些麻纸大多用于包裹物品，而不是用来写字。直到王莽篡权的时候，西汉官府的主要书写工具还是简牍。直到蔡伦改进了造纸术，让更便宜的原材料进入造纸流程，这才推动了纸张的普及。

悬泉置见证了这一划时代的历史进程。或许，早在西汉时期，陆地丝绸之路上的主要商品中，除了丝绸、茶叶，还有纸张。

八、悬泉置的价值（下）：遥望西域

西汉神爵二年（前60），匈奴日逐王由于受到单于猜忌，被迫带兵南下，投降汉朝。作为匈奴的重要军事力量，日逐王倒向汉朝，极大改变了汉匈双方在西域的力量对比。

这是大事，但《汉书》对其记载很少。悬泉置汉简的出土，弥补了这一空白。汉简中记载，西汉的大司马车骑将军韩增、骑都尉郑吉联合发布文件，派人专程前往敦煌、酒泉，迎接日逐王。敦煌郡守安排迎送，热情款待，甚至在把日逐王从敦煌送到冥安的路上，还累死了一匹马。

日逐王降汉的连锁反应，就是同年西汉王朝设立了西域都护，取代了匈奴在这里设置的僮仆都尉。由此，西域地区不再受匈奴管辖，而是纳入了西汉王朝的统治范围。西域的历史走向随之改变，西汉王朝对西域行使主权的历史印记，从此明确。

日逐王从西域前往长安要途经悬泉置，他在那里受到了热情的款待。很幸运，悬泉置的汉简作为原始资料，记载了这一切。

作为陆地丝绸之路的重要一站，悬泉置见证了中原与西域各国在各领域的交流，也见证了中西文化交流的起步阶段。

比如，悬泉置汉简记载，甘露四年（前50）十二月，西汉王朝的长罗侯常惠派人护送尉犁王及王妃前往长安朝贡。永光元年（前43）二月癸亥，敦煌太守派员接待焉耆、危须、鄯善三国使臣，安排若干匹马、7辆牛车，从敦煌出发，途经悬泉置，前往长安。敦煌太守还发布文书，要求沿途所需由当地自行采买，都尉以下都到县界迎候，给予对方很高礼遇。

值得一提的还有乌孙国。这是西域北道（天山以北）的大国，拥有12万户63万人。乌孙国虽然在史书上只出现了几个世纪（公元前2世纪至5世纪），但它在西汉时期发挥的历史作用很大。由于它地盘大、影响力强，往往成为汉朝和匈奴竞相拉拢的对象。它的态度和向背，对于汉朝和匈奴在西域的影响力消长格外重要。

如悬泉置出土的《悬泉置元康五年正月过长罗侯费用簿》，一共有18枚竹简，记载了公元前61年，长罗侯常惠及其部属路过悬泉置，消费酒、肉、米、豉、酱等食物的记录。要知道，长罗侯常惠是汉朝派往乌孙的使臣。这些原始资料对于研究西汉和乌孙的关系，有着非常重要的作用。

在西汉王朝的努力下，像乌孙这样的西域大国最终成为西汉属国。西汉王朝设立西域都护府，总揽西域日常事务，主要承担保护丝绸之路安全的任务。西汉在西域不实行郡县制，而是维持西域各国旧俗，在重要地区驻兵屯田，维持军事力量，跟乌孙、龟兹等大国和亲，保持战略联谊。通过这些努力，西域各国与长安联系频繁，依附感、归属感和向心力不断增强。它们需要西汉的保护，西汉也需要它们的拥护。

还有三个西域国家不得不提，那就是大宛、康居和大月氏。

大宛，地处费尔干纳盆地，东南北三面矗立着天山山脉、吉萨尔－阿赖山脉，其活动范围主要在今乌兹别克斯坦、塔吉克斯坦、吉尔吉斯斯坦三国边界地区。

在张骞“凿空”西域的过程中，大宛是帮了忙的，不但给吃给喝，还派人当向导，把张骞送到了康居。不过，汉武帝后来看中了大宛的汗血宝马，不断派使者索取，激起战争。公元前104年至公元前101年，汉武帝派贰师将军李广利远征大宛，劳民伤财，最终迫使大宛求和，献出了3000匹汗血宝马。

战后，双方保持了较长时间的和平状态。《汉书·西域传上》把大宛列入西域都护府的管辖范围。悬泉置出土的汉简记载：“大宛贵人食七十一，凡三百一十八人”“大宛贵人乌莫塞献橐他一匹，黄、乘、须两耳，絜一丈，死县(悬)泉置”。这说明大宛使团规模庞大，其进贡的骆驼还有死在悬泉置的情况。这也体现了西汉王朝对大宛的管辖，只是朝贡与臣服的羁縻关系。

康居是陆地丝绸之路上的另一个西域大国，其活动范围主要在今哈萨克斯坦南部及锡尔河中下游地区。与大宛这样的农耕定居部落不同，康居和大月氏都属于“行国”，也就是“随畜移徙”的游牧部落。

康居跟西汉的关系是摇摆不定的，张骞曾得到热情接待，并被安排送到了大月氏。当大宛遭到西汉军队进攻时，康居又深感唇亡齿寒，便暗中支援大宛。北匈奴郅支单于西逃，康居与之结盟。建昭三年(前36)，甘延寿、陈汤率兵讨伐郅支单于，康居曾暗中支持郅支。显然，在周边环境错综复杂的情况下，康居的对外策略多变，完全是以自身利益为转移的。

悬泉置出土的汉简记载了汉朝与康居友好往来的事件，比如：“甘露二年正月庚戌，敦煌太守千秋、库令贺兼行丞事，敢告酒泉太守府卒人：安远侯遣比胥楗罢军候丞赵千秋上书，送康居王使者二人、贵人十人、从者六十四人。献马二匹、橐他十匹。私马九匹、驴卅一匹、橐他廿五匹、牛一。戊申入玉门关，已阅（名）籍、畜财、财物。”

这是公元前52年敦煌太守发给酒泉太守府的一份平行文书，告知此次康居王派出的使团有76人，随行大牲畜78头。这是陆地丝绸之路上一个规模庞大的使团。朝廷要求敦煌、酒泉等沿途郡县的地方官必须认真接待，否则会被追责。78头随行大牲畜里，有2匹马和10头骆驼是献给朝廷的贡品，其余的马、驴、骆驼可能是使团人员的座驾，而那头牛有可能是“行走的储备粮”，一旦路上遇到困难，就宰杀食用。

大月氏距离长安更远。按照《汉书·西域传上》的记载，大月氏曾“随畜移徙，与匈奴同俗。控弦十余万，故强轻匈奴。本居敦煌、祁连间”。从天山以东到河西走廊都曾是大月氏的活动范围。西汉初年，匈奴打败了大月氏，迫使其西迁到阿姆河流域，大月氏打败了当地的大夏国，定居于今天的阿富汗北部。

当然，大夏国也没有灭亡，其被大月氏一分为五，设翕侯管理，活动在今天的瓦罕峡谷一带，属于游牧民族。与东汉光武帝刘秀的崛起几乎同时，五翕侯中的贵霜翕侯逐渐强大起来，建立了贵霜王朝，将势力渗透到南亚次大陆，从而与波斯、罗马、东汉王朝共同成为欧亚大陆的四大帝国。

张骞曾联络过大月氏，相约夹击匈奴，但大月氏安于现状，不愿再战。不过，张骞在大月氏的集市上发现了来自四川的布匹和邛竹杖，意外地找到了西南丝绸之路的路径。不过，自此以后，直至贵霜王朝建立，大月氏和大夏究竟发生了什么，由于传世史料的匮乏，历史学家一直处于茫然状态，只好将其称为“黑暗时代”。

悬泉置出土的汉简，为“黑暗时代”带来了些许光亮。

比如：“甘露二年三月丙午，使主客郎中臣超承制诏侍御史曰：顷都内令霸、副侯忠，使送大月氏诸国客，与斥候张寿、侯尊俱为驾二封轺传，二人共载。御属臣弘行御史大夫事，下扶风厩，承书以次为驾，当舍传舍，如律令。”

这段话讲的是，公元前52年，御史大夫府发出了一封书信，要求扶风厩以西沿途驿站，包括悬泉置，都要给为大月氏诸国客送行的使者提供食宿和车辆。所谓“大月氏诸国客”，说明来长安朝见的客人，除了大月氏使者，还有西域其他国家的使者。

又比如："使大月氏副右将军史柏、圣忠将大月氏双靡翕侯使者万若，山副使苏赖，皆奉献言事诣行在所，以令为驾一乘传。永光元年四月丁酉朔壬寅，敦煌太守千秋、长史章、仓长光兼行丞事，谓敦煌：以次为驾，当传舍，如律令。四月丙午过，东。"

这段话讲的是，公元前43年5月12日，敦煌太守发出书信，告知悬泉置：朝廷出使大月氏的使臣东返时，将与大月氏双靡翕侯的使者万若、山国使者苏赖一起，于5月16日途经悬泉置。他们要前往长安，面见皇帝，有事上奏。

悬泉置，是两汉时期长安到敦煌沿线80个驿站中，唯一得到全面发掘的驿站遗址。尽管有"西出阳关无故人"的诗句，但还有许多汉代边疆的生活图景仍旧埋藏在阳关以西地下，等待着后人探寻和揭秘。

小贴士 "依法送信"

1975年12月，湖北云梦睡虎地秦墓出土了201枚秦律竹简，包括律文108条。其中有两部法律文书，分别名曰《行书律》和《传食律》，从中可以对秦代重要信件递送和驿站后勤供应的规定窥豹一斑。

《行书律》共两条，讲了两点要求：

——急件即送。"行命书及书署急者，辄行之；不急者，日觱（毕），勿敢留。留者以律论之。"意思是说，凡是"命书"和标注"急"字的文书，都要马上送出；即便是不急的普通文件，也要当天送出，不得耽搁，违者法办。如果没有在规定的期限送到，也要追究责任。

——收发登记。"行传书、受书，必书其起及到日月夙莫（暮），以辄相报殹（也）。书有亡者，亟告官。隶臣妾老弱及不可诚仁者勿令……"无论是递送还是签收文书，都要记录发文和收文的日月朝夕，并及时回复，以便有案可查，明晰责任。文书如有丢失，应及时报告官府。信使必须身强力壮，行动敏捷。

隶臣妾老弱及难以信赖者，不宜充当信使。

《传食律》共三条，规定了驿站按官职、爵位级别的高低，为传递文书的人员供应米、酱、菜羹和食盐的定量。爵位在上造以下，直至没有爵位的佐、史，以及卜、史、司御、侍、府等职务，每餐可享用粝米1斗、菜羹以及盐1/11升；御史的卒人，则每餐只享用稗米半斗、酱1/4升以及菜羹和韭葱；而随从只享用粝米半斗；驾车的仆，更是只有粝米1/3斗。

1983年，湖北江陵（今荆州市荆州区）出土的“张家山247号汉墓竹简”中，有一篇《二年律令》，被确认为吕后二年（前186）颁布，里面就有《传食律》的内容，规定了按照官职、爵位的差别，为信使提供不同定量的米、酱、盐等。《二年律令》中的《行书律》，内容更丰富。

——规定“邮”的设置。一般情况下，“十里置一邮”，特殊情况可“廿里一邮”。每个邮一般有12户的编制，特殊情况下也可有18~24户的编制。邮有邮人，专管递送公文和紧急文书。条件艰苦的地方，或放宽到“卅里一邮”，或请负责当地治安的小吏代行邮人职责。每一邮，必须有水井、磨盘，可以加工粮食、取水做饭。

——规定“邮人”的特权。一旦成为邮人，自己和家人都可免除徭役和兵役，其拥有的田地，可有一顷免税。

——规定“邮”不可滥用。“邮”是递送紧急公文的中转站，如果文书并不紧急而使用“邮”来递送，就属于滥用，要罚金二两以示惩戒。

上述出土文献表明，秦汉时代就已经把送信纳入了法制轨道。“依法送信”，是那个年代每个信使必须遵守的行为准则。

阴盘驿亭
——郦道元的最后时光

北魏孝昌三年（527），阴盘驿亭。郦道元死在了这里。

郦道元是南北朝时期杰出的地理学家，他的代表作《水经注》，是中国古代最全面、最系统的综合性地理专著之一。在人们的印象里，他是位学者。能够靠一本书把名字印刻在史书中，说明他的确不简单。其实，郦道元不光是地理学家，还是文学家，更是叱咤风云的政治人物。只不过，学界的光辉没能改变他在政治斗争中的失败命运。

那么，郦道元为什么会死在阴盘驿亭呢？这又是个什么地方呢？

一、没输在起跑线上

阴盘是个什么地方？

这是个县，于汉武帝元鼎三年（前114）设置，隶属安定郡，县衙位于今陕西长武县西北。东汉末年，天下大乱，阴盘县的地盘被羌人控制。阴盘县衙只好挪到邻近的京兆郡新丰县（今西安临潼区），这就出现了一个县有两个县衙的奇特情况。

结束这个尴尬局面的办法只有两个：其一，赶走羌人，把阴盘县的县衙挪回去，但以曹魏和西晋的实力，可以说是鞭长莫及；其二，重建阴盘县，给它一块新地盘。西晋就采用了第二个办法，从新丰县的辖区里划出一块，重建了阴盘县。

阴盘驿亭，就位于这个重建的阴盘县境内，是北魏时期建的一座驿站。

郦道元研究了一辈子地理，但就是没研究过阴盘驿亭这个地方。或许他做梦也没想到，自己会在这里走完人生的最后一段路。

南北朝是世家大族把持高官要缺的时代，平民做官在那个年代很难。郦道元应该庆幸自己没有生在寒门，范阳郦家虽然不是北方士族里的最强者，但也算是被列入士族范畴内的大族。

郦道元的曾祖父郦绍，在十六国的后燕政权担任濮阳太守。北魏道武帝拓跋珪率军来攻时，郦绍见后燕大势已去，便主动放弃抵抗，投降了北魏，被任命为兖州监军。

郦道元的祖父郦嵩曾任北魏的天水太守。父亲郦范，先是以文官身份起家，北魏太武帝拓跋焘上位后，他供职东宫；文成帝继位后，赐爵永宁男，加授宁远将军；献文帝时，他随征南大将军慕容白曜平定山东，屡建奇功；后又担任平东将军、青州刺史。

在郦道元的家乡范阳，最有名望的家族当属卢氏，其被评为北魏汉人士族的前四大姓之一。郦氏家族虽然比不上卢氏家族，但在范阳地面上也是个大家族。因此，北魏统治者对郦家也是“留心慰纳”，甚至能做到用人不疑。郦范赴任青州后，被镇将元伊利扣了个“造船市玉，与外贼交通”的罪名。孝文帝派人调查后证实是诬告，便惩戒了元伊利，传旨宽慰郦范，称赞他“勤能致远”。

有人说过，“一个人最大的能力，就是让人对你放心”。这一点，郦范做到了。他给北魏统治者留下了“靠谱”的印象，这让郦家的社会地位再上一个台阶，也给郦道元提供了一个不输在起跑线上的机会。

郦范生前是有爵位的，被封为永宁侯。北魏太和十三年（489），郦范去世，郦道元承袭了父亲的爵位。只不过，按规定要降袭，于是，郦道元被授予的爵位是永宁伯。

虽说出身官宦世家，但郦道元最感兴趣的，是多数人不感兴趣的地理。十几岁的时候，父亲调任青州刺史，他也就跟着来到了山东。在这里，他经常跟朋友纵情山水，到处游览，观察水流的情形。他看过临朐的熏冶泉水、石井的瀑布，陶醉于流水奔腾之美。

后来，他做地方官的时候，经常利用工作之便和闲暇之时进行实地考察调研，努力搜集当地地理著作和地图，考察江河干流和支流的分布，以及江河流经地区的地理风貌。他甚至跋山涉水，寻访古迹，探寻江河源头；还走访乡亲，采集民间歌谣、谚语、方言和传说，并把这些资料记录下来。这些都为他撰写《水经注》打下了基础。

郦道元爱读书，这在当时是出了名的。他尤其爱读地理书，几乎把那个年代能找到的地理书都读遍了。他爱书，但坚信“尽信书不如无书”的道理，不但要弄懂书上的知识，还要对记载有出入的地方详细考证。在那个主要靠读书来摄取知识的年代里，书读得越多，知识积累越丰厚，看问题的视野就越开阔。

通过读书和实地考察，理论联系实际，郦道元感受到《山海经》《禹贡》《汉书·地理志》等前人地理书的一些缺陷，比如记载过于简略。他感受尤其深刻的是三国时代问世的《水经》，其记载了全国137条主要河流的水道情况，总共1万多字。遗憾的是，它写得太简略，缺乏系统性，对水道的来龙去脉和流经区域的地理状况语焉不详，还有一些遗漏。毕竟，有些地理要素是变量，不是一成不变的，比如河流会改道，地名会变更，城市有兴衰，这些都应该写进去。

郦道元决定在《水经》的基础上加注释，把学界反映的问题一一落实。这就是他撰写《水经注》的初衷。

写书是一项艰苦的事。只不过，如果把写书当作一种乐趣、一项使命，或许就没那么辛苦了。郦道元大概就属于这种情况。太和十七年（493），郦道元担任尚书郎，跻身中央政府的中低级官员行列，第二年还跟着皇帝北巡。可以说，郦道元拥有了一定的政治地位，这有助于他安心写书搞研究。

同年，还有位政治人物也在干着一项艰苦的事。这个人就是北魏孝文帝拓跋宏；他干的事，是迁都和改革。郦道元即将在这场改革洪流中有更多的参与和担当。

二、改革洪流中的家族荣耀

太和十七年（493），是北魏历史上的重要分水岭。这年，锐意改革的孝文帝拓跋宏，毅然决定放弃前代皇帝长期经营的首都平城（今山西大同），迁都洛阳。

迁都，不光改变了鲜卑贵族的生活环境，还移风易俗，全面汉化，比如说汉话、改汉姓、穿汉服、跟汉族人通婚、死后葬在汉地等。孝文帝自己带头改姓，把拓跋氏改为元氏。可以说，这是一次全方位汉化的系统改革。

孝文帝对汉族文化的仰慕是发自内心的。在他看来，要想让鲜卑贵族执掌的北魏王朝在中国北方长期统治下去，必须入乡随俗，接受和吸纳汉族文化。士族政治是南北朝时期汉族政治文化和社会文化的重要组成部分，孝文帝当然要把它列为必学内容。

太和十九年（495），孝文帝决定分定姓族，就是根据官爵和身份地位的高低，确定姓族的高下排位。今后安排官职，姓族的排位将是最重要的参考指标。孝文帝这么做，其实是有政治意图的。

一方面，他把鲜卑贵族中的八大勋贵纳入士族，将其政治和社会地位跟崔、卢、郑、王等北方汉人传统高门大族拉平；另一方面，他主动跟崔、卢、郑、王等高门大族进行政治联姻，用这种方式笼络他们，使这些家族沾上皇亲国戚的光，提高他们的政治地位和家族声望。

不过，孝文帝没有关上其他士族向上流动的大门。据《魏书》载，大臣韩显宗曾建议："陛下以物不可类，不应以贵承贵，以贱袭贱。"孝文帝回答："若有高明卓尔、才具隽出者，朕亦不拘此例。"这就给一般士族的官场生涯保留了上升通道。

孝文帝说到做到。在分定姓族改革中，他按照现任官爵大小，将所有的士族地主分成四个等级，即甲、乙、丙、丁四姓，但等级不是固定不变的。比如郦道元所在的范阳郦家，或许只是个排在"丁"等级的士族，但如果郦道元本人足够努力，位极人臣，那么郦道元的儿子、孙子辈，就有可能把郦家提升到

“丙”等级，抬高社会地位。

可以说，这是一套具有士族社会特色的官员激励机制。尽管这种激励机制的大原则是“功成不必在我”，父亲努力儿晋级，需要几代人的奋斗，但还是大大激发了一般士族的进取心。

孝文帝正是把门第和官僚体系相结合，厘定了汉人士族的门第，从而确保排名靠前的家族中，当世和后世几代人都能享有荣誉和地位。孝文帝的继承者宣武帝又把对才学的考察纳入激励机制，从而刺激了汉族士人潜心于儒学学术研究。

范阳郦家虽然是个一般士族，但每代人都很勤勉，一棒接着一棒，让这个家族在近百年间小步快跑，地位越来越高。特别是郦道元本人，不仅学问做得好，而且家族背景好，加上父亲郦范的军功和爵位，这些政治铺垫都使郦道元自然而然要勤勉持家，继往开来，重塑家族地位，增添家族荣耀，从而享受到孝文帝改革所带来的福利。

郦道元的进步，除了家族背景和自身努力，还离不开一个人的提携，他就是李彪。

三、成也伯乐，败也伯乐

李彪时任御史中尉，负责“督司百僚”。他辅佐孝文帝打击豪强，澄清吏治，政绩显著，被视为股肱之臣。正是这样的铁腕，确保了孝文帝的汉化改革能够冲破重重阻力，取得显著进展。孝文帝对李彪评价很高：“李彪之直，是我国得贤之基。”

物以类聚，人以群分，英雄总是惺惺相惜。太和十八年（494），孝文帝北巡，郦道元陪王伴驾。由于“秉法清勤”，被李彪看中，从而得到举荐，从尚书主客郎晋升治书侍御史，成了李彪的直接下属。这么说来，李彪与郦道元亦师亦友，是伯乐与良马的关系。

然而，李彪在宦海生涯中遇上了一个强劲对手——李冲。

李冲出身陇西李氏，是敦煌公李宝的小儿子。这个家族并非魏晋时代的高门大族，但由于李冲本人得宠，从而带动整个家族“一飞冲天”。那么，李冲是靠什么得宠呢？他的法宝有三：其一，凭借色相，给冯太后当男宠；其二，卑躬屈膝，对鲜卑贵族大搞政治攀附；其三，政治才干突出。

冯太后是孝文帝的奶奶，在孝文帝上台后的前十几年里一直掌权。汉化改革的第一阶段，也就是颁布均田令、建立俸禄制度、打击贪腐等措施，都是冯太后发布的。

咸阳王元禧、始平王元勰是孝文帝的两个弟弟，也是他汉化改革的重要帮手。李冲擅长牵线搭桥，他鼓动元禧娶了已故颍川太守李辅的女儿，元勰娶了自己的女儿。六个王妃里，陇西李氏独占其二。李冲甚至还把自己的女儿嫁给了孝文帝。通过政治联姻，李冲跟北魏皇室的交情越来越深。

李冲悉心辅佐孝文帝搞分定姓族改革，其兄弟子侄也获益，全都有爵位官职，全家人一年的俸禄相当于1万多匹绢。李冲自己的官职也越做越大，历任侍中、吏部尚书、太子少傅、尚书左仆射等职，深得孝文帝信任，“综摄内外”，权重一时。

李彪和李冲的关系本来挺好，李彪是寒门出身，能够步入高层，得益于李冲的赏识和栽培。然而，两个人的融洽关系并不长久，很快就闹翻了。

两个人为什么会闹翻呢？《魏书·李冲传》记载：“高祖南征，冲与吏部尚书、任城王澄并以彪倨傲无礼，遂禁止之。”一切归咎于李彪“倨傲无礼”。可是，明眼人一看就晓得：这只是个借口。

说到二李交恶，不得不提及孝文帝迁都。

迁都洛阳，固然是为了融入中原，并为统一全国打基础，但对于孝文帝来说，也有个人动机，即打散冯太后的势力。太和十四年（490），冯太后去世，葬在平城。不过，其后几年冯太后提拔的官员尚在高位，随时有可能干扰孝文帝的改革。迁都，其实也是为了摆脱冯太后的权力阴影和旧的政治氛围。

迁都这事，还是动了一些人的“奶酪”。这些旧人害怕一搬家，坛坛罐罐就要重新置办，担心新政权会来秋后算账，纷纷不主张迁都。李冲就是其中之一。

孝文帝宣布迁都洛阳时，李冲领着一帮保守派官员拦截马车，“敢以死请”，希望孝文帝“暂还北都”平城。他的理由是“营建六寝，不可游驾待就；兴筑城郭，难以马上营讫”。也就是说，新都洛阳不是一朝一夕就能建好的，要花很多功夫，与其待在像大工地一样的洛阳，还不如回平城。

孝文帝迁都决心坚定，李冲劝说无效就来打太子的主意。毕竟，他是太子元恂的老师。恰好，元恂受不了洛阳的酷热天气，就在李冲的怂恿下，非要回更凉快的故都平城去。可令所有人没想到的是，孝文帝为了把迁都和改革坚持下去，竟然把太子元恂废了。

《魏书·废太子恂传》记载，御史中尉李彪“承间密表，告恂复与左右谋逆”。孝文帝忍无可忍，赐废太子元恂自尽。

元恂之死，对于李冲来说，不仅失去了一个学生，更失去了未来的靠山。他认为，正是李彪的告密导致了元恂的死，也让守旧势力阻挠迁都的图谋彻底失败。于是，李冲跟李彪结下了梁子。

二人反目为仇还不光是因为元恂之死这一件事。事实上，孝文帝为了制衡李冲等守旧势力，组建自己的政治班底，有意栽培一些出身平平但才能卓著的官员，李彪就是其中之一。

不过，孝文帝虽然很欣赏李彪的才干，但对这样一个出身寒微的人，还是不敢放手重用。这大概跟他的思维惯性有关，孝文帝长期给冯太后当傀儡，习惯于韬晦隐忍，如果把李彪提拔太快，容易触动守旧势力的敏感神经。

可是，孝文帝的苦衷，李彪不懂。李彪一方面觉得自己升得慢，做出的贡献跟获得的官职不相匹配；另一方面又不愿意搞政治攀附，执意要靠自己的德和才来打动皇帝，获得提拔和声望。因此，他根本看不上李冲“所结姻连，莫非清望”的做法。

李冲和李彪本就不是一路人，如今，李彪的政治影响力快速上升，李冲感到了身后的丝丝凉意。他们的对立公开化了。于是，李冲准备联合鲜卑权贵，罗织罪名，陷害李彪。

孝文帝迁都后，为了证明改革卓有成效，便发动了对南朝齐的军事进攻。他前脚离开洛阳，李冲后脚就逮捕了李彪。接着，李冲“震怒，数数责彪前后忿悖，瞋目大呼，投折几案。尽收御史，皆泥首面缚，詈辱肆口”。李冲对着李彪不仅怒目圆睁，当堂狂骂，而且还砸东西，把桌案腿儿都摔断了；还不依不饶，把李彪的手下御史都捆了起来，挨个狂骂。

李彪被抓，牵连属下，第一个就是郦道元。为了坐实李彪的罪名，李冲对郦道元进行了刑讯逼供。为了不让属下受苦，李彪只好站出来承认那些李冲强加给自己的罪名。

李彪倒台了，郦道元也跟着吃了大亏，丢了官职。不过，他很感激李彪，这位伯乐不仅发现了他，提拔了他，而且在危难关头保护了他。李彪的倒台反而让郦道元坚信，坚持刚正不阿的品质没错，依靠自身奋斗获取声望没错，跟那些只顾既得私利、不顾整体利益的守旧势力斗争到底没错。公道自在人心。

于是，郦道元走上了跟特权阶层对抗的道路。

四、铁面“酷吏”郦道元

郦道元的名字是被放在了《魏书·酷吏传》里的。

在我们的印象中，“酷吏”一般都不是好官，比如汉武帝时期的张汤，武则天时期的周兴、来俊臣。这些人都是皇帝加强专制独裁、镇压异己的工具，等血雨腥风的阶段过去了，需要休养生息、安抚人心的时候，这些人就靠边站，通常会下场不好。

《魏书》把郦道元列进“酷吏”行列，大概是对他的官场生涯评价不太高吧。不过，如果复盘一下郦道元的“酷吏”史，或许会发现，他跟张汤、周兴、来俊臣真的不一样。

北魏太和二十三年（499），孝文帝驾崩。太子元恪上台，这就是宣武帝。

跟孝文帝比起来，宣武帝只是个守成之君。同是汉化，孝文帝努力学习汉族文化，不管好坏，统统武装到自己身上；宣武帝则把汉族文化里吃喝玩乐的技巧作为学习的重点。

显然，宣武帝的心思不在工作上。皇上不操心，就急需有本事的官员替自己扛责。即便这样的官员以前被责罚过，只要有能力，就还给机会。

于是，郦道元时来运转，再入仕途，当了三年冀州镇东府长史。冀州位于华北平原，离洛阳不远，是比较重要的地方。郦道元还代理冀州刺史，也算是位高权重了。

这三年，郦道元“为政严酷”。“酷”到什么地步呢？不光州县官很怕他，而且犯罪的老百姓也怕他，尤其是怕被抓了以后，在监狱里忍受酷刑，于是纷纷举家逃往外地。

郦道元这么狠，到底为了什么呢？其实，他做的事相当于“打黑除恶”，“苍蝇老虎一起打”，冀州的社会治安环境明显改观。他这样的“酷”，老百姓很欢迎。

三年后，郦道元被调去河南做鲁阳郡守。鲁阳，就是今河南平顶山的鲁山县。这个地方靠近伏牛山区，当地人比较粗犷，经常聚众为匪。郦道元到任后，兴办学校，鼓励读书，以提升当地人的文化知识水平。当地人识字以后，郦道元再推广北魏有关律令，告诫人们遵纪守法，如有违法会遭到严惩。郦道元认为，普及教育比直接抓人效果更可持续。久而久之，鲁阳当地人再也不做土匪了。

宣武帝延昌年间（512—515），郦道元调任东荆州刺史。在任上，他“威猛为政”。这么一来，不少当地人到朝廷向皇帝告状，说郦道元用刑严苛，要求把他换掉，让前任刺史寇祖礼回来复任。

寇祖礼是何许人也？根据历史文献记载，他不仅是个贪官，“列其贪状十六条”，而且谄媚权贵，“畏避势家，承颜候色”，根本就是个贪财好利的势利眼。大概也只有这号浑身都是毛病的“人才”，才能跟当地土豪劣绅沆瀣一气。

于是，郦道元又回归“无官一身轻”的状态。

一晃八年过去了，宣武帝已经去世，继任的孝明帝又想起了郦道元，于是，郦道元被召回京城，担任河南尹，治理首都洛阳。此外，他奉旨前往北方各镇，整编当地官员，筹备军粮，配发武器装备，为随时可能爆发的边疆战争做准备。

孝明帝觉得，北方各镇全副武装，对朝廷大小是个威胁。为了加强对这些军镇的控制，避免武将跋扈，他决定把这些军镇都改成朝廷直辖的州。郦道元熟悉军镇情况，孝明帝便诏令他为持节兼黄门侍郎，落实军镇改州的后续事宜，做好机构裁撤和人员分流。

然而，工作还没开始，北方各镇便发生动乱，这就是北魏末年有名的“六镇起义”。军镇改州的事只得叫停。不过，郦道元并非一无所获，还是积累了不少军事和地方行政经验。

就在这时，北魏决策层发生了一件大事，时任徐州刺史的鲜卑贵族元法僧在彭城（今江苏徐州）发动叛乱，投降南朝梁，并请梁武帝派兵接应。

梁武帝萧衍，曾在中国皇帝群体中创造了两个历史之最：最长寿的汉族人皇帝，享年86岁，仅比满族皇帝乾隆小3岁；最热衷佛教事业，曾经四次舍身同泰寺，除了第一次自己返回，后面三次均被大臣们花费巨资“赎回”，相当于为同泰寺以身捐款。在坐稳江南半壁江山后，他把目光瞄向了北方，做起了山河一统的梦。

梁武帝收到元法僧的求援信后，认为这可能是他圆梦的历史契机。于是，他派名将陈庆之率军接应，进占彭城。

元法僧叛变，震惊北魏朝野。决策层很快就想起了郦道元，毕竟他在整顿北方各镇时积累了军事经验。于是，郦道元奉旨持节，兼侍中、行台尚书，调度各军，对元法僧叛军发动进攻，多有斩获。南朝梁将领也不给力，发生内讧，全军溃退，唯有陈庆之麾下所部安然无恙。

彭城失而复得，郦道元因功升官，坐上了御史中尉的位子，这是当年李彪曾经做过的官职。

郦道元会不会像李彪那样继续刚正不阿呢？如果他也向李彪看齐，会不会被旧势力报复呢？

五、得罪当权者

孝文帝改革，大幅度提高了鲜卑贵族中皇室宗族也就是元姓宗族的地位。他们占据了大批高官职位，对不是皇族的鲜卑贵族构成了压倒性优势。这样一来，在最高权力构成上就形成了真正的“家天下”局面 。

孝文帝这么改，也是本着“疏不间亲”的儒家传统理念，通过重用亲族来扩张皇权。不过，这种做法的副作用也是显而易见的。这些皇室宗族，文化素质大多不高，突然位极人臣，“得志便猖狂”。他们总以特权阶层自居，飞扬跋扈，横行不法。孝文帝对他们的这些行为往往睁一只眼，闭一只眼，迁就回护，就是要笼络和利用好他们，为自己卖命。

《魏书·元志传》记载了这么一件事：

当年李彪还在当御史中尉的时候，有一次坐车外出，跟洛阳县令元志的车在路上相遇。按说，洛阳县令的级别比御史中尉低得多，二人的车辆相遇，洛阳县令应当礼让。可元志仗着自己出身皇室，就是不让，搞得李彪很不愉快。这事拿到孝文帝那儿评理，孝文帝反而称赞元志“此儿竟可，所谓王孙公子，不镂自雕”。

有皇帝撑腰，这些皇族大臣更加桀骜不驯、不遵法度。等到郦道元担任御史中尉后，这种情况依然没有改变。

按照朝廷颁布的《御史令》规定，御史中尉乘车出行，王公百官都要回避，腾出道路，确保车辆前方一里清空。绝大多数官员都执行这个规矩，只有尚书左仆射元顺，仗着自己官大，且是皇族，坚决不执行。郦道元也不含糊，直接把他弹劾了。

郦道元这么做似乎有些太过，至于这样计较吗？可是，设身处地想想，在郦道元生活的年代里，如果有官员对御史中尉缺乏足够的敬畏，御史中尉哪有底气严格执法呢？郦道元据理力争，依法办事，不惧权贵，勇于维护规矩，维护自己的脸面，做得没错。可是，元顺还是被皇帝保了下来，没有追究。

尽管经常跟不法权贵打遭遇战，但郦道元没有退缩，没有害怕，只要违法，哪怕是王爷也不会放过。《魏书·郦道元传》讲了一则这样的故事：

司州牧、汝南王元悦跟自己的贴身侍从丘念，俩人关系好得不得了，甚至到了睡一张床的地步。明眼人一看就明白：丘念是元悦的男宠。元悦对丘念也很好，不但偷偷送了一套大宅子，而且俩人出双入对，经常在这个大宅子里厮混。选拔下属官员的事，元悦对丘念言听计从。这样，对于想升官的官员来说，丘念就是往上爬的捷径，必须抓住。

朝廷高官豢养男宠，还把人事大权变相交给对方，这种荒唐事要是传出去，朝廷的威严何存！没有不透风的墙，这事郦道元听说了。作为一个有正义感的监察高官，他当然容不得这类丑闻。于是，郦道元就把丘念关进了监狱，准备处置。

丘念被捕，元悦急了。他很清楚：郦道元是铁面“酷吏”，求情没用，就不费这个劲了，干脆去找胡太后，求她高抬贵手，放过丘念。

胡太后拗不过元悦，就发布诏书，要郦道元刀下留人。可郦道元不管那么多，在诏书送达前就把丘念砍头了。顺便还以案说法，把元悦也弹劾了，说他包庇罪犯，玩忽职守。

这回，法律的尊严是维护了，但郦道元把王爷得罪了。这个消息迅速传开，皇室成员们对郦道元牢骚满腹，元悦也是怀恨在心。

孝昌三年（527）十月，北魏雍州刺史萧宝夤在长安图谋叛乱。为了安抚萧宝夤，控制长安的政局，孝明帝决定派一员得力大臣跑一趟长安，以安抚为名，顺便了解虚实。这项重任就落到了郦道元的头上。

谁也没想到，雍州之行，竟成了郦道元“酷吏”人生的绝唱。这是怎么回事呢？

六、阴盘驿亭的历史绝唱

安抚萧宝夤这事，原本轮不到郦道元去做。可是，郦道元在以往的整肃行动中，得罪的王爷太多，招致了他们的报复。

城阳王元徽，以前曾诬陷广阳王元渊。郦道元查明真相后，向皇帝奏陈，使元渊得以昭雪冤屈。元徽的阴谋没得逞，恨透了郦道元。如今，他兼任侍中，大权在握，准备报复。

汝南王元悦和城阳王元徽有某种共同点，就是作风败坏、生活糜烂、人品差。

据《魏书·汝南王悦传》记载，元悦“为性不伦，俶傥难测”，秉性“无常”，举止“清狂”，“更好男色”。

相比之下，元徽更加滑头一些。《魏书·城阳王徽传》载，元徽“外似柔谨，内多猜忌，睚眦之忿，必思报复”；“性佞媚，善自取容，挟内外之意，宗室亲戚莫与比焉”；“性多嫉妒，不欲人居其前”。太府少卿李苗是他的亲信，都觉得“城阳本自蜂目，而豺声复将露也”。

两个有性格缺陷的王爷凑在一起，很快就有了共同语言，联手炮制了“借刀杀人”的计划，目标直指郦道元。他们一方面怂恿胡太后提议，一方面向朝廷暗示，最终推动孝明帝任命郦道元为关右大使，负责游说和监视萧宝夤。

关右大使是个什么官呢？南北朝时期，北魏有大使巡行制度，即“大使”代表皇帝外出巡视，以加强对被巡视地区的控制。因此，这个官职看似权力很大，其实风险也不小。对萧宝夤造反一事，朝中权贵早有预见，这个时候派郦道元去雍州，无疑是要推他进火坑。

孝明帝觉得，郦道元现任御史中尉，本职工作就是监察百官，弹劾不法。既然萧宝夤有心造反，派郦道元去查看，也是理所应当。于是，郦道元想拒都拒不了。

其实，在北魏宗室里，城阳王元徽与广阳王元渊是死对头。而郦道元跟元渊关系不错，都属于改革派，跟元徽、李冲之类的旧势力总有些对立冲突。元徽和元悦暗中勾结，把郦道元派到雍州险境，大概也是为了报复一下元渊吧。郦道元很不幸地卷进了宗室内斗之中，成了牺牲品。

再说萧宝夤。他原本是南朝齐的宗室，后来南朝齐被南朝梁取代，萧宝夤为了保命，只好投降北魏，还娶了北魏公主，担任雍州刺史。

萧宝夤也不傻，听说郦道元即将前来，以为自己的谋反图谋败露了，朝廷这是要先派人打前站、摸虚实。为了跟朝廷谈条件，避免事后遭算计，萧宝夤决定先下手为强，派行台郎中郭子恢带兵前往阴盘驿亭，劫杀郦道元。

阴盘驿亭的具体位置，是在渭河的两条南北向的支流——零河和戏河之间的阴盘原上，紧邻东西向的官道，背靠山冈。郦道元见郭子恢人多势众，驿亭即将被围，别无出路，只能带人撤到了山冈上。紧接着，郭子恢带着叛军就把山冈围了起来。

《驿使图》（出自甘肃嘉峪关魏晋墓砖画）

退到山冈上，当然可以凭险据守，暂时安全，可是如果没有援兵，那也是死路一条。更何况，山冈上压根就没水源。郦道元让大家挖井取水，挖了十几丈深也没挖出一滴水。没水喝，怎么打仗？战士们渴得无力抵抗，士气大挫。

叛军趁机攻上山冈，郦道元饥渴无力，不屈而死，死前怒目圆睁，斥责叛军。他的弟弟郦道峻、郦道博，长子郦伯友、次子郦仲友也都惨遭杀害。

后来萧宝夤才意识到自己中了计，被元悦、元徽拿来当枪使。为了掩人耳目，他派人给郦道元兄弟父子入殓，停棺长安城东。

第二年，北魏军队攻入长安，萧宝夤叛乱被平定。朝廷传旨将郦道元归葬洛阳，追封吏部尚书、冀州刺史、安定县男，他的第三子郦孝友承袭了爵位。

关于“酷吏”，司马迁在《史记·酷吏列传》中曾有定义：“其廉者足以为仪表，其污者足以为戒，方略教导，禁奸止邪，一切亦皆彬彬质有其文武焉。虽惨酷，斯称其位矣。”“酷吏”之“酷”，形容的是行事风格，但“酷”的结果，因人而异，千人千面。

诚然，郦道元是“酷吏”，但他没有草菅人命，没有杀人如麻。他的“酷”，是为官正派、刚正不阿、疾恶如仇的“严酷”，是贪官污吏惧怕的“冷酷”，是对学术研究的“酷爱”。然而，阴盘驿亭见证的，是一个作风正派的官员卷入高层权力斗争，得罪贪腐权贵集团，最终命丧黄泉的悲剧。

就在郦道元死后七年，风雨飘摇的北魏王朝走进了坟墓。郦道元死后五十年，阴盘县被废，阴盘驿亭也不复存在。

今天西安临潼区的零口街道，有个村子叫吊庄村，其西南方向的高冈，似乎还在诉说着郦道元不畏权贵、英勇就义的往事。只不过，那里的地下水位依旧很低，村民们只能跑到山冈下打水。直到中华人民共和国成立后，政府修了零河水库，当地的用水困难才得到缓解。

由此可见，这里就是阴盘驿亭的旧址。只不过，它的经历、它的传奇、它的往事，都随着南北朝的历史一去不返。

小贴士　邮亭和驿置

虽然都是中转站，邮亭是为短途步行送信设立，驿置是为长途骑马送信设置。不过，两者各自承载的典故，各有韵味。

《史记·白起王翦列传》记载，秦昭襄王四十九年(前258)，五大夫王陵率秦军围攻邯郸。然而战事不利，秦军损失惨重。秦王想让白起取而代之，但白起认为，长平之战令秦国实力虚耗，开罪于诸侯，况邯郸易守难攻，诸侯援军近在咫尺，劳师远征，胜算不大，于是托病婉拒。

秦王无奈，改派王龁领兵，仍久攻不下。与此同时，楚国和魏国的援军抵达，发起反击，大破秦军。白起闻讯，愤愤地说：当初秦王不听我劝，现在如何？这话传到了秦宫，秦王很生气，后果很严重。

不久，秦王命令传来，要白起出征。白起一开始继续托病，但见秦王暴怒，不敢继续抗命，只好硬着头皮上路。

行至咸阳西门10里的杜邮，一位使者手捧宝剑，已在等候。白起顿悟，知道秦王不再信任自己，又为长平之战活埋的40万赵国降卒深感负罪，于是仰天长叹，拔剑自刎。

白起死后，秦人怀念，很多地方都祭祀他。

杜邮是个地名，缘于当地设了邮。《说文解字》将“邮”解释为“境上行书舍”，把它视为边境地区传递军事情报的机构。后来，邮逐步演化为短途送信的方式或中转站。为了提高送信速度，即便短途也有邮车。

至于亭，多数其实是基层行政单位，主管收税、征兵、治安等事，管辖的范围也就方圆10里。刘邦当过亭长的泗水亭，大概就属于这类。至于驿站的那点事，亭只是兼管而已。《汉旧仪》说：“十里一亭……五里一邮，邮间相去二里半。”有了邮、亭的接力传递，每个信使的步行距离大大缩短，加快了信件周转运送的效率。

相比于邮亭，驿置的规模要大得多。西汉时期，每30里设一置，预备轻车快马，供信使随时调用。而置的正副长官分别是置候和置佐。

西汉末年，绿林赤眉起义爆发。刘秀到河北招兵买马，地方割据势力王郎总跟他过不去，企图花钱收买大将耿纯。然而，耿纯不为所动，调用驿置的车马数十乘，连夜逃出县城，投奔刘秀大营。这些车马就成了刘秀肇建东汉的第一桶金。

东汉阳嘉元年（132），张衡制作了候风地动仪，放在都城洛阳。这个外形像酒樽的东西，内有都柱立于中心，外有8条口含铜珠的龙。龙头下方各有一只向上张嘴的蟾蜍。如果感应到地震，都柱就会失去平衡，触动相应方向的龙口张开，铜珠就会落入蟾蜍嘴里，借此即可判断地震的时间和方向。在那个并不鼓励技术发明的时代，这样的“奇技淫巧”当然招致了许多人的指指点点。

有一天，“一龙机发而地不觉动”，大家对地动仪的监测效果大为怀疑。几天后，驿骑来报，陇西郡发生地震。于是，地动仪的监测效果得到了充分肯定。受灾地区陇西郡，就是靠一路之上各个驿置不断换马接力，将地震的消息传到洛阳的。可见，驿骑通信在东汉时期已非常普及。

端州驿——大流放与小砚台

北宋康定元年(1040),42岁的包拯擢升殿中丞,由扬州天长县(今安徽天长)知县升任知端州(今广东肇庆)军州事。

这是包拯第一次担任州一级最高行政长官。在这个偏僻小城,他为官清廉,刚毅公正,不阿权势,铁面无私,致力于排沥屯田、挖井除疾、治理砚赋、建仓修驿、兴文办学,给老百姓做了许多实实在在的好事。

其中一件好事,就是为了改善驿运条件,扩大驿运能力,强化驿运职能,包拯将残破不堪的端州驿从城东迁到城西的西濠口寿仙桥旁,增设临江码头,更名“崧台驿”。

自此,端州驿成了沟通端州与西江流域水上和陆上交通的新枢纽,对于推动大宗物资中转、公文信件传输,发挥了更积极的作用。端州也借此交通便利,从边陲要塞逐步升级为西江流域的政治文化中心。

事实上,端州驿历史悠久,早在唐代中后期就是文人墨客频繁光临之所。他们留下了许多诗篇,成了那个时代的别样记忆。

一、“神龙政变”与大流放

武则天，是中国历史上唯一一位女皇帝。为了走上权力之巅，她曾假手酷吏，残酷镇压反对派，殃及无辜臣民。由于大量李唐忠臣惨遭屠戮，隋唐以来权势熏天的关陇集团被洗牌，元佐勋臣日渐凋零。

为了重塑执政队伍，武则天破格提拔了一大批官员。这些人，有的借助科举一步登天，有的借助一技之长平步青云，有的只是靠谄媚博得欢心，成分十分复杂。

晚年的武则天，任事率性，信任佞宠。有人说她“不用奸人，无以成己欲；不用贤人，无以庇己过”。其中最典型的就是张易之、张昌宗兄弟。这两个人因为年轻俊美，甘当男宠，从而走入权力核心，一时间炙手可热、势焰熏天。

武则天用人不拘一格，利弊兼有，而弊端更加突出。高层人事斗争暗流涌动，各派都在等待一个时机。这个时机，就是武则天身体状况的变化。

神龙元年（705）正月，武则天病重。以宰相张柬之为首的一批老臣，终于把埋藏多年的政治梦想变成了现实。他们说服羽林军将领，以“清君侧”为名发动宫廷政变，干掉张易之、张昌宗兄弟，逼迫武则天交出政权。随后，他们拥立唐中宗李显重登皇帝宝座。

不久，武则天病逝，给女皇帝的时代画上了休止符。

唐中宗上台，大赦天下，但与张氏兄弟有瓜葛的人均不在大赦范围内。在这场政治清算中，与张氏兄弟几乎同时得到破格提拔的几位文官，均遭到了罢官、流放，他们分别是阎朝隐、杜审言、沈佺期、宋之问、崔融、王无竞。这些人有共同特点，就是通过科举考试，进士及第，从而步入仕途。这与张氏兄弟靠出卖色相位极人臣，有很大不同。

那么，这些看起来是在走“正道”的文官，为什么会被定性为张氏兄弟同党呢？

最洗刷不掉的把柄，就是一部题为《三教珠英》的巨著，其编写班子里，赫然写着杜审言之外的其他五个人的名字。而这部巨著的“挂名主编”，正是张昌宗。

其实，张昌宗没什么文化，当主编纯粹是为了沽名钓誉，遮掩丑闻，“以美事掩其迹”。他这个外行，顶多只是接见过写作班子的学士们，根本不可能在书稿上费心思，甚至跟写手们有什么交情。

然而，政治清算有时候是不分青红皂白的。白纸黑字署了名，这就是攀附张党的“铁证”。

其实，这几个人参与编书，也并非全为文化建设，内心深处多少也带有些政治企图，跟张氏兄弟的关系也不只是君子之交。

阎朝隐能够获得武则天的赏识，主要得益于他的表演天赋。这位书生，行为出格，文风奇诡，从而被张氏兄弟当作幕后代笔的写手。有一次，武则天病重，他奉命前往少室山祝祷祈福。可是，他居然趴在俎盘里，假装自己是献祭的牺牲品，高喊着要替武则天受苦。这番毫无廉耻的夸张表演，让武则天颇为受用。等到武则天病体康复后，他也就得到了封赏。

“曲申悦媚”“佞谄如此”，这就是《旧唐书》和《新唐书》分别给阎朝隐的评价。为了身外物，底线随便降，御用文人做到这个份儿上，也是够了！

沈佺期最大的瑕疵是“考功受赇”。长安四年（704），他被举报，下狱治罪。案件还没审完，“神龙政变”发生，政治清算开始。沈佺期曾有依附张党的迹象，干脆罪上加罪，流放驩州。

宋之问飞黄腾达的起点，是在洛南龙门的一次宫廷宴会上，他向武则天献诗，得到了赏识，获赐锦袍。他曾经献上的《荐福寺》《昆明池》，均名列应制游宴诗之冠。张氏兄弟对他的文才非常欣赏，他也就“顺杆爬”，除了陪同游宴、代拟诗篇，还替张易之端尿盆，极尽谄媚之能事。

阿谀奉承是宋之问的强项，但并非屡试不爽。《唐诗纪事》记载，他曾谋求北门学士的差事，但因有口臭，形象不佳，武则天没看上他，为这事，他耿耿于怀，终生引以为耻。

如果说仅仅是爱阿谀谄媚，起码还算是“人畜无害”。但糟糕的是，宋之问还嫉贤妒能，搞文人相轻。《刘宾客嘉话录》记载，他嫉妒外甥刘希夷写出名句“年年岁岁花相似，岁岁年年人不同”，想将这两句据为己有，不惜对其加害。

张易之倒台后，宋之问改换门庭，去投靠武三思。武三思被杀，他又去谄事太平公主。唐中宗后期，韦皇后和安乐公主专权，他又拜倒在安乐公主门下。李隆基发动“唐隆政变”，推翻韦皇后和安乐公主。宋之问的逢迎功夫在唐睿宗和李隆基面前失效，最终被流放岭南。

崔融出身清河崔氏家族，是名门之后，在文学上颇有造诣，是初唐“文章四友”之一。无论是政治出身还是文学成就，他都赢在了起跑线上，比前几位强得多。也正因如此，他曾触怒张昌宗，从凤阁舍人被贬为婺州长史。

崔融是有些政治才干的。长安三年（703），朝廷“议税关市”，主张对行人也收税。崔融认为此举严重扰民，会激起民变，上奏武则天，坚决反对，主张只税商贾，不税行人。武则天予以采纳。

不过，崔融的政治辨别力差了些。长安四年（704），张氏兄弟广招文学之士，当时崔融已经做到司礼少卿兼知制诰，职位不低，但仍然希望驶入仕途快车道，便攀附上了张氏兄弟。结果第二年“神龙政变”，张氏兄弟倒台，他被划入了张党，遭到贬谪，政治生涯戛然而止。

与这几个人相比，王无竞是比较倒霉的。他曾担任殿中侍御史，有在朝堂上当众检举揭发大臣的权力。这位书生比较实诚，曾在朝堂上当着皇帝和大臣的面，直接抨击宰相宗楚客和杨再恩。抨击的理由是这俩高官在朝堂上“离班偶语”，也就是擅自离开自己的站位，凑到一起说悄悄话。这就得罪了权贵，被贬为苏州司马。

王无竞离开京城以后，消息闭塞，对朝中政治局面缺乏清醒判断。由于同是文人，他跟宋之问颇有往来。张氏兄弟倒台后，宋之问被划入张党，他也跟着稀里糊涂成了张党名单上的一员。

最后再说说杜审言。跟前面几位不同，同是大才子，杜审言经常夸耀自己的文学天赋。《大唐新语》说他“恃才謇傲”。《新唐书》记载，他曾给自己定位为“吾文章当得屈、宋作衙官，吾笔当得王羲之北面”。也就是说，他认为自己的文章比屈原、宋玉强，书法比王羲之强。

这种傲慢不逊的性格，使杜审言在官场很不舒心，对官僚体制也不适应。圣历元年（698），杜审言被贬为吉州司户参军。在吉州又与当地司马周季重、员外司户郭若讷关系不睦，受到二人诬陷，含冤入狱。结果，杜审言的儿子杜并年方十三，血气方刚，竟然酿成了先刺杀周季重而后“为左右所杀”的惨剧。

杜审言虽然桀骜，但毕竟有些文才，或许是儿子的惨剧让他幡然醒悟，走向了另一个极端。后来，武则天把他召回洛阳，打算任用他。武则天问他高不高兴，他手舞足蹈地谢恩，并按要求写了首《欢喜诗》，武则天很欣赏，任命他为著作佐郎。杜审言的做法招致了当时文坛保守人士的一致批评，说他“轻浮无节”。其后，他在“无节”的路上越走越远，跟张氏兄弟交游，得到赏识。

这几位文官，有的谄媚，有的无节，有的太耿直。总之，在“神龙政变”后的政治清算中，他们均被淘汰出局。等待他们的，将是漫漫流放之路。他们流放的目的地都是岭南，虽然具体州县各不相同，但都会途经端州和端州驿。

二、端州驿的题壁诗

神龙元年（705）二月，阎朝隐、杜审言、沈佺期、宋之问、王无竞等人都被定了“倾心媚附”的罪名，流放岭南，担任各州参事。

阎朝隐流放崖州（今海南琼山），杜审言流放峰州（今属越南），沈佺期流放驩州（今越南荣市），宋之问流放泷州（今广东罗定），王无竞流放广州。相比之下，王无竞的流放地算是离中原腹地最近的地方，而沈佺期的最远。

相比之下，崔融是幸运的，只是被贬到袁州（今江西宜春）做刺史，免去了翻越南岭的辛苦。不久又被召回长安，担任国子司业，兼修国史。第二年，还因修《则天实录》有功，得了个“清河县子”的爵位。

阎朝隐、杜审言、沈佺期、宋之问、王无竞流放岭南，都要途经端州驿，在此停留。他们跋山涉水，接触新事物、新环境，触景生情，总会将所见所闻所感写成诗篇，保留下来，甚至干脆挥毫泼墨，在驿站的墙壁上涂鸦。这就是“题壁诗”的由来之一。

端州这个地方，位于西江羚羊峡附近，交通发达，是商旅迁客往来岭南的必经之地，自古就有“放臣不宜与善地，多徙五溪不毛之乡”的说法。在皇帝看来，被贬的官员都需要“历艰难而思咎”。

涵盖今中国广东、广西、海南以及越南北部的岭南地区，遐荒万里，高温高湿，沼泽遍野，疫病横行，“蛮夷”出没，故而被视为“恶地”。如果说成都是“来了就不想走的城市”，那么当时的岭南就是“来了就走不了的地方”。

有的戴罪人员从中原千里迢迢来到岭南，水土不服，身染重病，一命呜呼；有的戴罪人员深感岭南遥远，这一去怕是永无回家之日，心中看不到希望，精神状态萎靡不振。他们把这些忧虑和痛苦诉诸诗句。

比如张说在《端州别高六戬》里就感慨：“南海风潮壮，西江瘴疠多。”沈佺期在《赦到不得归题江上石》里认为这里“火云蒸毒雾，阳雨濯阴霓”，深感“疟瘴因兹苦，穷愁益复迷”。宋之问在《晚泊湘江》里也觉得“五岭恓惶客，三湘憔悴颜”。总体来说，大家都把岭南当作蛮荒僻野，闻之色变，望而生畏，精神压力之大可想而知。

宋之问抵达端州驿的时候，其他四个人已经先行经过了。原以为他们可以等等自己，在岭南重逢，可是，道路艰险，朝廷督催，要求限期抵达流放地，无奈之下，这些人不敢久停，更不敢等待彼此。留在墙上的墨迹，就类似留言簿，把自己的心境变成文字，既宣泄自我，又留给随后而来的戴罪同僚分享。

宋之问见到的这些驿壁诗，如今大多散佚，现存阎朝隐的两首，慨叹道路艰难，抒发思乡之情，其中还有缺字：

一

岭南流水岭南流，岭北游人望岭头。

感念乡园不可□，肝肠一断一回愁。

二

千重江水万重山，毒瘴□氛道路间。

回首俯眉但下泪，不知何处是乡关。

沈佺期的驿壁诗失传了，但他在流放途中作品甚多，最有代表性的当属《初达驩州》：

流子一十八，命予偏不偶。
配远天遂穷，到迟日最后。
水行儋耳国，陆行雕题薮。
魂魄游鬼门，骸骨遗鲸口。
夜则忍饥卧，朝则抱病走。
搔首向南荒，拭泪看北斗。
何年赦书来，重饮洛阳酒。

跟其他几位相比，他的流放地最远：跨越长江，取道湖湘，经郴州，越骑田，而之岭南；然后出容州鬼门关向南，乘海船，抵达驩州。

一路走来，他失意自伤、幽愁自怜、恐惧自失、焦虑自怨、漂泊无定，种种情绪涌上心头，错综复杂。他深感蒙冤，正所谓“臣子竭忠孝，君亲惑谗欺”。他渴求“何年赦书来，重饮洛阳酒”，却又觉得短期内不大可能，空自叹惋之余，越发精神恍惚。

不过，抵达驩州后，他为了排遣寂寞，赋诗十首，记录当地风土人情，表达愁苦心绪，竟然意外地成了另类的唐代驩州地方志，为越南史研究提供了很好的史料。从某种意义上讲，沈佺期成了唐代海上丝绸之路的亲历者之一，甚至有学者将他和边塞诗人岑参相提并论。

流放生活，让这些戴罪官员的作品风格为之一变。此前在宫里，他们的作品大多是应制诗，辞藻华丽，含芳吐芬，清丽隽秀。贬官流放，其实是大时代历史变动给个人带来的一种影响。退出仕途，继续应制献媚已无意义，他们感受到了处境逆转带来的命运巨变，心境沉凝，洗尽铅华，笔下素净而情怀婉转，别有一番凄婉郁切之情。

艺术源于生活，高于生活。生活境遇的改变，也让艺术作品情由境转，格局提升。

三、墙上艺术的历史意涵

在墙壁上写诗，历史上不乏其人，《水浒传》里就有宋江“浔阳楼题反诗”的典故。

那么问题来了：这些文人墨客为什么热衷于在墙上写诗呢？如果把阎朝隐在端州驿题写的两首残缺不全的诗再通读一遍，顺便琢磨琢磨其他几位戴罪官员的作品，或许能窥豹一斑。

——实用主义的价值观。

“神龙政变”之前，阎朝隐等人作为御用文人，一直是效忠宫廷的。为了往上走，不惜攀附张氏兄弟这样的“宫廷权贵”。则天退位，岭南放逐，他们经历了大时代的政局骤变。旧主垮台了，新主又不待见他们。他们因亲附旧主而位极人臣，又因亲附旧主而获罪流放，荣辱集于一身，按说应该在诗句中彰显对旧主的怀念。事实上，他们并没有在诗中拥护旧主，也没打算为旧主殉道，似乎政权更迭跟他们无关。在流放途中的驿壁诗里，他们一再强调自己无辜，一再宣称效忠新主，希望获得恩赦。通过驿壁诗，一传二,二传三，互通声息，留下心声。

换句话说，这些御用文人的价值观，只是靠近权力中央，求得升官发财。至于权力中央是谁，并不重要。当他们获罪流放后，从他们的驿壁诗中流露出的，既有对于死亡的恐惧，对于命运的无奈，又有希望集聚更多罪臣，组成“失败者联盟”，放大声量，形成更强的舆论声势，达于天听，渴求获赦的期盼。

从后来的历史看，他们的目的达到了。除了王天竞死于流放地，其他人几年后都获得了赦免，重操旧业，继续在宫廷当御用文人。

面对“重新发现”自己的新主，这些御用文人开始了新一轮的宫廷游走，继续顺承圆滑，继续歌功颂德。沈佺期的《再入道场纪事应制》就忠实记录了这样的心情：“自喜恩深陪侍从，两朝长在圣人前。”他全然忘却了此前的流放之苦也是因为唐中宗。至于张氏兄弟的“知遇之恩”，早已抛到了九霄云外。

我们无法苛责这些御用文人。他们要自保，要升官，要活下去，就必须更加认清现实，选择最适合自己的选项。饱含此类动机写出的应制诗，自然没有多少文学价值。这是中国古代官僚政治的悲哀，也是中国文学史的悲哀。

——写实主义的方法论。

迁贬谪放是对不称职官员的惩戒措施，体现了官员“能上能下”的原则。然而，这样的措施很容易被利用为政治斗争的工具。派系倾轧、排斥异己是中国古代官僚政治的常态，失败的一方很容易被“断崖式”降职和流放岭南。

流放岭南者，大多不会失去官员身份，但仕途很可能就此结束，甚至难有回京之日。这会带来挫败感和精神压抑，让流放者的生活中弥漫着焦灼、恐惧、孤独、不安、惶惑与痛苦。这些情绪会不自觉地融入他们的文学作品中，渲染出悲情意识。

端州驿的题壁诗，几乎都是贬谪诗。内容由伤景到伤情，不再有御用文人歌功颂德的功利性，只剩下哀婉悲叹的写实性。“昨忆京华子，伤今边地囚”，这样的反差刻骨铭心，让流放者再也端不住架子，装不得清高。他们既失去了人身自由，又无法主宰自己的命运，“处处山川成瘴疠，自怜能得几人归？”进退维谷之际，只能慨叹“红颜与壮志，太息此流年”。字里行间，透着一个“悲”字。

出于自我保护，出于眼界局限，他们不敢也不可能对这场人生巨变做彻底反思，但他们对故乡和京城的思念，对自身遭遇的痛楚，是难以掩饰的，是人性最真切的自然流露。

尽管他们后来陆续返回京城，进行替宫廷权贵唱赞歌的工作，写实的精神没能彻底坚持下去，但毕竟留下了许多感物咏志的作品，而且就写在驿站的墙壁上公开展示，足以影响更多的文人墨客，潜移默化地改变唐诗的整体风格。

到了开元、天宝间，李白、杜甫登场，无论是浪漫主义还是现实主义，都在从被动地、静态地观景，到主动地、动态地写实和咏志相结合。以诗言志成了唐诗的主流，从而奠定了唐诗在中国文学史上的地位。从这个意义上说，端州驿的题壁诗，功不可没。

——廉价高效的传播术。

端州驿的题壁诗，就像是写在社交媒体上的短文，公开发布，展示给下榻驿站的所有客人。这就在作者和读者之间架起了一座桥梁，产生了“解人”和“慰人”的功能。许多宾客读了题壁诗，触动了相似的经历，感怀更深。

阎朝隐等人在端州驿墙壁上写诗，除了晒心迹，还有个目的，就是希望有朝一日其中的某首诗被某个读者带回京城，引起当权者的注意，从而获得赦免，东山再起。事实上，把贬谪的情愫诉诸题壁诗，也是在有意无意地透露朝中政治斗争的内幕，吸引更多人来围观，这无疑也给当权者施加了舆论压力。

唐宋时期，一个官场失意者想要出名且东山再起，无论是出书还是让别人帮忙造势，都没有在驿站的墙上写写画画来得更廉价、更容易。许多题壁诗被口耳相传，甚至广为传诵，取得了意想不到的传播效果。这或许就是流放者的真正渴求。

四、包青天与小砚台

端州驿虽然是流放岭南的必经之地，交通便利，但其经济还是比中原和江南落后，仍是处在“土旷民惰，不力于耕，夷獠杂居”的状态。内地官员大都不愿意来端州做官，就算是吏部出了调令，也要千方百计托关系，让朝廷收回成命。只有一个人例外，他就是包拯。

受命担任端州知州，包拯没有犹豫，没有抱怨，没有请托。他决心珍惜这次主政一方的机会，为朝廷分忧，为百姓解难。

与阎朝隐等人在流放地唉声叹气不同，包拯是来做实事的。他在端州主要做了以下几件事：

——治理砚赋。

端砚是端州特产，位列四大名砚之首，受到读书人的青睐，在唐代就被当作进献朝廷的贡品，非常名贵。一些地方官利用给朝廷进贡端砚的机会，把端砚作为讨好朝中权贵的敲门砖，为此不惜层层加码，征收数量比进贡定额多几十倍，搞得民怨沸腾，砚工苦不堪言。

包拯上任后，深入基层，查看砚坑，走访砚工，了解实情，决心以治理贡砚之弊为突破口，打开端州的工作局面。于是，他下令端砚“只征贡数”，对多征者严惩不贷。尽管有人提醒他，端砚是结交权贵、加官晋爵的敲门砖，但他不为所动，坚决执行，把这个累积多年的弊病革除了。

——根治瘴疠。

北宋时期，端州经常爆发“春瘴”疫情。包拯主动找当地医生研究利用中草药治病，但这只能缓解一时之急，并不能根除疫情。后来，经过多方调查，他确认疫情的源头是老百姓喝了不干净的河水。

找到了病根，医病的药方自然应运而生。包拯按照安徽老家的做法，带领端州百姓挖井，用清冽的井水取代河水作为日常饮用水，从而逐渐根除了疫病。百姓感激涕零，把包拯任上打的七口井统称“包公井”。至今，肇庆城里还留有三口包公井。

——断案如神。

端州偏处岭南，社会治安不佳。包拯到任不久就接到了百姓黄善告状，说他的妻子陈琼娘在回娘家途中遭遇三个歹徒，被谋财害命。

接案后，包拯发现歹徒遗留在现场的凶器是杀猪刀，初步判断歹徒是屠夫。于是，他让公差假扮百姓，跟黄善一起上街，拎着死者的血衣，到处宣传屠夫遇害的消息。

屠夫的老婆听说此事，便慌了神，到处打听死者消息。公差顺藤摸瓜，暗中盘查，终于找到线索，将屠夫抓获归案。

包公审石头一案也广为流传。端州城外有个卖炸糍粑的小贩，名叫张小友。他在回家路上犯困，就在大石头上打了个盹。醒来发现，自己当天卖糍粑的收入被小偷偷走了。无奈之下，他只好到知州衙门告状。

现场没有摄像头，也没有目击证人，抓个小偷犹如大海捞针，这可怎么办呢？包拯略加思索，计上心头。

他让人把张小友打盹的大石头搬到大堂上，装模作样地审问，引得众人围观。审石头，当然是对牛弹琴，审不出什么名堂的。看这么多老百姓前来围观，包拯就跟众人说，案子太难，审不出眉目，张小友做生意不容易，一天白忙活了，蛮可怜的，大家能不能每人给他捐一枚铜钱，帮他渡过难关呢？

包拯这么开口了，大家就不好意思不捐钱。于是包拯让公差端着一个装水的大木桶收大家的捐款。这时，有个人投进去的铜钱在水里泛起了油花。包拯下令，赶紧把这个人拿下。

原来，张小友因为炸了一天糍粑，满手是油，收的铜钱自然也沾了油。普通老百姓身上的铜钱不大可能沾油。包拯据此判断，捐了一枚油铜钱的人就是小偷。

小偷供认不讳，心悦诚服，案子当场了结。

三年过后，端州"地方千里，不识贼盗"，治安状况大为改善。而包拯断案如神的故事也越传越远，背后蕴藏的，正是人们对于德才兼备的好官的期待。

——开发端州。

端州紧邻西江，当时西江水患频仍，包拯带领军民展开了大规模的筑堤排沥工作，在城郊开渠凿池，改造沥湖（今称星湖），开垦荒地，使农业收成逐渐提高。他还在端州城建了丰济仓，用来储备粮食，以备荒年之需，老百姓的吃饭难题得到了极大缓解。

"仓廪实而知礼节。"包拯捐出俸禄，创办了带有官学性质的星岩书院，让这个缺少教化的岭南小城的孩子们能够有学上，为当地培育了人才。

端州贫困落后的面貌开始改善，老百姓的生活质量显著提高，这是看得见、摸得着的政绩。对此，《肇庆府志》给予了很高的评价："水蛋山瑶，熟化奔走，恩威并著，岁乃太和。"端州老百姓称为"神明之政"。包拯去世的第二年，端州百姓修祠纪念，彰显了人们对包拯政绩的肯定。

庆历二年（1042），包拯卸任端州知州，从新建的端州驿（崧台驿）码头乘船离开。船行至羚羊峡时，忽然波涛汹涌。包拯凭直觉判断：其中必有隐情。于是，他把手下人叫来询问，印证了自己的猜测：地方乡绅感念包拯政绩，打算赠送土特产，却被婉拒，最后硬塞了一方端砚，手下人推辞不过，只好暗中收下。

以“包公弃砚”故事为题材制作的现代端砚

包拯曾经承诺，为官一任，“不持一砚归”。如今，砚台已经被带上了船，这该怎么办？

在包拯看来，一诺千金，承诺远比名贵的端砚更值钱。于是，他断然把这方端砚连同包砚台的黄布一并扔进了西江，用实际行动践行自己的诺言。

端砚落水，西江顿时风平浪静。包拯掷砚的地方，升起一座小岛，也就是今天的砚洲岛。那块向下游漂去的黄布，化作一片沙滩，后人称为黄布沙。

如今，端州驿早已破败，但它曾经目睹了截然不同的两类人：流放者的趋炎附势与心灰意冷，实干家的积极乐观与廉洁自律，反差鲜明。他们都在端州驿书写了历史，而端州驿也记住了他们的题壁诗。

铁面无私，世上何曾嫌黑脸；黎民有爱，人间依旧拜青天。包拯一生极少写诗，但在端州，他留下了一首诗，字里行间彰显了自己的做人本色和做事风格。只不过，这首诗没有写在端州驿的墙壁上，而是留在了州衙的墙壁上，题为《书端州郡斋壁》：

清心为治本，直道是身谋。
秀干终成栋，精钢不作钩。
仓充鼠雀喜，草尽兔狐愁。
史册有遗训，毋贻来者羞。

小贴士 “付诸洪乔”与信函的传说

魏晋南北朝时期，虽然官府的驿站体系比较发达，但不允许用于私人通信。受交通条件限制，互通书信是一件很奢侈的事。亲人朋友天各一方，怎样才能保持联系呢?

晋人殷羡，字洪乔，曾被任命为豫章太守。他离开建康前去赴任时，许多人托他帮忙捎信，他全都收了，算下来得有100多封。

行船来到石头渚(今江西赣水西口)时，他突然想起什么，就把信一一打开，发现这些书信大多是拉关系、跑人情之类的内容。殷羡非常厌恶，就把这些信全部扔到了水里，一边扔一边说道：“沉者自沉，浮者自浮，殷洪乔不能作致书邮。”意思是说，你们这些信啊，能浮起来的话就自己漂过去吧，浮不起来的就自动沉下去，反正我殷洪乔是不做邮递员的。

他这话里有话，“沉者自沉，浮者自浮”，可能指的不仅是书信，还有那些官员。在他看来，庸碌无为的人自然会被淘汰，确有才华的人终会脱颖而出，反正自己不当这些跑官、要官之人的邮差。

这事传了出去，引起公愤。许多人抱怨他言而无信，耽误别人。当然，也留下一个成语传诸后世——付诸洪乔，比喻书信遗失。这个典故告诉我们，私信请他人代捎，确实不靠谱。

说到私信，还有两件事值得说说。

第一件：信函的来历。

曹操曾下令，每月给官员发放木盒子和纸张，请他们定期提意见，写在纸上，装进盒里，呈给上级，重要的信件直接报给他看。这种公文就被称为“信函”，也就是“信”与“函”(盒子)的合称。“信函”一词就这样出现并延续至今。

信函的拆看，要比简牍方便得多；由于纸张的成本远低于简牍，写错了也可以扔掉重写。所以，魏晋时期，信函已经成为主要的通信载体。

晋朝有位官员，起草公文，每次写好装进盒里，生怕有错字，又打开盒子，拿出来扔掉重写。如此几十次，最后自己都乱了。等上级收到盒子，打开一看，里面竟是空的。

第二件：空函反间计。

南朝齐后期，政局动荡，州郡武将拥兵自重。坐镇雍州（治所在今湖北襄阳）的大将萧衍密谋政变。雍州上游的巴西郡（今四川阆中），地理位置很重要。郡守刘山阳准备与行荆州府州事萧颖胄联合，进攻雍州。萧衍认为，如果硬拼肯定吃亏，不如设个圈套。

他让参军王天虎到江陵，向各州郡遍发信函，信中说刘山阳率兵西进，要同时袭击荆州和雍州。萧颖胄收到信后，迟疑不决。等刘山阳来到巴陵后，萧衍又将预先准备好的两封信函，通过驿站送到萧颖胄、萧颖达兄弟手中。二人打开信函，里面除了写着“王天虎口具”几个字，别的什么也没有。这几个字的意思，大概就是让王天虎亲口转述。但王天虎说，自己没什么可转述的。

刘山阳获悉这一消息，怀疑萧颖胄跟王天虎共同隐瞒了什么。面对刘山阳的怀疑，萧颖胄百口莫辩，二人的合作出现了裂痕，猜疑越来越重。走投无路的萧颖胄想出一条计策，他把王天虎杀了，用来证明自己的清白，当刘山阳信以为真，率军入城后，他又在城门埋伏，杀死了刘山阳。萧颖胄失去了盟友，最终倒向了萧衍。

萧衍未发一兵一卒，只通过驿站运送了两封空信函便取得了奇效，为他推翻南朝齐、建立南朝梁打下了基础。

马嵬驿

——兵谏引发的爱恨情仇

“长安回望绣成堆，山顶千门次第开。一骑红尘妃子笑，无人知是荔枝来。”在这首《过华清宫》的传世绝句中，富丽堂皇的长安城、千门万户的华清宫、馋嘴的贵妃、美味的荔枝，在诗人杜牧的笔下展现得淋漓尽致。

荔枝这种果品很特别，不仅产地位于巴蜀、岭南地区，远离都城长安，而且极易变质。白居易在《荔枝图序》中讲：“若离本枝，一日而色变，二日而香变，三日而味变，四五日外，色香味尽去矣。”

然而，当朝最得宠的妃子杨玉环就喜欢这口。《新唐书·杨贵妃传》记载：“妃嗜荔支，必欲生致之，乃置骑传送，走数千里，味未变已至京师。”既然贵妃想吃色香味俱全的新鲜荔枝，荔枝就必须以最快速度被送往长安。在没有飞机空运的情况下，只有靠快马加鞭。而驿站体系就被朝廷选中，成了运送荔枝的载体，因为它效率最高。

贵妃品尝到四川的美味，当然会莞尔一笑；唐玄宗看到贵妃一笑，当然会乐不可支。然而，要想实现这样的甜蜜场景，必须赶时间，保新鲜，多少差官为此累死，多少驿马为此倒毙！这正是杜牧写这首诗的真正用意。在他的笔下，大唐盛世，危机隐隐，快递荔枝，已见端倪。

不过，有人会问：巴蜀、岭南地区，远距长安千山万水，道路艰险，就算人跑瘫，马跑死，荔枝怎么可能朝发夕至？

有人认为，为了让荔枝能快速抵达长安而不变质，地方官只好将带果的荔枝树移栽到湖北襄阳、陕西商洛等地。“以连根之荔，栽于器中，由楚南至楚北襄阳丹河，运至商州、秦岭不通舟楫之处，而果正熟，乃摘取过岭，飞骑至华清宫，则一日可达耳。”

即便如此，从襄阳、商洛到长安也有千里之遥，山岭起伏，道路难行。能在一日内送到，也是很不容易的事。这是不是说明隋唐时期的驿站体系足够发达呢？如果是，那么它究竟发达到了什么程度呢？

一、生死马嵬驿

提到马嵬驿，人们都会想起白居易《长恨歌》中描绘的场景。唐玄宗与杨贵妃传奇的爱情故事，在这里画上了句号。《旧唐书·杨贵妃传》对这段故事的记载只有寥寥几句：

> 及潼关失守，从幸至马嵬，禁军大将陈玄礼密启太子，诛国忠父子。既而四军不散，玄宗遣力士宣问，对曰“贼本尚在”，盖指贵妃也。力士复奏，帝不获已，与妃诀，遂缢死于佛室。

杨贵妃38岁的短暂人生，就以“缢死于佛室”草草收场。然而，马嵬驿的生离死别，绝不仅仅是杨国忠被杀、杨贵妃自缢这么简单。

渔阳鼙鼓，正在华清宫“巡幸”的唐玄宗如梦初醒。尽管他迅速做了军事部署，但朝令夕改，强令守潼关的唐军贸然出击，致使潼关沦陷，门户大开。天宝十五载（756）六月初九晚上，长安城没有看到“平安火”。唐玄宗意识到：长安可能要丢。于是，他听从杨国忠的建议，准备逃往成都。

这个决定是仓促和秘密做出的。六月十三日凌晨，唐玄宗携杨贵妃兄妹、部分皇族成员和妃嫔，以及高力士、韦见素、魏方进、陈玄礼等大臣，在1000多名禁军护卫下，从长安禁苑西边的延秋门低调出走，一路向西，号称"巡幸"。

唐玄宗走得匆忙，还有不少妃嫔、公主、皇孙没有通知到，后来都做了安史叛军的刀下鬼。许多大臣也被蒙在鼓里，第二天还按时上朝。当宫里传出唐玄宗向西"巡幸"的消息后，不少百姓冲入皇宫，大肆抢掠，甚至有人骑驴上殿，长安城陷入一片混乱。

唐玄宗走得匆忙，没带干粮。午饭时分他们逃到了此次西行的第一站——咸阳的望贤宫，这是从长安西行必经的行宫。所有人饥肠辘辘，等着当地官员接待。没想到，咸阳令早就跑了，根本没人接待。杨国忠只好上街去买胡饼，给唐玄宗垫补垫补。

幸好附近百姓听说皇上驾到，"争献粝饭，杂以麦豆"。就是这种平时进不了御膳房的粗粮，如今皇孙们争抢着用手抓着吃，而禁军将士连这个都吃不上。尽管从长安出发前，唐玄宗让陈玄礼给禁军将士"厚赐钱帛"，但平日里养尊处优的禁军将士哪受过这样的罪，赏钱提振的士气逐渐被不满情绪取代。

当晚，唐玄宗一行来到金城，当地官民几乎全跑了，没人出来接待。众人疲惫不堪，也顾不得优雅风度了，索性"人相枕藉而寝，贵贱无以复辨"，先睡一觉再说。

第二天，也就是六月十四日，大家继续赶路，抵达马嵬驿。这是位于今陕西兴平的一座普通驿站。唐玄宗、杨贵妃等人进了院，将士们只能在院外休息。

经过一天多的匆忙赶路，禁军将士已经到了"饥而愤怒"的地步。在这种情况下，只要有点风吹草动，禁军就会哗变，后果不堪设想，没准连劫杀皇帝的事都干得出来。

当此关键时刻，作为禁军统帅的龙武大将军陈玄礼挺身而出，对这些吵吵嚷嚷的将士们说："今天下崩离，万乘震荡，岂不由杨国忠割剥氓庶，朝野怨咨，以至此耶？若不诛之以谢天下，何以塞四海之怨愤！"

陈玄礼长期跟随唐玄宗左右，忠心耿耿。当此紧要关头，他眼看禁军即将失控，无奈之下，只能丢卒保帅，把禁军的怒火引向杨国忠，力图保全唐玄宗。

他的话得到了积极响应，全体将士高呼："念之久矣。事行，身死固所愿也。"于是，唐玄宗的身家性命暂时保住了，禁军将士把矛头直指杨国忠。

杨国忠虽然是奸臣，虽然是激反安禄山的罪魁，虽然在平叛过程中屡出馊主意，导致潼关失守，但好歹也是宰相。要杀他，还需征得唐玄宗的同意，至少是默许。陈玄礼进入马嵬驿的院子里，向唐玄宗建议："国忠之徒，可置之于法。"

唐玄宗还在犹豫，院外就发生了意外。

这时，吐蕃的使臣来到马嵬驿，在驿门外跟杨国忠谈事。禁军将士可算是找到了杀杨国忠的借口了："杨国忠连蕃人谋逆。"于是，大家一拥而上，把杨国忠给斩杀了。紧接着，杀红了眼的将士们又把杨国忠的儿子杨暄、党羽魏方进，以及秦国夫人、韩国夫人都给杀了。韦见素也被"乱兵所挝，脑血流地"，幸好有人搭救，才幸免于难。

杀了杨国忠并没有平息将士们的怒火，他们转而把马嵬驿的院子包围了。听到院外喧闹不止，唐玄宗不清楚发生了什么事，就派高力士去看，询问为什么继续闹事，甚至包围驿站。将士们的回答是："贼本尚在。"也就是说，杨国忠虽死，但杨贵妃还活着。万一哪天杨贵妃在唐玄宗跟前吹枕边风，来个事后清算，禁军将士就要倒霉了。

因此，杨贵妃必须死。

摆在唐玄宗面前的，是他一生都未曾碰到过的兵谏。这位老皇帝缺乏心理准备，一时手足无措，只好摆出一副年长者的姿态敷衍大家："贵妃常居深宫，安知国忠反谋？"

唐玄宗说的或许没错。杨贵妃只是深藏后宫的"花瓶"而已，她哪里晓得朝堂之上风云诡谲的政治斗争？显然，唐玄宗舍不得杨贵妃。

这个时候，高力士看出了问题的严重性：如果不满足禁军的愿望，让杨贵妃死，恐怕兵谏会演化成弑君惨案，唐玄宗和他自己都有可能提前结束性命。于是，高力士讲了自己的看法："贵妃诚无罪，然将士已杀国忠，而贵妃在陛下左右，岂敢自安？愿陛下审思之，将士安则陛下安矣。”

京兆府司录参军韦谔，是宰相韦见素的儿子。本来他没资格跟皇帝直接对话，此时此刻也顾不得那么多礼数了，干脆喊了一嗓子：“今众怒难犯，安危在晷刻，愿陛下速决!”

唐玄宗陷入了彷徨与焦虑之中。19世纪英国诗人拜伦曾说过：“爱情是男人生命中的一部分，却是女人生命的全部。”杨贵妃向唐玄宗倾注了全部的爱，但得到的最终回报，只是成为唐玄宗罪责的挡箭牌和牺牲品。

唐玄宗权衡利弊，还是觉得自己的性命和权力比杨贵妃美丽的皮囊更重要。于是，在他的授意下，高力士将杨贵妃勒死在马嵬驿的佛堂，并让陈玄礼等人验尸。这下，禁军将士才算满足，“皆呼万岁，再拜而出，于是始整部伍为行计”。

此后不久，杨国忠的妻子裴柔、幼子杨晞及虢国夫人与其子裴徽逃至陈仓，也被当地官员处死。马嵬驿兵变到此画上了一个休止符。

从整个过程来看，马嵬驿兵变是个偶发事件，纯粹是因将士饥饿和疲惫而激起的反抗行动，事先没有人料到，也没有时间做周密策划，因而更像是自发行动。那么，这场兵变的背后，有没有幕后主使呢？有哪些不便写在正史上的隐情呢？

二、从宰相到刀下鬼

马嵬驿的风波，杨国忠是首当其冲的倒霉蛋。不过，细究他在过去这些年的所作所为，做刀下鬼也是罪有应得了。

唐玄宗重用过两个奸臣，一是李林甫，二是杨国忠。

李林甫以“口蜜腹剑”著称，靠巴结武惠妃得以上位。他曾设圈套坑害了太子李瑛，大臣张九龄、李适之、韦坚以及名将王忠嗣等人，甚至一度威胁李亨的皇储大位。

不过，李林甫还是有些本事的。他曾主持纂修《唐六典》，对于完善盛唐各项制度有所贡献。他小心翼翼地维持着中央政府与边疆军镇的力量平衡，在均田制、府兵制等唐前期立国之本逐渐崩塌的背景下，大体稳住了唐王朝的盛世外衣。

杨国忠就不同了。《新唐书·杨国忠传》中说他“嗜饮博，数丐贷于人，无行检，不为姻族齿”。然而，他运气好，仗着跟杨贵妃沾亲带故，加上善于揣测圣意，平步青云，最后取代李林甫，官至宰相，身兼多职，权倾朝野。

如果说李林甫还只是有才无德的话，杨国忠简直就是才德俱差。他任人唯亲，党同伐异，欺上瞒下，干预前方战事，导致唐王朝各条战线进退失据，日益混乱，尤其是惹毛了一直跟唐朝关系不错的南诏，结果双方在四川南部兵戎相见，唐军惨败。更糟糕的是，杨国忠飞扬跋扈，跟许多官员结下了“梁子”，其中最麻烦的，当属安禄山。

安禄山兼任平卢、范阳、河东三镇节度使，掌握十几万边防军，是边疆统帅中的实力派。他跟李林甫狼狈为奸，相互利用，并通过多方谄媚，博得唐玄宗和杨贵妃的欢心，塑造了一副“忠臣”的假象。

杨国忠上台后，对李林甫及其同党进行了清算，这就势必要与安禄山翻脸。再加上惧怕安禄山手中的兵权，杨国忠便百般诋毁刁难，抓捕安禄山党羽，甚至建议唐玄宗把安禄山调入京城辅政，借机收回其兵权，以便伺机除掉他。

如果从结果论，杨国忠此举意在“削藩”，提早消除叛乱隐患，出发点大概也没什么错。不过，他的做法过于草率，这些阳谋哪瞒得过安禄山的眼睛？安禄山本来早有谋反之心，杨国忠的举动无疑加速了他的反叛步伐，成了安史之乱的催化剂。

安禄山最初打出的旗号是“诛杨国忠，以清君侧”，鉴于杨国忠恶名远扬，这样的旗号颇能唬人。安史叛军也确实一路南下，势如破竹，很快攻陷了东都洛阳，威胁潼关。

关键时刻，陇右节度使哥舒翰奉命出征，扼守潼关，挡住了叛军。同时，郭子仪、李光弼从朔方、河东分路出兵，袭击安禄山的“后院”。颜杲卿、颜真卿、张巡等人，或在华北平原的敌后起兵讨伐，或坚守睢阳，阻止叛军南下。唐王朝逐渐稳定了局面，开始占据上风。

就在这个时候，又是杨国忠打出了“昏着组合拳”。他先是派出监军，干预哥舒翰指挥，而后向唐玄宗吹风，说形势一片大好，叛军久攻不下，已经后退，应当催促哥舒翰放弃坚守，主动出击，必获全胜。

须知，哥舒翰麾下的8万士兵，是长安附近临时拼凑的队伍，守城尚且够呛，进攻更不靠谱。这是长安最后一支可以依赖的机动力量，一旦有失，后果不堪设想。只要哥舒翰凭潼关守城，坚守不战，拖住叛军主力，就能为郭子仪、李光弼、颜杲卿等部的反攻赢得时间。

然而，杨国忠不管那么多。他只一门心思要贪功，要树立威信，满足对前方军队的控制欲。更重要的是，他怕哥舒翰拥兵自重。毕竟，哥舒翰和安禄山一样，都是少数民族将领，且都不是杨国忠的人。安禄山已经反了，哥舒翰会怎样呢？杨国忠不放心。

其实，将士们只是死守潼关都是勉为其难的。毕竟，长安的粮饷离不开中原和江南的供给，不尽快收复洛阳，长安的粮食供给就会非常困难。因此，唐王朝决策层对收复洛阳的渴求，除了面子问题，还有现实的后勤需求。

唐玄宗虽然早年发动过多次兵变，但毕竟不是行伍中人，不懂军事。他经不起杨国忠这一忽悠，就传旨催促哥舒翰主动进攻。“翰不得已出关，遂大败，降贼。”杨国忠为了一己之私，不顾王朝利益，祸国殃民。这件事，让他在军队内部声名狼藉。

如果说他瞎指挥导致哥舒翰全军覆没，得罪了唐王朝的军人，那么干预皇储归属，就要得罪太子了。而杨国忠恰又主动踩了这个“地雷”。

当年唐玄宗废掉太子李瑛后，并没有按照武惠妃和李林甫的设计，改立武惠妃的儿子寿王李瑁为太子。他听从了高力士“推长而立，孰敢争”的意见，立年长的忠王李亨为太子。

这个结果，让李林甫的算盘落了空。于是，李林甫便拉拢各方势力，打算把李亨拉下马。杨国忠为了巴结李林甫，便甘当急先锋，屡次设圈套，罗织罪名，制造冤案，坑害太子李亨。就这样，李亨和杨国忠结了怨。

在天宝年间的宫廷政治斗争中，李亨只是砧板上的鱼肉，任人摆布。但李亨跟高力士关系不错，甚至到了“兄事力士”的地步。高力士之所以力推李亨，大概有两重目的：一是出于对君王和国家的忠心，立长子，争议小，不容易闹乱子；二是政治赌博，押宝李亨。杨国忠多次坑害李亨，也就顺带得罪了高力士。

杨国忠当了四年宰相，仗着外戚身份胡作非为，得罪了安禄山，得罪了军人，得罪了太子，得罪了皇帝身边最宠信的宦官，把自己搞成了孤家寡人。在安史之乱这样的大难面前，怎能全身而退呢?

潼关沦陷，叛军即将攻入长安。杨国忠的如意算盘是把唐玄宗裹挟到成都，那里是自己的地盘，有自己的亲信做官，只要把皇帝捏在手里就万事不愁。

然而，他高估了自己的控局能力，低估了禁军将士的愤怒程度。杨国忠为自己多年来的愚蠢和专横付出了惨重代价，同时给唐玄宗当了挡箭牌。

三、如何看待杨贵妃之死

关于杨贵妃之死，历史文献中的记载只有寥寥几笔。

《旧唐书》记载：“力士复奏，帝不获已，与妃诀，遂缢死于佛室。”

《新唐书》记载：“帝不得已，与妃诀，引而去，缢路祠下。”

《资治通鉴》记载：“上乃命力士，引贵妃于佛堂，缢杀之。”

虽然文字上有区别，但叙述内容有个共同点，那就是将杨贵妃定位为一个被动受死的沉默客体。也就是说，杨贵妃也是“人为刀俎，我为鱼肉”，根本无法选择自己的生死命运。

诚然，禁军将士仇恨杨贵妃，把她视为“女祸”，将安史之乱带来的灾难都归咎于这样一位弱女子。就连后晋刘昫的《旧唐书》和北宋欧阳修的《新唐书》，都将杨贵妃视为“贼本”“祸本”，让她担起了所有的政治责任。

其实，所有人心里都明白，唐玄宗才是把唐王朝推向万劫不复的罪魁祸首。杨贵妃替他顶了雷，让他变成了仁慈而无辜的受害者。刘昫和欧阳修也有意回避了对唐玄宗后期荒淫腐败的批评和反思。这显然是男权主义文化在作祟。

平心而论，杨贵妃之死，冤，也不冤。

说她冤是因为在男权主导的社会中，杨贵妃的确只是帝王身边的“宠物”或者“花瓶”。唐玄宗从没有安排她参与军国大事，这跟唐高宗给武则天的待遇有很大不同。既然只是点缀，那就无足轻重。在唐玄宗的心目中，尽管女人很重要，但比起江山社稷，比起皇权，他还是只能把“在天愿作比翼鸟，在地愿为连理枝”放在嘴上，而不是关键时刻的行动上。

既然只是点缀，既然无足轻重，在历史转折期，在社会动乱期，需要有人出来当替罪羊的时候，原本远离权力中心的杨贵妃就被唐玄宗卷了进来，成了唐王朝由盛转衰的历史大时代里祸国误君的代表。

她是替她的男人去死，没有任何反抗的机会和资本，而她的男人则成了胆小软弱的懦夫、背弃爱情的逃兵。

说她不冤是因为杨玉环进宫以后，“每倩盼承迎，动移上意”。天宝四载（745），杨玉环被封为贵妃，“礼数实同皇后”。她本人生活奢华，最有名的当属调用驿站体系，给她递送荔枝。为了保鲜，驿站的信使和驿马要跑断腿，害苦了不少人。

杨玉环当上了贵妃后，最大的受益者就是杨家人，杨家姊妹跟着鸡犬升天。据《旧唐书·杨贵妃传》记载，杨家姊妹“并承恩泽”，“宠遇愈隆”，借机广收贿赂，“其门如市”；大兴宅第，“每构一堂，费逾千万计”，“土木之工，不

《虢国夫人游春图》（现藏于辽宁省博物馆）

舍昼夜”。杨家三姊妹中，虢国夫人最“放得开”。她不甘当寡妇，便跟族兄杨国忠“宣淫不止”，又千方百计把杨国忠推荐给唐玄宗。

这些事，杨贵妃不可能毫无耳闻，但她没有采取任何实质性措施来纠正。相比之下，唐太宗时期的长孙皇后，“性尤俭约”，抑制后族，“每能规谏”，补政之阙，堪称中国古代后妃美德集大成者。显然，杨贵妃差太远了！从这个意义上说，禁军将士把杨贵妃视为“祸本”，也非妄言。

《太平广记》和《全唐诗》均收录了一首诗，意思一致，只是文字略有差别。其中这样写道：“马嵬烟柳正依依，重见銮舆幸蜀归。泉下阿蛮应有语，这回休更怨杨妃。”

有人说，这是唐僖宗逃往成都的路上，途经马嵬驿时感慨良多写的诗。其实，这首诗更像是在挖苦讽刺被黄巢撵出长安的唐僖宗本人。因此，作者大概率不是唐僖宗，而是另有其人。只是《太平广记》和《全唐诗》各记了一位作者，究竟谁才是原创，已经很难考证了。

不过，有一点是明确的，那就是男人捅的娄子，不能让女人来“背锅”。

四、究竟谁是幕后主使

马嵬驿的兵谏，一环扣一环，好像都在按剧本来演。究竟有没有事先策划？谁才是真正的幕后主使呢？

考虑到从长安逃出以后，大队人马一直在赶路，除了吃饭睡觉，根本无暇停歇，更谈不上拉帮结派搞事情了。因此，如果说真有事先预谋，那也是小范围的，是几个关键人物策划的。而后借助中低级将士的怨怒，一哄而上，因势利导，把事件闹大。只有这样，兵谏的经过才真的更像有剧本。

凡是事先策划，必有幕后主使。那么，这个幕后主使是谁呢？历史文献没有明示，只能从只言片语的记载中推测，有四个人可能性最大：陈玄礼、高力士、李亨、李辅国。

先说说陈玄礼。

他是马嵬驿事件中禁军哗变的指挥者，这点毫无疑问。从人生履历看，他承担这样的角色毫不意外。

陈玄礼在禁军将领里是老资格了。唐中宗时期，陈玄礼和葛福顺就已经是万骑果毅了。李隆基“常接其豪俊者”，从而跟陈玄礼结下了很深的友谊。

景龙四年（710），韦后毒杀唐中宗，扶持小皇帝李重茂上台，改年号“唐隆”，自己欲效法武则天，临朝称制。李隆基带兵秘密潜入长安，联络太平公主、陈玄礼、葛福顺等发动政变，史称“唐隆政变”，铲除了韦后集团，拥立李隆基的父亲唐睿宗李旦上台。

“唐隆政变”的最大获益者自然是李隆基。他虽然不是李旦的大儿子，但凭借定策之功被封为太子，不久又接受唐睿宗禅让，登上皇位，是为唐玄宗。陈玄礼也是受益者之一，由于斩杀了韦后的兄弟，他升任龙武大将军。接着，唐玄宗再次发动政变，铲除太平公主。陈玄礼跟随大将军王毛仲，再次站到唐玄宗一边，冲锋在前，从而捞到了足够的政治资本。

王毛仲居功自傲，飞扬跋扈，葛福顺首鼠两端，摇摆不定。许多禁军将领或主动与他们结为姻亲，卖身投靠，或内心惧怕，避之不及，只有陈玄礼不卑不亢，专心从事护驾工作。后来，王毛仲和葛福顺先后获罪，罢官免职，甚至丢了性命，而同为功臣的陈玄礼“以淳朴自检，宿卫宫禁，志节不衰”，把做好皇帝的警卫工作视为终身职责，从而巩固了自己的政治地位。

陈玄礼最鲜明的人格特色就是忠于职守。为了履行这一人生信条，他不惜冒犯皇帝。天宝中，唐玄宗巡幸华清宫期间，打算出宫去虢国夫人的宅邸。陈玄礼直接出面阻拦，说：“未宣敕报臣，天子不可轻去就。”又有一次，唐玄宗想要夜晚出游，陈玄礼又甩出“宫外即是旷野，须有备预”的借口，加以阻拦。两次想出宫都被拦了下来，唐玄宗很无奈，但也觉得陈玄礼确实忠诚可靠。

安史之乱爆发后，全国上下“切齿于杨氏”。陈玄礼也不例外，他甚至打算在还没逃离长安的时候就把杨国忠干掉。《旧唐书·陈玄礼传》说：“及安禄山反，玄礼欲于城中诛杨国忠，事不果，竟于马嵬斩之。”《新唐书·杨国忠传》说：“右龙武大将军陈玄礼谋杀国忠，不克。”虽说没得手，但足以展现陈玄礼对国家和君王的忠诚度。

正是基于忠君爱国的朴素心理，陈玄礼才会在禁军疲惫饥饿濒于哗变的关头，毅然挺身而出，及时将哗变矛头引向杨氏兄妹，从而避免了针对唐玄宗的一次灭顶之灾。

换句话说，陈玄礼玩的是阳谋。他策划马嵬驿事变的出发点是保护唐玄宗，而不是争权夺利、借刀杀人。说他是主谋之一，可信；说他是幕后主使，不可信。哪有幕后主使冲在台前的道理？

五、神秘的高力士

说说高力士。

开元、天宝间，高力士是个神奇的存在。他是宦官，是唐玄宗身边的大总管和亲信，几乎陪伴唐玄宗一生。由于长期陪王伴驾，他在国家政治生活中有一定话语权。这样的政治地位，势必与权欲熏心的朝廷宰相杨国忠发生权力冲突。于是，高力士便沾上了杀杨嫌疑。

其实，高力士纵然地位特殊，跟唐玄宗交情深厚，但从其身份和权力来说，还没到呼风唤雨的地步，更谈不上策划政变。

首先，高力士并非宦官专权的开山鼻祖。尽管唐玄宗在开元和天宝两个时期，前后判若两人：前期励精图治，重用姚崇、宋璟等贤臣；后期倦怠政务，委政李林甫、杨国忠等奸臣，不过，有一点是明确的，那就是他始终遵循了姚崇提出的“中官不预公事”的建言。

高力士幼年净身入宫，伺候李隆基六十多年，从级别较低的小宦官逐渐成长为主管内侍省的正三品“内侍监”，可谓飞黄腾达。不过，他深知自己的一切都源于唐玄宗的宠信，作为皇帝的家奴，他忠实报答皇帝的知遇之恩，做自己该做的服务工作，极少就时政事务向皇帝建言献策，更左右不了唐玄宗的主意。

开元二十四年（736），李林甫为排挤宰相张九龄，推荐了一个叫牛仙客的官员。唐玄宗私下征询高力士的意见，高力士回答：“仙客本胥史，非宰相器。”唐玄宗听罢，很不高兴，但还是让牛仙客取代了张九龄。

事实证明，牛仙客能力有限，只会唯唯诺诺，由他担任李林甫的副手，不

高力士墓神道碑拓片（局部）

仅起不到监督作用，甚至连忙都帮不上。高力士看人很准，但唐玄宗听不进去。

天宝三载（744），唐玄宗跟高力士说："朕自住关内，向欲十年，俗阜人安，中外无事。高止黄屋，吐故纳新，军国之谋，委以林甫，卿谓如何？"高力士回答："林甫用变造之谋，仙客建和籴之策，足堪救弊，未可长行……军国之柄，未可假人，威权之声，振于中外，得失之议，谁敢兴言。伏惟陛下图之。"

高力士对李林甫和牛仙客的看法，总体上持否定态度，认为他们的治国本领也就适合办办差，不适合建章立制管长远，军国大权还是得掌控在皇帝手里，不能轻易给别人。

从加强君主专制、防止君权旁落、巩固政权统一的角度看，高力士说的没错，他是从国家和皇帝的长远利益考虑的。可是，这样的话语不符合唐玄宗想懒政的初衷，搞得他很不高兴："卿十年以来不多言事，今所敷奏，未会朕心。"意思是说，你这家伙，十年来都不怎么发言，今天发言的水平太差，不符合我的心意。这相当于把高力士骂了一顿。

皇帝生气，奴才只有认怂。高力士连忙磕头谢罪，说"臣狂疾，发妄言，罪当死"。从此，高力士再也不敢议论朝政，更不敢在家里会见官员。显然，他的权力不足以调动一切，甚至策划政变。

其次，高力士无意压倒杨国忠。对于杨国忠的专擅弄权，高力士早已看不顺眼，也曾跟唐玄宗念叨过，希望杀杀杨国忠的威风。不过，这种念叨只是家奴跟主子之间随便一说罢了。只要唐玄宗表示"不悦"或者"默然"，高力士就不敢坚持了。

其实，高力士虽然看不起杨国忠的出身和人品，但还是非常重视杨国忠背后的裙带背景的。因此，杨国忠给高力士送礼送钱，俩人表面上说得过去，甚至会相互扶持。至于杨贵妃，之所以能被唐玄宗看中，纳入宫中，全赖高力士从旁推荐；之所以其后两次被送出宫，又能两次被迎回宫，也都是高力士从中牵线搭桥。这样看起来，高力士跟杨家的关系并不差。

本质上讲，高力士只是个家奴，他忠诚于唐玄宗。唐玄宗喜欢什么，他就喜欢什么；唐玄宗讨厌什么，他就讨厌什么。他没有个人空间，能做到“与时消息，观其势候，虽至亲爱，临覆败皆不之救”。只有这样的心理素质，才能在马嵬驿事件的危难关头，充当勒死杨贵妃的刽子手，以此来替唐玄宗解围。

从这种意义上说，高力士并没有诛杀杨氏兄妹的迫切愿望。说他是马嵬驿事件的幕后主使，确实冤枉他了。

六、时来运转的中年太子

再说说太子李亨。

他不是李林甫最可心的人选，也不受杨国忠待见。因此，他需要时刻绷紧神经，随时提防明枪暗箭。对于杨国忠的多次陷害，李亨怀恨在心。可是，老皇帝昏聩，李亨处境艰险，百口莫辩，只能忍辱负重，甚至不惜跟太子妃韦氏离婚来洗脱外戚干政的嫌疑。

渔阳鼙鼓，洛阳沦陷。唐玄宗宣称御驾亲征，准备让李亨监国。这个决断，让杨国忠感到了恐惧。他担心被太子报复，便唆使杨贵妃规劝玄宗，收回成命。

唐玄宗没有交权，杨国忠暂时放心了，而李亨离权力之巅只剩一步之遥，却被杨国忠绊了一跤，他当然咬牙切齿。

情况已经很清楚了：李亨要想接班当皇帝，必须先干掉杨国忠。然而，只要长安无恙，大家各安其位，李亨就没有机会。毕竟，按照《资治通鉴》记载，唐睿宗曾定下规矩：“诸王、驸马自今毋得典禁兵。”因此，李亨手里没有兵权，大臣也未必都听他的。

潼关沦陷，玄宗西逃，给李亨提供了千载难逢的历史性契机。

逃难路上的饥饿与狼狈，让禁军上下怨声载道，大家将眼下的险恶处境一概归咎于杨国忠。马嵬驿外，“诛杨”的舆论氛围已经形成。

在逃难的队伍里，能够有资格进入马嵬驿陪王伴驾的，只有包括杨国忠在内的六位大臣。太子李亨、太子妾张良娣、宦官李辅国位居队伍的后端，只能在驿站外面待着。而此时此刻，陈玄礼也在驿站外。大概只有在这个节骨眼上，李亨才有机会接近陈玄礼，互相通气，统一思想。

兵谏发生了，杨国忠和杨贵妃都丢了性命，唐玄宗也是惊魂甫定。这个时候，身为太子的李亨理应迅速到驿站里宽慰父皇。可是，他迟迟不来拜见，这一点引起了唐玄宗的怀疑。那么，李亨为什么不愿拜见唐玄宗呢？难道连逢场作戏都不屑于做吗？

答案当然不是这样。一方面，李亨对逃往成都不感兴趣。因为成都偏安西南，地势阻隔，不利于领导平叛，那个地方的官员也不是自己的心腹。另一方面，他还是心中有鬼。对于在马嵬驿策划向父皇逼宫这件事，他很可能心里有愧，或是忐忑，没脸拜见父皇。于是，他借口百姓阻留，没有去见父亲，只是派其子广平王李俶跑去跟唐玄宗打了个招呼。

正史记载表明，李亨参与了马嵬驿诛杀杨国忠、杨贵妃的谋划。《旧唐书》记载："从幸至马嵬，禁军大将陈玄礼密启太子，诛国忠父子。""次马嵬驿，军士不得食，流言不逊。龙武将军陈玄礼惧其乱，乃与飞龙马家李护国谋于皇太子，请诛国忠，以慰士心。"

马嵬驿的风波平息了。驿站终究是驿站，大队人马迟早还是要开拔的。杨国忠已经死了，还去成都吗？当地百姓出面挽留，希望唐玄宗留下来，带领他们继续抗击叛军，收复失地。然而，此时此刻的唐玄宗，全无开元年间的果敢，变得失魂落魄。混得连老婆和宠臣都没命了，还有什么心气儿领导平叛呢？他还是按既定计划向成都开拔了。

百姓见拦不住皇帝就去拦太子。李亨在后队，到底要不要跟着父皇去成都，他犹豫了。这个时候，他急需有人出面给他打气，帮他尽快决策。

"百姓"是个很奇特的概念。需要他出现的时候，他就出现了；不需要他出现的时候，他就无影无踪。皇帝再狼狈，大概也不是随便什么百姓都能接近的。"百姓"或许只是个代名词，很可能指的是逃难队伍里的某些官员。那么，如果说阻拦唐玄宗的“百姓”可能是某些大臣的话，那么阻拦李亨的“百姓”究竟是谁呢？

《旧唐书·李辅国传》记载：“禄山之乱，玄宗幸蜀，辅国侍太子扈从，至马嵬，诛杨国忠，辅国献计太子，请分玄宗麾下兵，北趋朔方，以图兴复。”

《新唐书·李辅国传》记载：“陈玄礼等诛杨国忠，辅国豫谋。又劝太子分中军趋朔方，收河、陇兵，图兴复。”

《旧唐书·肃宗张皇后传》记载：“宦者李靖忠启太子请留，良娣赞成之。”

从正史记载不难看出，阻拦李亨的“百姓”，其实就是李辅国和张良娣。前者是李亨身边的宦官，后者是李亨的太子妾。

那么，李辅国究竟是谁呢？

李辅国本名李静忠，早年长期在仗内六厩之一的飞龙厩当差，其实就是个给皇家养马的宦官，后来到了东宫，服侍太子李亨。

不过，由于养马的缘故，李辅国跟禁军将士的关系混得不错。这就为李辅国在禁军将士中制造舆论、到处拉拢提供了条件。恰好，唐玄宗的车驾走在前面，顾不得后队，便让建宁王李倓、广平王李俶临时指挥后队的禁军。这俩王爷其实都是李亨的儿子。

于是，李亨意外地拥有了兵权。当李辅国把北上的建议和盘托出后，李亨像是吃了定心丸，终于决定不跟父皇南下成都，而是径自北上去朔方。

为什么要去朔方呢？大概有三个原因：

其一，李亨熟悉朔方。开元十五年（727），当时还是忠王的李亨被加封为朔方节度使、单于大都护。按照通行惯例，皇子担任的节度使只是个空头衔，不会去赴任。不过，有了这个头衔，就有正当理由跟朔方的将官发生交往，产生交情。因此，李亨的势力范围基本就在河西、陇右、朔方一带。这里有人脉基础，容易立足。

其二，朔方兵力强大。长安沦陷后，全国平叛的军事力量中，只有朔方军实力最强。朔方节度使郭子仪、河东节度使李光弼麾下不下十万人。他们多次长途奔袭安禄山的“后院”，成为唐朝最可倚仗的军事力量。建宁王李倓就曾向太子建议："殿下宜购募豪杰，暂往河西，收拾戎马，点集防边将卒，不下十万人。光弼、子仪，全军河朔，谋为兴复，计之上也。"

其三，朔方靠近前线。长安沦陷，唐玄宗西逃，唐王朝的中央政府已经处在崩溃的边缘，政治形势非常危急。在这个关键时刻，最重要的就是要换个合适的地方，重建新的平叛总指挥部。相对来说，朔方比成都更靠近平叛前线，交通通信更加方便。一旦李亨在朔方站稳脚跟，就有条件号令天下，稳定人心，形成一个更具有凝聚力的指挥中心。

就这样，李亨带着李辅国、张良娣、李倓、李俶等人以及少量禁军，掉头向北，直达平凉，在当地驻军帮助下，转到朔方首府灵武即位称帝，是为唐肃宗。

客观来讲，唐肃宗北上朔方对平叛战争是有利的。唐肃宗坐镇灵武之后，起到了振奋人心的作用。"太子大军至矣"的消息在沦陷区广为流传，各地义军风起云涌，收复失地的捷报频传，郭子仪、李光弼率军抵达朔方，河西、安西的边防军也相继到朔方集结。叛军在关中的控制区被压缩到长安周边，最大限度保障了成都和朔方的安全。潼关失陷后唐军溃败的势头被止住了，唐肃宗的威信也随之树立起来。

至于唐玄宗，到了成都后还在给全国各地发号施令，不久便收到了来自朔方的诏书，遥尊自己为太上皇。就这样，李亨把李隆基掌握44年的皇权轻易地剥夺了。而李隆基除了惊愕，只剩唏嘘和无奈。

七、李三郎的凄惨晚年

马嵬驿是个转折点。

杨国忠死了。他是咎由自取，多行不义必自毙。

陈玄礼和李亨，一前一后，一明一暗，共同策划了这场兵谏。不过，陈玄礼没有去朔方，而是跟着唐玄宗去了成都。

杨贵妃死了。老皇帝后半生最重要的情感寄托不复存在，一场轰轰烈烈的爱情也画上了句号。她是唐玄宗的挡箭牌，她是宫廷斗争的牺牲品。

高力士目睹了兵谏的全过程。他执行了赐死杨贵妃的命令，继续护驾到了成都。除此之外，他没有改变历史轨迹。

唐肃宗是表面上的最大胜利者。他终于拿到了梦寐以求的皇位，但取得皇位的方式有些非正常，这也为此后父子之间的嫌隙埋了雷。

不过，真正的赢家是李辅国和张良娣。

唐肃宗上位，李辅国有拥戴之功。唐肃宗称帝后，李辅国便从后宫走向前台。广平王李俶，也就是后来的唐代宗李豫，被任命为天下兵马元帅，郭子仪为副元帅，李辅国为判元帅府行军司马，掌管四方章奏和兵符。收复长安后，李辅国又获准掌管禁军。唐肃宗还授权他负责审核皇帝制敕和百官奏章的特权。就这样，李辅国从一个养马小宦官，摇身一变成了比宰相还厉害的权阉，开了唐代宦官专权的先河。

张良娣原本只是太子妾，不过，由于李林甫诬陷水陆转运使韦坚，牵连李亨，为了保住太子之位，李亨只好与前任太子妃韦氏离婚。就这样，张良娣得以专侍太子。在李亨人生最困难的时候，是张良娣不畏艰险，陪他度过。在马嵬驿事件之后，又是张良娣力主李亨北上。因此，李亨上位，张良娣顺理成章被封为淑妃，后又被立为皇后。

无论是李辅国还是张良娣，都不是省油的灯。在大事件关头的进言和坚持，让这两个本不该过问政治的小人物，变成了炙手可热的大人物，也点燃了他们染指更高权力的欲望。而性格懦弱的唐肃宗，则渐渐成了他们的傀儡，甚至连父子之情都顾不得了。

至德二年（757），长安收复。唐肃宗主动邀请唐玄宗返回首都。犹豫再三，老皇帝终于起身，告别成都。这一走，就是永别。

路过马嵬驿的时候，老皇帝或许有哀叹，有思虑，有悲怆，有遗憾，但正史回避了这些。

在咸阳的望贤宫里上演了一幕父子相见的闹剧。在谋士李泌的导演下，李亨主动脱下黄袍，让给父皇，摆出一副请父皇回来继续当天子，自己继续当太子的架势。这当然只是在演戏。唐玄宗心领神会，把黄袍又还给了儿子，认可了他指挥大军平叛的功绩，承认了儿子当皇帝的事实。父子相拥而泣，场面非常感人。

不过，有个细节值得一提。就在父子相见之前，李亨先是派数千禁军出城迎接父皇，以换防慰劳的名义，把唐玄宗身边的600余名禁军缴了械。唐玄宗没了兵权，成了光杆司令。

唐玄宗回到长安后，被安排在兴庆宫居住。这里位于闹市，人来人往。唐玄宗经常跟市民招手互动，时不时把一些老臣请来喝酒。此情此景，令居住在大明宫的唐肃宗如芒在背。

于是，在唐肃宗的默许下，李辅国策划并实施了搬家计划。他先是把兴庆宫里的好马都调走，只给唐玄宗留10匹马；接着把唐玄宗诓出兴庆宫，送往靠近大明宫的甘露殿。这样一来，唐玄宗就被隔离了，形同软禁。而陈玄礼和高力士，前者被勒令退休，后者被李辅国公报私仇流放。

唐肃宗这么做，只是为了防止父皇复辟。因为在他的内心深处，对窃取皇位这件事，他没有自信，没有底气。比起父皇，他的号召力明显不足。只不过，这么做只能让唐肃宗多背上一项骂名——不孝。

最后时刻的唐玄宗，身边没有熟人，没有亲人，只能一边“辟谷”，一边回忆大唐盛世的浮华与辉煌，回忆从渔阳驿敲响的胡人鼙鼓，回忆马嵬驿的生离死别、爱恨情仇。

最后时刻的唐肃宗，身边也没有熟人，没有亲人，只听见李辅国和张良娣为争权夺利而火并的事，张良娣死于非命的消息加速了他的死亡。

李亨死后，李俶（李豫）上台，是为唐代宗。论斗争经验，唐代宗比他父亲唐肃宗强太多了：暗杀李辅国，赦免高力士，信任郭子仪，逼死史朝义，结束了长达八年的安史之乱。一切归于平静，唐王朝进入了藩镇割据的新时代，只留下白居易的《长恨歌》，依然在诉说着马嵬驿的悲欢离合：

六军不发无奈何，宛转蛾眉马前死。

花钿委地无人收，翠翘金雀玉搔头。

君王掩面救不得，回看血泪相和流。
黄埃散漫风萧索，云栈萦纡登剑阁。
峨嵋山下少人行，旌旗无光日色薄。
蜀江水碧蜀山青，圣主朝朝暮暮情。
行宫见月伤心色，夜雨闻铃肠断声。
天旋地转回龙驭，到此踌躇不能去。
马嵬坡下泥土中，不见玉颜空死处。

小贴士　最早的报纸

开元年间（713—741），长安皇宫门外每天都会发布一系列有关皇帝和百官动态的简报。这不是小道消息，更不是造谣惑众，而是朝廷的权威发布。不过，它不像文告，倒更像微博体，一条一条的。

100多年后，中书舍人孙樵在襄阳偶然读到了几十幅这样的简报。当然，肯定不是原件，而是雕版印刷件。每幅简报字数不多，大约13行，每行15字；一律楷体书写，有界栏，无中缝。

孙樵摘抄了一段："某日皇帝亲耕籍田，行九推礼；某日百僚行大射礼于安福楼南；某日安北诸蕃君长请扈从封禅；某日皇帝自东封还，赏赐有差；某日宣政门宰相与百僚廷争，十刻罢。"看来简报中记述的是君臣的政治军事活动，简明扼要，零零散散，按日计事，不分先后。

这是一个很大的发现。孙樵将其称为《开元杂报》，今天的新闻史专家将其视为世界上最古老的报纸。平心而论，它更类似于今天政府部门编发的每日内参、红头简报。由于印量较少，读者仅限于各地节度使，所以存世不多。仅过了一个世纪就没剩多少了。

《开元杂报》究竟出自谁的妙笔呢？

肯定不是记者，而是朝廷专门负责的官员，然后由朝集使呈报给各自的地

二月甲戌
皇帝自東封還賞賜有差丙子
上躬耕於興慶宮側盡五百步辛巳還
鴻臚卿崔琳使於吐蕃琳神慶之子
也壬午
上幸鳳泉湯癸未還京師是月丁卯
上幸驪山溫泉丁巳還宮戊寅以皇子
大都護忠王浚兼河北道行軍元帥
以御史大夫李朝隱京兆尹裴伷先
副之帥十八總管以討奚契丹命斛
百官相見於光順門庚辰
皇帝幸驪山溫泉甲申還宮乙酉
上幸鳳泉湯丁亥還宮召見百官賞於

《开元杂报》仿刻本

方长官。

按照汉代以来的惯例，每年各地要派人进京汇报本地行政和财政情况，接受审计和考核。派来的这些人就叫作“朝集使”。他们来长安，不可能一天就把事办完，得自找住处。贞观年间，朝廷开始为他们修建专门的住处，就形成了类似于各地驻京办的机构。朝廷将君臣的重大政务活动，以及各地汇报的情况汇总起来，编发了《开元杂报》，而后由朝集使进行抄录，寄送给派出地的最高军政长官——节度使。

安史之乱后，各地藩镇坐大，手握军政大权，需要在长安安插耳目，及时了解中央的政情。于是，朝集使就被赋予了这样的职能。表面看来，他们是向朝廷进奏本地区的政情，实则暗中收集朝廷和各地的情报。进奏院就这样应运而生，它出现于唐代宗大历年间（766—779）。到唐朝后期，长安已有50多处进奏院。

阳城驿——清官与起名之争

唐文宗开成四年（839）春，商洛山区的富水驿迎来了大诗人杜牧。

这是杜牧从江州（今江西九江）出发，前往首都长安的途中一站。江州到长安，要经历一段溯江而上的旅程。他先逆长江西上，抵达武昌，再转汉江北上，抵达襄阳，而后弃舟走陆路，取道南阳，进入商洛山区。一路之上，春光明媚，杜牧心情大好。

富水驿就在商洛山区。它还有个名字，叫“阳城驿”，跟唐德宗时期的著名谏官阳城同名。为什么同一个驿站会有两个名字呢？

杜牧、白居易、元稹三大诗人，就这个问题展开了一场“起名之争”。

一、最牛“草根”

先说说这位著名谏官阳城。

阳城（736—805），定州北平（今河北顺平）人，出身官宦世家。不过，到他这代，家里已经穷得连书都买不起了，活脱脱“草根”一枚。

不过，只要想读书，穷也有穷的招数。官府里书多啊，他就到集贤院去当书吏，也就是抄写员。这样既能挣工资养家糊口，又能免费读到很多书。

别人把抄书当作苦差事，他反而像是进了米缸里的老鼠，待在书房里昼夜不出户。六年下来，院里的书都被他读过了，已经达到了无所不通的地步。

阳城19岁那年，安史之乱爆发。北平是叛军的大本营，但阳城没打算跟叛军混，而是躲进了中条山，开始了隐居生活。不过，他隐居不避世，时刻关注国家大事，也不忘做学问。

由于学识渊博，阳城被当地人誉为“百事通”。大家有纠纷都不找官府，只要他出面，肯定能摆平。大家都佩服他道德高尚，才学一流，只要他愿意，人们排着队来拜师。

有名望，有徒弟，有学问，衣食无忧，阳城的小日子过得似乎还挺美。不过，他并不满足于此。隐居，是为了苟全性命于乱世，留得青山在，不怕没柴烧。当叛乱结束，国家政局恢复稳定后，他还是希望有机会施展抱负，为国效力。

陕虢观察使李泌，早年为待诏翰林，供奉东宫，后得罪了杨国忠，被送到蕲春郡（今湖北蕲春）安置。李泌索性脱离朝廷，“乃潜遁名山，以习隐自适”。正是这段隐士生活，让他在听说了阳城的经历后，生发了惺惺相惜之感。

于是，李泌亲自造访，与阳城相谈甚欢。后来，李泌成为宰相，举荐他做著作郎。这是阳城的老本行，他欣然前往。

李泌是唐朝中叶的四朝老臣，他供职的第四位皇帝唐德宗，对他格外敬重，爱屋及乌，对他推荐的官员也很有好感。听说阳城很受李泌青睐，德宗就派长安县尉杨宁带着几束绢帛邀请他来首都长安做官。

皇帝邀请，他不能违抗。但他没有“包装”自己，而是“衣褐赴京”，穿着老百姓的粗布衣服就进京了。他给唐德宗写了一份奏章，说自己只是个普通百姓，没什么本事，皇帝的好意心领了，到朝廷里做官还是算了吧。

有时候，青睐一个人会自觉无视他的缺点，唐德宗就是这样。阳城表现得越谦虚，越推辞，唐德宗越有兴趣：你阳城不是衣服太“土”吗？没关系，朕让宦官带件崭新华丽的朝服给你穿上，再赐给你50匹帛，看你还推辞不推辞了。

阳城一看，圣恩难却，推辞不掉了，只好“谢主隆恩”，当上了谏议大夫。

自从阳城来到长安，就被满朝文武和广大市民群众当成了“稀有动物”，谁都想瞧瞧，这个“乡巴佬”究竟是怎样的奇人，能让皇帝两次相邀、宰相登门拜访。

阳城有自知之明：自己没有后台，没有家财，没有颜值，能当上这个官，全靠皇上恩赐，宰相抬举。因此，他立下誓言：“阳城山人能自刻苦，不乐名利，今为谏官，必能以死奉职。”他知道，多少双眼睛盯着自己，多少人等着自己犯错。除了严于律己，奉公尽职，他别无选择。

谏议大夫是个得罪人的官：不揭人短，对不起职业操守；揭人短处，容易结怨遭恨。阳城刚刚上任，摸不准水深水浅，干脆天天跟兄弟、朋友喝酒，就是不去写奏章告状弹劾。这样的做派，让许多人觉得他只图虚名，口号喊得震天响，却言行不一，让人瞧不起。

不过，还是有好事者想看看，阳城究竟在忙点什么，到底想怎么当这个官，于是登门拜访。阳城秒懂，马上请来客喝酒，不管酒量大小，只管先干为敬，搞得来客被迫跟喝。最后，要么是来客，要么是阳城，总有一个要醉倒在地。

阳城曾跟自己的二弟约定：“吾所得月俸，汝可度吾家有几口，月食米当几何，买薪、菜、盐凡用几钱，先具之，其余悉以送酒媪，无留也。”意思是说，请你帮我算清楚，我家有几口人，每个月日常开销需要多少钱，从我每月工资里支取。工资里剩下的钱，全给小酒馆老板娘，一文钱都别留。于是，阳城虽然吃喝不愁，但根本不存钱，没积蓄。

家里有什么东西，来客只要喜欢，阳城二话不说，直接让人拿走。有个叫陈苌的家伙，每个月就等着阳城发工资，经常说他喜欢钱财。阳城二话不说，直接给钱。久而久之，这位陈先生居然从阳城手里踅摸了不少钱。

很明显，阳城不是贪官，不善算计，过日子大大咧咧，不是那种抠门和心眼小的人。跟他的同行成天“纷纭言事，细碎无不闻达”的表现相比，阳城做人做事的风格很独特。

作为“草根”，不管是不是“最牛”的，只要当上谏议大夫，本职工作就是要弹劾别人。那么，阳城会弹劾谁呢？他会不会因此给自己惹来麻烦呢？

二、一谏成名

唐德宗上台后，想强化皇权，削弱宰相的权力。可是，真要是把权力揽过来，自己又实在招架不住，忙不过来。于是，很多事他就让近臣去办。因此，那些跟他走得近的大臣，比如户部侍郎裴延龄、礼部尚书李齐运、谏议大夫韦渠牟就纷纷上位，靠谄媚得到重用。

这些佞臣不学无术，不干正事，善于揣摩上意，“诬谮时宰，毁诋大臣”，“天下嫉之如仇”。宰相陆贽实在看不下去，就仗义执言，多次上书参奏裴延龄的罪行。裴延龄被惹毛了，他组织一帮人成天给皇帝上书，诋毁陆贽。

唐德宗本来就想削弱宰相的权力，见陆贽一再告自己宠臣的状，再加上裴延龄一帮人煽风点火，就对陆贽越发不满。贞元十年（794），他一声令下，罢免了陆贽的宰相，降为太子宾客。

陆贽蒙受了不白之冤，但总算是告别了斗争旋涡。此事按说应该消停了吧，可是裴延龄不依不饶，继续参奏，百般污蔑。虽然陆贽平时十分小心，一向不跟宾客来往，但还是被裴延龄抓到了把柄，不断放大，终于把唐德宗惹怒了，对他动了杀机。

唐德宗正在气头上，这个时候谁也不敢出面说情。关键时刻，阳城毅然站了出来，“乃伏阁上疏，与拾遗王仲舒共论延龄奸佞，贽等无罪”，为陆贽鸣冤，参劾裴延龄。

皇上想这样，你偏要劝皇上不能这样，而要那样。气头上的唐德宗，心情能好得了吗？于是，唐德宗也不再顾及对阳城的尊重和礼数了，召集宰相商议，准备治他的罪。

阳城这个人，别看性格耿直，但总能交好运。太子李诵站了出来，给阳城说好话，说他是位正直的大臣，良药苦口利于病，还是别降罪了。有太子爷发话，唐德宗这才高抬贵手，没给阳城治罪。

这个风波还有个插曲。金吾将军张万福听说阳城和王仲舒一起“伏阁谏”，赶紧跑进皇宫，在延英门跪下磕头，大声喊道：“朝廷有直臣，天下必太平矣！”而后对阳城和王仲舒说：“诸谏议能如此言事，天下安得不太平？”还没等这俩人回答，他便自己抢答了：“太平，太平！”

张万福是位老将军，80多岁了，本来也没什么知名度，经过这番“表演”，名声大噪，算是意外的受益者。

谏官、宰相、佞臣、太子、老将军，几个角色这么一折腾，唐德宗也没了心气。于是，陆贽被免去死罪，降为忠州（今重庆忠县）别驾。

本以为这事就画上句号了，没想到阳城不依不饶。唐德宗要用裴延龄为宰相，阳城坚决反对，甚至放出话来：“脱以延龄为相，城当取白麻坏之。”意思是说，只要用他当宰相，我就立刻把白麻纸写的任命状撕毁，反正是要把裴延龄当宰相的事搅黄。

唐德宗一听：什么，你还没完没了了？在君主专制时代，把皇帝惹烦了的大臣，接下来的常规动作就是贬官。阳城也被免去了谏议大夫职务，弄去当国子司业，也就是国子监的副校长。

阳城当年隐居中条山是做过老师的，因此，当个国子司业倒也得心应手，也不用像谏议大夫那样受气。他到任以后，召集国子监的学生开会，跟他们说：“凡学者所以学，为忠与孝也。诸生宁有久不省其亲者乎？”意思是说，我们平日里学的就是忠孝，要学以致用啊！什么是孝？就是你们这些远离父母的人，怎能长时间不回去看父母呢？有副校长一句话，第二天就有20多名学生主动请假，心情愉悦地回去看父母了。

再后来，有个叫薛约的学生，轻狂暴躁，祸从口出，被流放到连州。他想着将来要在当地客居，连个朋友也没有，这一去不知何时才能回来，就想找个人喝喝酒，吐吐槽。结果，没有一个人愿意来给他送行。他只好去找老师阳城。没想到，阳城倒是来者不拒，也不摆架子，跟他喝酒饯行，一直送到郊外。

跟有罪之人喝酒饯行，这种事在当时是犯大忌的，容易被扣上“罪犯同党”“同情罪人”的帽子。阳城大大咧咧惯了，也没当回事。果然，唐德宗为此降罪，要把阳城赶出国子监，弄去道州（今湖南永州）当刺史。

道州这个地方，在当时还是比较偏远的。跟当地有关的故事，最有名的当属柳宗元的《捕蛇者说》："永州之野产异蛇，黑质而白章，触草木尽死；以啮人，无御之者。"

听说副校长要被贬到外地去，国子监立刻炸了锅。大家都觉得，给自己的学生送个行，听听吐槽，这是人之常情，无可厚非，为什么要给这么重的处罚呢？270 名太学生（国子监的学生）联名上书，请皇帝收回成命。

太学生没资格把书信直接呈给皇帝，必须找官员代呈。可是，阳城之前得罪了太多的人，此时此刻根本没人愿意代呈。因此，书信写得再好，也没送到皇帝手里。

其实，这封书信就算到了唐德宗手里也改变不了什么。试想，当初唐德宗派人盛邀阳城进京，那是看在他是个人才的份儿上，也是看在李泌极力推荐的份儿上。这会儿此一时彼一时了，李泌已经去世多年，阳城又几次上书弄得唐德宗下不来台。这样一来，他确实在京城待不下去了。

于是，阳城坐着一顶小轿，带着家眷，离开京城长安，头也不回，直奔道州而去。

三、道州"一根筋"

别看是贬官，但毕竟是阳城首次独当一面，去做地方上的"一把手"。来了道州，他还是很想大展拳脚，好好干一番事业的。

俗话说，"新官上任三把火"。他还真点了三把火：

第一把火，赏罚分明，不避亲疏。"以家人法待吏人，宜罚者罚之，宜赏者赏之，不以簿书介意。"

前任刺史在任期间，违法乱纪，连刺史衙门里的小吏也跟着胡作非为，十分嚣张。阳城到任后，这个小吏大概是觉得"天下乌鸦一般黑"，谁来都一样，于是继续我行我素。

阳城接到别人的举报，立即下令要审问他。可是，这个小吏仗着跟前任刺史的交情，不服气，不满意，说自己上面有人。阳城也不含糊，依照律法，把他给乱棍打死了。这就是所谓“以家人法待吏人”。

杖毙小吏，相当于给所有人一记杀威棒。此后，衙门里的风气有了很大好转。

第二把火，叫停特殊贡品。这个要多说几句。

《新唐书·阳城传》记载：“州产侏儒，岁贡诸朝，城哀其生离，无所进。帝使求之，城奏曰：‘州民尽短，若以贡，不知何者可供。’自是罢。”

这是个什么情况呢？

按照朝廷规定，地方上每年都要给京城进贡土特产。道州这个地方，每年的贡品比较特殊。当地人大多身材矮小，也不知哪一任刺史异想天开，专门找了一些侏儒称“矮奴”，当作贡品送去长安。皇帝觉得这贡品有意思，能调侃取乐，于是龙颜大悦。这样一来，进贡侏儒就成了道州的特色，也成了道州每年都要承受的负担。

可是，虽然道州当地人个子稍微矮一些，但哪有那么多侏儒啊！朝廷确定下来的贡品名目又不敢推辞，只能硬着头皮继续进贡。

那么，贡品怎么办呢？道州的官府想了个缺德的办法：把小孩子放在陶缸里养，只露出脑袋，每天给他吃喝，不让他活动，生生制造出了身体畸形的侏儒。而后，这些“矮奴”都被当作贱民，不能好好做人，这辈子的归宿就是当贡品。因此，当地人甚至不愿生儿子，生怕被抓去当“矮奴”，让孩子一辈子受苦。

这显然是个坑害老百姓特别是小朋友的弊政。阳城到任后，弄清了事情的原委，就不管不顾直接上书皇帝，要求废除这项贡品。唐德宗一看，这个阳城怎么“阴魂不散”啊？官都贬到那么远了，还要上书让朕不爽。算了，他说的好像也有道理，就采纳吧。

就这样，皇帝的乐子没了，百姓的福利多了。“矮奴”豁贱为良，有了人身自由，当地人再也不怕生儿子了。于是，当地人口增长了，劳动力增加了，经济发展了，社会秩序也安定了。

第三把火，帮老百姓减税。

一个州的刺史，最重要的工作就是收税和判案，朝廷考核也主要看这两项的政绩。阳城到任后，赶上粮食收成不好，征税任务没完成。而地方官又没有减税的权限，这就难办了。

朝廷派观察使前来问责。阳城也很“自觉”，索性自评“下下等”。观察使一看，阳大人都已经主动摆烂了，自己还怎么问责啊！可是，欠的赋税还得想办法催缴，不然没法跟朝廷交差啊。于是，观察使就派判官去道州督办。

到了道州，判官发现来迎接的只有小吏，阳城作为刺史居然没来。判官心想，自己好歹也是奉旨办差，这阳城也太不懂礼数了。见到小吏，他就很不高兴地问：“你们刺史怎么不来啊？”

小吏回答：“刺史以为有罪，自囚于狱。”意思是说，阳大人觉得自己有罪，把自己关在监狱里了。

判官一听，吓得不轻，赶紧到监狱去拜会阳城，说：“使君何罪？我奉命来候安否耳。”意思是说，您怎么可能有罪啊！我只是奉命来看您的。很显然，阳城都已经这样了，判官也就不好趾高气扬地督办了。阳城这么做也是告诉判官：要税没有，要命就这一条，随你拿走。

阳城虽然被请出了监狱，但根本不回家，就待在判官住的驿馆外边候着，还是那个姿态：要税没有，要命就这一条。判官在驿馆里待了几天，一无所获，觉得阳城这家伙太“奇葩”了，自己再在道州等下去，阳城没准要以自杀相威胁，闹出人命就不好办了。算了，赶紧走吧。

就这样，阳城愣是用“死皮赖脸”的方式把上面下达的征税任务拖黄了，客观上给本来就不富裕的道州老百姓减轻了负担。

贞元二十一年（805），唐德宗去世，太子李诵登基，是为唐顺宗。新皇帝锐意革新，想起阳城是位耿直的好官，应该委以重任，于是下令把阳城召回京城。可是，诏令送到道州的时候阳城已经去世了，享年70岁。

阳城没有当过大官，也没有在边疆杀敌立功，他只是个小人物，起于“草根”，凭借自己的努力，做了一些事情，造福一方百姓。他有脾气，有个性，唐德宗对他又爱又恨。他有爱心，有良心，老百姓感念他的善举。他去世后，大家都很惋惜，朝廷赐给他家200贯钱。老百姓把他当作福星，年年供奉。一个“草根”，做到了这个份儿上，应该圆满了。

现代著名诗人臧克家写过一首诗，题为《有的人》：

有的人活着，他已经死了；
有的人死了，他还活着。
有的人骑在人民头上：“呵，我多伟大！”
有的人俯下身子给人民当牛马。
…………
他活着别人就不能活的人，他的下场可以看到；
他活着为了多数人更好地活着的人，群众把他抬举得很高，很高。

阳城大概就是那种“为了多数人更好地活着的人”。

四、命名之争

元稹跟阳城情况类似，但知名度更高。

他是唐代后期的大诗人，跟阳城是同行。只不过，阳城担任的谏议大夫主要职责是监督京官，元稹担任的监察御史主要职责是监督地方官。

元和四年（809），元稹奉命外派到剑南东川。他在当地弹劾不法官吏，平反冤假错案，深得民心，但也得罪了朝中大官僚和藩镇节度使。很快，在这些权贵的操弄下，元稹被弄去“分务东台”，也就是到东都洛阳的御史台工作。洛阳是陪都，洛阳的那套官僚机构相当于首都长安的备份，平时没什么事，算是闲差。调他到这种地方，就是要排挤他，打压他。

元稹也不含糊，虽然受打压，还是坚持为官初心，秉公执法。哪怕是妻子亡故，悲痛欲绝，夜不能寐，也不会改变他的做官原则。

元和五年（810），也就是阳城去世的五年后，元稹又出了点事。

元稹在洛阳，愣是把闲差干成了“热搜”：写了份奏章，弹劾河南尹房式，说他违法乱纪。问题是，房式是唐朝开国功臣房玄龄的后裔，元稹这么干，就等于摸了老虎屁股。结果，参劾不成，反而自己被调回京城罚俸。

中年丧妻、办案蒙冤、仕途受挫，这些事搁在一起，让元稹相当郁闷。于是，就在从洛阳回长安的路上，他一股脑地把不满发泄在华州敷水驿。

途经华州的敷水驿，按照规定他可以住在驿馆的上厅。但大宦官仇士良、刘士元等人恰也来到这里，也要求住上厅。如果这事放在以前，估计元稹会退让。可是，这次他很不爽。他知道自己走到这一步，都是被朝中权贵害的。仇士良不就是权贵的代表吗？于是，他拒绝让出上厅，而且搬出有关规定，据理力争。

仇士良哪管什么规定不规定，人家在宫里都说一不二，更何况是在驿站里。元稹不退让，仇士良张嘴就骂，刘士元更是掏出马鞭，把元稹打得鲜血直流，最后将其赶出了上厅。

虽说仇士良的做法蛮不讲理，但按照《唐会要》的说法，他也没什么错："御史到馆，驿已于上厅下了，有中使后到，即就别厅；如有中使先到上厅，御史亦就别厅。""中使"就是宫中派出办差的宦官。不管怎么样，御史必须让着宦官。

元稹不但吃了亏，还被唐宪宗批评了一顿，扣上了"轻树威，失宪臣体"的帽子，被贬为江陵府士曹参军。他困顿州郡的生活从此开始。

离开京城，前往江陵，商洛山区是捷径。于是，元稹途经阳城驿，在这里小住。这个驿站的名字，迅速勾起了他的兴趣。

阳城的事迹，元稹很熟悉。阳城被贬官后仍旧保持铮铮铁骨的气概，引起了元稹的共鸣。于是，元稹有感而发，在阳城驿一口气写下近800字的长诗《阳城驿》。其中"我愿避公讳，名为避贤邮。此名有深意，蔽贤天所尤"的诗句，表达了他对阳城正直人格的敬仰。他觉得，这个驿站的名字，不应该跟这位正直的前辈重名，而是应该避讳。

之后，元稹把这首诗寄给了白居易。

白居易和元稹是好朋友。贞元十八年（802），二人同举书判拔萃科，次年，同任秘书省校书郎；他们同住在长安常乐里，一同倡导新乐府运动，又先后担任左拾遗。相同的经历，让二人关系亲密，情谊深厚。

收到这首诗，白居易当即赞同给阳城驿改名字的建议。其实，白居易对阳城的事迹也有耳闻。他写过一首题为《道州民》的诗，诗中盛赞阳城在道州刺史任上，敢于为民请命，犯颜直谏，取消进贡“矮奴”的事。读了元稹的《阳城驿》，白居易有感而发，便写下了《和阳城驿》：

商山阳城驿，中有叹者谁。云是元监察，江陵谪去时。
忽见此驿名，良久涕欲垂。何故阳道州，名姓同于斯。
怜君一寸心，宠辱誓不移。疾恶若巷伯，好贤如缁衣。
沉吟不能去，意者欲改为。改为避贤驿，大署于门楣。
荆人爱羊祜，户曹改为辞。一字不忍道，况兼姓呼之。
因题八百言，言直文甚奇。诗成寄与我，锵若金和丝。
上言阳公行，友悌无等夷。骨肉同衾裯，至死不相离。
次言阳公迹，夏邑始栖迟。乡人化其风，少长皆孝慈。
次言阳公道，终日对酒卮。兄弟笑相顾，醉貌红怡怡。
次言阳公节，謇謇居谏司。誓心除国蠹，决死犯天威。
终言阳公命，左迁天一涯。道州炎瘴地，身不得生归。
一一皆实录，事事无孑遗。凡是为善者，闻之恻然悲。
道州既已矣，往者不可追。何世无其人，来者亦可思。
愿以君子文，告彼大乐师。附于雅歌末，奏之白玉墀。
天子闻此章，教化如法施。直谏从如流，佞臣恶如疵。
宰相闻此章，政柄端正持。进贤不知倦，去邪勿复疑。
宪臣闻此章，不敢怀依违。谏官闻此章，不忍纵诡随。
然后告史氏，旧史有前规。若作阳公传，欲令后世知。
不劳叙世家，不用费文辞。但于国史上，全录元稹诗。

无独有偶，长庆二年（822），白居易从长安前往杭州，路过阳城驿，写了一首诗，题为《宿阳城驿对月》。这说明，尽管元稹提出的给阳城驿改名字的建议，白居易是认可的，但这个地名终究还是没改。

又过了十七年，到开成四年（839），大诗人杜牧路过这里的时候，发现此地已经改名富水驿了。当时，杜牧结束了“十年一觉扬州梦”的闲散日子，打算进京施展政治抱负。阳城这个人，他也听说过，很敬仰。对于阳城驿更名为富水驿，他是不太赞同的。于是，这首题为《商山富水驿》的诗就随之出现了：

益戆由来未觉贤，终须南去吊湘川。
当时物议朱云小，后代声华白日悬。
邪佞每思当面唾，清贫长欠一杯钱。
驿名不合轻移改，留警朝天者惕然。

杜牧认为，直言敢谏的忠臣在世时往往会被邪恶势力排斥，甚至被误认为是坏人，经过时间的考验和人们的评判，他们的赤胆忠心才会被更多人熟知。因此，这个地名没必要改，要让大家永远追念他，称颂他，也让那些官员敬重他，畏惧他。

唐代三位大诗人，在不同的时间维度里，对阳城驿这个地名进行了大讨论。究竟谁是谁非，终唐之世，也没见分晓。这场争论也就暂时不了了之。阳城驿的学名依旧叫富水驿。

北宋淳化二年（991），也就是杜牧题诗152年后，大诗人王禹偁由于秉公执法，得罪了权贵，被贬官为商州（今陕西商洛）团练副使。

王禹偁也是个直脾气、硬骨头，在朝堂上敢于犯颜直谏，八年里三次因此被贬官，这方面跟阳城有些类似。不过，他从不认为“直”是缺点，反而写了一首《三黜赋》，调侃自己三次贬官的经历，抒发坚持自己做人原则的情怀。

早年他读过元稹、白居易和杜牧的诗，知道他们仨对商州阳城驿这个地名的争议。这次，他有幸来到商州做官，却发现驿站没了，阳城这个地名也无人知晓，只有富水这个地名还在。他慨叹一声，写了一首五言古诗，题为《不见阳城驿》：

不见阳城驿，空吟昔人诗。谁改避贤邮，唱首元微之。
微之谪江陵，憔悴为判司。路宿商山驿，一夕见嗟咨。
所嗟阳道州，抗直贞元时。时亦被斥逐，南荒终一麾。
题诗改驿名，格力何高奇。乐天在翰林，亦和迁客词。
遂使道州名，光与日月驰。是后数十年，借问经者谁。
留题富水驿，始见杜紫微。紫微言驿名，不合轻改移。
欲遣朝天者，惕然知在兹。一以讳事神，名呼不忍为。
一以名警众，名存教可施。为善虽不同，同归化之基。
迩来又百稔，编集空鳞差。我迁上雒郡，罪谴身絷维。
旧诗犹可诵，古驿殊无遗。富水地虽在，阳城名岂知。
空想数君子，贯若珠累累。三章诗未泯，千古名亦随。
德音苟不嗣，吾道当已而。前贤尚如此，今我复何悲。
题此商于驿，吟之聊自贻。

这首诗实际上是对唐后期阳城驿改名争议的一个小结。王禹偁认为，无论是元稹、白居易，还是杜牧，他们主张改名也好，不主张改名也好，出发点都是为了褒扬良臣，匡扶正气，只是做法有所不同：元稹和白居易不希望也不忍心用阳城的名字来命名，被人称呼来称呼去；杜牧则认为，阳城这个名字放在驿站，被人翻来覆去地称呼，可以让百姓记得更牢，可以用来教育后人。

至于这个地名究竟该叫什么，王禹偁觉得，元稹、白居易、杜牧三位大诗人都写了关于阳城驿的诗，而且都流传下来，传之后世，已经起到了宣传阳城驿、褒奖阳城本人的作用，至于地名改还是不改，没必要深究了。

如今，陕西商洛地区商南县的富水镇，早已找不到富水驿（阳城驿）的踪迹，但它的传奇，特别是阳城本人的精神品质，永远留在我们的心中。

小贴士　唐代驿站的服务与待遇

在唐代，驿站最主要的服务项目就是信件递送和人员接待。

信件里，既有紧急军情的奏报，又有中央衙门的公文；既有地方各州的急件，又有重大活动期间地方的贺表。人员里，既有进京赶考的外地考生，又有各地奔走的官府要员，更有高官因公去世后需要还乡的家口。他们都有资格调用驿站资源。

不过，官衔、爵位不同，享受的待遇不同；宦官、京官和地方官，纵使级别相当，也有先后次序。《新唐书・百官志一》就记载，一品官可以配给8匹驿马，二品官6匹，三品及以下2~5匹不等。各个级别的官员，如果身负朝廷使命，需要使用驿站资源，就被称为“驿使”。而那些平日递送文书的信使，则被称为“驿丁”或“驿夫”。

驿使和驿夫，虽说大多数待遇差异巨大，但有一种待遇是接近的，那就是都能凭相关证件使用驿站和驿道，确保畅行无阻。

这些证件有四种：一是银牌，二是角符，三是券，四是传符。其中，银牌为银制，长五寸，宽一寸半，上书“敕走马银牌”，由门下省发放；券和符都是纸质凭证。

递送公文信件，超出时限是要受罚的。即便是普通公文，每天也有规定的运行里程。如果通过陆路驿道递送，骑快马的话，一般要求每天途经6座驿站，相当于日行180里；如果公文确属特急，则要日行300里；倘若递送涉及前线胜败的军情奏报和事关人命的赦书，就要日行500里。如果公文没那么急，或者地形险峻，地方偏僻，无法骑马，也可步行送信，日行50里即可。步行送信的信使，称为“健步”“脚力”“步奏官”“送铺卒”等。如果要借由水路，也有更详细的规定（参见下表）。

唐代水驿递送信件的时间

行驶条件	逆水行舟	空载行舟	顺水行舟
河水	30里/日	40里/日	100~150里/日
江水	40里/日	50里/日	100~150里/日
其他	45里/日	60里/日	100~150里/日

驿站的服务待遇，也是看人下菜碟的。不同的身份地位，服务待遇差别很大。

娄师德，武则天时期的兵部尚书，出行来到并州的一座驿站，在厅堂吃饭。吃着吃着，他突然发现，自己的“饭白而细，诸人饭黑而粗”，很不高兴，就把驿长叫了过来，厉声问道：“饭何为两种者？”接着，他把白米饭换掉，跟随员们一起吃粗米饭。

又一次，娄师德来到灵州，在驿站吃完饭，擦了嘴，准备继续赶路。他的判官向驿长索要“浆水”，驿长竟然毫不理睬。

娄师德听说此事，返回来责骂驿长：“判官跟我有什么差别，竟敢不予供给？”说罢就要抄起棍子打他。驿长惹不起尚书大人，只好“惶怖拜伏”。

娄师德见状，气呼呼地说：“我揍你一顿，只会让你丢个人，倘若这事让你的州县官知道了，你的小命就惨了。所以，你要是求饶，我就放过你。”

驿长听完这番话，吓得“跪拜流汗，狼狈而走”。

这说明，驿站提供的服务是分档次的。身份、职位不同，享受的服务待遇差别很大。

唐麟德二年(665)的一天，方州刺史刘仁轨夜宿莱州驿站的西厅。夜半时分，有御史来投宿，要住最好的客房。驿长说：“条件最好的是西厅，可已经有人住了。”御史听说住西厅的是刘仁轨后，便要求他腾地方。于是，刘仁轨不得不搬到条件稍差的东厅去住。

住店不得讲求先来后到吗？更何况刘仁轨好歹也是个地方官，级别不比御史低，且刚刚出征百济、倭国归来，立有战功。然而，驿站的规定是，级别相当的情况下，京官优先。

贞观年间，有官人在沣川县的驿站休息。恰巧朝廷重臣李靖、王珪等人路过，也要住进来。负责驿站事务的官员就将官人请出，挪到别处，而把上等房腾出来给李靖、王珪居住。唐太宗李世民听说此事，大为光火："怎么能让李靖他们作威作福，轻慢我的官人呢！"

这说明，驿站的服务首先是以官衔级别区分的，级别相当时，再讲究宫里的人优先，京官次之，地方官再次之。沣川的官员做得没错，唐太宗除了发发脾气，也无可奈何。

上源驿——两个男人的新版『鸿门宴』

唐僖宗中和四年（884）的一天晚上，汴州（今河南开封）上源驿。

这是汴州城内条件最好的驿站。在最高档的客房里，一位28岁的年轻人睡得死沉，鼾声如雷，浑身散发着酒气，有些恶臭。

他是李克用，沙陀族人，时任河东节度使，刚刚带兵追击黄巢军，路过此地。东道主朱全忠——时任宣武军节度使——设宴款待，表达感激之情和尽地主之谊。

李克用喝得很开心，被灌得烂醉如泥。就连他带来的300多名侍卫也都进入了梦乡。

驿站内外，突然“烟火四合”，杀声四起。然而，李克用和他的300多名侍卫还都醉如烂泥，不省人事。关键时刻，一个叫郭景铢的侍卫，或许是酒喝得不够多，或许是平时睡眠质量不怎么好，居然惊醒了。

见此情景，他赶紧从炕上跳起来，先是猛推身边的小伙伴，让他们赶紧起来，而后跑到李克用的客房，踹开大门，吹灭蜡烛。李克用一直没醒。

无奈之下，他用炕上的被褥把李克用裹起来，塞到了炕底下。此时，李克用依然长醉不醒。郭景铢想喊醒他，可敌人近在咫尺，不敢喊出声；如果继续犹豫，大火有可能吞没所有人。这可如何是好？

对于李克用来说，这是一场代价昂贵的“鸿门宴”，搞不好会被烧成黑炭。

对于朱全忠来说，作为“地主”，给客人来这么一出，怎么也逃不掉干系。

如果李克用侥幸活下来的话，他跟朱全忠的梁子就这么结下了，从此只有怨与仇，不再有恩和情。

那么，究竟李克用能否获救呢？李克用为什么会在上源驿遭此大难呢？上源驿又是怎样的一座驿站呢？

故事还得从黄巢起义说起。

一、“草根”逆袭：从偷锅贼到朝廷重臣

唐朝末年，政治黑暗，民生衰败，天灾频仍，贫富严重分化，老百姓苦不堪言。一个王朝行将就木的种种迹象已经显露无遗。然而，统治阶层依旧继续着藩镇割据、派系倾轧和宦官弄权的事，醉生梦死，只管自己潇洒，不管别人死活。偌大的唐王朝，根脉早已腐朽，一有风吹草动，便会摇摆，甚至倾覆。

唐僖宗乾符二年（875），全面危机到来了。关东旱灾，官府仍旧强迫百姓缴重税、服劳役，搞得民不聊生。出身盐商家庭的黄巢揭竿而起，发动武装起义。这场起义及其掀起的战争，持续了整整十年。不但改写了唐王朝的历史，也改变了朱温以及上源驿的命运。

朱温出自砀山县的一个学者家庭，父亲和祖父都是老师。按说，这种家庭的孩子，是有机会跟本地的地方官通婚的。遗憾的是，由于父亲英年早逝，家道中落，朱温只好跟着母亲投靠亲友，寄人篱下。母亲在刘崇家当佣人，养活朱温兄弟三人。

母亲含辛茹苦地抚养他们，也希望朱温长大成人后，要么读书考功名，将来当官，光耀门楣，要么务农种地，做个本分的农民。

朱温在这种低人一等的环境里并没有形成懦弱、老实的性格，也没有受儒

家思想的约束，而是有些圆滑、狡诈、慵懒和叛逆，既不想读书，也不愿种地，只是自诩英雄，打打杀杀。邻居们对他评价不高，说他“不事生业，以雄勇自负，里人多厌之”。或许，这样的个性养成跟他缺少父爱有关。

朱温确实没怎么学好。一天，他偷偷从刘家背了口大锅，正要出门，被刘家人拦住。原来，这锅是他偷的。可是，偏偏有人说朱温是“赤蛇郎君”，必须善待，这才算是免了皮肉之苦。

如果就这么下去的话，朱温基本上就堕落成混社会的地痞无赖了。可是，黄巢起义给了他逆袭的机会。就在黄巢起义两年以后，25岁的朱温主动加入，东征西讨。仅仅三年工夫，他跟着黄巢先是一路南下，打到广州，又一路北上，攻陷长安。朱温本人也立了不少战功，在长安城外左冲右突，挡住了唐军各路藩镇的反扑，成了黄巢大齐政权的悍将。

中和二年（882）二月，朱温奉命担任同州（今陕西大荔）防御使。黄巢给了官，但地盘还要自己去打。朱温倒是作战骁勇，把同州拿下了。可是，他在接下来跟唐朝河中节度使王重荣的交战中失利，几次向黄巢求援，都被黄巢手下人给压了下来。

队友坑队友，这样的事是很让人寒心的。黄巢对自己在长安做皇帝的日子非常满意，既不派兵把逃到成都的小皇帝唐僖宗抓回来，也不去继续攻城略地，手下的将士们也搞派系倾轧、各怀鬼胎，弄得军心涣散，再也没了当初打天下的那股劲头了。

朱温猛然意识到，这样的政权根本靠不住。为了自保，赶紧“跳槽”吧。于是，昔日的对手摇身一变，成了自己的顶头上司。

这年九月，朱温向王重荣开城投降，并拜王重荣为舅舅。当然，这个“舅舅”不是白认的。王重荣立即招降，先是任命朱温为同华节度使，然后奏报远在成都的唐僖宗。唐僖宗看到奏章后非常高兴，不但给了朱温“左金吾卫大将军”的要职，还给他赐名“全忠”，表彰他投降唐朝的行动。

从此，这个念起来不雅的名字“朱温”，变成了比较好听的名字“朱全忠”。

从此，他改换门庭，把矛头直指昔日的主子——黄巢。

朱全忠投降唐朝，意味着黄巢大齐政权的东大门洞开。中和三年（883）三月，朝廷任命朱全忠为汴州刺史、宣武军节度使，让他收复京城。四月，朱全忠率军长驱直入，与各路唐军加紧围攻长安，迫使黄巢退出了长安，向东撤到了蔡州。七月，朱全忠进入汴州，汴州成了他的大本营。

就这样，朱全忠坐镇汴州，成了手握重兵的大将，俨然以唐末乱世英雄自居。

所谓“乱世英雄”，从来都不会独孤求败。朱全忠遇上了这辈子最强劲的对手——李克用。

二、沙陀飞虎：从塞外“独眼龙”到河东“霸王龙”

李克用祖籍陇右金城（今甘肃兰州），出生在神武川的新城（今属山西）。父亲是沙陀族的朱邪赤心，母亲是汉族的秦氏。由于父亲参加了镇压庞勋起义的战争，对唐朝有功，唐懿宗龙颜大悦，将朱邪赤心拉进了李氏皇族，赐名“李国昌”。于是，他的第三子李克用也就跟着姓李了。

《旧五代史》和《太平广记》都记载，李克用出生的时候，“虹光烛室，白气充庭，井水暴溢”。这种记载看起来更像是古代史家惯用的穿凿附会之语。不过，李克用从小就武艺高强，13 岁那年便能够一箭射中两只野鸭，让人十分惊异。后来所谓“一箭双雕”的说法，大概就是从这儿来的吧。

要知道，李克用只有一只眼能看见，这样的状态，还能“一箭双雕”，确实堪称那个时代的“猛男”。

关于李克用“独眼龙”这事，《五代史补》还记载了一个典故：

淮南节度使杨行密听说了李克用的英雄事迹后，就很好奇这个英雄究竟长什么模样。他不好意思直接去拜见李克用，就找了个画家，假扮商人，到山西去走访，找机会偷偷把李克用的相貌给画下来。

很遗憾，画家毕竟不是专业间谍，或者说李克用的情报工作做得很到位。画家刚到山西地面，就被李克用的部下认了出来，将他活捉了。一开始，李克用很生气，就跟手下人说：“我少了一只眼睛，把他叫来让他画，看他怎么画我。”

见到画家，李克用摁着膝盖就吼了起来：“杨行密派你来画我，看来你应该是画家里的高手。如果你今天画我画得不好，我就宰了你。”画家吓得战战兢兢，但别无退路，只好跪拜磕头，开始作画。

这时正值夏天，李克用手拿着八角扇。这画家就讨巧，让画上的扇角恰好遮住李克用失明的那只眼睛。如此一来，“独眼龙”的尴尬就回避掉了。

李克用看了以后，说这是画家故意谄媚，拍马屁。这不能过关，得重新画。

李克用画像

于是，画家又画了一幅李克用弯弓射箭的样子，那只失明的眼睛眯着，好像在瞄准目标。这样一来，对那只失明的眼睛，既没有回避，又自然掩饰，还跟李克用最热衷的射箭联系在一起，浑然一体，展现了李克用的英雄姿态，毫无矫揉造作之感。

李克用很高兴，重赏画家，派人送他回到淮南。

这个故事告诉我们，同样的事物，表现手法不同，产生的效果就有可能不一样。其实这件事对李克用也很有启发，在后来争夺天下时，他经常身处劣势，却能化被动为主动，也得益于这种机动灵活的思维方式。

15岁那年，李克用进入军中，跟着父亲东征西讨。由于他作战骁勇，人送绰号“李鸦儿”，他带的部队，就被称为“鸦儿军”。又由于他每次作战都身先士卒，冲锋在前，又得了个绰号“飞虎子”。

李克用的战功，主要源自镇压农民起义。尤其是接受唐僖宗的敕书招安后，他两次率骑兵杀入关中，追击黄巢起义军，迫使黄巢退出长安。由于战功卓著，唐僖宗封他为河东节度使。于是，山西就成了李克用的根据地。考虑到山西是李唐皇室的起家之地，战略地位重要，因而李克用也就从名不见经传的“独眼龙”，摇身一变成了河东的“霸王龙”。

中和四年（884），黄巢大军围攻陈州，李克用奉命率领骑兵救援，连战连捷，不但解除了陈州之围，还大败黄巢。尤其是封丘（今河南新乡封丘）之战，李克用把黄巢起义军打得七零八落。黄巢且战且退，率领残兵向东逃去。李克用也不含糊，带着骑兵一路追到了山东境内。

到了山东，李克用的骑兵已经人困马乏，粮草不济。这种连续高强度急行军，让部队早已是强弩之末了。无奈之下，他只能放弃追击，离开山东，到汴州去补充给养。也正是因为这通穷追不舍，让黄巢的残部发生内讧。黄巢最终兵败狼虎谷，被他的外甥谋杀了。黄巢起义至此失败。

打了胜仗的李克用率军来到汴州北郊的封禅寺，准备整顿休息。宣武军节度使朱全忠作为东道主，见到盟友“凯旋”，当然要尽地主之谊，设宴款待。李克用接受邀请，欣然前往。他没想到，自己即将参加的是一场“鸿门宴”。那么，这究竟是一场怎样的宴会呢？

三、诡异的夜宴

陈州临近朱全忠的地盘。黄巢围攻陈州的时候，对朱全忠的势力范围构成了严重威胁。而李克用不仅率军解了围，还把黄巢打得丢盔卸甲，被迫撤离河南，这相当于帮了朱全忠一把。因此，朱全忠请李克用赴宴，表达谢意，套套近乎，表面看来合情合理。

李克用治军很严，骑兵所到之处，不敢轻易叨扰地方。可是，朱全忠执意要请他进城赴宴。于是，李克用舍弃大军，就带了300多名亲兵进了汴州城，入住上源驿。

上源驿是汴州最好的驿站。在这里，朱全忠“置酒、声乐，馔具皆精丰，礼貌甚恭”。以朱全忠的傲慢性格，能给李克用安排这么高规格的宴会，有酒、有音乐、有好吃的，而且态度极其谦卑，都是为了向李克用示好。

对于朱全忠的殷勤招待，李克用自然很受用。酒过三巡，菜过五味，28岁的李克用有点飘飘然了。司马光在《资治通鉴考异》里引用《梁太祖编遗录》的资料，说李克用在酒席上出言不逊，压根没把朱全忠放在眼里。

李克用究竟说了什么？主要是醉话和疯话，也有“酒后吐真言”的成分。李克用先是得意扬扬地当众炫耀自己的功劳，说到自己带兵救援朱全忠的时候，就更加不可一世了。他为了拔高自己的功劳，把朱全忠一通贬低。更糟糕的是，李克用性格豪爽，越说越带劲。

朱全忠是东道主，费尽心思招待李克用，换来的却是这样的羞辱。他当然很生气，想动怒，甚至动手，但一来觉得李克用是在发酒疯、说醉话，这种话多半酒醒就不认账了；二来李克用确实帮过自己，不能因为人家酒后吐槽就恩将仇报；三来李克用的贴身保镖环伺周围，就算动手报复，场合和时机都不合适。思前想后，朱全忠强压怒火，继续和颜悦色地给李克用敬酒，直到宴会结束。

李克用喝得很尽兴，酩酊大醉。朱全忠生了一肚子气，根本没喝好。他越想越窝火，下定决心，在宴会结束后干掉李克用。

其实，即便没有这段“祸从口出”的不愉快经历，朱全忠也已经想好了，这个晚上一定要杀掉李克用。因为他经过审慎评估，认为眼下朝廷的头号功臣，就是李克用，将来有可能跟自己逐鹿中原争夺天下的，还是李克用。

难道，李克用真的是对朱全忠威胁最大的对手吗？

朱全忠从投降唐朝起，就没打算只是苟安于乱世，而是想捞一笔，甚至像黄巢一样，过一把皇帝瘾。可是，当他坐上宣武军节度使的交椅后才发现，安史之乱后愈演愈烈的藩镇割据，已经到了不可收拾的地步。

《旧唐书·僖宗本纪》记载：“时李昌符据凤翔，王重荣据蒲、陕，诸葛爽据河阳、洛阳，孟方立据邢、洺，李克用据太原、上党，朱全忠据汴、滑，秦宗权据许、蔡，时溥据徐、泗，朱瑄据郓、齐、曹、濮，王敬武据淄、青，高骈据淮南八州，秦彦据宣、歙，刘汉宏据浙东，皆自擅兵赋，迭相吞噬，朝廷不能制。”

跟朱全忠同场“竞技”的节度使太多了，如果把这些人都当作潜在对手，朱全忠的处境就太糟糕了。毕竟开封一带是平原地区，无险可守。

不过，如果从地缘上分析，李昌符、高骈和李克用的地盘离朱全忠有点距离。按照“远交近攻”的传统思路，朱全忠即便有称霸天下的野心，也断不敢舍近求远，首先跟他们开战。

相比之下，秦宗权、孟方立和朱瑄的地盘离朱全忠比较近。秦宗权是黄巢起义军的余部，接过黄巢的起义大旗，继续跟朝廷对抗。显然，秦宗权不属于“官军”，跟其他节度使都不是一路人，很容易被孤立，成为众矢之的。孟方立的地盘离李克用的河东更近，双方就隔着一座太行山，因而随时是李克用嘴边的一块肉。至于朱瑄，势单力薄，对朱全忠构不成威胁。

因此，朱全忠最直接的对手应该是秦宗权。如果能把秦宗权打败，还能以“匡扶唐室”自居，捞到一笔政治资本。

可是，在秦宗权还没被打败的情况下，朱全忠竟然没有拉拢其他节度使，共同对付秦宗权，反倒要冒险干掉李克用这样一个未来的潜在对手，这种思维也是够奇怪的。

这种不分轻重缓急的做法，倒是跟朱全忠的性格脾气很搭。朱全忠是从社会底层摸爬滚打成长起来的，他小时候圆滑、无赖的性格造就了他的处世之道：政治手腕阴险毒辣，为达目的不择手段，见风使舵崇尚武力，根本没有道德节操。

长期戎马生涯，让朱全忠有理由相信，只有先发制人，才能把强敌扼杀在萌芽状态，也就是必须尽早干掉李克用。于是，朱全忠和部将杨彦洪以及其他亲信一起，商量了一个干掉李克用的周密计划。

这的确是个谋杀李克用的好时机。夜幕降临，在朱全忠的地盘上李克用大醉不醒，被抬进了卧室，鼾声不停。李克用的亲兵也都喝得迷糊，俨然完全不设防。

那么，这一夜李克用该何去何从呢？他能不能死里逃生呢？

四、死里逃生

灌醉李克用及其亲兵只是朱全忠全盘计划的第一步。紧接着，杨彦洪派兵包围了上源驿，士兵们在这座驿站的墙外，以及通往外面的几条街巷里，都堆放了容易燃烧的枯草和木桩子。这是“围攻+火攻”的架势。如此规模的军事调动，显然不是朱全忠一时兴起，而是早有预谋。

半夜时分，伏兵齐发，烟火四起，喊杀声震天，烧焦的味道由远及近、由外及内。李克用根本就没听见、没闻见，还在梦乡里遨游呢。

有几个亲兵可能是喝得不够多，或者是曾经醒来吐了不少，酒劲挥发掉了一些。他们听到喊杀声，发觉大事不妙，赶紧穿上衣服抄起兵器，准备且战且走。

关键时刻，李克用豢养的亲兵还是给力的。薛志勤、史敬思等十多个亲兵已经跟朱全忠的士兵打起来了。

侍从官郭景铢一看叫不醒主子，又怕李克用被敌人活捉，只好把他扶到床底下，端起一盆水，泼在李克用脸上，总算是把这位喝失态的河东节度使给弄醒了。

这时候，李克用的酒劲儿似乎突然消失了，瞬间睁开双眼，恢复了意识。他掏出弓箭，摆出了战斗姿势。薛志勤等亲兵奋力抵挡，射杀了几十名朱全忠的士兵。上源驿顿时成了一座坚固的堡垒，暂时挡住了朱全忠军队的围攻。

见围攻没有奏效，朱全忠下令改用火攻。烈火熊熊，越烧越旺。刹那间，上源驿化成了一片火海。就算李克用的亲兵有天大本事挡住敌军，面对无情的烈火也是无计可施，或许过不了多久他们就将葬身火海。

春夏之交，天气多变，一会儿晴一会儿雨。当此关键时刻，天气的意外变化给朱全忠和李克用都开了个玩笑。朱全忠放火的时候，上源驿还是皓月当空；就当火势渐猛之际，竟然“大雨震电，天地晦冥”，乌云密布，下起了瓢泼大雨。不但火势渐熄，而且能见度很差。

趁此机会，薛志勤等亲兵簇拥着李克用，翻墙逃出了上源驿。他们一路冲杀，渡过浮桥，从汴州城的尉氏门“缒城得出”，总算逃回大营。

这或许是李克用终生难忘的一夜。不但自己的性命差点丢了，而且手下的300多名亲兵几乎全部阵亡。跟着他一起生还的，只有李嗣源和薛志勤二人。

这或许是朱全忠最为遗憾的一夜。虽然精心策划，但计划赶不上变化，李克用逃出生天，重演了《三国演义》里诸葛亮在上方谷火烧司马懿，却被大雨毁掉的一幕。这是朱全忠一生中最接近干掉潜在劲敌的历史性机遇。可惜，他错过了。有时候，“谋事在人，成事在天，不可强也”。

在那个混乱的夜晚，有士兵侥幸逃回，把李克用被困上源驿的事情禀报给李克用的妻子刘氏。原以为一介妇道人家，听说丈夫遇险会惊慌失措。然而，在此关键时刻，刘氏颇为冷静，作风果敢睿智。据《资治通鉴》记载，她“神色不动，立斩之，阴召大将约束，谋保军以还”。

主帅蒙难，群龙无首，最容易引发全军混乱。为了避免发生连锁反应，刘氏采取的紧急措施是封锁消息，稳定军心。她不惜把死里逃生前来报信的士兵杀掉封口，秘密召集众将，强调纪律，约束下属。

李克用狼狈逃回大营后，“与夫人相向恸哭”。同样是哭，刘氏是看到丈夫归来，喜极而泣；李克用则是一方面死里逃生，心有余悸，一方面看到队伍严整，感慨感动，恐怕对刘氏充满了感激和佩服。

接下来，李克用做出了一个男人在挨打吃亏后最容易做出的直接反应——“勒军攻汴”。眼看一场大战在所难免，这个时候，又是刘氏挺身而出，拦住丈夫，不让他出兵。

刘氏为什么要制止丈夫呢？李克用接下来该怎么办呢？

五、是非曲直

就在李克用发疯般地准备带兵报复的时候，刘氏再次出面了。这次，她没有鼓励，没有安慰，而是制止。她的理由是：“公比为国讨贼，救东诸侯之急，今汴人不道，乃谋害公，自当诉之朝廷。若擅举兵相攻，则天下孰能辨其曲直！且彼得以有辞矣。”

刘氏所说的“公”就是李克用，“贼”就是黄巢起义军，“东诸侯”就是追击黄巢的各路唐军将领，“汴人”就是坐镇汴州的宣武军节度使朱全忠。

李克用从太原出兵东进，目的是追击黄巢，支援各路唐军，其中也包括朱全忠。在上源驿中了埋伏，当然是朱全忠以怨报德，理亏在先。如果这个时候发兵报复，那就变成了没有是非的攻杀，不仅冤冤相报何时了，而且不利于争取各方面同情和声援。眼下，唐王朝还在，还有点权威，不如赶紧上报朝廷，让皇帝裁断。

刘氏讲出了出兵的前提，就是“师出有名”的问题。中国古代出兵作战讲究名分，即便是发动叛乱，也得找个类似“清君侧”之类能糊弄人的借口，更何况是李克用这种吃了亏要报复的情况。所以，凡事要冷静，不能莽撞，能借力打力，就没必要事必躬亲，搞得两败俱伤，让别人看笑话捡便宜。

显然，刘氏再次展现了足智多谋的思维和极端冷静的心态。

其实，李克用眼下处境不利。

一方面，上源驿事件事出突然，来龙去脉、是非曲直还没弄清楚，如果这时就贸然进攻朱全忠，万一这事不是朱全忠干的，或者朱全忠率先向朝廷举报或制造舆论，说这是李克用演的苦肉计，企图栽赃陷害东道主朱全忠，那怎么办？

另一方面，李克用率领5万大军从太原出发，一路追杀黄巢，人困马乏，粮草短缺。如今驻扎在朱全忠的地盘上，人生地不熟，如果真打起来，李克用就是客场作战，一旦朱全忠封锁后勤供应，李克用的大军就会未战先乱。

有刘氏这一点拨，李克用这才冷静下来，仔细思考再三，最后采纳了刘氏的建议，放弃了出兵报复的打算，而是立即把部队带回太原。

回到太原以后，李克用写了封书信，“移书责全忠”，对朱全忠搞笔墨官司。面对这份纸上的兴师问罪，朱全忠的心里也打起了小算盘：上源驿一把大火没把李克用弄死，这下后患无穷。如今放虎归山，倘若就这样撕破脸，自己会腹背受敌。一旦主动认错揽责，就会声誉扫地，颜面无存。

于是，朱全忠在回信中闪烁其词，胡编乱造：“前夕之变，仆不之知，朝廷自遣使者与杨彦洪为谋，彦洪既伏其辜，惟公谅察。”他推说自己事先不了解情况，把责任全部推给了朝廷使者以及自己的部将杨彦洪。问题是，杨彦洪在上源驿的这场乱战中被朱全忠一箭射死，真相究竟如何，已经死无对证了。

很显然，杨彦洪作为上源驿之变的主要谋划者，知道的确实有点多。在当时的政治环境里，这样的人迟早会被灭口。

收到这样的回复，李克用自然是不服气的。紧接着，他就奏请朝廷要求讨伐朱全忠，甚至还派弟弟李克修“将兵万人屯于河中以待”。只等朝廷一声令下就进攻汴州。

难题抛给了朝廷，也就是唐僖宗。

其实，唐僖宗对朱全忠的印象不错。主要是因为朱全忠归降朝廷，使得黄巢在长安再也待不住了，弃城而走。这样一来，躲在成都的唐僖宗才得以返回长安。所以，唐僖宗舍不得惩罚朱全忠。

不过，李克用也是镇压黄巢起义的功臣，不仅拥有虎狼之师，而且控制着唐朝的龙兴之地太原，唐僖宗不能不顾及李克用的感受。更重要的是，唐僖宗知道各藩镇势力强盛，已经把自己架空了。如果得罪任何一方，或者引发双方相互攻杀，搞不好连皇位都难保。于是，他出面当了一回和事佬，调解朱、李二人的矛盾。

为了给李克用压惊，唐僖宗封他为“陇西郡王”，算是给他留足了面子，让这个沙陀族“独眼龙”跻身一线节度使行列。

一开始，李克用并没有就此满足，而是先后上表8次，执意要求：如果朝廷不发兵收拾朱全忠，他本人愿意率领本部兵马讨伐汴州。

朱全忠也没闲着，而是向宰相张濬行贿送礼，让其出面奏请朝廷，授权朱全忠讨伐李克用。“天子不得已，许之。”

用今天的眼光来看，上源驿事件完全是一场节度使之间的自相残杀，甚至可以理解为“狗咬狗”。尽管都不是什么好人，但朱全忠挑衅在先，李克用差点丢了性命，在这种情况下，朝廷非但没有主持公道，反而偏袒朱全忠，下诏征剿李克用，可以想见，李克用能心悦诚服吗？可以想见，朱全忠对待上源驿事件的态度是何等倨傲，操控天子、玩弄政治的伎俩是何等阴险！

论政治资源和军事实力，李克用比不过朱全忠。面对即将到来的征剿，李克用只好暂时认怂，就坡下驴，接受“陇西郡王”封号，不再追究上源驿事件的是非曲直。

上源驿事件似乎就此不了了之了。

可是，李克用和朱全忠没有握手言和，反而结下了梁子，势同水火。双方的战争持续了二十多年。

李克用临死前把三支箭交给了儿子李存勖，说每支箭代表一项自己没有完成的事业，只能交给后人来完成了。这三项事业分别是：打败契丹、讨伐盘踞幽州的刘仁恭、消灭世仇朱全忠。

此后，李存勖每次出征前都会先去家庙，郑重地请出一支箭，装在锦囊里。待凯旋之日，再送还家庙。李存勖果然继承了李克用遗志，击败了契丹，消灭了刘仁恭和朱全忠，完成了对中国北方的统一，建立了后唐政权。

反倒是朱全忠，虽然如愿取代了唐朝，建立了后梁政权，过了一把皇帝瘾，但他跟后唐的仗越打越糟糕。他甚至发现，李存勖比李克用更能打。

朱全忠心中不悦，总是把李克用、李存勖称为“太原余孽”，但又感慨“生子当如李亚子，克用为不亡矣”，表现出对李存勖的赞叹，甚至觉得“至如吾儿，豚犬耳”。

年事已高的朱全忠，荒淫残暴，不考虑自己的所作所为会给子孙后代带来什么后果。他没能为子孙谋得和平发展的机会，反而让后梁政权越来越弱，最后倒在了仇敌的剑下。

当年死里逃生的李嗣源，陪同李存勖进入汴州城，接受朱全忠后人的投降时，当他们路过上源驿的遗迹时，回想起那个烈火熊熊的夜晚，以及当年朱全忠“毒手尊拳，交相于暮夜”的作为，不知将做何感想。

从某种意义上说，朱全忠在上源驿功亏一篑，丢掉的不光是战略机遇，还有整个天下。

小贴士　驿路上的生死竞速

隋大业八年(612)，涿郡(今北京)。

隋炀帝杨广一生中用力最猛的战争开始了，目标就是朝鲜半岛北部的高句丽。

此时，高句丽将势力扩张到辽东、辽西，成为隋朝在长城以北的劲敌。隋文帝时期曾跟高句丽交过手，没占到便宜。隋炀帝为了树立威信，拓展疆域，准备继续开战。

为了打好这一仗，隋炀帝倾全国之力，调动113万余大军。这么多人，动员、运输、集中、后勤都是大工程。怎样才能让他们井然有序地开赴前线呢?

隋炀帝看中了驿站体系。

这不是一场心血来潮的远征，隋炀帝确实做了精心准备。大业三年(607)，隋炀帝下令修筑陕西榆林到涿郡的驰道。这条驰道有100步宽，除了没有柏油铺路、油漆画线，规格不亚于今天的长安街，但长度更长，绵延3000里。

隋炀帝还以涿郡为交会点，修了南北、东西两个走向的驰道，作为陆路干道；开凿大运河永济渠，从洛阳到涿郡，两岸修筑御道，种上杨柳，建起粮仓。

很显然，涿郡就是隋炀帝的远征基地。永济渠和驰道就是实现远征目标的水陆两条军需补给线。隋炀帝又在驰道沿途广建驿站，作为补给线上的服务区。

大业七年(611)初，百万大军从四面八方向涿郡集中。先是各地募兵，然后训练，形成战斗力，之后分小队通过驿道向各驿站集结。各个驿站的部队再向更大的驿站集结，直至会师涿郡。这个过程用了差不多一年时间。

部队到齐后，隋炀帝下令："凡此众军，先奉庙略，骆驿引途，总集平壤。"向高句丽进军的方式是"日遣一军，相去四十里，连营渐进，终四十日，发乃尽，首尾相继，鼓角相闻"。各军全部出发用了40天时间，在那个没有飞机、火车的年代，用这么短的时间将百万大军分批次有序调走，这是很不简单的事。这样的动员效率，离不开驿站体系的良性运转和高效调动。

百万大军，千里绵延，军旗猎猎，威风凛凛，“近古出师之盛，未之有也”。

看似投鞭断流的气势，换来的却是一场游戏一场梦。隋军不服水土，疫病横行，战力削弱，高句丽以逸待劳，隋军几乎全军覆灭。经此一战，隋朝国力虚耗，脸面丢尽，民心丧失，士气低落。隋炀帝不服气，决定在翌年继续发动新一轮征伐。

打仗带来的沉重赋税和徭役令民众不堪重负，许多人揭竿而起，称雄一方。朝中大臣看在眼里，急在心中，有的谏阻征伐，有的蠢蠢欲动。礼部尚书杨玄感就是其中一员。

杨玄感是楚国公杨素的儿子，好读书，善骑射，收留不少门客。隋炀帝二征高句丽时，委任他在黎阳（今河南浚县）督运粮草。然而，杨玄感深感大厦将倾，密谋废立，既为自保，更为挽救社稷。

杨玄感一面推迟发运粮草的时间，迟滞隋炀帝大军步伐，一面借口水军造反，关闭城门，加强防务，并传檄周围州郡发兵，向黎阳靠拢。准备停当后，他高举“为天下解倒悬之急”的义旗，率军直趋洛阳，兵锋直抵上春门，从者多达十余万，洛阳附近的父老乡亲竞相劳军，送牛送酒。很显然，大家对隋炀帝也是怨声载道，对这支反对暴政的力量充满期待。

或许是胜利来得太快太轻易，杨玄感有些轻敌。他久攻洛阳不克，耽误了时间。而隋炀帝立即叫停了辽东战事，掉头南下，利用宽敞通达的驿道，派遣多路援军星夜兼程，直奔洛阳附近。杨玄感腹背受敌，被迫西撤，兵败身死。

白马驿

——大唐盛世的『倒计时』

上源驿的一把大火被突然而至的雷雨浇灭了。尽管朱全忠错失了杀掉最强竞争对手李克用的绝佳机会，也背负了恩将仇报、擅杀同僚的骂名，但这丝毫无法阻挡他通向权力之巅的步伐。经过近二十年乱战，朱全忠终于从一介草莽蜕变为唐王朝权势最大的人。

就在9世纪和10世纪之交，他依稀看到了人生的新方向——取代唐王朝，自己做皇帝。把现在的皇帝赶下台，这是现行的犯上作乱啊！不过，朱全忠先前有过背叛黄巢的经历，政治底线早就一降再降。已经当过一次叛徒，就不在乎再当一次。

当叛徒，当乱臣，必然会招致反对声浪。朱全忠没有开动脑筋笼络人心，而是选择了大开杀戒。一批又一批曾经位极人臣的高官，一批又一批曾经呼风唤雨的宦官，成了他上升路上的垫脚石、牺牲品。

白马驿，位于今河南滑县，原本是东都洛阳附近籍籍无名的小驿站，然而，它却见证了朱全忠制造的一起惨剧，敲响了唐王朝灭亡的丧钟。

一、皇位更迭的宦官闹剧

文德元年（888），27岁的唐僖宗死了，据说死因是“暴疾”。在人生的最后几年，这位少年天子一直过着颠沛流离、备受惊吓的糟糕日子。为朱全忠、李克用劝架说和，避免了一次大规模火并，算是他做皇帝的生涯里为数不多的亮点。

唐僖宗留下的最大遗憾，就是弥留之际无法把皇位传给儿子。毕竟自己太年轻，孩子们太小；毕竟宦官执掌皇帝废立的惯例在这个王朝已经延续了近百年。当宦官杨复恭提出拥立寿王李杰的时候，唐僖宗已经病入膏肓，没法说话，只能微微点点头。

就这样，唐僖宗的这位同母弟弟被推上了皇位。为了方便天下人避讳，李杰改了个名字，叫李晔，这就是唐昭宗。

李晔是有点本事的。早在唐僖宗被黄巢赶出长安，避难成都的时候，他就随侍左右，参与军国大事的决策。无论是唐僖宗本人还是满朝文武，都对这位王爷高看一等。就连杨复恭也觉得，这个孩子相貌堂堂，既懂业务，又会来事儿，是皇位最合适的接班人选。

李晔是有点心计的。当王爷的时候，他是十足的“影帝”，在杨复恭面前表现得十分乖巧。当上皇帝以后，他深知唐王朝面临三大毒瘤——宦官专权、藩镇割据和朋党之争——的威胁，如果不能铲除这三大毒瘤，自己就永远是个傀儡，唐王朝迟早也会名存实亡。三大毒瘤里，离自己最近的是宦官专权，而宦官多次专擅废立，对皇权构成的威胁最大。

于是，唐昭宗李晔决心先收拾宦官，矛头直指杨复恭。

可是，作为皇帝的李晔，赤手空拳，而杨复恭由于拥立有功，兼任金吾上将军，控制了禁军，并且把大量养子和党羽安插到各地当节度使、监军，从而把持了国家军政大权。想要除掉他，不是一件容易事。李晔需要帮手。

堡垒常常是从内部攻破的。杨复恭有个养子名叫杨守立，心术不正，权迷心窍。唐昭宗对其极力拉拢，加官晋爵，赐姓赐名，从中离间。杨守立便以皇帝心腹自居，动了取代杨复恭的心思，把杨复恭恃宠弄权的事，桩桩件件都偷偷报告给了唐昭宗。

大顺二年（891）八月，唐昭宗觉得证据攒够了，可以动手了，就直接宣布解除杨复恭的兵权，把他调离京城，去凤翔当监军。杨复恭惊愕之余，十分不满，拒不就职，索性奏请回家养病。唐昭宗一看，干脆顺水推舟，直接批准了。这下，杨复恭连监军的名号也没了，只剩下金吾上将军的空头衔，只好离开长安，在商山过起了隐居生活。

杨复恭的隐居，一点都不"隐"，他到处拉拢盟友，召集养子和党羽，"积粟训兵"，对抗朝廷。他甚至放出话来，说唐昭宗恩将仇报，是个"负心门生天子"。这些阴谋活动很快就传到了长安，唐昭宗传旨杨守立等人带兵前去抓捕杨复恭。

虽说杨复恭曾经权势熏天，但眼下虎落平阳，面对朝廷大军寡不敌众，只好向西逃离。他不敢明目张胆地跟唐昭宗叫板，便把气都撒在了杨守立头上，以"清君侧"的名义向朝廷宣战。

杨守立这人没什么城府，立了点功便恃宠而骄，人缘极差。很快，就有人向唐昭宗禀告，说杨守立阴险狡诈，有谋反活动。本来，唐昭宗拉拢杨守立就是权宜之计，现如今杨复恭已被赶出长安，杨守立就没什么利用价值了，正好借此把他干掉。

就这样，杨守立糊里糊涂地丢了命。

凤翔节度使李茂贞等人跟杨复恭素有积怨。如今，杨复恭被扣上了"叛臣"的帽子，李茂贞看到公报私仇的机会来了，便联合另外四位节度使一起上书，说杨复恭自诩隋朝末代皇帝隋恭帝的后裔，故名复恭，有复兴隋朝的意思。唐昭宗正愁缺兵少将，李茂贞的表态给他吃了定心丸。就这样，李茂贞拿到了朝廷的授权，出兵围攻杨复恭。

杨复恭的下场是个悲剧，曾经是权柄在握的大宦官，如今被追得山穷水尽，束手就擒，受尽羞辱，甚至被骂为奴，最后"以短褐蒙之，毙于枯木"。

唐昭宗借助朝臣和藩镇的力量，铲除了大宦官杨复恭，迈出了重塑皇权权威的第一步，满朝文武欢呼雀跃，唐昭宗也暗自兴奋。可另一位名叫刘季述的宦官却一点都高兴不起来。

这位刘公公，早年跟随杨复恭拥立唐昭宗有功，官至枢密使，控制着神策军。眼看杨复恭身败名裂，自己难免“兔死狐悲”。为了保住宦官的势力，刘季述决定联合一众宦官，拥立太子当皇帝，把唐昭宗赶下台。

二、唐代宦官的谢幕演出

这是一场“奇葩”的宫廷政变。

光化三年（900）十一月的一天，趁唐昭宗熟睡之机，刘季述带了1000多名神策军突然进宫，裹挟了太子。然后陈兵大殿，控诉唐昭宗沉湎酒色，不配继续当皇帝。他把事先写好的文书拿出来，逼迫文武百官签字。宰相崔胤见刘季述杀气腾腾，好汉不吃眼前亏，就带着文武百官把字签了。而后，神策军将士们山呼万岁，太子就这样稀里糊涂地登上了皇位。

至于唐昭宗和皇后，刚刚惊醒，还没弄明白怎么回事就被神策军胁迫交出了传国玉玺，而后被押到少阳院幽禁起来。为了防止唐昭宗回过神来跟宫外的大臣和节度使串通，刘季述干脆把少阳院变成孤岛，无论是笔墨纸张、金属器具，还是宦官、宫女，都不能进去。

当了太上皇，做了阶下囚，也得吃饭啊。刘季述让人在院墙上挖了个小窟窿，到饭点就派人把饭递进去。

这天之后，刘季述摇身一变，成了权倾朝野的大人物。为了巩固权势，他一方面封官许愿，收买人心；另一方面排斥异己，把唐昭宗宠信的宫女、方士、左右等都给杀了。他甚至热衷于夜里杀人，白天运尸，向全天下展示他的淫威，让所有人对他屈服。

尽管崔胤带头签字认怂，但刘季述还是对他不放心，想干掉崔胤。但又不敢下手，因为崔胤和朱全忠交情不错，一旦杀了崔胤，就等于得罪了朱全忠。可是，他又不想就这么放过崔胤。最后，他下令解除了崔胤的度支、盐铁、转运使这些兼差，没敢免去他的宰相头衔。

刘季述明白，自己虽然囚禁了唐昭宗，拥立了太子，摆出了“挟天子以令诸侯”的架势，却什么“诸侯”也指挥不动。眼下，他必须争取地方藩镇的支持，至少是默许，首先要拉拢的就是朱全忠。为表重视，他派养子刘希度前往汴州，说明长安发生的变故，把伪造的太上皇退位诏书拿给朱全忠看，承诺未来会把朝中军政大权交给朱全忠。

无独有偶，宰相崔胤也给朱全忠修书一封，请他带兵攻打刘季述，以“清君侧”。

朱全忠这人确实很没节操。也许是对刘季述开出的价码很感兴趣，也许脑子一时犯迷糊，他居然出卖朋友，把崔胤的书信交给了刘季述，而且说崔胤首鼠两端，反复无常，应当尽早除掉。

刘季述拿到书信，就把崔胤找来责问。崔胤不愧是宰相，脑子反应很快，马上说这信是坏人伪造。他当场表示，愿意跟刘季述订立盟约，“不相害”，这才勉强糊弄了过去。

事后，崔胤没有抱怨朱全忠，反而又给他写了一封信，请他带兵攻打刘季述。

朱全忠犯难了：两边都在争取自己，该站在哪边呢？他拿不准主意，就召集幕僚们商量。有人说，朝廷大事，藩镇没必要管。也有人说，朝廷出了叛逆，做臣子的不能袖手旁观。尤其是天平节度副使李振，慷慨陈词，建议朱全忠出兵讨逆，以“清君侧”。

李振的话语坚定了朱全忠讨伐宦官的决心。他立即下令扣押刘希度一行，秘密派遣李振潜入长安，与崔胤密谋讨逆之事。

天复元年（901）正月，在朱全忠的暗中支持下，崔胤策动神策军内讧，把得罪了刘季述的神策军将领孙德昭拉拢过来，利用他调兵进宫，发动政变，杀掉了刘季述一伙人，把唐昭宗请出少阳院，让他重新登基，恢复了皇帝身份。

唐昭宗复位，崔胤和孙德昭立头功，但能做到这一切，离不开朱全忠强大的军事后援。因此，朱全忠因功晋封东平王，成了这场政变的最大赢家。

崔胤希望乘胜追击，借助朱全忠杀掉全部宦官。宦官韩全诲则倚仗凤翔节度使李茂贞，企图负隅顽抗，保住宦官集团在朝中的地位。

这年十月，崔胤未经奏请便伪造诏书，传令朱全忠带兵进京。朱全忠奉召出兵，连克同州、华州等地，兵临长安城下。韩全诲见朱全忠兵多将广，根本惹不起，索性“走为上策”，挟持唐昭宗逃离长安，跑到凤翔投靠李茂贞。

朱全忠带兵一路追来，包围凤翔，要求接回唐昭宗。凤翔被围了几个月，弹尽粮绝，饿死无数，援兵也被击溃。李茂贞走投无路，只好杀掉韩全诲等人，交出唐昭宗，跟朱全忠议和。天复三年（903）正月，唐昭宗离开凤翔，在朱全忠的护送下回到了长安。

回到皇宫，唐昭宗还没把气喘匀，朱全忠就做出了一个重要决定：把剩下的700多名宦官驱赶到内侍省，全部杀掉。铲除宦官势力，既是为了解决唐代中期以来三大毒瘤之一的宦官专权问题，又是唐昭宗孜孜以求的施政目标，如今它以肉体消失的方式彻底实现了。

然而，唐昭宗对这样的胜利并没有感到喜悦。他觉得自己做了一件驱狼引虎的蠢事：本想借助藩镇和朝臣消灭宦官的势力，折腾了一番，只是把自己从宦官的手掌心挪到了藩镇的手掌心。

唐昭宗深感朱全忠咄咄逼人的压力，为了保住皇位，只能甘当傀儡。作为皇帝的唐昭宗，不惜低三下四地为臣子朱全忠“点赞”：“宗庙社稷是卿再造，朕与戚属是卿再生。”

为了报答，也为了取悦，更为了保命，唐昭宗只能给朱全忠更多官职、更高头衔，比如任命他为太尉、中书令、宣武等军节度使、诸道兵马副元帅等，爵位晋升为梁王，比肩李唐皇室的待遇。这还不够，唐昭宗还给朱全忠授予“回天再造竭忠守正功臣”荣誉称号，御制《杨柳枝》5首。

面对名号和实惠兼而有之的至高荣耀，朱全忠会怎样做呢？是效法诸葛亮，鞠躬尽瘁辅佐唐王朝中兴？还是效法曹操，给儿子改朝换代铺平道路？抑或是效法刘裕，直接将李唐皇帝踢到一边，自己取而代之呢？

三、迁都洛阳

朱全忠觉得，虽然自己位极人臣，但为了不重蹈杨复恭等人的覆辙，还是让皇帝待在自己的地盘上比较容易控制。长安离朱全忠的根据地汴州太远，关山阻隔，不太方便，倒是东都洛阳更近一些。于是，他动了迁都的念头。

天祐元年（904）初，朱全忠正式奏请迁都洛阳。唐昭宗没法不同意，一方面，“人为刀俎，我为鱼肉”，除了唯命是从，别无选择；另一方面，朱全忠已经派人伪造诏书，诛杀了宰相崔胤、京兆尹郑元规，直接弹压反对者，尽管仍有大臣反对迁都，但敢怒不敢言，全都噤若寒蝉了。

朱全忠得逞了。不仅皇帝要搬家，长安老百姓也要搬家，朱全忠这是要把古都长安拆掉。长安的宫殿、房屋毁于一旦，木料顺渭水漂流而下，为洛阳修缮皇宫提供建材。

当唐昭宗的车驾离开长安，途经华州时，“民夹道呼万岁，上泣谓曰：‘勿呼万岁，朕不复为汝主矣！’”到行宫后，唐昭宗泪流满面地对侍臣感叹一番：“朕今漂泊，不知竟落何所！”对于自己的前途命运如何，唐昭宗已经放弃了，无所谓了，再也没了刚上台那会儿的精气神，完全沦为任人摆布的木偶。

即便如此，朱全忠还是不放心。从长安到洛阳的路上，唐昭宗身边还有小黄门、打球供奉、内园小儿等200多人。朱全忠把他们全部杀死，再用200多名长相和身高相当的人顶替。唐昭宗“初不能辨，久而方察。自是昭宗左右前后皆梁人矣”。跟随唐昭宗的禁卫军，到了洛阳几乎跑光了，他身边的贴身侍卫和宫人都是朱全忠重新安排的。这下子，唐昭宗活在人家的地盘上，身边全是人家的人，沦为真正的孤家寡人。

朱全忠强制迁都的做法，招致许多节度使的不满。河东节度使李克用、凤翔节度使李茂贞、西川节度使王建、荆襄节度使赵匡凝等地方实力派组成联盟，打出“兴复唐室、讨伐朱温”的旗号，倡议天下共同讨伐朱全忠。

连朱全忠自己都没想到，迁都事件竟然闹出这么大的动静。按照他的一贯做事风格，免不了又要出兵打仗。不过，朱全忠最担心的，还是唐昭宗会不会跟这些节度使秘密联络，里应外合把他推翻。于是，朱全忠做出了一件只有狠人才能干出来的事——杀掉唐昭宗。

天祐元年（904）八月十一日夜里，唐昭宗喝了点酒，已经睡下。这时，朱全忠的部将朱友恭、氏叔琮、蒋玄晖、史太等人，带了100多名士兵，急匆匆来到宫门外，声称军前有急事需要奏报皇帝，而后强行入宫，直闯寝宫。

河东夫人裴贞一是唐昭宗的妃嫔之一，见武夫们来势汹汹，连忙起身询问，话音刚落，就被史太砍死。蒋玄晖冲入寝宫，见到昭仪李渐荣，厉声问她：“皇帝在哪儿？”李渐荣临危不惧，厉声回答：“宁可杀了我们，也不能伤害皇帝！”

卧房外面的喧闹声吵醒了正在熟睡的唐昭宗，他的第一反应是“大事不妙”，连忙起身，根本来不及穿衣服，就身着单衣躲到梁柱后面。卧房就那么大，哪里躲得开。史太快步上前，将他揪出来杀害。38岁的唐昭宗就这样壮志未酬，命丧黄泉。

李渐荣以身挡刀，伏在唐昭宗身上，也被杀害。蒋玄晖本想连何皇后一起杀了，无奈何皇后苦苦哀求，再加上朱全忠有令在先，只杀唐昭宗，这才饶她一命。

历史上的权臣，在篡权上位之前，惯用的套路就是杀老皇帝，擅废立，从而架空小皇帝，领导一切。朱全忠也如法炮制。唐昭宗死后，朱全忠拥立唐昭宗第九子（嫡次子）李柷为皇帝。这个孩子才13岁，是彻头彻尾的傀儡。而惊魂未定的何皇后则被尊为皇太后。在朱全忠的授意下，蒋玄晖把唐昭宗的其他几个儿子统统杀掉了。

至此，李唐皇室的根脉已经动摇。

如今的朱全忠已经大权在握，几乎是实际上的皇帝了。但他还不满足，此时此刻，他的人生目标又调高了一档：改朝换代做皇帝。直觉告诉他，并不是所有人都俯首帖耳，尤其是朝中不少高官还忠于李唐皇室，这些人是他称帝的阻碍。按照朱全忠的一贯风格：顺我者昌，逆我者亡，这些人必须铲除。

白马驿，这个不起眼的小驿站，为圆朱全忠的这个梦想，即将隆重登场。

四、李唐忠臣的最后一搏

前面铺垫了这么多，现在终于转入正题了。

天祐二年（905）六月的一天，白马驿突然挤进来30多人，领头的是左仆射裴枢，能叫得上名字的还有静海军节度使独孤损、右仆射崔远、吏部尚书陆扆、工部尚书王溥、守太保致仕赵崇、兵部侍郎王赞。他们原本都是朝中高官，后遭贬职。

此前，朱全忠以小皇帝李柷的名义颁敕，赐这些人在家里自尽。不过，朱全忠觉得，“赐自尽”似乎太“便宜”这些人了。于是，他让手下将领把这些人统统抓了起来，集中押到白马驿，全部杀掉，尸体扔进了黄河。

白马驿就这样出了名。

朱全忠为什么要杀这些高官呢？为什么杀完之后不允许家属收尸，而是把尸体统统丢进黄河呢？这还要从裴枢说起。

裴枢（841—905），字纪圣，绛州闻喜（今山西闻喜）人，出身官宦世家，是含着金钥匙长大的。

曾祖父裴遵庆做过宰相，祖父裴向做过吏部尚书，父亲裴寅做过御史大夫。在裴氏家族安排好的晋升路径上，裴枢走得很稳健。高中进士、基层锻炼、入馆深造、陪王伴驾，高官职业生涯该走的路，裴枢一个不落，全都走了一遭，仕途很顺。由于出身高贵，裴枢自诩“清流”，跟那些门第不高、不是科举出身的官员划清界限。

裴枢的仕途走得很顺，早年进弘文馆深造的时候，他深得时任弘文馆大学士的宰相王铎青睐，从而有机会在唐僖宗身边工作。唐昭宗上台后，他又曾任汴州宣谕使，跟朱全忠关系不错，“以兄事之”。只要是裴枢传旨，朱全忠一概照办，这样的结果让唐昭宗非常满意。由于宰相崔胤跟朱全忠交情很深，裴枢自然又成了崔胤的盟友。

赢在起跑线+仕途畅达，让裴枢位极人臣。即便是崔胤身死，裴枢也安然无恙，继续做宰相。

事情的转折发生在小皇帝李柷上台后。朱全忠奏请推荐张廷范为太常寺卿，引发了朝野争议。这是怎么回事呢？

张廷范出身“优人”，也就是那个年代以乐舞、戏谑为业的艺人。朱全忠大概也是个“追星族”，对这个艺人情有独钟，就带在身边。久而久之，朱全忠考虑他有扈从之劳，就安排他当御营使，后来又晋升为金吾卫将军、河南尹。

朱全忠不傻，洛阳是首善之区，事务繁杂，肯定不能交给一个优人去打理，但以这个名义给这位关系户定个待遇级别，他还是能做的，大臣们也不会有太多争议。

太常寺卿就不同了，这是“九卿”之一，正三品官，负责管理太常寺，主要职掌礼乐、郊庙、社稷之事。这种对能力要求很高的职位居然让一个优人来充任，不管这个优人有多硬的背景，还是会招来不少非议。

作为宰相，裴枢对太常寺卿的人事安排问题，表态有些耐人寻味：“廷范勋臣，幸有方镇节钺之命，何藉乐卿？恐非元帅梁王之旨。”意思是说，张廷范有将军头衔，何必去当太常寺卿这样的官呢？推荐他去做太常寺卿，可能不是朱全忠的意思吧。

在裴枢的心目中，门第观念根深蒂固。在他看来，优人的身份过于卑贱，怎能有资格登庙堂之高呢？这其实也是多数大臣内心深处的想法。然而，张廷范的后台朱全忠，谁也惹不起。于是，裴枢斟酌再三，做出了这样的表态，既委婉地表达了自己和多数大臣的看法，不同意张廷范这样的优人掌管太常寺，又把朱全忠和张廷范区隔开来，给朱全忠找了个台阶。裴枢希望，鱼和熊掌兼而得之。

读书人的思维终究跟武夫不同。朱全忠根本就没把这段话当成是台阶，反倒跟幕僚们说：“吾常以裴十四器识真纯，不入浮薄之伍，观此议论，本态露矣。”言语之间，“切齿含怒”。这样一来，朱全忠和裴枢的矛盾公开化了。

宰相柳璨听说朱全忠有这番言论，主动跳出来，奏请罢免裴枢的宰相职务。这番奏请可谓火上浇油，裴枢的好日子到头了。那么，柳璨又是个什么人呢？

五、白马驿惨剧背后的阶层断裂

白马驿惨剧是朱全忠一手制造的，给他出主意的谋士有柳璨、张策、李振。弄清楚这三个人的身家背景，有助于我们理解这件事的前因后果。

先说说柳璨。

跟裴枢一样，柳璨也是山西人，名门之后，进士出身。但不同的是，柳璨是名门旁支，到他这一代已经陷入贫困。没考取进士之前，同宗族人根本看不上他。据《旧唐书·柳璨传》记载，“宗人璧、玭，贵仕于朝，鄙璨朴钝，不以诸宗齿之”。这样的经历，让他在心目中逐渐对宗族势力产生了仇怨，在进入仕途后，迁怒于世族出身的同僚。

柳璨是个人才，在史学领域造诣很深，得到唐昭宗的赏识，从翰林学士快速被提拔为中书侍郎，跻身宰相行列。不过，他很快就感受到了中央层面官僚体系里讲究门第的风气。裴枢、独孤损、崔远等名门之后，耻于与柳璨这样的“草根”同列。

奋斗了半辈子，柳璨本来已经看到改变人生命运的希望，却又一次被人鄙视了。接下来，他怨恨加剧，心态失衡。他在心底暗自发誓：总有一天，要对这些名门之后反攻倒算。为了达到这个目的，他主动投靠了朱全忠，甘当鹰犬。

再说说张策。

张策同样是“衣冠子弟”，但经历更复杂：先是出家为僧，但从未超然物外，干过“御帘前进诗，希望恩泽”的事；后来还俗，进入仕途。他的这些表现，遭到了以“清流”自居的老臣赵崇的鄙视。无奈之下，张策只好投奔朱全忠。

最后说说李振。

李振也出身于官宦之家，曾祖父李抱真曾任潞州节度使。不过，他似乎是个“学渣”，考了好多次进士，怎么也考不上。久而久之，他恨透了那些金榜题名的名门之后。

他早年就投靠了朱全忠，担任郓州节度副使。大宦官刘季述被杀掉后，李振力劝朱全忠出面，扶持唐昭宗复位，使朱全忠在朝野树立了崇高威望。由于出谋划策得力，李振在朱全忠智囊团里的地位也扶摇直上。

有强人朱全忠罩着，李振便开始狐假虎威，骄横跋扈，每次来到长安，都要干预人事，指手画脚，随意贬降朝廷命官，人称“鸱鸮”。

这三个人有三个共同点：第一，虽然都出身世家大族，但到他们这代基本都没落了；第二，都投靠了朱全忠；第三，都恨透了出身名门、自诩“清流”的高官。无论是走正道，还是走歪门邪道，他们总归是凭自己的努力混到了上流阶层，但还是被巨大的门第鸿沟挡在了圈外。

既然进不了名人圈、贵族圈，就索性把他们都毁掉。三个人在这方面的想法出奇的一致，白马驿就成了他们“毁圈”的战场。

裴枢等人遇害后，李振意犹未尽，不依不饶，跟朱全忠讲：“此辈常自谓清流，宜投之黄河，使为浊流！”朱全忠笑而从之。于是，裴枢等人连尸体也没能留下来，全被扔进了黄河。

白马驿终结了裴枢等“清流”高官的政治生涯。他们出身唐王朝的世家大族，是大唐盛世的既得利益者。可是，由于贪恋权位，他们不惜投靠朱全忠这样的人，去做挖唐王朝墙脚的事。他们做这些，大概只是想延缓唐王朝崩盘的步伐，让自己的既得利益维持得更长久。

门第观念和政治信仰上的巨大差异，让“清流”看不上、容不下朱全忠手下的鹰犬，尤其是出身“草根”、敢于背叛唐王朝的“浊流”。

至于朱全忠，曾经对“清流”的言听计从和重用保护，只是权宜之计。乱世之中，大家都在互相利用，只是看谁率先撕破脸皮。裴枢等“清流”，与其说是死在朱全忠手里，倒不如说是死在了“利欲之心”上。

“清流”的毁灭，其实也是唐宋转型的标志之一。此后，世家大族逐渐式微，门第观念逐渐淡化，这对普通民众通过科举考试、杀敌立功，实现跨越阶层鸿沟的逆袭，创造了更有利、更宽容的社会条件。或许，这是白马驿之祸的意外结果吧。

不过，朱全忠是个毫无政治节操的人，即便是“浊流”，只要不遂他的心意，也会恩将仇报。白马驿惨剧发生后，唐王朝中央层面的高官体系业已瓦解，朋党之争的人力资源基础也就不复存在了。小皇帝李柷虽然还在位，但已经变成了任人腾挪的摆设。朱全忠已经心猿意马，做起改朝换代的皇帝梦了。

天祐二年（905）十一月，也就是白马驿之祸发生五个月后，朱全忠召集亲信开会，提出称帝的打算。蒋玄晖、柳璨、张廷范认为，称帝没问题，但现在天下未平，不能操之过急，还不如先把改朝换代的预备程序启动起来，比如封大国、加九锡等。朱全忠听罢，很不高兴，一股脑全部拒绝。他不想要这些虚的，他恨不得第二天就举行传位大典。

蒋玄晖、柳璨、张廷范曾经风光一时，自然也得罪了不少人。如今，他们在朱全忠面前煞了风景，有些人便蠢蠢欲动，不停地给朱全忠打小报告，制造诸如蒋玄晖与何太后私通，意欲拖延改朝换代时间等谣言。可怜蒋玄晖、柳璨、张廷范，为朱全忠甘效犬马之劳，却还是死在了朱全忠六亲不认的屠刀之下。

至此，“浊流”也毁了。

天祐四年（907）四月，朱全忠在做足“受禅”的戏份后，如愿坐上了皇帝宝座，自己更名朱晃，国号“大梁”，史称“后梁”，五代十国的历史由此拉开帷幕。汴州更名开封府，成为东都，洛阳改为西都。小皇帝李柷降为济阴王，过起了囚徒生活，第二年就死于非命。

大唐盛世的倒计时，就这样稀里糊涂地走完了。只剩下白马驿，孤零零地立在黄河边上，静静地诉说着曾经发生过的血案。

小贴士　沙州驿夫起义

安史之乱后，唐王朝政治腐败，挥霍无度，军务繁忙，徭役众多，水陆运输长期保持峰值运转，驿站事务格外忙碌。上级摊派的额外任务都要落到驿夫头上，他们身处驿站最底层，即便风吹雨打，寒冬酷暑，也要按期做好，不打折扣，否则就要受到律法的严惩。

上司每年都要审核驿站经营情况，如果驿马死亡，驿长要包赔；如果擅自裁撤驿站的马匹和人员，驿长要被“杖一百”。驿夫的麻烦更多,为保证驿马的健康，送信的驿夫每到一驿必须换马，否则要“杖八十”；但如果送信误了时间，不管是不是因为换马造成，都要至少“杖一百”；延误时日过多，甚至可能判处绞刑。倘若发文出错，该发的地方没发出去，饭碗就没了；倘若丢失信件导致泄密，搞不好会丢了性命。

这样看来，与其说驿夫是在跟时间赛跑，倒不如说是在跟“死神”赛跑。

更糟糕的是，到了唐后期，驿夫的待遇不再稳定。许多驿夫不是应征入伍，而是发配到边疆的囚徒。驿夫的薪水基本要靠上级拨款，如果上司克扣，他们就会陷入困境。但残酷的现实是，唐后期的贪官污吏多如牛毛，这样的事层出不穷。

日夜辛劳还被克扣薪水，这也罢了，如果什么错都没犯还保不住性命和家小，这恐怕真的要被“逼上梁山”了。

河西走廊是唐朝通往西域的交通要道。安史之乱爆发后，朝廷不得不将镇守西域的唐军调往中原平叛。吐蕃趁机席卷西域，占领河西走廊，河西地区的驿站也陷入吐蕃之手。

吐蕃贵族在军事进攻的同时，烧杀掳掠，大肆抢劫，子女玉帛，悉归其帐下。“百姓丁壮者驱之以归，羸老者咸杀之，或断手凿目，弃之而去。”随着军事行动的结束，抢掠逐渐减少，社会渐趋稳定，但吐蕃对汉族人的民族压迫依然严重。这让长期心存“华夷之辨”、对少数民族具有心理优势的汉族人颇为不满。而驿夫的主体，恰恰就是汉族人。

公元8世纪末的一个晚上，沙州城（今甘肃敦煌）。

突然，一阵骚动打破了大漠深处的宁静。一群驿夫夺取了战马和铠甲，冲进官衙。吐蕃节儿（吐蕃官职，相当于州刺史）惊慌失措，自知性命难保，索性纵火烧屋，“伏剑自裁，投入火中，化为灰烬”。起义的领导者名叫氾国忠，就是在这里当驿夫的囚犯。

随后三天，起义者利用驿道的交通优势，从沙州打到肃州（今甘肃酒泉）。一时间，“东道烽铺，烟尘莫知”，“蕃官慢防，不虞祸至，人吏散乱，难与力争”。

与此同时，沙州玉关的驿夫张清也发动起义。两支义军相互呼应，声势浩大。据姜伯勤《唐敦煌“书仪”写本中所见的沙州玉关驿户起义》载，起义者自称“拓拔王子”。由于得到沿途各站驿夫的支持，他们骑乘快马，“张皇兵威”，“夜越重城，损□官守”，令吐蕃军队对情势“深浅莫测”，“人吏散乱”。

这是一场不见于正史的起义，在20世纪初出土的敦煌文书中重见天日。

氾国忠等人的奋起一搏，没能推翻吐蕃人在河西走廊的统治，也没能完全改变自己的命运，很快就被回过神来的吐蕃贵族打败。

不过，他们带了个好头，迫使吐蕃贵族改弦更张，采取柔性政策，拉拢汉族大姓，缓和民族矛盾。即便如此，人们依然有感于氾国忠等人的勇敢，将这一反抗精神传承了下去。

唐宣宗大中二年(848)，趁吐蕃衰落之机，沙州豪富张议潮发动起义，赶走吐蕃镇将。为绕开吐蕃的围追堵截，张议潮的信使跋涉三千余里，绕道天德城(今属内蒙古)，抵达长安，向唐朝上表请求归附。唐朝在沙州设置归义军，让他担任归义军节度使。其后二十年间，张议潮又收复凉州等地。河西走廊在时隔半个多世纪后重归唐朝版图。

这是晚唐为数不多的“回光返照”。

陈桥驿——黄袍加身与北宋开国

一千多年前，在河南开封附近名叫“陈桥驿”的小小驿站，发生了一场改朝换代的大事件——陈桥兵变。陈桥驿也由此声名鹊起，成了天下皆知的著名驿站。

那么，陈桥驿见证的，究竟是怎样的一场兵变？在这场兵变中，赵匡胤究竟扮演了怎样的角色？我们该怎样为这场兵变进行历史定位呢？陈桥驿这个小小的驿站，在陈桥兵变中到底发挥了怎样的作用？

我们还是先来看看陈桥兵变究竟是怎么回事吧。

一、权威版本

后周显德七年（960）正月初一，新年的喜庆气氛还没散去，北部边境传来紧急军报：契丹联合北汉进犯。

这个时候，后周的决策层还在新老交替。雄才大略的周世宗柴荣病逝不久，接班的小皇帝柴宗训年仅7岁，还做不了主。主掌朝政的，是符太后和以范质为首的一班大臣。

符太后年轻，没什么政治经验，范质耿直，但不懂军事。面对这一突发情况，他们束手无策，开会研究来研究去，还是得让专业的人去做专业的事——由殿前都点检（禁军统帅）赵匡胤率军北上，迎击来犯之敌。

既然朝廷有令，赵匡胤立即着手准备。第二天，他就把自己的副手慕容延钊派了出去，率领先锋部队先走。第三天，也就是正月初三，他亲率主力离开开封，渡过黄河，抵达了陈桥驿。这是首都开封东北方向的第一个驿站。

这天晚上，大军就停在陈桥驿休息。赵匡胤“醉卧，初不省”，也就是喝多了，睡着了。据说，鼾声如雷。不过，他手下的一帮人没闲着。

军士苗训，略懂天文，说看到了“日下复有一日，黑光摩荡者久之”的奇异天象。这种号称有“两个太阳”的天象，其实就是日晕。不过，从苗训嘴里说出来，意思就变了：底下那个大太阳要吞掉上面那个小太阳！

在那个迷信的年代，大家公认的专业人士说出来的话就是“真理”，很容易传播开来。既然大太阳吃掉小太阳是天意，大家就自然形成了一个舆论共识：拥立赵匡胤当皇帝。

于是，全军骚动，大有哗变的架势。而此时此刻，主帅赵匡胤睡得很死，好像浑然不知。

这局面必须控制，否则军队就乱了，要出事。于是，禁军将领们紧急开会，商量到后半夜，打定主意，而后一起冲进了赵匡胤的寝帐，把他摇醒，请到前厅，摁在帅位上，强行给他披上了黄袍。

这时候，众将跪倒抱拳，山呼万岁之声响彻驿站内外。这是要逼迫赵匡胤答应将士们的要求：改朝换代当皇帝。

赵匡胤迷迷糊糊，睡眼惺忪，还有点懵。看这架势，如若不从，自己性命难保，如若从了，则形同叛逆。这可如何是好！他只好就坡下驴，慨叹一声：“汝等自贪富贵，立我为天子，能从我命则可，不然，我不能为若主矣。”众将士表示听令，赵匡胤“被迫”做了皇帝。

黄袍加身后的赵匡胤颁布的第一道命令，就是全军回到开封后，不准滥杀一人，尤其是皇室成员、公卿大臣。大家心照不宣，满口答应。而后，全军离开陈桥驿，没有继续往前走，而是掉头返回开封。

进城之后，赵匡胤几乎没有遇到像样的抵抗就接管了后周政权。龙椅上的皇帝，从7岁孩童换成了这位披着黄袍的禁军统帅。他改国号为宋，从而揭开了中国历史的新篇章。

赵匡胤画像

上面讲述的故事经过，是陈桥兵变的权威版本，主要出自李焘的《续资治通鉴长编》。他用1000多字的篇幅，把赵匡胤迫不得已、仓促称帝的无奈，约束将士、秋毫无犯的仁德，以及天命所归的征兆，全都表述到位了。

看起来，陈桥兵变似乎是一场事先没有组织、没有准备的突发事件，几乎所有的历史文献都没记述这场政变是怎么准备的。那么，陈桥兵变真就是横空出世、突然发生的吗?

二、谁是主谋

李焘《续资治通鉴长编》里讲："太祖自殿前都虞侯再迁都点检，掌军政凡六年，士卒服其恩威，数从世宗征伐，洊立大功，人望固已归之。于是，主少国疑，中外始有推戴之议。"

按这种说法，陈桥兵变完全是赵匡胤手下的那些"服其恩威"的将士策划的，他本人不仅事先毫不知情，而且稀里糊涂就被人挟持当了皇帝。

如果社会舆论都持这样的看法，赵匡胤就赢了。不过，我们还是很容易从历史文献中找到破绽的。

宋人王明清在《挥麈后录》里这样写道："太祖仕周，受命北伐，以杜太后而下寄于封禅寺。抵陈桥，推戴。韩通闻乱，亟走寺中访寻，欲加害焉。主僧守能者，以身蔽之，遂免。”意思是说，赵匡胤在出征之前，曾把老母亲杜氏以及其他家属都藏在寺庙里。后来陈桥兵变，赵匡胤率军进城，只有将军韩通抵抗了一阵子。当时，韩通打算到寺里绑架或者屠杀赵匡胤的家属，在寺内和尚们的保护下，其家属才得以幸免。

如果赵匡胤没打算发动政变，何必要在出征之前把家属都藏在庙里呢？

其实，后周也是通过政变建立的王朝。后周开国皇帝郭威，原先是后汉的将军，由于跟皇帝闹翻，索性出走，发动兵变。可是，他的家属并没有事先安置好，结果被后汉的皇帝全部诛杀。搞得郭威当上皇帝之后，竟然没有亲儿子可以传位，只能把皇位传给养子柴荣。前车之鉴，赵匡胤不可能不当回事。

其实，陈桥兵变发生之前，社会上已经在传赵匡胤可能要发动政变了。据《涑水记闻》记载，就在赵匡胤出征前，京城就传言“出军之日，当立点检为天子”。许多富人觉得，政变一旦发生，京城搞不好又要乱一阵子，甚至血流成河，干脆躲出去吧。

获悉这种传言后，赵匡胤非常害怕，虽然这个传言还没传到宫里，但他还是赶紧跑回家，问家里人该怎么办。

这时，赵匡胤的姐姐挺沉得住气。听到这话的时候，这位姐姐正在厨房干活，她面色铁青，拎着擀面杖就跑出来，追着赵匡胤边打边说：“丈夫临大事，

宋太祖黄袍加身处

可否当自决胸怀，乃来家间恐怖妇女何为耶！”意思是说，大老爷们碰见事，自己定就得了，干吗喊出来吓唬家里人。这么一通吐槽，搞得赵匡胤很没面子，竟无言以对。

赵匡胤发动兵变，回到京城，在众将簇拥下准备受禅。由于事出突然，禅让仪式没有任何准备，连禅位制书都没有。一帮武将吵吵着找人写。

就在这个乱哄哄的当口儿，翰林学士承旨陶谷不慌不忙地从袖筒里掏出早已写好的禅位制书，得意扬扬地交给了赵匡胤。陶谷没有参加兵变密谋，他之所以能有所准备，靠的就是自己的观察判断和机灵劲。

种种迹象表明，陈桥兵变之前，赵匡胤是做过精心策划的。至少，他已经打定主意，在出征途中发动政变。而他当皇帝这件事，早已成了公开的秘密。

兵变的主谋，就是赵匡胤本人。

那么，只靠赵匡胤一个人，能把整个兵变的剧本设计好、编排好、上演好吗?

三、谁是帮凶

俗话说，一个篱笆三个桩，一个好汉三个帮。陈桥兵变能成功，离不开赵匡胤的几个助手，包括赵光义、赵普、石守信、李处耘等人。其中最大的功臣，当属谋士赵普。

为这场兵变，赵普究竟做了什么呢？我觉得主要有四方面。

第一，帮助赵匡胤成功上位，掌握舆论主导权。

几年前，周世宗柴荣在批阅文书的时候，偶然发现了一块木牌，上面写着“点检作天子”几个字。他很震怒，也很郁闷。因为时任殿前都点检的张永德，既是他的姐夫，又一向忠心耿耿，怎么可能会造反呢?

可是，“点检作天子”的传言让柴荣很敏感。于是，他当机立断，让亲信将领赵匡胤取代了张永德，以绝后患。

这块木牌究竟是谁放进去的已经无从知晓，但是把“点检作天子”的传言变成人尽皆知的社会舆论，赵普发挥了很大作用。

第二，设计虚假军报，把兵权骗到手。

大过年的，契丹和北汉居然联合进犯。这样的军报如果细究起来，根本经不起推敲。不管怎样，契丹和北汉的将士也要过年。如果真选这个时候出兵南下，谁都会闹情绪的。更何况，此时契丹的皇帝辽穆宗号称“睡王”，整日沉湎酒色，黑白颠倒，每天睡到日中方醒，不理朝政，哪会突发奇想，派兵南下呢？

军报果然有假，等到赵匡胤回到开封，当上皇帝以后，契丹、北汉南下进犯的军报再也没有传来。

这份军报给陈桥兵变创造了两个有利条件：

其一，赵匡胤以抗敌为名，把京城附近最精锐的部队合情合理地调了出来，掌控在自己手里。

其二，他把慕容延钊安排成先锋官，率先打发出去，免得这个老将在关键时刻给自己添乱。毕竟慕容延钊是禁军二把手，有能力跟赵匡胤分庭抗礼，不把他打发出去，万一闹腾起来，局面就难收拾了。

而这份虚假军报，就是赵普设计制造的。

第三，用“长保富贵”说服全军将士。

在陈桥驿，赵普和赵光义主动找来几名将领，进行了一番慷慨陈词：“兴王易姓，虽云天命，实系人心。前军昨已过河，节度使各据方面，京城若乱，不惟外寇愈深，四方必转生变。若能严敕军士，勿令剽劫，都城人心不摇，则四方自然宁谧，诸将亦可长保富贵矣。”

他跟大家讲了三层意思：第一层，改朝换代是天意，天命难违；第二层，皇帝宝座，咱们不抢，盘踞各地的节度使也会来抢，到时候天下就乱了，大家什么也捞不着；第三层，咱们发动兵变，只要能秋毫无犯，稳住京城，就能控制全国，到时候大家就可以共享荣华富贵了。

赵普这番宏论，说出了将士们的心声。大家当兵打仗为了什么？还不是为了升官发财、过好日子嘛。有赵普这番动员，将士们自然鼓噪而起，主动给赵匡胤黄袍加身。

第四，替赵匡胤出面稳定军心，安排进城。

赵匡胤虽然贵为禁军统帅，但并没有一呼百应的声望和本事。况且，发动兵变还有失败的可能性。作为主谋，赵匡胤躲在幕后当然要比冲在台前要稳妥得多。

主谋躲在幕后，就要有人在台前做铺垫。赵普承担了这个角色。他在军心浮动的情况下，出面召开军事会议，把高级将领召集在一起，在会上提出黄袍加身的主张。这个时候，谁要是公开反对，肯定会被瓮中捉鳖。就这样，他把将领们成功拉拢了过来。

接下来，他又派人跟守卫开封的石守信、王审琦联系，里应外合，挥师进京，把改朝换代的大戏彻底唱完。

四、剧本中的插曲

赵匡胤和赵普为“黄袍加身”的陈桥兵变设计了一个理想化的剧本。可是，历史真就会完全按剧本来演吗?

现在我来当个马后炮，复盘兵变过程，可以发现，兵变总体上是按剧本来演的。不过，其中也有三个插曲。

第一个插曲，进城门受阻。

赵匡胤要想达到逼宫禅位的目的，必须带兵回京，穿越开封的三重城墙：外城、内城和皇宫。开封外城距离陈桥驿最近的城门，当属外城东北角的陈桥门。于是，赵匡胤就把部队带到了陈桥门。没想到，他在这里吃了闭门羹。

见守城士兵张弓搭箭，拒不开门，他只好又把部队带到陈桥门西侧的封丘门。这次，守城士兵望风投降，赵匡胤这才进入外城。

兵变这种事，讲求兵贵神速，任何时间上的耽搁都有可能改变结局。因此，赵匡胤带兵进入封丘门后，应该首选距离最近的内城北侧三个城门，可他居然舍近求远，带兵绕到内城东侧，从仁和门进入了内城，相当于绕了小半个开封城。最后，从左掖门进入皇宫。

赵匡胤为什么要在开封城里东拐西绕呢?《太宗实录》的记载似乎给出了答

案。原来，在赵普的安排下，赵匡胤的亲信将领王审琦控制了仁和门，石守信控制了左掖门。赵匡胤的家眷也提前转移到了仁和门附近的寺院里。

其实，陈桥门的闭门羹已经给赵匡胤提了个醒：虽然其他城门的守门将士不一定都反对赵匡胤，但显然不是赵匡胤的心腹。为了兵变顺利进行，赵匡胤必须步步为营，减少短兵相接和武装冲突的可能，避免把自己堵在城门口耽误时间。

换句话说，虽然剧本环环相扣，准备充分，但赵匡胤还没达到众望所归、一呼百应的地步，潜在的敌人随时有可能让他的兵变功败垂成。

第二个插曲，韩通之死。

在后周的军事指挥体系里，赵匡胤并不是统帅，真正的全军统帅是韩通。他是后周立国的功臣，官至检校太尉、同中书门下平章事，兼侍卫亲军马步军副都指挥使，在军中权力大、威望高。更重要的是，韩通的儿子早就注意到赵匡胤有野心，曾劝韩通提前下手，杀掉赵匡胤。韩通和赵匡胤之间，虽然表面上和和气气，但势同水火，暗藏杀机。

可以说，韩通只要活着，就是后周朝野反对派的主心骨，甚至可以号令其他地方的军队，对赵匡胤构成极大威胁。搞定韩通，是兵变成功的关键。

周世宗死后，开封及其周边地区主要有殿前司和侍卫亲军司两支军队。前者相当于禁军，属于精锐部队，装备好；后者相当于卫戍部队，没那么精锐，但架不住人多。赵匡胤只控制了前者，而后者在韩通手里。这两支军队一旦交手，殿前司恐怕没什么胜算。

面对边境军报，后周君臣做出了让赵匡胤带兵迎敌的决定，这就让赵匡胤可以堂而皇之地把殿前司和侍卫亲军司的军权都攥在了手里。因此，当陈桥兵变发生的时候，韩通已经成了光杆司令。不过，他还是竭尽全力进行了抵抗。

一开始，他带着几个亲信从宫里往外走，准备召集旧部，组织抵抗。走到皇宫左掖门的时候，刚好碰到守门的赵匡胤亲信石守信，双方发生了激战。韩通且战且冲，好不容易冲出包围圈，马上派人去仁和门附近的寺院去搜捕赵匡胤的家眷。就在这时，他又碰见先行进城的赵匡胤部将王彦升，双方打了起来。

韩通手下人太少，眼看要吃亏。这个时候，他不知道怎么想的，没有往侍卫亲军的军营走，也没有掉头回皇宫，而是且战且退，往家跑。王彦升是个打仗不要命的家伙，他才不管赵匡胤关于进城之后“秋毫无犯”的约定，一路杀到韩通家里。接下来，韩通夫妇和三个儿子都惨遭杀害。

有学者研究认为，韩通三岁的小儿子以及四个女儿逃过了这场浩劫。从这种杀男不杀女、杀长不杀幼的行径来看，韩通之死不像是偶发事件，倒像是有计划、有预谋的行动，目的就是清除赵匡胤的这个最大政敌。

不管怎么说，韩通是陈桥兵变最大的失败者。

第三个插曲，同僚的抵制。

赵匡胤在同僚里的人缘一般般，树敌不少。其实这也好理解，毕竟树大招风，他立的战功越多，嫉妒他的人就越多。

后周的殿中侍御史郑起就曾跟宰相范质写信说，赵匡胤手握兵权，军中有声望，要小心提防。范质没当回事。等到陈桥兵变的消息传到皇宫里时，范质大惊失色，死死抓着另一位大臣王溥的手，半天说不出话来，甚至把王溥的手都抠流血了。赵匡胤的部将胁迫他下跪称臣，他还愤愤不平，一直不肯下跪。

这些例子都说明，赵匡胤虽然在后周朝廷有威望，在局面掌控上有优势，但还没达到游刃有余的地步。他的政治野心早已暴露，激起了朝廷内外众多人士的反对。只不过，反对派力量分散，没有对赵匡胤构成实质性威胁。

五、历史定位

我们怎样来评价陈桥兵变呢？

毫无疑问，这是一场彻头彻尾的阴谋。赵匡胤是从孤儿寡母的手中夺得天下的，很不光彩。从某种意义上说，这也是五代十国屡次政变夺权、朝代更迭的延续。

不过，我们还是发现了其中不同以往之处。

这是一次代价很小的改朝换代。历史上大多数朝代的更迭，都要伴随着杀戮和流血，要死很多人。可是，整个陈桥兵变，只发生了一次短兵相接，只死了韩通一家人。算是流血很少、百姓受害较轻的一次。

后周的符太后和小皇帝在下台后，生活待遇优厚，在历朝历代的亡国之君里，算是很受优待的了。后周的大臣，只要心甘情愿给宋朝卖命，以前是什么官，现在还是什么官，有些还升了职。即便是死去的韩通，后来还被赵匡胤追赠中书令头衔，得到厚葬。

至于京城的老百姓，则是“市不易肆”，该干吗干吗。

陈世崇在《随隐漫录》里讲了个故事：赵匡胤率军进城时曾经吃了个闭门羹，守门的两个军官认为赵匡胤谋反，拒绝开城门。等到赵匡胤上位以后，这俩人觉得大势已去，不但拒绝投降，反而自杀了。听说这个消息后，赵匡胤亲自来到他们的值班室，称赞他们是“忠义孩儿”，特地下令给他们修忠义庙。

就是因为这件事，赵匡胤给自己的贴身卫队改名“孩儿班”。所有成员的帽子后面都有两条彩带：一条红色，表示一颗红心忠于大宋；一条青色，表示不忘前朝，为周世宗柴荣服丧。中国历史上很多改朝换代的事件之后，新王朝都要对旧王朝的文化符号斩尽杀绝，不许老百姓怀念前朝，唯独宋朝是个例外，这也展现了赵匡胤的豁达胸怀。

正是赵匡胤的这种胸怀，陈桥兵变才展现了与其他朝代不一样的特色：用和平方式实现改朝换代，宣告唐后期以来军人强权时代的结束。其后，宋太祖赵匡胤通过杯酒释兵权，解决了权力分配问题，通过设立“不杀士大夫”的祖训，缓解了皇帝与文官的矛盾。这样的做法，与陈桥兵变如出一辙。

六、大事件的见证者

陈桥兵变偃旗息鼓了，但陈桥驿作为这个历史事件的见证者名声大噪。那么，这个地方究竟在哪呢？

在河南开封东北方向，过了黄河铁路大桥，进入封丘境内，然后沿着黄河北岸大堤向西走上几公里，就能看到这个叫“陈桥驿”的村庄。村子里有一个院子，门前有一块“省级文物保护单位”的石碑，里面现存的文物，主要是一座单檐九脊大殿及四块石碑，一些文人墨客游览这里后，留下了诗词，刻在了碑上。

大殿的东南角有棵老槐树，当地人管它叫“系马槐”。传说当年赵匡胤在这儿拴过马。如今树已死，但枯藤还在，能在一千多年里历经兵荒马乱而不毁，也是奇迹了。

这座驿站大约始建于五代十国的后晋时期，从后晋到北宋，它一直是出开封城向北走的驿路上的第一座驿站。作为出京第一站，地理位置得天独厚。也正是因为这个区位优势，它有机会见证这段历史上著名的朝代更迭事件。

由于赵匡胤在此黄袍加身，陈桥驿就被赋予了特殊的政治意义。路过此站的宋朝官员都只是匆匆而过，不敢停留太久，更不敢在这儿过夜。因此，它的功能必须调整。

学界目前有两种说法：一说改成了班荆馆，用来接待辽国、金国的使臣，为他们进京前提供休息和餐饮服务；另一说改成了道观，在宋徽宗时期改建完成，起名“显烈观”。

总之，陈桥驿已经不再是普通的驿站了，它的政治意义更浓厚。

如今，置身这座兵变遗迹的小院子，或许耳畔还会萦绕着如雷的鼾声。谁都知道，在那个剑拔弩张的夜晚，赵匡胤一夜未眠。这鼾声，是他装出来的。

陈桥驿匾额、显烈观匾额

陈桥驿遗址的照壁、系马槐、正殿

小贴士 “金科玉律”的来历

“金科玉律”是个耳熟能详的成语。“金”和“玉”都是珍贵物品，用其特性言其重要；“科”和“律”都指法律条文。四个字合起来，可以形容法律条文尽善尽美，也可以比喻无法更改的规则和信条。

这个成语语出何处呢?

五代十国时期，前蜀词人杜光庭在《胡常侍修黄箓斋词》里写有“金科玉律，云篆瑶章，先万法以垂文，具九流而拯世”的词句。

到了南宋，真的有一部“金科玉律”出炉。

宋高宗绍兴年间，宋金战事结束，签订绍兴和议。宋高宗终于可以安心经营南方。要治理好一方水土，必须先立规矩。然而，北宋的法律典籍早在靖康之变时就已散失，尤其是驿站管理方面，几乎无法可依，非常混乱。南宋君臣必须重新整理，汇编成册，做到有章可循。绍兴十九年(1149)以后，这部名为《金玉新书》的法典终于问世。它不是凭空杜撰的，而是在北宋相关律法基础上制定的，特别参照了《嘉祐驿令》的内容。

北宋中期，驿站体系在运转中出现了诸多问题，比如随意加重驿夫负担，逼迫他们“负重奔驰”；官府滥发驿券，导致驿站超负荷运转等。宋仁宗嘉祐四年(1059)，根据枢密使韩琦的建议，朝廷责成三司使张方平起草“驿券则例”74条并颁布实施。其中规定，“诸不应入驿而入者，笞四十”“辄受供给，准赃虽少，皆杖一百”。这些规定对驿站的管理是重大利好，整顿了秩序，减轻了负担，深得各方好评。然而，时间久了，再好的规定无人过问也会荒废。《嘉祐驿令》也一样。

如今，《嘉祐驿令》和《金玉新书》早已失传。能够找到它们的蛛丝马迹，分别得益于南宋的《庆元条法事类》和明朝的《永乐大典》。《庆元条法事类》今天只能看到残本，保存了《嘉祐驿令》中的24条内容；《永乐大典》更加可贵，第14575卷把《金玉新书》原封不动地录了下来，让我们今天得以一睹尊容。

《金玉新书》共有115条，其中刑律和罚则51条，奖赏条例10条，组织管理54条，涉及范围广，权威性强，超出了《嘉祐驿令》。它有三个特点：

——强调官府文书的权威性，不容侵犯。盗窃、私拆、毁坏官府文书，要根据情节轻重，区别对待，量刑从严。如果盗窃或泄露的公文涉及国家重大机密，直接处以绞刑；涉及军事情报，无论是主犯从犯，抑或是教唆犯，都要斩首；即便盗窃或泄露的是一般文书，也要流放500里。

——严格规定送信时限。驿夫要“依限传送，若有违者，自合依条断遣”。如果“稽程”“违时”，也就是没按规定的路线和时间送信到位，都要接受刑罚。一般来说，步递刑罚最轻，马递稍重，急脚递最重。遇有延误，会根据天数的不同施以不同的刑罚。

——明确官兵各司其职的原则。驿站的官和兵（驿夫），各有职责。谁失职，谁担责，不存在“刑不上大夫”的现象。如果信件传输出了问题，当事的驿夫要受罚，他的上级官员也难逃连带责任。

在那个“人治”的时代，通过“金科玉律”，驿站的管理做到了有规可查，有法可依。这是驿站体系得以有效运转的前提。

南宋中期以后，驿站体系还是废弛了。有的官员假公济私，滥发书信，一昼夜间甚至发了几百件，让驿夫不胜其苦；有的驿夫冒险逃亡，离开驿站，即便手臂刺字，也在所不惜；有时信件数量太多，驿夫实在背不动，或撇落半途，或私拆偷看，甚至慢悠悠地前行，信件迁延几天到几个月不足为奇。面对这样的情景，再好的“金科玉律”也没什么用了。

班荆馆——『国有宾馆』的春夏秋冬

景德元年十二月（1005年1月），黄河北岸的澶州城下。

宋辽两个政权在这里达成了著名的“澶渊之盟”。从此，长达几十年的宋辽战争画上了休止符，开启了长达百年的和平交往局面。

尽管宋朝为了这个和平，每年要向辽国送去10万两银子和20万匹绢，作为“哥哥”对“弟弟”的一点“心意”，但在经济上这要比打仗更划算。稍显麻烦的是，双方的使臣每年都要到对方的都城互相走动一下。

景德二年（1005），辽国使臣抵达开封城外，接待他的，将是黄河北岸豪华的班荆馆。

“班荆馆”是什么地方？为什么叫这个名字？为什么要把辽国使臣安顿在这里呢？“班荆馆”有什么特殊之处吗？同在黄河北岸，班荆馆和陈桥驿到底是什么关系呢？在宋辽和平交往的历史上，班荆馆究竟起了怎样的作用呢？

一、班荆馆是个啥

班荆馆，早在五代十国时期已有，就在开封城北。其始建时间已不可考，但不晚于后晋天福二年（937）。这跟班荆馆的功能直接挂钩。

后晋是五代十国中“五代”的第三个朝代，也是最“窝囊”的朝代，没有之一。它的开国皇帝石敬瑭，干了三件“奇葩”事：

——向契丹主动割让幽云十六州，放弃长城防线，以换取契丹支持自己当皇帝。

——主动向契丹称臣，开启了隋唐以来中原王朝向草原政权称臣的先例。

——认比自己小十岁的契丹可汗耶律德光当爹，自己甘当“儿皇帝”。

这些做法，不仅在当时算是“开创历史”，而且贻害几百年。收复幽云十六州一直是后周乃至北宋念兹在兹的大事，但一直没能实现。华北平原几乎无险可守，草原骑兵随时可以南下饮马黄河。

既然向契丹称臣、称儿子，又靠着契丹骑兵的帮忙推翻了后唐王朝，建立了后晋，石敬瑭的政治生涯自然就多了件大事：热情接待契丹使臣。而班荆馆，正是为接待这些北方来的“客人”专门建造的。

那为什么要取名“班荆馆”呢？

这出自《左传》的一个典故，叫作“班荆道故”。原文是这样的：“伍举奔郑，将遂奔晋。声子将如晋，遇之于郑郊，班荆相与食，而言复故。”

《左传》讲得很简单，具体说来，是这样一个故事：

伍举是春秋时期楚国大夫，楚庄王“一鸣惊人”的典故就源自他和楚庄王的对话。后来吴越相争中吴国的著名大夫伍子胥，就是这个伍举的孙子。

伍举跟蔡国大夫声子（又叫公孙归生）是好朋友。巧的是，伍举的父亲伍参跟声子的父亲子朝也是好朋友。一对父子跟另一对父子能世代玩得这么好，是很不容易的。

有一次，伍举的岳丈申公犯了罪，偷偷逃跑了。这事一出，就有人造谣说，申公之所以畏罪潜逃，是因为他的女婿伍举提前通风报信，把他给送走了。

混迹政坛最麻烦的就是遇到谣言。俗话说“三人成虎”，一些捕风捉影的谣言，会让当事者百口莫辩，甚至会葬送他的政治前途和身家性命。

伍举听到这些谣言，怕得要死，根本没办法辩白，只好躲到邻近的郑国。春秋中叶，郑国已经沦落为二三流诸侯国了。躲在郑国避难，并不太可靠。于是，伍举准备挪个窝，逃到晋国去。

就在这个时候，声子因公到晋国访问，路过郑国，在郑国都城的郊外碰见了伍举。真可谓“他乡遇故知”，更何况是世代好朋友。二人一见面，既惊讶又激动，非常高兴。于是，就“班荆相与食，而言复故”。这里的“班”是铺设的意思，“荆”就是荆条。由于是在郊外的路上偶遇，也没随身携带坐具，于是，二人干脆铺上荆条，席地而坐。他们边吃边聊，闲话家常。

这就是“班荆道故”的由来。原本指发小偶遇，席地而坐，聊天叙旧；后来引申为老朋友见面，不必客套行礼，而是随便坐下，聊天叙旧。“道故”，就是叙旧的意思。

因此，班荆馆取这么个名字，实际上表达了两层含义：

第一，这是个首都郊区的临时“国有宾馆”，来宾先在这里歇歇脚，再去都城里的高档“国有宾馆”下榻。

第二，虽说是临时“国有宾馆”，但不是什么人都能下榻的，只有发小，也就是世代有交情的好朋友才能住进来，一起拉家常，叙叙旧。

石敬瑭为了取悦契丹，真是无所不用其极，把契丹人当成了世世代代的好朋友。

伍举一开口，自然聊到了自己逃出楚国的原因、经过以及将来的打算。声子一听，觉得伍举很冤枉，为他打抱不平：“你暂且在晋国躲一躲也好，我一定想办法帮你安全回到楚国。”

声子出使晋国，公务办完后，又来到楚国，拜会了楚国的令尹（相当于宰相）子木（即屈建）。子木向他了解了晋国的一些情况，顺便问了一句：“晋国大夫和楚国大夫比起来，哪个更强一些啊？”

声子回答：“晋国有很多有本事的大夫，不过他们多半是从楚国跑过去的。虽楚有才，晋实用之。”声子不经意间为后世留下了一个成语——“楚才晋用”。

子木听完就问：“晋国自己难道没人才吗？”

声子说：“当然有啦。不过还是从楚国跑过去的更多。”

为了论证“楚才晋用”，声子列举了好几位投奔晋国的楚国人才，并且说这都是由于楚国内政腐败、用人不当。接着，他又补了一句：楚国过去几次总被晋国打败，都是因为这些楚国人给晋国出谋划策。

子木听了，恍然大悟。声子见时机成熟，就把伍举的事讲了出来，强调伍举纯粹是被妒忌他的人给造谣陷害了，结果白白吓跑了一个大才子。

话都说到这个份儿上了，子木当然知道下一步该怎么做了。他立刻下令，恢复伍举的俸禄和爵位，并派人立刻动身到晋国，把伍举请回来。

就这样，伍举大大方方地回到了楚国。声子这个世交好友，在关键时刻伸张正义，帮了伍举大忙，还留下了“班荆道故”的典故，为班荆馆的得名提供了历史源流。

“班荆馆”虽然名字大有来头，表达了石敬瑭对契丹使臣的恭敬，可这样的卑躬屈膝并没有换来人家的怜悯。石敬瑭在世的时候，契丹使臣趾高气扬，嚣张跋扈，搞得这位“儿皇帝”唯唯诺诺，好没面子。石敬瑭一死，契丹找了个借口就把后晋给灭了。

事实证明，没有实力做后盾，单纯的恭敬和退让换不来长久和平。

二、陈桥驿隔壁的悲剧

曾经有种说法，认为赵匡胤是在陈桥驿黄袍加身当上皇帝的，因此，接下来就没人敢用陈桥驿了，免得被人误解。于是，陈桥驿就被改成了北宋王朝的班荆馆，用来接待辽国和金国的使臣。

后来，专家考证发现，陈桥驿和班荆馆是两个地方。虽然都在开封城东北方向，位于黄河以北，但位置不同。陈桥驿在开封府封丘门北，班荆馆在开封府景阳门北。由于挨得太近，容易被人混为一谈。

虽然不是同一家，但好歹也是邻居。班荆馆纵然没有陈桥驿名气大，也好歹沾了点光。

班荆馆还见证过一幕悲剧。

石敬瑭建立的后晋王朝，虽然有契丹的“父皇帝”耶律德光撑腰，但实际上还是处于四分五裂的状态。南方早已失控，变成一个个独立王国；北方的各个藩镇跟石敬瑭也是相互猜忌，貌合神离。天雄军节度使范延光就是其中之一。

跟很多节度使不同，范延光跟石敬瑭翻脸是有理由的，因为他的女儿嫁给了一个叫李重美的小帅哥。李重美不是一般人，他是后唐末代皇帝李从珂的儿子。如果不是因为石敬瑭推翻了后唐王朝，干掉了李从珂，那么李重美就有未来接班当皇帝的可能性。而范延光就有可能升格为“国丈”，位极人臣。

面对石敬瑭上台的新局面，范延光犹豫再三才呈了一份贺表，比其他藩镇都迟了点。虽说石敬瑭对他表面上很看重，给他一个“临清王”的头衔，但还是对他多有防范。老谋深算的范延光对此心知肚明。

后晋天福二年（937），范延光听说成德军节度使董温琪被契丹俘虏，老巢空虚，董温琪手下的指挥使祕琼发动兵变，把董温琪全家都给杀了。事后清点，偶然发现董温琪的宅子里有个地窖，里面藏了很多钱。于是，祕琼就霸占了这些钱财。

俗话说，没有不透风的墙。祕琼杀人越货的事就传到了范延光耳朵里。

范延光曾梦见一条大蛇从肚脐钻到了肚子里，以为这是“龙入腹内，王者之兆”。他觉得，连石敬瑭这样的货色都能当皇帝，自己凭什么不能也过把皇帝瘾？可是，当皇帝是个烧钱的事，去哪筹钱呢？他盯上了祕琼新捞来的这笔钱。

石敬瑭也盯上了这笔钱。他马上任命祕琼为齐州防御使，让他把这笔钱从河北运到河南。

究竟这笔钱会落到谁手里呢？

范延光给祕琼写了一封信，希望把他拉拢过来。可是，祕琼看穿了范延光的用意，婉拒了。文的不行，范延光决定上“全武行”，在祕琼去齐州赴任的路上打伏击。结果，祕琼阵亡，钱财全部落到了范延光手里。

紧接着，范延光给石敬瑭奏报说，祕琼是被捕盗兵误杀的。这样的谎言怎能瞒得住石敬瑭呢？于是，石敬瑭亲临汴州，准备找范延光要个说法。到这个时候，范延光才意识到自己惹了麻烦，无路可走，唯有造反。

六月，范延光在邺都举兵反叛。早有准备的石敬瑭随即调兵遣将，从四面八方向邺都扑来。侍卫马军都指挥使兼昭信军节度使白奉进率领3000名骑兵，作为平叛军的其中一路，进抵滑台。

一天晚上，有几个士兵“夜掠居人”，也就是晚上抢劫当地百姓。白奉进闻讯，派人抓获了5个肇事的士兵。其中有3个是他的手下，另外2个则是符彦饶的部下。

符彦饶是滑州节度使，带兵驻守滑州，是滑州的地方官。俗话说，强龙不压地头蛇。比较妥当的做法，是“谁家的孩子谁抱走”，符彦饶的人，让符彦饶领走发落。可是，白奉进脑子一热，就下令把这5个兵都杀了。

严肃军纪，斩杀犯罪的士兵，这本没错。可是，他忽视了一点：滑州是人家符彦饶的地盘，抓了人家的兵，不打声招呼就开刀问斩，这么做相当于打了符彦饶的脸啊。就这样，白奉进和符彦饶结下了梁子。

有人会问了：白奉进头脑发热，难道身边的谋士就没人提醒他吗？

在那个军事主官一手遮天的时代，主子盛怒之下，哪个手下人敢多说半句？直到第二天，等白奉进稍微冷静下来了，才有谋士提醒他：在人家的地盘杀了人家的兵，这样不太好吧。白奉进也猛然意识到，自己做过头了。怎么办呢？他跟谋士商量了一个补救办法，就是亲自登门道歉。接下来，白奉进带了几个随从，前往符彦饶的驻地——滑州牙城。

按说，白奉进主动登门，应该把姿态放低，诚恳道歉，最好再给点补偿，比如赔点钱，送点礼，给点军粮什么的。这样做的话，符彦饶纵然恼怒，也无话可说。可是，白奉进见到符彦饶，一个劲地为自己辩护，把一切都归咎于那几个兵。

符彦饶听罢，就不高兴了：“军中法令，各有部分，何得将滑州兵士一例处斩，殊无主客之义乎！”意思是说，每支部队都有各自的规矩，每个士兵都有各自的主帅，你凭什么斩杀我的人？你这是不分主客，没把自己当外人啊！

符彦饶这话，说得很重。白奉进这趟道歉之旅，本来就不太情愿，听了这番话就更不高兴了，他马上冒出一句狠话：“军士抵法，宁有彼我，今仆以咎自陈，而公怒不息，莫是与范延光同反耶！”

如果世界上有后悔药的话，白奉进肯定不会再说这句狠话。因为他这话说了两层意思，都深深挫伤了符彦饶的自尊心。

第一层意思：士兵违犯军法，不管是谁的下属，该处决就得处决，谁处决都一样，怎能在军法面前还分那么清楚呢！

第二层意思：我主动来道歉，说明情况，态度已经很谦卑了，你竟然还在发火，难道你和范延光一样也想造反吗？

两个主帅吵架，本来只是为了争个面子。可是，白奉进说出这话，俨然是给符彦饶扣上了一顶谋反嫌疑的帽子，这话就说过头了。更糟糕的是，白奉进话音刚落就拂袖而去。符彦饶也没有起身挽留他。

别忘了，这是在符彦饶的地盘上。白奉进的言行，让在场所有人看来，就是不给符彦饶留半点面子。符彦饶可以隐忍不发，但他手下的将士就没那么克制了。帅帐之外，符彦饶的将士一拥而上就把白奉进杀了。几个随从眼看主帅遇害，立刻骑快马逃出牙城，回去报信。

白奉进之死，让两军主帅的面子之争彻底变了味。白奉进的部将马万、卢顺密得知噩耗，怒不可遏，率军杀气腾腾地冲到滑州牙城。符彦饶兵微将寡，很快就战败，当了俘虏，随后被押送汴州，接受石敬瑭的发落。

石敬瑭得知白奉进和符彦饶火并的消息，非常生气。对于最高统治者来说，部下内讧总不是好事。就算符彦饶有理，可现在白奉进死了，总得对白奉进的部下有个说法吧，否则搞不好又会酿成一场兵变。于是，他派宦官在半路上截住囚车，斩杀了符彦饶。

符彦饶遇害的地点，就在班荆馆。

就这样，班荆馆见证了一幕悲剧。两军主帅的矛盾是客观存在的，本该和平解决，却意气用事，最终双双丧命，谁也没占到便宜。跟陈桥驿黄袍加身的赵匡胤相比，白奉进和符彦饶太短视了。

就这样，班荆馆似乎成了一个不祥之地。直到几十年后的澶渊之盟，才为班荆馆的命运带来了转机。

三、宋辽互动的大舞台

北宋景德二年（1005）五月，澶渊之盟达成才过去一百多天辽国的使臣就

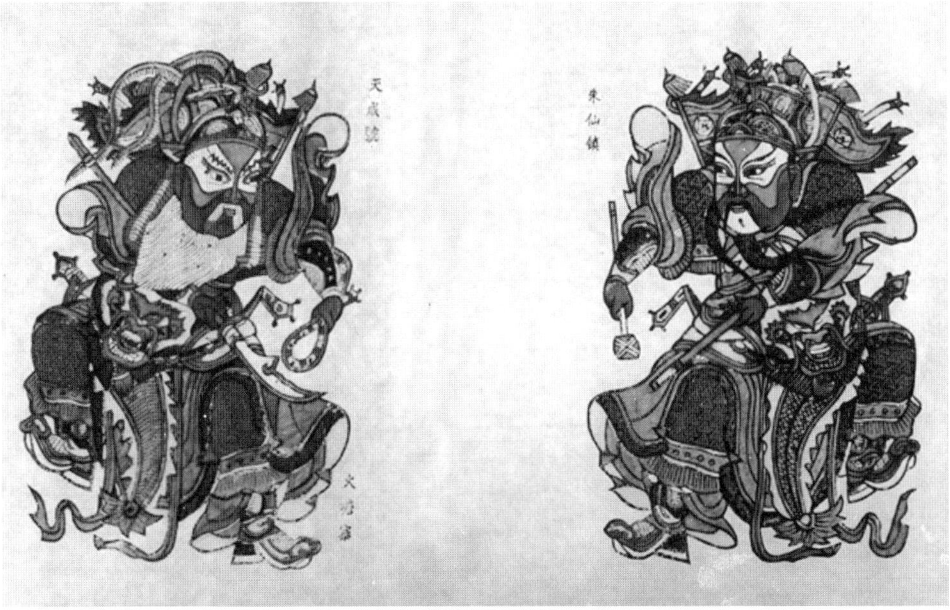

赵匡胤（右）和杨业（左）年画（他们万万没想到，宋辽之间的军事斗争，竟是以城下会盟和榷场互市的方式结束的，班荆馆见证了这一切）

来了。

辽使先是在边境上的白沟驿歇息，宋朝负责接待的官员设宴款待。随后，辽使一路南下，抵达开封城外，入住班荆馆。

这是辽使进宫面见宋真宗之前的最后一站。宋朝的台省官、诸司使在班荆馆迎候，皇帝近臣在班荆馆设宴，为辽使接风。台省官就是中书省、尚书省、门下省的官员，诸司使就是给武官的一种头衔，没有实际职务和差事。

这么说来，在班荆馆迎候辽使的宋朝官员，级别不算高，但都有头有脸，给足了辽使面子。当然，面子不能白给。辽使在班荆馆除了休息和吃饭，还要跟宋朝官员把觐见宋真宗的程序谈妥。

觐见宋真宗的正事办完，辽使便会离开开封。班荆馆就是他告别开封后的第一站。在这里，皇帝近臣会举行欢送宴会，让辽使吃好喝好，再派专人陪同护送到边境，沿途州县都会设宴款待。

辽使来开封走这一遭，绝不会白跑的。澶渊之盟规定的“岁币”，那是北宋每年给辽国的，属于公对公，由宋朝派使臣押运到宋辽边境。此外，宋朝还要花大价钱招待辽使，送给大量礼品。《续资治通鉴长编》卷六十对此记载得很详细：

宋朝赠送辽使礼品和礼遇一览表

辽使进驻地点/时间	礼品/礼遇清单
白沟驿	设宴款待
贝州	茶、药各一银盒
大名府	设宴款待
开封府辖区边界	开封府判官出面犒劳
班荆馆	台省官、诸司使等官员迎候，近臣设宴款待
都亭驿	各赐金花、银灌器、锦衾褥
朝见日	赐大使金涂银冠、皂罗毡冠、衣八件、金鞊鞢带、乌皮靴、银器二百两、彩帛二百匹 赐副使皂纱折上巾、衣七件、金带、象笏、乌皮靴、银器一百两、彩帛二百匹、鞍勒马各一匹 各随从，赐上等使节各练鹊锦袄及衣四件、银器三十两、彩帛三十匹、彩鞋，中等使节各宝照锦袄及衣三件、银器十两、彩帛二十匹、彩鞋，下等使节各紫绮袄及衣四件、银器十两、彩帛二十匹、金涂银带
京城馆驿	赐生饩；赐大使粳、粟各十石，面二十石，羊五十，法酒、糯米酒各十壶；赐副使粳、粟各七石，面十五石，羊三十，法酒、糯米酒各十壶
承天节	各赐衣一袭
遇立春	各赐金涂银镂幡胜、春盘
玉津园	赐来使银饰箭筒、弓一，箭二十，个别人又赐锦窄袍衣五件、金束带、鞍勒马
遇节序	近臣设宴款待
辞日	长春殿赐酒五行；赐大使盘球晕锦窄袍及衣七件、银器三百两、彩帛二百匹；赐副使紫花罗窄袍及衣六件、银器二百两、彩帛一百匹，并加金束带，杂色罗、锦、绫、绢百匹；赐随从紫绫花锦袍及银器、彩帛

续表

辽使进驻地点／时间	礼品／礼遇清单
将发	赐银瓶、合盆、沙罗、注碗等
班荆馆	近臣设宴饯行
开封府辖区边界	开封府推官饯行
返辽沿途	专人陪同送至边境，沿途州县宴请款待

根据宋人的估计，北宋朝廷每年赠送给辽的物品，价值70万贯，辽方回礼的物品价值小一些，但也不会差太多。如果再算上每年10万两银子和20万匹绢的“岁币”，宋朝在经济上是吃亏的。

辽国使团是幸福的，在宋朝备受礼遇，满载而归。其出访有很多特色：

——使团规模太大，好几百人，搞得北宋朝廷接待压力很大，不得不采取限制性措施。自景德二年（1005）起，辽国使团随从人员被控制在100人以内。

——亦官亦商，为赚蝇头小利，无所不用其极。辽国使团不仅携带了官方礼品，还带了大量私人货物和马匹。他们入住开封府都亭驿期间，要么跟宋朝的接待官员“私相贸易”，要么跑到开封的市场上做买卖。如果想要的东西买不着，使团成员们还会找北宋朝廷直接索要。宋真宗为了显示做“兄长”的胸怀，一概照准。宋人苏颂说过：“（辽）使者至都，上恩顾恤，靡所不至。或贸易货财，或须索供馈，或丐求珍异，许予多矣！”

——只要是中原的货，什么都买，连图书都不放过。辽使进入宋朝境内，买书是重要任务。不管是雕版印刷的图书，还是大臣议论边防事务的文章，只要一上市，很快就被辽使抢购一空。宋真宗时期，辽使仰慕宋朝诗人魏野的诗歌，称赞其有唐诗风格。不过，辽国只有魏野的半本《草堂集》，辽使很希望得到全本。这个诉求提出来后，宋朝马上配合，令他们如愿以偿。

——私下给宋朝官民派活。除了正常的使臣往来，辽国的一些官员对有文化内涵的宋朝器物很感兴趣，他们常私自派人到开封，要求工匠给他们制作茶笼、燎炉等。

不过，澶渊之盟后，宋辽结束了战争状态，宋朝节省了大量军费，边境的老百姓也获得了百年安稳日子，这么来算，宋朝在经济上不吃亏。

更何况，宋辽边境沿线开辟了榷场互市，每年榷场贸易总额达到150万贯。其中，宋朝长期处于贸易顺差状态，“岁获四十余万”，足够把官方互动吃的亏补上了。

更重要的是，中原地区的瓷器、茶叶、丝绸、书籍等产品竞争力更强、附加值更高，宋朝的钱币甚至成了辽国境内的硬通货。通过经济手段，宋朝在一定程度上掌控了辽的商品市场和货币市场。这不仅推动了民族融合，更使得宋朝在宋辽互动中逐渐占据主动。

景德元年（1004）以后，班荆馆就成了宋辽官方交往的指定驿站之一，在每年的迎来送往之间，见证了宋辽百年和平以及两者经济实力的此消彼长。

宋徽宗宣和四年（1122），班荆馆迎来了一批陌生的北方客人，装束和语言都跟契丹人有很大差异。正是这批客人，不仅改变了班荆馆，更改变了北宋君臣的命运。

四、北宋毁约的见证者

这些到访班荆馆的北方客人，正是女真派来的使者。

女真族，生活在白山黑水之间，活动区域在辽国的背后。这个民族过了长达几百年的懵懂日子后，异军突起，不仅建立了自己的政权（金国），还向庞大的辽国开战，打得契丹人丢盔卸甲。

辽国正在走下坡路，以金兵的进攻势头看，灭辽是迟早的事。那么，摆在宋徽宗面前的，只有两个选项：其一，继续保持百年来宋辽交好的盟约，在辽金战争中，要么保持中立，要么帮辽国一把；其二，撕毁澶渊之盟，联络金国，夹攻辽国，趁机夺取幽云十六州。

收复幽云十六州，这是赵匡胤、赵光义等北宋开国皇帝的梦想。谁能圆这个梦，谁就有可能在北宋历史上超越历代皇帝，成就丰功伟业。宋徽宗虽说成天醉心于修庭院、练书法、摆弄奇花异石，执政能力低下，用人眼拙，放纵一帮奸臣围在自己身边，搞得朝政败坏，但他对联络金人可能带来的好处心猿意马。这不奇怪，谁不想建功立业、青史留名呢？

宣和四年（1122）九月初三，金国使臣乌舍来到开封城外，入住班荆馆。北宋方面派出秘书丞赵良嗣（原名马植）充馆伴使，起居郎檀倬充馆伴副使，中使李琮、童师礼负责在班荆馆准备酒宴和代表皇帝赏赐外国使臣。

此后，金人在两年间两次造访班荆馆，接受宴请。就这样，班荆馆打破了只接待契丹人的传统惯例。然而，这样的变化竟加速了北宋的灭亡。

根据宋金海上之盟约定，北宋背弃与契丹维持百年的澶渊之盟，转而与金国结盟，夹攻契丹。金军攻打辽中京（今内蒙古赤峰宁城），宋军攻打辽南京（即燕京，今北京）。灭辽后，幽云十六州划归北宋，宋给契丹的岁币，直接转给金国。

表面看来，这是个两全其美的盟约。宋金双方结盟，在灭辽战争中各负其责，灭辽之后，宋朝把国防线北推到长城沿线，实现了祖宗的梦想；金国每年都能得到一大笔钱，经济上很划算。然而，盟约达成之日，宋徽宗君臣就跌入了三个陷阱：

——道义陷阱。宋辽澶渊之盟已有百年，双方遵守“誓书”中的约定，总体上相安无事，维持了长期和平局面。如今北宋率先背盟，落下了见利忘义的坏名声，不利于激励将士斗志和争取幽云十六州军民人心。

——军事陷阱。北宋收回幽云十六州的前提，是宋军在灭辽战争中立功，也就是打下辽南京。可是，契丹经营辽南京多年，城墙高大坚固，防御力量很强。宋太宗赵光义当年北伐，就在辽南京城吃了大亏。宋徽宗时期的宋军战斗力甚至还比不上宋太宗时期，一旦打不下来，后面的“分赃”恐怕要打折扣。

——履约陷阱。北宋跟契丹打了一百多年交道，套路门儿清，彼此也比较默契。可是，金国决策层是个什么脾气，守不守信用，能不能像契丹那样“好说话”，宋徽宗君臣根本一无所知。由于金国处在急速扩张的状态，完全有可能说话不算数，随时毁盟。

就这样，宋徽宗君臣开始了“盲人骑瞎马，夜半临深池”的军事冒险。

果不其然，金国顺利打下了辽中京，宋军在辽南京城下大败。直到金军援兵赶到，辽南京才被拿下。这时，金国决策层立刻变脸，认为辽中京和辽南京都是金兵打下来的，宋军寸功未立，故而不能得到幽云十六州。

金国拒绝履约的态度把宋徽宗君臣惹急了，双方几经交涉，金国才极不情愿地把燕京等六个州划给北宋。不过，代价更贵：除了之前约定的岁币，北宋还得出一笔“燕京代税钱”100万贯，言外之意是，金国可以把燕京城交给北宋，但燕京的税收不能给北宋。

即便如此，等北宋军队进驻燕京时才发现，这里已经成了一片废墟。因为金军在撤走前，对燕京等地进行了地毯式洗劫，金银财宝、男女老少，能抢走的统统抢走了。

宋辽澶渊之盟的誓书中曾有这样的誓言：“有渝此盟，不克享国，昭昭天监，当共殛之。”北宋率先背盟，契丹在宋金夹击下亡国。没了契丹作为战略缓冲，北宋必须直接面对这个脾气捉摸不定的新邻国——金国。唇亡齿寒的历史故事很快就上演了。

眼下，宋徽宗还在为得到几座空城沾沾自喜，金国决策层已经看穿了北宋军队“银样镴枪头，好看不中用”的真相。才过一年，噩梦就变成了现实。金兵长驱直入，攻陷开封，北宋灭亡，开封积蓄百年的财富毁于一旦。

班荆馆也在这场史称“靖康之变”的浩劫中灰飞烟灭。

宋徽宗的儿子里，只有康王赵构幸免于难。他逃到南方重建宋朝，史称“南宋”。赵构就是宋高宗。

这个小朝廷从成立伊始，就处在风雨飘摇之中，疆域减半，战事不断。宋高宗在夹缝里活得很艰辛，他最渴望的，不是“直捣黄龙”，收复故土，而是稳住东南半壁，偏安一隅即可。

岳飞、韩世忠等人的抗金斗争，让南宋逐渐摆脱了危局，站稳了脚跟。宋金交兵多年，谁也灭不了谁，最终坐下来谈判，达成了绍兴和议。南宋以称臣的政治代价和交纳岁币的经济代价，保住了东南半壁。

五、宋金和局的见证者

南宋绍兴十一年（1141），绍兴和议达成。

不管和议的条款多么苛刻，宋金两国总算是放下刀剑，实现了常态化的和平交往和使节互动。当和议达成后的第一位金国使臣即将到来时，南宋小朝廷已经在都城临安（今浙江杭州）附近重建了“班荆馆”，主要接待金国使臣。

南宋的班荆馆，选址在距临安50里的临平。为什么要建在这里呢？

最直接的原因，就是这里挨着上塘河。千百年来，临平人把上塘河看作自己的母亲河。这里最早是秦始皇南巡会稽的必经之地，隋大业六年（610），隋炀帝杨广下令开凿大运河江南段，也就是江南河，从镇江的京口闸一直到杭州的余杭。河虽然通了，但沿途的跨河桥梁和道路并没有完全修好，故而运河航道就得绕道上塘河，途经临平，再进入杭州。

于是，上塘河成了大运河江南段的尾巴，作为漕运主航道的一部分，发挥了粮食运输的重要作用。正是因为这样得天独厚的地位，临平在两宋时期成了离杭州最近的地方。北方来船，一般都先在临平停靠，船员和客商休息一晚，第二天再进杭州。因而，临平的旅馆业很发达。

南宋小朝廷在这里设班荆馆，专门招待金国使臣，也就顺理成章了。

宋高宗时期，有个名叫刘才邵的官员在《檆溪居士集》里记述道：金国使臣通常是以贺正旦（农历正月初一）和贺天申节（宋高宗生辰）的名义来南宋。

南宋班荆馆沙盘模型

在进临安之前，金使会在班荆馆下榻。南宋方面会派人来班荆馆口头宣布宋高宗旨意，并赐酒和水果。绍兴年间，这样的场景总计57次，《檆溪居士集》具体描述了其中的8次。

绍兴和议带来的和平局面仅维持了20年就因金国统治者完颜亮发动战争终结。在南宋军民的坚决抵抗下，完颜亮非但没在战场上占到便宜，反而“后院”起火，最终一命呜呼，金兵的此次南下随之戛然而止。然而，宋高宗受此事件影响，萌生退意，便把皇位让给了太子赵昚，自己过起了颐养天年的太上皇生活。

跟宋高宗的懦弱姿态不同，宋孝宗赵昚上台后，很想有所作为，便发动了“隆兴北伐”。遗憾的是，北伐军先胜后败，而金国内讧不止，无力再次南下，最终双方坐下来谈判，达成了隆兴和议。比起绍兴和议，宋孝宗不必称臣了，但得管金世宗叫叔叔，岁币也减了点，但收复的地盘还得还回去。

既然不打仗了，双方的使臣又开始了往返互动。《续资治通鉴》记载，从宋孝宗乾道元年（1165）起，宋金两国互贺正旦、天申节、会庆节（宋孝宗生辰）成了每年的常规活动。那么，金国使臣来到临安后，特别是在班荆馆里，究竟会受到怎样的礼遇呢？按照《宋史·礼志》和《武林旧事》的记载，以贺正旦为例，大致如下：

第一天，金使抵达临安城外。南宋先派伴使（即陪同人员）代表皇帝在班荆馆宴请金使，宫里来的宦官传旨慰劳，敬酒7次，赐龙茶1斤，银30两。曾担任过宰相的南宋名臣周必大就做过“伴使”。

第二天，金使离开班荆馆，到另一处名叫“北郭税亭”的地方品茶饮酒，而后骑马进入临安的余杭门（武林门），抵达临安城内的都亭驿。此时，宫里来的宦官再次传旨慰问，赐给龙茶、银盒、被褥银、沙锣等。

第三天，临安府以东道主名义，把酒饭送到都亭驿。吃喝完毕，南宋方面负责礼仪的官员会向金使交代觐见皇帝的礼仪。

第四天，金使进宫面见南宋皇帝。南宋伴使在南宫门外就得下马，金使获得了额外礼遇，可以到隔门内再下马，而后到紫宸殿觐见南宋皇帝。觐见之后，金使先到客省（官署名，相当于贵宾休息室）休息，再到垂拱殿接受皇帝宴请。席间，南宋皇帝会敬酒5次。这一天，南宋方面会赐给金使茶、酒、水果，以及袍服、幞头、牙笏、金带、马及鞍辔等物，折合白银50两；还赐给银沙锣50两、色绫绢150匹。金使随行人员也获得不同数量的赏赐。

第五天，南宋方面赐给金使生饩，折博生罗10匹，绫10匹，绢布各2匹。

第六天，金使上午在南宋伴使的陪伴下前往天竺寺烧香，南宋方面会赐给沉香30两，并安排斋宴，提供乳糖、酒果；下午可以到冷泉亭、呼猿洞等风景旅游区参观。

第七天，也就是除夕，金使会得到南宋赐给的宫中酒果、风药、花饧，而后参加守岁夜宴。南宋接待官员会敬酒5次，并为金使准备好祭祀用品。

第八天，也就是正月初一，南宋方面要举行朝贺典礼。结束后，皇帝会派官员到都亭驿宴请金使，并派宦官前来宣旨慰劳，敬酒9次。

第九天，没有活动记载。

第十天，客省提供酒饭，宫里赏赐酒果。金使前往浙江亭观看钱塘江大潮。这一天的宴会上，金使要接受7次敬酒。

第十一天，金使前往玉津园饮酒射箭，相当于娱乐活动。南宋方面安排专业弓箭手来陪玩。现场奏乐，弓箭手和金国大使射弓，馆伴与金国副使射弩。南宋陪同人员敬酒5次。

第十二天，南宋在集英殿为金使举行宴会，尚书郎、监察御史以上官员全都参加，学士院负责起草祝酒词。

第十三天，金使向南宋皇帝告辞，获赐袭衣、金带30两、银沙锣50两、红锦二色绫2匹、小绫十色绢30匹、杂色绢100匹。使团其他人员也各有赏赐。临安府书送赠仪。而后，在都亭驿为金使举行欢送宴会，饮宴从中午持续到晚上，伴使与金使互相劝酒，加深感情。

第十四天，金使获赐龙凤茶、金银盒，而后骑马从临安城北出城，在班荆馆住一宿。

第十五天，南宋皇帝派近臣到班荆馆宴请金使。而后，金使登船北上，整个行程结束。

在金使来访的日子里，班荆馆承担了头尾两道接待任务，安排金国使团吃住，工作量不小。毕竟，班荆馆的表现事关金使来访的第一印象和最后印象，还是要有始有终、谨慎周到。不过，比起中间十几天临安城里的接待阵仗，班荆馆还是轻松多了。

那么，南宋朝廷为什么要给金使如此之高的礼遇呢？

还记得宋辽澶渊之盟吗？宋辽两国以“结盟”的名义建立起平等双边关系。按各自皇帝年龄长幼，两国结为兄弟之国。尽管“哥哥”每年要给“弟弟”岁币，但“哥哥”财大气粗，且在两国榷场贸易中获得丰厚利润，这点岁币换来百年和平，非常划算。

跟澶渊之盟不同，无论是绍兴和议还是隆兴和议，都是南宋在金国的军事威胁下，被迫与金国建立的不平等双边关系，要么是君臣，要么是叔侄，总之让南宋方面感觉很屈辱、很窝囊。但南宋皇帝也只能忍气吞声，对金使低三下四、卑躬屈膝、优礼有加、投其所好，企盼金使能在金国皇帝面前多多美言，求得不开战端，保住东南半壁和太平日子。

于是，出使南宋成了美差。在南宋期间，金使尽情享乐，随意吃拿，满载而归。更有甚者，有金使打算到街上买卖土特产，南宋皇帝担心金使强买强卖，酿成扰民事件，索性拨出专款，放在都亭驿，只要有金使要买卖土特产，直接用这笔钱报销。南宋君臣的奴颜婢膝，金国使臣的贪得无厌，在班荆馆和都亭驿屡屡上演。清代仁和人赵信曾有诗云：“内使龙茶宣赐回，班荆馆为使臣开。湖山景物家乡地，几度迎风唤笔来。”清代钱塘人符曾也有诗云：“筵盏新从赤岸开，待他北使贺春来。传宣直到班荆馆，风药花饧赐得回。”

从这个意义上说，班荆馆虽然得名于“班荆道古”，渲染朋友相见，共话旧情，但宋金之间没有友情，有的只是靖康之变的灾难记忆。

班荆馆建好后，由两浙转运司和临安府负责定期修缮，但修缮频率呈下降趋势。乾道二年（1166），南宋将班荆馆的修缮周期，从每季检修改为每年六月到八月视情检修。

在没有金使来访的日子里，南宋的班荆馆并没有关门歇业，而是跟其他驿站一样，面向朝廷命官开放。南宋官员离开临安北上，或者从北边回到临安，经常要在班荆馆借宿，其中不乏有名气的文人墨客。

乾道五年（1169）六月初二，陆游赴四川上任，途经临平，遇大雨，温度骤降，索性住在班荆馆，并写下了《追凉至安隐寺前》一诗：

枕石何妨更漱流，一凉之外岂他求。
寺楼无影月卓午，桥树有声风变秋。
残历半空心悄怆，岸巾徐步发飕飗，
定知从此清宵梦，常在沙边伴白鸥。

南宋诗人杨万里也曾下榻班荆馆。在他的《入长安闸》诗中，有“船入长安恰五更，归人都喜近临平”的诗句，流露出喜悦的心情。

不过，跟见证多少刀光剑影和王朝更替的北宋班荆馆相比，南宋班荆馆早已失去了金戈铁马的阳刚之气和平等交往的浩然正气，只剩下了“暖风熏得游人醉，直把杭州作汴州”的靡靡之音。

小贴士　宋代的馆舍

宋人王应麟在《玉海》一书中说：“郡国朝宿之舍，在京者谓之邸；邮骑传递之馆，在四方者谓之驿。”也就是说，驿站是驿路上来往官员和使臣的休息点。

宋代的驿站分成“国有宾馆”、“贵宾馆”和“招待所”三个级别。

开封城里就有几家“国有宾馆”，各有用途：班荆馆和都亭驿主要接待辽国使者，来远驿主要接待西夏、吐蕃使者，怀远驿主要接待西域等地使者。这几处宾馆设施豪华，档次高端，可以举办“国宴”。

地方上的“贵宾馆”，虽然比不上首都的“国有宾馆”，但也很有讲究。

苏轼曾作《凤鸣驿记》，对这座位于陕西扶风的“贵宾馆”进行了描述：“视客之所居，与其凡所资用，如官府，如庙观，如数世富人之宅。四方之至者，如归其家，皆乐而忘去。”官府为修造这座“贵宾馆”，动用民夫3.6万人。

南宋的一座名叫和风驿的“贵宾馆”，“为屋四十三楹，广袤五十七步，堂宇胪分，翼以两庑，重垣四周”，“门有守吏，里有候人”。住在这样气派的宽院落、大房间，享受着宾至如归的服务，怎能不舒服？

“招待所”就稍微寒碜一些，主要是给一般人住的，规模较小，条件简陋。然而，在中国历史上，越是在这样简陋的房子里，越容易有故事、出人才。

五代十国时期，石敬瑭的部将张颖，性格“卞急峻刻，不容人之小过，虽左右亲信，亦皆怨之”。他的下属曹澄有个女儿长得漂亮，被张颖看上，非要娶过来当小妾。曹澄虽不愿意，但又不敢不从，只好忍痛割爱。怀恨在心的他，跟几个同样有怨气的同僚合伙，趁夜闯入中军大帐，将张颖杀死，然后投奔南唐。

张颖身首异处，其子张永德这下惨了。没了父亲的庇护，他很快就从“阔少爷”变成了“落魄郎”，只得栖身宋州（今河南商丘）的葛驿。这是个很普通的“招待所”，张永德在这儿“佣力以食”，打工挣钱，养活自己。

这天，有个落难女子来到葛驿，暂住下来，跟张永德相识。这两个年轻人，“同是天涯沦落人”，当地父老可怜他们，不仅接济他们吃穿，还给他俩牵线，结成夫妻。

后晋开运三年（946），契丹攻入开封，大肆抢掠后撤走。河东节度使刘知远建立后汉，很快控制了中原地区。与此同时，张永德还在享受新婚和劳作的快乐。

没过多久，葛驿又迎来一位客人，武将打扮。很多人前来围观，张永德的妻子也来看热闹。她突然想起什么，脱口喊出：“这是我的父亲！”武将定睛一看，这果然是失散多年的女儿，真是大喜过望。

妻子找到了父亲，张永德也很高兴。更令他兴奋的是，岳父竟是刘知远身边最重要的将领郭威。更巧的是，郭威与张颖相识，关系还不错。不久，郭威被提拔为枢密使，掌管全国军队，张永德也被举荐为供奉官押班，在皇帝身边当侍卫。

后来，张永德辅佐郭威建立后周，他作为禁军将领，屡立战功。到了北宋时期，他深受赵匡胤重用，参加了攻灭南唐的战争，成为宋初著名的军事家。

盩厔驿

——冒充朝廷钦差的闹剧

北宋太平兴国三年（978），大宋王朝发生了一桩惊天奇案。

涉案主犯李飞雄，冒充国家干部，“拉大旗作虎皮”，竟然把盩厔驿的驿卒糊弄得团团转。他还单枪匹马，打算把刚上台才三年的宋太宗赵光义赶下台，自己取而代之做皇帝。

这是怎么回事呢？

一、“官二代”闯祸

盩厔，是汉武帝太初元年（前104）设置的县，以“山曲曰盩，水曲曰厔”而得名。北宋时期，这个县归凤翔府管。如今，这个县有个更好认的名字——陕西省周至县。

张季英是盩厔县的县尉，以“阅羽弓手，戢奸禁暴”为主要职责。别看是个小官，但权力不小。县尉手下一般会有几个都头，有的管治安，有的管刑事，《水浒传》里的雷横、武松、朱仝都是都头。

此外，县尉带人去检查卫生、搜捕嫌犯，免不了要跟县里的店铺、旅馆、驿站等打交道。彼此低头不见抬头见，混得很熟。

张季英老实本分，默默无闻，唯一美中不足的就是找了个不省心的姑爷——李飞雄。

李飞雄是五代十国时期重臣李鏻的孙子，秦州节度判官李若愚的儿子。李若愚比张季英的官大得多，家庭背景也硬得多。或许张季英觉得，就算姑爷不省心，但能攀上这样的高枝，对自己，对女儿，对全家，都相当于少奋斗二十年。

不过，如果翻阅《新五代史》会发现，李飞雄的家庭背景也有些“黑历史”。他的爷爷李鏻，当年自称李唐宗室远支，其实是个“学渣”，多次参加科举，却屡试不第。后来他就以“清海军掌书记”的名义，到处招摇撞骗。之后他又靠出卖旧主，博得了后唐庄宗李存勖的提携，得以步入仕途，最终做到了太子太保、守司徒。

李飞雄是个典型的纨绔子弟，小时候就是个“大魔头”，仗着老爹是个不大不小的官，在秦州（今甘肃天水）打架斗殴，惹是生非。当地老百姓敢怒不敢言，没人敢去告状。这下，李飞雄就更是有恃无恐了。

李若愚平时工作忙，没工夫管教儿子，但眼看李飞雄越来越浑，自己也是束手无策，干脆来个“眼不见心不烦”，把儿子赶出了家门。俗话说，“子不教，父之过”。李若愚这种做法，等于把包袱推给了社会。心够大，隐患也够大。

李飞雄也觉得，在秦州这个小地方待着没意思，索性跑到首都开封去闯荡。在那里，他结交了一批狐朋狗友、地痞无赖，成天喝酒赌博，不务正业。

太平兴国三年（978）三月，李飞雄突然从开封跑到盩厔，说是来看望岳父大人。张季英当然很高兴，虽说女婿跑来，两手空空，但人来了就好，还是热情款待。

这个老实巴交的县尉万万没想到，李飞雄在自己家吃饱喝足睡够，惹了一堆事后，竟然找了个没人的时候，不辞而别。他临走的时候还顺手牵羊，把岳父大人的马给偷走了。

为什么要偷岳父的马呢？原来李飞雄在外瞎混，早在来盩厔的路上就把钱花光了，偷这匹马就是为了卖了换钱。很快，他就在马市卖了马，换了钱，但是马缨没卖，被他收藏了。

马缨，在古代不仅是马匹的装饰物，更是一种军用物资。北宋时期，老百姓养马是不允许挂马缨的，只有军马才可以挂马缨。

可是，如今马已经卖了，李飞雄留着马缨又有什么用呢？

这天晚上，李飞雄自己跑到盩厔驿，咣咣砸门。大半夜的，驿卒举着蜡烛，迷迷瞪瞪地打开了大门，还没看清来人是谁，就挨了一巴掌。

李飞雄把马缨掏了出来，扔给驿卒，厉声吼道："睁大眼睛看看，这是什么东西！"

驿卒常年窝在驿站工作，没见过什么世面，被李飞雄这一巴掌扇蒙了。见到马缨，说明这是军方派来的人。又定睛一看，原来是县尉大人的女婿。驿卒这才稳住心神。

李飞雄自称是朝廷使者，奉旨巡视防务，要驿站提供驿马。

驿卒真的以为李飞雄是朝廷派来执行任务的。于是，他想都没想，也没请示上级，就自作主张，给李飞雄一匹驿马，管了顿饭，临走时还安排另一位驿卒带路。

这个结果，连李飞雄自己都没想到。他原以为，靠着岳父的声望，再加上那束马缨，忽悠忽悠试试，能捞多少算多少，没想到还真能骗来一匹驿马。李飞雄似乎找到了一条发财路。

接下来，他又去干什么了？《宋史》是这样叙述的："一卒乘一马前导，以巡边为名，因矫诏率巡驿殿直姚承遂，至陇州率监军供奉官王守定，至吴山县率县尉卢赞，皆从行。"

一个骗子，忽悠着一个带路的驿卒，骑着一匹马，马上挂着马缨，伪造了一份诏书，以钦差大臣自居，走哪骗哪，顺利通过了驿道沿途的各个关卡，先后把三个基层干部忽悠成了自己的跟班。

这三个基层干部都是多大的官呢？先说巡驿殿直姚承遂和监军供奉官王守定。

《宋史·杨业传》记载："（杨）业既没，朝廷录其子供奉官延朗为崇仪副使，次子殿直延浦、延训并为供奉官，延瑰、延贵、延彬并为殿直。”

杨业即杨家将的领头人杨继业。杨业阵亡以后，朝廷为了照顾他的孩子，特地赏了一些头衔，包括殿直和供奉官。从北宋的职官序列来看，殿直和供奉官多是给高级军官的后代提供的荣誉头衔。有名号、有级别、有待遇，将来升迁提拔的时候，可以纳入履历，但没实权，也没什么事做。

从字面来说，殿直就是在皇帝身边值班当护卫，供奉官就是在皇帝身边伺候，随时听招呼。皇帝当然用不着这么多护卫和值班员，于是，这些职位就成了“散官”，也就是没有具体任务的虚衔。

姚承遂是凤翔府巡驿殿直，王守定是陇州监军供奉官，那就是作为高级军官的后代，顶着荣誉头衔，还分别承担了凤翔府辖内巡查驿站的差事、陇州辖内监管军务的差事。

至于吴山县县尉卢赞，跟李飞雄的岳父平级。

那么，李飞雄为什么要忽悠这三个人呢？他们下一步打算去干什么呢？

二、清水“大忽悠”

北宋初期，由于祖上立有军功，殿直跟皇帝的关系十分密切。其中一些人利用皇帝的信任，做些违法犯罪的勾当，比如贪腐受贿、纵兵抢劫等。一些供奉官也会仗着在皇帝身边工作过的经历，干点杀人越货、偷盗官物的破事。因此，殿直和供奉官给人们留下的第一印象就是跟皇帝关系亲密。借助这样的特殊关系，他们违法乱纪的事迹层出不穷，司空见惯。

李飞雄忽悠姚承遂和王守定，大概也是看中了这个天然属性。带着他俩去别的州县，更容易行骗成功，即便干了偷鸡摸狗的事，当地也会见怪不怪。

相比之下，卢赞虽然级别稍低一些，但掌管社会治安，可以确保李飞雄沿途安全。

这三个人都是偏军事类的基层干部。带着他们，不仅显得李飞雄这个假冒的“朝廷使者”有来头，像真的，也更容易忽悠其他州县的军人，没准还能骗取驻军的指挥权。

如果有人怀疑他的身份该怎么办？李飞雄早已经把台词想好了。他会拿出那份伪造的诏书，对质疑的人说："本官奉皇上密旨巡视防务。诏书在此，你们谁要是不信，可以拿去看看。不过，这诏书可是密旨，不是谁都能看的。丑话说在前面，不该看的人要是看了，没准人头不保！"这些话很能唬住不少基层军官。

接下来，李飞雄一行就一路向西，来到了清水县（今属甘肃天水）。为什么会选择来这个县呢？大概有三个原因：

一是由于老爹的原因，李飞雄对秦州地面的军事驻防比较熟悉，清水县归秦州管，其中的虚实他应该也很清楚。

二是清水县作为北宋防御党项人和羌人的前沿重镇，战事频仍，驻军和装备比较多，还有银矿和铁矿。李飞雄觉得在这里不光能搞钱，还能搞点事，甚至可以关起门来自给自足。

三是清水县处于边关，不但消息闭塞，而且由于宋朝"重文轻武"，对边关武将多有猜疑和防范，时不时会派人过去侦察边关州县动态，甚至突然来抓人，这都属于经常性事件，不足为奇。这样一来，李飞雄越能演，越显得霸道，当地军官越相信他是真钦差。

这一系列细琢磨和骚操作，让人猛然发现：纨绔子弟李飞雄不简单！他对朝廷的驿站制度和军事制度非常熟悉，对秦州有多少兵马、多少钱粮这些军事秘密门儿清，而且心理素质很强，能做到说谎话不打草稿。很显然，这跟他在家庭中的耳濡目染以及在开封府闯荡的经历有很大关系。

四月二十六日，李飞雄一行抵达清水县。依然是那套连唬带骗的骚操作：先把当地的军官全都绑起来，然后拿出伪造的诏书，当众宣布："吾受密旨，以汝辈逗挠不用命，且令尽诛汝辈。"什么意思呢？就是说，我这次来，是奉密旨来捉拿你们的，你们这帮人天天窝在城里躲着，也不去主动进攻敌人，现在我要把你们都给杀了。

清水县束手就擒的军官都有哪些人呢？根据《宋史》和《续资治通鉴长编》记载，清水县集中了秦州驻军的主要将领，包括秦州都巡检使周承瑨、田仁朗，秦、陇巡检刘文裕（外戚），东头供奉官、合门祗候王侁，秦州巡检使韦韬，西头供奉官马知节，以及头衔不详的军官梁崇赞。

周承瑨定睛一看，李飞雄身边站着姚承遂和王守定，根本没怀疑其中有诈。其他人也几乎不敢吭声，都吓哭了。只有田仁朗一把鼻涕一把泪地问：“能不能让我们看看那道诏书？”

李飞雄哪敢把伪造的诏书亮出来啊，立即放出话来：“岂不闻封州杀李鹤耶，诏书岂得见也？”什么意思呢？以前岭南使者向朝廷奏报：封州李鹤有违法行为，诬称手下军官谋反。朝廷发了一道密旨，让岭南使者作为钦差大臣直接去把李鹤处决，根本不让李鹤看那份密旨。有处决李鹤这事做先例，怎么可能让你看皇上的密旨呢？

这帮军官里有个叫刘文裕的，外戚出身，在宋太宗赵光义为晋王时就追随左右，算是见过世面的。这时，他斗胆多了一句嘴：“我亦尝事晋邸，使者忍不营救之乎？”什么意思呢？刘文裕说：“小人当年曾在陛下身边当差，大人您也是陛下身边的亲信，能不能看在陛下的面子上饶了小的一命？”

刘文裕冒出这么一句，其实只是一种求生的本能。没想到，这句话竟然改写了“剧本”，刺激了李飞雄，救了所有人。

李飞雄一听，敢情这儿还有个皇帝的亲信，顿时心里有点发虚。他很清楚，冒充朝廷钦差，违法调用驿马，这都是死罪啊！他只想玩玩，没打算找死啊！

很快，他转念一想：既然横竖是个死，还不如干一票大的，如果聚兵谋反，自己过一把皇帝瘾，岂不美哉？

看到刘文裕主动套近乎，他索性屏退左右，跟刘文裕说起了悄悄话：“汝能与我同富贵否？”

刘文裕一听这话，立刻全明白了：李飞雄哪儿是什么钦差啊，分明就是假传圣旨的地痞流氓“大忽悠”！可是，眼下自己被五花大绑，同僚也被捆得紧紧的，如果不继续“装孙子”，没准下一秒人头就得落地。

接下来，刘文裕该怎么办？到底是跟李飞雄合作，起兵造反，还是想尽办法给自己松绑，跟李飞雄拼命呢？

三、智斗“诈骗天团”

面对李飞雄这伙“诈骗天团”，刘文裕深知硬拼使不得，搞不好丢了性命，什么也办不成。为今之计，只能先妥协，再找机会。于是，他表示愿意合作，共同造反。

对于李飞雄来说，要想以清水县为根据地起兵造反，最直截了当的做法就是把这些捆着的军官全部干掉，夺取清水县的驻军指挥权。他本打算这么做，可是一看刘文裕释放了合作态度，他犹豫了。

李飞雄不知道的是，刘文裕是个心理素质超好的军官，他曾在战场上中弩矢而神色自若。

本来，李飞雄想把清水县的军官们都骗了，没想到“强中更有强中手”，自己反而被刘文裕骗了。

既然都准备合作了，李飞雄的戒心也消退了，下令给刘文裕松绑。手脚解放了的刘文裕，甘心给李飞雄等人当小弟，去跑腿。他边跑腿，边琢磨：怎样才能把局面扳回来呢？

李飞雄等人要把被绑的军官们押回县城，刘文裕当然骑马跟在后面。趁着这个当口，他策马前行，到了田仁朗身边耳语了几句。大致说了两层意思：其一，这帮人不是钦差，都是“冒牌货”；其二，俩人互相配合，在路上把这几个家伙拿下。

此刻，田仁朗被反绑着放在马背上，跟着队伍走。听罢以后，他恍然大悟。刘文裕策马离开后不久，田仁朗一使劲，突然从马背上摔了下来，显露出一副即将气绝身亡的样子。

李飞雄一看，这是要出人命了，赶紧带人过来看看，顺便给田仁朗松了绑。等到李飞雄走到近前，田仁朗突然睁开眼睛，双手一拽，再一翻身，就把李飞雄拽倒。刘文裕见状，立即上前配合。俩人合力把李飞雄摁倒在地。

带路的驿卒和三个被忽悠的基层官员，此时此刻都被吓傻了。只有李飞雄在高喊：“田仁朗等谋反，杀使者！”这个时候，现场已经没人听他的了。李飞雄被生擒活捉，关入了秦州的监狱。当地官员一通审讯，李飞雄和盘托出，全招供了。

刘文裕擒获李飞雄后，即刻给上级写了一份奏疏，通过逐级转呈，报给了宋太宗赵光义。

眼下宋太宗正在为接受吴越国主钱俶“纳土归宋”做各方面的准备，一旦这件事做完，就意味着北宋王朝完成了对南方的统一，可以集中精力对付北边的北汉和契丹了。

可是，宋太宗还没高兴两天就被李飞雄事件搅得很不愉快。他觉得，光天化日之下，竟然有人伪造他的圣旨，冒充钦差大臣，到处招摇撞骗，险些闹出兵变，真是“是可忍，孰不可忍”。

五月，宋太宗发布圣旨，诛灭李飞雄三族。可怜秦州节度判官李若愚，培养了这么个“小霸王”，打不得骂不得，只好把他赶得远远的，没想到还是酿成了大祸。

除此之外，就连李飞雄在京城鬼混时结交的狐朋狗友，以及带路的驿卒、被裹挟一道去清水县的三个基层官员姚承遂、王守定、卢赞，全都被斩。稀里糊涂开门牵马的盩厔驿驿卒，则因玩忽职守，被诛灭三族。

比较可笑的是，乾州知州李若拙也被牵连，罢官免职，判处死刑。后来还是百官求情，才免了死罪，改流放沙门岛（即庙岛，位于今山东烟台，古时是关犯人的地方）。被牵连的理由，只是因为他跟李飞雄的父亲李若愚名字相近，意思也相近，好似亲兄弟。

“若拙”这个名字其实够谦虚的了，没想到也成了罪状，真的是倒霉透顶。

“诈骗天团”被一网打尽，宋太宗还是心有余悸。他没有哥哥赵匡胤的军事指挥才能，因而对军事将领的防范心更重，生怕再有第二个、第三个李飞雄冒出来。为了杜绝重蹈覆辙，接下来他会怎么做呢？

四、治理整顿，亡羊补牢

李飞雄事件结案后，宋太宗赵光义发布了一道诏书，深刻总结教训，其中讲道：

> 中外臣庶之家，子弟或有乖检，甚为乡党所知，虽加戒勖曾不悛改者，并许本家尊长具名闻，州县遣吏锢送阙下，当配隶诸处。敢有藏匿不以名闻者，异时丑状彰露，期功以上悉以其罪罪之。（《宋史·刘文裕传》）

宋太宗认为，李飞雄事件的最大教训就是各级官员对子女管束不严，有些官宦子弟“乖检”，“曾不悛改”。李飞雄就是极端案例，骄纵不羁、胆大妄为。对于这种情况，各级官员要敢于大义灭亲，禁止藏匿包庇。一旦出事，没有及时举报，不管先前给朝廷立过多少功，都要株连惩罚。

很显然，宋太宗为了防止重蹈覆辙，整顿决心很坚定，力度也很大。他对地方豪强和军方势力并不信任，对可能出现的隐患并没有拘泥“祖宗家法”，而是及时调整，防患未然。

约束官员子女只是整顿措施中的第一步。接下来，他又推出了几项新政：

——约束供奉官、殿直等“三班官”，刻不容缓。

早在太平兴国二年（977），北宋王朝就发布诏令，要求输送豪强子弟到京师，加强管束。然而，宋太宗很快就意识到，李飞雄固然可恶，但姚承遂、王守定这样的“三班官”也是隐患。

他们之所以跟李飞雄到清水县招摇撞骗，就是因为利益的诱惑超过了对法律的敬畏。这些人凭借与皇帝的亲密关系以及长辈的影响力，胡作非为，违法乱纪。这对尚未完成统一的北宋王朝来说是个不稳定因素，必须用重刑、下狠手，把他们控制住。

——重建银牌制度，加强对驿站的管理。

唐代的驿递体系实行银牌制度，银牌由门下省核发，凭此可以调用驿站资源。《宋史·舆服志六》记载，唐代的银牌“阔一寸半，长五寸，面刻隶字曰‘敕走马银牌’，凡五字”。后来被废弃了。

北宋时期，调用驿站资源需要枢密院给券（或牒），称为“头子”。直至李飞雄案发生后，北宋才又恢复银牌制度，仍由枢密院核发。《宋史·舆服志六》记载，北宋的银牌“阔二寸半，长六寸。易以八分书，上鈒二飞凤，下鈒二麒麟，两边年月，贯以红丝绦”。

为什么要废除枢密院券，重新改用银牌呢？

李飞雄自始至终也没有搞到枢密院券，他调用盩厔驿的驿马，靠的是“刷脸”和马缨。因此，恢复银牌制度跟李飞雄案没有直接关系。不过，枢密院券作为一种公文文书，类似于批文，其实就是一张盖了章的纸片，很容易伪造或者滥发。经过李飞雄案，宋太宗君臣在梳理现有制度疏漏的时候，猛然发现，枢密院券的这个漏洞实在太大，到了必须改革的时候了。相对来说，伪造银牌的难度就大多了。

恢复银牌制度，除了出于查缺补漏、防止伪造的考虑，北宋君臣还有其他的考虑。

其一，托古正名。北宋初期，刚刚结束五代十国的混战局面，人心思安，许多人怀念强盛稳定的唐王朝。因此，许多改革措施都会打着恢复唐朝旧制的名义来操作，以减少改革阻力。银牌制度就属于唐朝制度。

只不过，北宋的银牌制度并非简单照搬唐朝。至少，银牌核发单位就从负责公文审核和封驳的门下省，转到了国家最高军事机关枢密院，显示出朝廷对驿站军事功能的认同。

其二，削弱枢密院实权。从五代十国到北宋初期，枢密院权力很大，不仅是国家最高军事机关，而且在军国大事决策中也发挥了很大作用。陈桥兵变后，宋太祖上台，赵普被封为枢密副使，其政治地位甚至超越了宰相。因此，“杯酒释兵权”

南宋的银牌

剥夺了武将实权后，北宋统治者势必要对枢密院动刀子。

经过这轮改革，银牌虽然还是由枢密院核发，但遇事只需给个银牌即可，不必再在空白的枢密院券上写写画画了。这样一来，枢密院在这方面的事权就被削弱了，工作量减少，办事效率也得以提高。

其三，适应战争需要。李飞雄案发的第二年，北宋出兵灭掉北汉，并发起了对契丹的北伐。打仗这种事，打的是后勤，打的也是情报。既要提高情报传输速度，又要做好情报传递人员的身份识别。银牌相对于枢密院券，显然防伪技术更好，更加实用，不容易被敌人模仿和伪造。

其四，重塑地方治理能力。李飞雄以马缨为信物就能骗取盩厔驿驿卒的信任，并安然抵达清水县，这件事说明，北宋初期的地方治安管控能力薄弱，沿途的行旅检查形同虚设。

同是武将，外戚出身的刘文裕反而比秦州本地的军官，在心理素质和分析能力上更高一筹，甚至能够反转局面。这说明北宋边境的武将，总体上文化水平不高，不熟悉京城朝政，缺乏政治斗争经验，这也使得边境武将很难像初唐那样出将入相，像晚唐那样割据一方。

这正是宋朝长期奉行“重文抑武”的政策后渴望看到的结果，也为北宋中叶边境战争屡吃败仗埋下了隐患。

故事讲到最后，可能要给所有人提个醒：古往今来，冒充国家公职人员招摇撞骗的新闻屡见不鲜，许多受害人就像那些被李飞雄唬住的官员一样，被所谓“领导干部”的光环迷惑，被骗子画的大饼诱惑，从而一步步坠入圈套。面对此类诈骗行为，既要保持头脑清醒，提高警惕，明辨真伪，又要有主人翁意识，主动向有关部门反映情况，核实身份。切勿利令智昏，见利忘义，贪小便宜吃大亏。

小贴士 十二道金牌

众所周知，南宋初年，宋高宗曾以十二道金牌把连战连捷的岳飞从前线叫了回来。金牌的威力可见一斑。那么，它究竟是个什么东西呢？

金牌，全名“金字牌”，它跟李飞雄事件后应运而生的“银牌”有相似点，也有不同。

金字牌是一种特殊的木牌，由皇帝直接颁发，长一尺有余，涂朱漆，刻金字，书“御前文字不得入铺”。附有金字牌的信件，属于特急件，三省、枢密院都无权过问。携带金字牌的信使，一路上“鸣铃走递，前铺闻铃，预备人出铺，就道交收”。每站递铺听到铃声，都会预先准备好马匹和驿夫，等在铺外。信使不必进铺就完成了换马甚至换人送信的工序，节约了时间，加快了速度。

金字牌是信件递送的凭证。此外，还有青字牌、红字牌。它们的区别在于速度和签发者。

金字牌出现于宋神宗时期，主要为急脚递使用。携带金字牌的信使，策马扬鞭，“过如飞电，望之者无不避路”。按规定，他们一昼夜要跑400里，但实际上往往能跑500多里。青字牌出现于南宋孝宗乾道年间，由枢密院签发，一般情况下信使要日行350里，遇到紧急军情可以再快点。宋孝宗淳熙末，又出现了黑漆红字牌，信使要日行300里。相比之下，金字牌档次最高，速度最快。

金字牌的出现，与宋神宗时期对西夏的战争有关。为了确保军报迅速传递，朝廷决定由信使持金字牌通行于驿路，他们不经过普通递铺，而是将信件直达御前。皇帝的诏书由枢密院发出后，不经门下省进行例行审核，直接交给信使，携带金字牌送往前线。

有了金字牌，诏书的送达速度加快。叫岳飞撤兵的诏书，从临安到朱仙镇，只用了八天。

明朝大臣李东阳曾有一首《金字牌》，描述了岳飞收到金牌后被迫撤兵的情景：“金字牌，从天来。将军恸哭班师回，士气郁怒声如雷。声如雷，震三陲，幽蓟已复无江淮。仇虏和，壮士死，天下事，安有此。国之亡，嗟晚矣！”

面对十二道“催命符”，岳飞无奈撤军，但在当时情形下，他能否婉拒金牌呢？

宋高宗时期，北部边防大权掌握在岳飞、韩世忠、吴玠、张俊、刘光世等将领手中。出于防范武将的一贯心理，宋高宗很担心这些将领演变成军阀，重演五代十国的一幕。

宋高宗当然希望恢复中原，但他更清楚，南宋百废待兴，国力撑不起这场持久战。正如殿中侍御史罗汝楫在奏疏里所说，“兵微将少，民困国乏，岳某若深入，岂不危也！愿陛下降旨，且令班师”。与其打下去，不如见好就收，先稳住南方的半壁江山再说。

倘若岳飞真的打到黄龙府，灭了金国，这么大的功劳，谁还压得住他？届时，他再把宋钦宗接回来，让宋高宗咋办？宋钦宗毕竟当过皇帝，又是宋高宗的哥哥，在朝中很有影响力。有他在身边，宋高宗能睡得着觉吗？因此，宋钦宗不能回，岳飞不能立大功，南宋军队不能完胜，要见好就收。

于是，宋高宗发出金牌，催促岳飞撤军，同时下令各路宋军撤退。岳家军虽然连战连胜，但已成孤军。岳飞为了保全岳家军，保住自己的忠臣名节，形势再好，也只能撤军。

宋军撤走后，金兀术果然杀了个回马枪。正如岳飞所说，“所得诸郡，一旦都休。社稷江山，难以中兴。乾坤世界，无由再复”。

一年后，岳飞被秦桧陷害，以“莫须有”罪名被处死在风波亭。

十二道金牌演绎了一幕悲剧，只留下脍炙人口的《满江红》：“待从头，收拾旧山河，朝天阙。”

金陵驿
——文天祥的泣血七十二天

南宋祥兴二年（1279）二月初六，珠江口附近的崖山。

山穷水尽的南宋王朝，迎来了决定命运的最后一战。这是一场毫无胜算的抵抗，最终宰相陆秀夫背着小皇帝纵身一跃，蹈海自杀。宋军战船上的大臣、宫眷、将士听闻噩耗，哭声震天，在绝望中纷纷投海自尽。他们以最激烈的方式，表达了誓死不降的坚强意志。

场面壮烈，“天地同悲，日月同泣”。崖山海水，十万忠魂。

文天祥在元军战船上目睹了这一切。两个月前，他在广东海丰五坡岭被俘。元军统帅张弘范将他裹挟至此，就是为了让他万念俱灰，早日投降，并让他写信招降陆秀夫、张世杰等南宋大臣。

此情此景，令文天祥痛不欲生。他但求速死，以全其节。然而他转念一想，与其“委身荒江，盍从容以就义乎”？于是，他放弃了绝食，但仍拒绝投降。张弘范拿他没办法，只好押他去大都，请元世祖忽必烈来劝降。

离开崖山，文天祥踏上了漫漫北上之路。他途经建康（今江苏南京），在这里的金陵驿住了72天。

一、巧施美人计

南京，在历史上用过很多名字，比如建业、建邺、建康、金陵等。五代十国时期，南唐定都于此。作为十朝都会，这里从来不缺驿站。金陵驿就是其中之一。

这天，金陵驿馆舍里来了一位美女，说是来打工的，挣点零花钱，补贴家用。美女气质优雅，把住在这里的一位信使迷得心旌荡漾。这位信使名叫陶谷。

陶谷（903—970），字秀实，邠州新平（今陕西彬州）人。祖父和父亲都做过刺史，在地方上算是呼风唤雨的人物。因此，陶谷出身名门，赢在了起跑线上。他虽然幼年丧父，但从小聪明，写得一手好文章。后来步入仕途，得到后晋宰相李崧的赏识和栽培，平步青云。到后周时期，他历任户部侍郎、翰林学士、兵部侍郎、吏部侍郎。

后周的高官怎么会跑到南唐首都的驿站里来呢？

原来，陶谷是奉后周世宗柴荣的差遣，前来出使南唐。南唐方面派中书舍人、户部侍郎韩熙载出面迎接，悉心款待，礼数周全。不过，陶谷仗着后周强盛，看不起国力弱小的南唐，对韩熙载态度倨傲，宴席间几次出言不逊，弄得韩熙载相当尴尬。

《韩熙载夜宴图》（局部，现藏于北京故宫博物院）

韩熙载敢怒不敢言，私下里跟同僚说："我辈经事已多，历官多年，陶公何必如此？我观此人，非端介正人，诸君请观，吾有法使其露出原形。"

韩熙载何许人也？今天人们更熟悉的，是那幅名画《韩熙载夜宴图》。其实，韩熙载虽然跟陶谷是平级，但在南唐已经是三朝老臣，资历老，见识广，心眼也多。陶谷跟他斗，还是嫩了点。

接下来两个多月，韩熙载再也不来驿馆陪吃陪喝了，陶谷一下子被晾在了一边。时间一久，他就感觉自己很孤独，很无聊。于是，他就在金陵驿的馆壁上写了12个字："西川狗，百姓眼，马包儿，御厨饭。"

唐宋时期，文人墨客大多有在驿站馆舍的墙壁上写题壁诗的风气。这在当时不算破坏公物，而且有的诗词确实有文采，还传诸后世。《水浒传》里的宋江不还来了个"浔阳楼题反诗"吗？不过，陶谷写的这12个字，大家都不解其意。

俗话说，"姜还是老的辣"。大家看不懂的词句，南唐宰相宋齐丘看懂了。他说："'西川狗'即蜀犬，是个'独'（繁体为獨）字；'百姓眼'即民目，是个'眠'字；'马包儿'即爪子，是个'孤'字；'御厨饭'即官食，是个'馆'字。这十二个字合起来，说的是'独眠孤馆'。"

说白了，陶谷表达的意思就是：太无聊了，孤枕难眠，急需漂亮姑娘来陪伴。这下子，他的软肋暴露无遗，宴席上道貌岸然，原来也只是个伪君子、好色之徒。韩熙载见时机成熟，马上甩出了杀招，美女在驿馆突然出现，正是他的巧妙安排，结果陶谷一见倾心。

陶谷心满意足，心血来潮，就写了一首题为《风光好》的词赠给美女："好因缘，恶因缘，奈何天。只得邮亭一夜眠，别神仙。琵琶拨尽相思调，知音少。待得莺胶续断弦，是何年？"

几天后，南唐元宗李璟出面设宴，给陶谷践行。此时的陶谷又摆出了正人君子的派头，相当傲慢。

第一轮敬酒毕，李璟让歌女出来唱歌助兴。一位容貌端庄秀丽的歌女，迈着款款舞步，走到陶谷的面前，笑容可掬地劝酒。陶谷定睛一看，顿时呆住了。

他做梦也没想到，面前的这位歌女，正是前几天的那位美女。歌女所唱之歌，正是他相赠的《风光好》。

这时，韩熙载当着陶谷的面，向宴会全场的来宾介绍，这位美女是金陵名妓秦弱兰，她所唱的《风光好》，是一位外地男客人赠给她的一首词。话音未落，只见陶谷面红耳赤，狼狈不堪，羞得恨不得找个地缝钻进去，刚才那股趾高气扬的劲儿也消失殆尽了。

对于陶谷来说，这件风流韵事真的好丢人。不过，越是桃色事件，在坊间越有生命力。它一不小心就传了几百年，被明代江南才子唐伯虎看中了。于是，唐伯虎就以这件事为素材，创作了一幅《陶谷赠词图》。

在这幅价值连城的名画上，松柏翠绿，环境优雅。陶谷端坐在卧榻上，津津有味地观赏着面前貌美如花的秦弱兰。旁边放着笔墨纸砚和一杯清茶。陶谷面带微笑，似乎很满足。秦弱兰束发高髻，绣襦罗巾，弹奏琵琶，神态自若。唐伯虎还在此画右上角题了一首诗："一宿因缘逆旅中，短词聊以识泥鸿。当时我作陶承旨，何必尊前面发红。"诗情画意，韵味盎然，字里行间透出了唐伯虎的风流情趣。

《陶谷赠词图》（现藏于北京故宫博物院）

三百多年后，文天祥被押到了建康，即将入住金陵驿。他会想起陶谷的这段韵事吗？

二、哀鸣的"笼中鸟"

文天祥入住的金陵驿，早已不是陶谷的"独眠孤馆"。南宋淳熙十二年（1185），时任建康留守的钱良臣营建了新的金陵驿，元《至正金陵新志》、明《万历上元县志》、清《同治上江志》均有记载。它的故址位于建康长乐乡蛇盘（佘婆），在今南京市栖霞区马群街道蛇盘村南小山岗。如今遗址早已不复存在，如今只有一座文天祥诗碑亭，是1991年南京市文管会修建的。

至元十六年（1279）六月十二日，43岁的文天祥抵达金陵驿。在这里，他和同在广东被俘的狱友邓剡一起被羁押了72天。

72天，对抗元斗争来说，很短暂，不够用；对羁押生活来说，太漫长，很茫然。于是，难得清闲的文天祥，触景生情，写下了两首《金陵驿》：

一

草合离宫转夕晖，孤云飘泊复何依？
山河风景元无异，城郭人民半已非。
满地芦花和我老，旧家燕子傍谁飞？
从今别却江南路，化作啼鹃带血归。

二

万里金瓯失壮图，衮衣颠倒落泥涂。
空流杜宇声中血，半脱骊龙颔下须。
老去秋风吹我恶，梦回寒月照人孤。
千年成败俱尘土，消得人间说丈夫。

文天祥的这两首诗，一气呵成，既有对南宋朝廷倾覆、河山破碎、物是人非的慨叹，也有对自己多年呕心沥血、出生入死、壮志未酬的遗憾。更重要的是，他表达了一种气节：虽然身陷囹圄，宁愿舍生取义，绝不去做贰臣。这跟他在《过零丁洋》里所说的“人生自古谁无死，留取丹心照汗青”，内涵一脉相承。

拘禁中的文天祥，就像在笼中悲鸣的杜鹃，开口见胆，泣血哀啼。亡国伤痛，刻骨铭心；殉国志向，悲壮凄凉。

他忆起当年奉旨前去元军大营谈判，慷慨陈词，坚贞不屈，一度被扣，而后历尽艰辛，在京口（今江苏镇江）脱险。当时也曾途经建康，他的诗句“金陵古会府,南渡旧陪都”就隐约反映了这段经历。

眼前的建康城，硝烟未尽，断壁残垣，耳闻目睹，尽是萧条。他深感回天乏术，前途惨淡。“不教收骨瘴江边，驱向胡沙着去鞭。旧夺宫袍空独步，新食宫饭饱孤眠。客程恰与秋天半，人影何如月倍圆。犹是江南佳丽地，徘徊把酒看苍天。”字里行间，悲愤与遗憾交织。

在他看来，当时南宋最大的危机，是“长江还有险，中国自无人”“健儿徒幽土，新鬼哭台城”。没几个人有才智破解南宋王朝的危局，没几个人有能力挽狂澜于既倒。长期以来南宋吏治腐败的大毛病，埋没了人才，堵塞了言路，确是南宋走向没落的重要原因。文天祥看问题很准。

尽管社稷行将瓦解，尽管山河行将易手，但文天祥丹心弥坚，剑心尚在。只要听到一丁点抗元胜利的好消息，只要结识新的抗元义士，他就禁不住壮怀激烈。

他最感痛苦的是，国难当头，上自皇帝太后，下至文武官员，大多轻易变节，改换门庭，归降了元朝。最糟糕的是，他的胞弟文璧也投降了，还被元朝官府安排在惠州做官。眼下，兄弟二人选择的道路不通，命运也不同，正所谓“弟兄一囚一乘马，同父同母不同天”。

文天祥抱定了必死的决心，随时准备赴汤蹈火，为南宋王朝殉道。他劝慰自己的女儿柳娘：“痴儿莫问今生计，还种来生未了因。”他更劝慰自己：“万里飘零等一毫，满前风景恨滔滔。泪如杜宇喉中血，须似苏郎节上旄。今日形骸迟一死，何来事业竟徒劳。青山是我安魂处，清梦时时赋大刀。”希望自己像杜鹃啼血、苏武牧羊那样，不顾生死，忠肝义胆，留住节操。

72天过去了，文天祥要离开金陵驿了。回望“楼外梁时塔,城中秦氏河”，他依旧初心不改，始终坚守英雄气节。

三、文天祥版“满江红”

说起《满江红》这个词牌，最有名的当属岳飞的作品：

怒发冲冠，凭栏处，潇潇雨歇。抬望眼，仰天长啸，壮怀激烈。三十功名尘与土，八千里路云和月。莫等闲，白了少年头，空悲切。

靖康耻，犹未雪。臣子恨，何时灭。驾长车踏破，贺兰山缺。壮志饥餐胡虏肉，笑谈渴饮匈奴血。待从头，收拾旧山河，朝天阙。

岳飞是性情中人，这首词的内容和风格跟他的个性相符，既表达了对中原陷落、前功尽弃的悲愤，也表达了继续努力、再立新功的愿望，更将对敌人的深仇大恨、对君王和朝廷的赤诚忠心、对收复失地的信心决心和词人的豪迈洒脱跃然纸上。

这首词在文学界评价很高。明末清初的学者潘游龙在《古今诗余醉》里评价：“胆量意见，俱超古今。”清代学者丁绍仪在《听秋声馆词话》里评论：“尤觉激昂慷慨，读之色舞。”清代学者陈廷焯在《白雨斋词话》里评说：“何等气概！何等志向！千载下读之，凛凛有生气焉。‘莫等闲’二语，当为千古箴铭。”

事实上，文天祥在金陵驿也见过一首题壁词《满江红》，写得别有滋味。它的作者是一位女士，名叫王清惠。

王清惠生活在南宋末年，她不光聪慧灵秀，而且博闻强识，深得宋度宗喜爱，被封为会宁郡夫人，掌管内廷文书。在宋度宗昏聩无能、南宋朝政乌烟瘴气的恶劣环境里，她的才华和能力是得到肯定的，有些出淤泥而不染的感觉。有人写诗称赞她：“紫阁深严邃殿西，书林飞白揭宸奎。黄封缴进升平奏，直笔夫人看内批。”

她的美貌和才华打动了宋度宗，从女官变身成了嫔妃，被封为昭仪。然而好景不长，临安陷落，王清惠只好跟随南宋皇室、嫔妃、宫女一道，作为俘虏，被押解北上，前往大都。途中路过金陵驿（一说开封夷山驿），她望着昔日大宋江山，繁华落幕，勾起了阵阵亡国之痛。《满江红·太液芙蓉》就是在这样的心境中写就的：

太液芙蓉，浑不似，旧时颜色。曾记得，春风雨露，玉楼金阙。名播兰簪妃后里，晕潮莲脸君王侧。忽一声，鼙鼓揭天来，繁华歇。

龙虎散，风云灭。千古恨，凭谁说。对山河百二，泪盈襟血。客馆夜惊尘土梦，宫车晓碾关山月。问嫦娥，于我肯从容，同圆缺。

王清惠把自己比作了皇宫太液池里的荷花。平日里，太液池里的荷花竞相盛开，寓意宫里美女如云，赏心悦目，让皇帝眼花缭乱，她自己也有着荷花一般姣好的容颜。很不幸，元军南下，繁华瞬间灰飞烟灭，变成了战乱与烟尘。如今，她沦为俘虏，面对故国江山，午夜惊梦，梦见故国旧事，不堪回首。

这是一首婉约而又蕴含历史沧桑感的词。王朝更迭，对许多人来说，要经历道德与良心的拷问。要么愚忠故国，杀身成仁，不食周粟，或是隐姓埋名，保留一颗赤子之心；要么曲志变节，投靠新主，贪图富贵，或许一生都要遭受道义的谴责，甚至青史留骂名。

这首词的末尾，“问嫦娥，于我肯从容，同圆缺”，引起了文天祥的注意。他扪心自问：到底这“嫦娥”是谁？与谁“同圆缺”？这两个疑问，不同的人会有不同的理解。

有人说，“嫦娥”指的是元朝的后妃。倘若如此，那就意味着王清惠发出了一个信号：打算屈从于现实，成为元朝皇帝的妃子，其实就是忍辱偷生。

有人说，“嫦娥”指的是南宋的太皇太后谢氏。倘若如此，那就意味着王清惠暗示了自己坚守节操的决心。

文天祥觉得，这首词哪儿都好，唯独结尾有些婉转，容易让人读出歧义。他甚至觉得，王清惠这位深得宋度宗喜爱的女官，竟有苟且之心。于是，他发出了一声感叹：“惜也，夫人于此少商量矣！”为了消除歧义，为了维护王清惠的尊严，文天祥按王清惠的原调、原韵填词一阙，题为《满江红·和王夫人满江红韵以庶几后山妾薄命之意》：

燕子楼中，又挨过，几番秋色。相思处，青年如梦，乘鸾仙阙。肌玉暗消衣带缓，泪珠斜透花钿侧。最无端，蕉影上窗纱，青灯歇。

曲池合，高台灭。人间事，何堪说！向南阳阡上，满襟清血。世态便如翻覆雨，妾身元是分明月。笑乐昌，一段好风流，菱花缺。

末尾的“笑乐昌，一段好风流，菱花缺”，讲的是南朝陈太子舍人徐德言和乐昌公主“破镜重圆”的故事。

南朝陈后主陈叔宝有个妹妹，被封为乐昌公主，才色俱佳，下嫁太子舍人徐德言为妻。二人情投意合，两心相知，却改变不了南朝陈行将灭亡的局面。

国破家亡之际，徐德言泪流满面，告诉妻子：“国家危如累卵，家庭岂能保全。以你的容貌与才华，亡国后肯定会被隋朝贵族掠走，你我夫妻必将长久离散，天各一方，唯有日夜相思，梦中神会。倘若上苍开眼，让我们能留住这段情缘，今后定会有相见之日。最好现在能留个信物，以便日后相认。”说完，徐德言把一面铜镜劈成两半，夫妻二人各藏半边。

怎样才能相认呢？得有个约定的时间。徐德言说：“如果你真的被掠入豪门，就在明年正月十五那天，把你的半片铜镜拿到街上去卖。只要我还活着，那天我也会赶到街上去，通过铜镜寻找你的下落。”

徐德言确有先见之明，南朝陈的命运让他说中了。开皇九年（589），隋灭陈，隋朝俘虏了陈叔宝以及南朝陈的大批皇亲国戚，乐昌公主也在其中。隋文帝论功行赏，把乐昌公主赏给了越国公杨素做妾。

杨素足智多谋，文武全才，声名煊赫，在灭陈战争中立下大功。他很仰慕乐昌公主的才华和美貌，倍加宠爱，还专门为她营造了宅院。可是，乐昌公主情绪一直不高，终日郁郁寡欢。杨素不知情由，对此一筹莫展。

第二年正月十五，徐德言历尽千辛万苦，终于来到了隋朝的都城长安。在大街上，他看见一个老爷子在叫卖半片铜镜，要价昂贵，无人问津。徐德言定睛一看，这正是妻子的那半片，不禁潸然泪下。他不敢怠慢，按老爷子的要价先付了钱，又把老爷子领到自己的住处，一通好吃好喝款待，而后讲述了一年前破镜的故事，拿出了自己珍藏的另一半铜镜。

卖镜子的老爷子被徐德言讲述的故事打动了，答应帮着传递消息，让他们夫妻早日团聚。天色渐暗，徐德言就着月光，题诗一首，托老爷子带给乐昌公主："镜与人俱去，镜归人不归。无复嫦娥影，空留明月辉。"

乐昌公主看到丈夫的题诗，惊喜之余，依旧悲痛：惊喜的是，终于跟丈夫接上头了；悲痛的是，跟丈夫咫尺天涯，难以相见。她终日愁眉苦脸，水米不进。直到杨素一再询问，她才和盘托出。

杨素被这两口子的真情打动，马上下令把徐德言召进府中，满足他们夫妻团聚的愿望。乐昌公主看到，当年风流倜傥的徐德言已经两鬓斑白；徐德言看到，自己的结发妻子成了别人的小妾，时时处处还要看人脸色。二人感慨万千。

见到此情此景，杨素索性让乐昌公主赋诗一首。乐昌公主不愧是才女，出口成章："今日何迁次，新官对旧官。笑啼俱不敢，方验做人难。"

杨素听罢，非常感动，觉得自己的府里又不缺女人，何必为难人家。强扭的瓜不甜，还不如成人之美。于是，他把乐昌公主送还给徐德言，临行前举行了宴会，还送了一笔钱，让他们小两口能回归故里，安家养老。

徐德言和乐昌公主就这样实现了"破镜重圆"，杨素的宽宏大度也令世人称赞。多少年来，"破镜重圆"的故事一直作为佳话被四处传扬。文天祥写这件事，主要是因为它发生在金陵驿所在的金陵城。

不过，这样的"大团圆"结局文天祥是不太认同的。他觉得，在热爱故国（南朝陈）的问题上，徐德言和乐昌公主"于节有亏"。于是，他用了一个"笑"字，将这"一段好风流"视为不屑。用这种方式，文天祥表达的是与王清惠完全不同的人生观和价值观，那就是宁愿为社稷而死，绝不为屈从现实而偷生。

写完这首词，文天祥觉得意犹未尽，就又把自己代入到王清惠的身上，以王清惠的经历和口吻，融入西汉后期昭君出塞的典故，填词一首，题为《满江红·代王夫人作》：

试问琵琶，胡沙外，怎生风色。最苦是，姚黄一朵，移根仙阙。王母欢阑琼宴罢，仙人泪满金盘侧。听行宫，半夜雨淋铃，声声歇。

彩云散，香尘灭。铜驼恨，那堪说。想男儿慷慨，嚼穿龈血。回首昭阳离落日，伤心铜雀迎新月。算妾身，不愿似天家，金瓯缺。

文天祥写的是王清惠，忆的是王昭君，但讲的是自己对今后命运的抉择，表达的是他与王清惠的原作完全不同的志向和追求，那就是不附和元朝，要做南宋王朝的殉道者。

其实，王清惠并没有如文天祥想象的那样苟活于元朝的宫廷中。她辗转到了大都，忽必烈久闻其名，有意把她纳入后宫。然而，王清惠坚决拒绝，主动要求出家为道，并以道士身份照顾和教导年仅六岁的南宋亡国之君赵㬎。不久，赵㬎被封为瀛国公，移到上都。王清惠也告别繁华的大都，到了草原深处的上都，陪伴赵㬎左右。她始终坚持自己作为南宋宫人的气节和尊严，直至去世。

文天祥低估了这位奇女子的勇气与力量。其实，她也是历史长河中的一股清流，只是鲜为人知而已。

四、告别金陵驿

至元十六年（1279）八月二十四日，文天祥结束了在金陵驿72天的困顿时光，即将渡江北去。

临别之际，他从杜甫的《别唐十五诫因寄礼部贾侍郎》《戏简郑广文兼呈苏司业》《巫峡敝庐奉赠侍御四舅别之澧朗》《送韦书记赴安西》四诗中各摘一句，集成一首五言绝句《邓礼部第一百三十七》，赠送给因病留在建康天庆观的狱友邓剡，感谢他这些天的陪伴："南宫吾故人，才名三十年。江城秋日落，此别意苍然。"诗中尽显初心不改的决绝、视死如归的豪情。

邓剡拖着病体，强忍哀伤，赋词《念奴娇·驿中言别》一首，作为回复和送行之用。其中有云："水天空阔，恨东风不惜、世间英物。"作为唱和，文天祥又根据原韵和词一首：

> 乾坤能大，算蛟龙，元不是池中物。风雨牢愁无着处，那更寒虫四壁。横槊题诗，登楼作赋，万事空中雪。江流如此，方来还有英杰。
>
> 堪笑一叶漂零，重来淮水，正凉风新发。镜里朱颜都变尽，只有丹心难灭。去去龙沙，江山回首，一线青如发。故人应念，杜鹃枝上残月。

文天祥自比水中蛟龙，强调"龙岂池中物，乘雷欲上天"。自己虽然身陷囹圄，但依然壮志未泯、丹心不改，不管是不是英雄末路，不管故国南宋还能否兴复，"三军可夺帅也，匹夫不可夺志也"。

十月初，文天祥抵达大都，被囚禁在兵马司土牢（这里后来辟为文丞相祠，位于北京东城区府学胡同西口）。其后的三年间，元世祖忽必烈、中书右丞相伯颜等人多次劝降。可无论是许以高官厚禄，还是施以非人待遇，文天祥虽饱受折磨，始终坚贞不屈。

文丞相祠

忽必烈无计可施，便在至元十九年十二月初九（1283年1月9日），将文天祥押往柴市口（今北京东城区交道口）处以死刑。临刑前，文天祥向南叩首并高喊："臣报国至此矣！"他死后，为了防止民变，忽必烈下令"都城门闭，甲卒登城，街对邻不得往来，行不得偶语”。这样的禁令维持了几个月。

后来，人们在安葬文天祥遗骸的时候，在他的衣带间发现了一首《绝笔赞》，其中写道：

> 吾位居将相，不能救社稷，正天下，军败国辱，为囚虏，其当死久矣！顷被执以来，欲引决而无间。今天与之机，谨南向再拜以死。其赞曰：孔曰成仁，孟云取义，惟其义尽，所以仁至。读圣贤书，所学何事？而今而后，庶几无愧！宋丞相文天祥绝笔。

文天祥在绝笔中再次重申了自己不屈不挠的意志和忠诚担当的精神，让我们不由想起他那首脍炙人口的《正气歌》：

> 余囚北庭，坐一土室。室广八尺，深可四寻。单扉低小，白间短窄，污下而幽暗。当此夏日，诸气萃然：雨潦四集，浮动床几，时则为水气；涂泥半朝，蒸沤历澜，时则为土气；乍晴暴热，风道四塞，时则为日气；檐阴薪爨，助长炎虐，时则为火气；仓腐寄顿，陈陈逼人，时则为米气；骈肩杂遝，腥臊汗垢，时则为人气；或圊溷，或毁尸，或腐鼠，恶气杂出，时则为秽气。叠是数气，当之者鲜不为厉。而予以孱弱，俯仰其间，于兹二年矣，幸而无恙，是殆有养致然尔。然亦安知所养何哉？孟子曰：“吾善养吾浩然之气。”彼气有七，吾气有一，以一敌七，吾何患焉！况浩然者，乃天地之正气也，作《正气歌》一首。
>
> 天地有正气，杂然赋流形。下则为河岳，上则为日星。
> 于人曰浩然，沛乎塞苍冥。皇路当清夷，含和吐明庭。
> 时穷节乃见，一一垂丹青。在齐太史简，在晋董狐笔。
> 在秦张良椎，在汉苏武节。为严将军头，为嵇侍中血。
> 为张睢阳齿，为颜常山舌。或为辽东帽，清操厉冰雪。

或为出师表，鬼神泣壮烈。或为渡江楫，慷慨吞胡羯。
或为击贼笏，逆竖头破裂。是气所磅礴，凛烈万古存。
当其贯日月，生死安足论。地维赖以立，天柱赖以尊。
三纲实系命，道义为之根。嗟予遘阳九，隶也实不力。
楚囚缨其冠，传车送穷北。鼎镬甘如饴，求之不可得。
阴房阒鬼火，春院闷天黑。牛骥同一皂，鸡栖凤凰食。
一朝蒙雾露，分作沟中瘠。如此再寒暑，百沴自辟易。
哀哉沮洳场，为我安乐国。岂有他缪巧，阴阳不能贼。
顾此耿耿在，仰视浮云白。悠悠我心悲，苍天曷有极。
哲人日已远，典刑在夙昔。风檐展书读，古道照颜色。

想当年，文天祥出生之时，他的爷爷梦见“腾紫云而上”，于是给他起名“云孙”，后来才改名“天祥”。想当年，他参加临安会试，宋理宗见其名曰“此天之祥，乃宋之瑞也”，后不仅被宋理宗钦点为状元，还因此被朋友取字“宋瑞”。

他努力过，辛苦过，思考过，苦恼过。他的政治理想是实现“宋瑞”，但理想最终破灭。金陵驿承载了他泣血的72天，囚禁生活虽然禁锢了他的身体，却无法禁锢他的内心世界。文天祥威武不屈、富贵不淫、为国献身的高风亮节，彪炳千古，永远值得后人敬仰。

小贴士　私信流行

宋朝是一个对文官格外恩宠的朝代。宋太祖赵匡胤立下了“不杀士大夫”的祖训，宋太宗赵光义大幅度增加科举取士的名额。雍熙二年（985），宋太宗又出台了一个新规定：恩准官员与自己的近系亲属互通私信，可随官府文书一起投递传送。从此，官员“私书附递”，利用王朝的驿站体系传递私人信件，成为合法行为。

宋太宗开此禁令，实际上等同于公物私用。捎带私信太多，不仅给递夫增加负担，而且影响紧急公文的传送效率。有些官员偏偏要求私信优先递送，这让递夫很为难。于是，宋太宗的这项恩政，实施没多久就被叫停了。

到景祐三年(1036)，宋仁宗再度出台规定：“中外臣僚许以家书附递。明告中外，下进奏院依应施行。”朝廷又允许官员“私书附递”了。最初，为了不影响紧急公文的递送效率，官员私信只允许步递来传输。渐渐地，这种事就没人管了，越来越多的私信干脆利用急脚递传送。就像现在，没几个人愿意用平信或者挂号信，更多的则是用快递。

开放“私书附递”，使得士大夫互通私信越发频繁，书信越来越多。在宋代诗词名家中，苏轼和陆游对私信最感兴趣，留下的诗词文章最多。

苏轼的家书，文字隽永，内容可人，其中多有“近递中奉书，必达”“别后递中得二书，皆未果答，专人来，又辱专笺”等字样，便知是递夫代为传送的书信。

陆游在《渔家傲·寄仲高》中写道：“东望山阴何处是？往来一万三千里。写得家书空满纸。流清泪，书回已是明年事。”万里之遥，一封家书要等一年才能盼到回信，或许他没有使用急脚递，而是用的步递。

在《得子虡濠上书》中，陆游写道：“日暮坐柴门，怀抱方烦纡。铃声从西来，忽得濠州书。开缄读未半，喜极涕泗俱。”此时此刻，他不得重用，赋闲在家，郁闷之时，忽听远方传来递夫的铃声，收到了来自濠州的书信，拆开来看，喜极而泣。

临安知府曹泳，是南宋奸相秦桧的爪牙。临安是首都，这里的知府自然位高权重，巴结曹泳的人很多。可是，也有不买账的人，比如他的大舅子厉德斯。曹泳虽然不悦，但碍于亲戚面子，也不好说什么。

绍兴二十五年(1155)，秦桧病死，曹泳没了靠山。厉德斯就给他的这个妹夫写了一封信。曹泳拆开信一看，原来是一篇题为《树倒猢狲散赋》的文章，讽刺了秦桧病死，他的同党纷纷作鸟兽散，找寻新靠山一事。厉德斯只是个地方小官，也能借助驿站体系送私信，说明南宋时期私人通信已经司空见惯。

固节驿

——房山出京第一站

夏日傍晚，驱车去石家庄办事。

京港澳高速是最近的出京道路，没有红绿灯。可是，它实在过于拥堵。许多市民都清楚，这个拥堵在很大程度上是拜杜家坎收费站所赐。

作为京港澳高速的出京首站，杜家坎收费站位于五环以内，汇集了几个方向的来车，聚在一起，动弹不得。许多人大代表建议把它拆掉，挪到五环外，可很多年过去了，它依旧岿然屹立，不管怎样改造，每天依旧车流滚滚，龟速挪行，飘红一片。

几百年前，从京城出发，去往西南方向，没有高速路，也不会拥堵。赶了一天路，正要寻找住处时，迎面而来一座驿站，这就是号称“京城西南第一驿传”的良乡驿。它还有个名字，叫固节驿。

良乡驿为什么又叫固节驿呢？它在京城乃至中国北方的驿站体系中，究竟发挥了怎样的历史作用呢？今天还能找到它的历史遗存吗？

一、金国中都

后唐清泰三年（936），太原节度使石敬瑭为了当皇帝，不惜把幽云十六州割让给契丹，以换取军事支持。自此以后，今天的北京地区就脱离了中原汉族王朝的管辖范围，而成了北方少数民族政权的重要都市。契丹将燕京（今北京）定为南京析津府，作为陪都。

近二百年后，女真族建立的金国先后灭掉契丹和北宋，与南宋形成了沿大散关—淮河一线的南北对峙格局。随着金国在北方的统治逐渐稳定，女真贵族内部矛盾斗争逐渐凸显出来。

金熙宗完颜亶是金太祖完颜阿骨打的孙子，金国第三代君王。在他任上，金国完成了两件大事：

一是跟南宋达成了绍兴和议，暂时结束宋金战争，从而巩固了金国在北方的统治。同时，迫使南宋向金称臣纳贡，确立了金国在东亚政治圈的主导地位。

二是仿照宋朝进行制度建设，加强君主专制，推动金国的汉化进程，将契丹、女真人迁入中原与汉族人杂居，实施按户授田，发展农业经济。

从这个意义上说，金熙宗是有政治作为的。不过，随着他的皇太子和辅弼大臣完颜宗干（又名“斡本”，是阿骨打庶长子）、完颜宗弼（又名“兀术”）先后去世，他逐渐染上了酗酒的坏毛病，骄奢淫逸、沉湎酒色、喜怒无常、乘醉杀人，皇后、皇弟、嫔妃等都遭到杀戮，搞得人人自危，群臣惊恐，他逐渐面临孤家寡人、众叛亲离的局面。

皇统九年十二月初九（1150年1月9日），完颜亮发动政变，干掉了这位嗜杀成性的金熙宗，而后自立为帝，历史上称其为“海陵王”。

完颜亮也是完颜阿骨打的孙子，完颜宗干的第二子。这是一个很有个性的皇帝，早年，他曾说过一段经典的话：“吾志有三：国家大事皆自我出，一也；帅师伐国，执其君长问罪于前，二也；得天下绝色而妻之，三也。”

要想实现“国家大事皆自我出”，就必须乾纲独断、高度集权。金熙宗时期采取了宽容优待女真贵族的政策，使得金太宗完颜晟的儿子个个都有自己的势力范围，甚至控制了河朔、山东、真定等地要缺。完颜亮是弑君上台，得位不正，皇权不稳，也不属于金太宗的直系后代。一旦这些人不服气，闹起来，后果不堪设想。于是，完颜亮采取了铁血政策，对金太宗的直系子孙大开杀戒。

几百颗人头落地，女真贵族遭到了好几轮大清洗。

排除异己后，完颜亮觉得，虽然自己掌控了这些要害岗位，但想要控制广袤疆域并不容易。

金国的首都上京会宁府（今黑龙江阿城）偏处东北，距离中原腹地过于遥远，无论是物资运输、公文传递，还是使节往返、政令传输，都有鞭长莫及之感。

更重要的是，首都的地理位置关乎统治者的政治形象，首都过于偏远会给人留下"塞外征服者""缺乏正统"的印象，不利于金国稳定政权和争取汉族人、契丹人的民心。

完颜亮是篡位者，为了树立个人威信，必须尽可能抹掉前代皇帝的印迹。可是，上京会宁府的宫殿楼阁、佛寺道观、市井街巷，无不渗透着金熙宗时期的风貌，会让女真贵族睹物思人、怀念先帝。这是完颜亮不希望看到的。

因此，他思前想后，也借鉴历史上北方少数民族政权的经验教训，觉得只有通过迁都，才能分化瓦解女真贵族的反抗合力，确保自己的皇位安全。而将首都迁到汉地，有助于加速推进汉化，并为实现"帅师伐国，执其君长问罪于前"的志向，也就是进攻南宋做准备。

这是一场不顾女真贵族反对的强行迁都。在辽南京析津府的基础上，完颜亮征发民力，对燕京进行了历时三年的大规模改扩建。天德五年（1153），金国正式迁都燕京，改称中都大兴府。四年后，会宁府解除"上京"称号，当地的旧宫殿、宗庙、皇家寺院和贵族宅院被夷为平地，听任百姓耕种，不留任何痕迹。

燕京升格为首都，帝陵迁至房山，使同在房山的良乡驿从一个普通驿站升格为首都通向中原的第一站，政治地位陡然提升。良乡驿的崛起只是个缩影，完颜亮借助迁都，树立了政治权威。他的第一个梦想，即"国家大事皆自我出"，看似基本实现。

他还有两个梦想，一是攻打南宋，统一天下；二是天下美色，揽入怀中。按说有作为的皇帝，大概都会把前者放在第一位，后者暂时搁置，以后再说。可是，完颜亮或许觉得新首都的后宫太过空虚，亦或许是新宫殿住起来实在太舒服，享乐主义压倒了雄心壮志，只要他看上的女人，千方百计也要抢过来，霸占之。

良乡驿目睹了其中悲壮的一幕。

二、烈女固节

完颜亮的残暴好色，在金国是出了名的。

崇义节度使乌带的妻子定哥，貌美如花，早年与完颜亮有私情。乌带镇守边疆，每逢元旦或者完颜亮生日，都会派家奴回京祝贺，定哥也会派侍婢贵哥前去问候。

见到贵哥，完颜亮竟然恬不知耻地让她带话给定哥："自古天子就有两个皇后，现在我身边还有个皇后的空缺，你如果能把你丈夫杀了，以后跟着我，这个皇后的位子就是你的。"

贵哥回去传话，定哥听罢长叹一声说："年轻时的丑事，现在想想都很羞愧。如今孩子们都长大成人了，怎能再像年轻时那样胡闹呢！"

这话传到了完颜亮的耳朵里，但他仍然不依不饶，继续派人给定哥捎话："你如果不忍心杀掉你的丈夫，我就灭你们全家。"定哥听罢，依旧不为所动。可她不知道，完颜亮已经收买了乌带的家奴，趁乌带酒醉之机，把他勒死了。

乌带死了，完颜亮做出一副猫哭耗子的悲伤样，安排了厚葬。可葬礼刚结束，他就迫不及待地把定哥接进了后宫，封为贵妃。定哥在宫里地位很高，游览瑶池的时候，她可以坐车，其他嫔妃只能徒步跟在车后。

定哥的妹妹石哥，是秘书监文的妻子，长相秀美。完颜亮垂涎已久，就对文的庶母按都瓜下令："你应该把你的儿媳妇休掉，否则我就不客气了。"按都瓜把完颜亮的命令告诉了文，并且说道："陛下说的不客气就是要杀你，你怎能为了一个女人而招致杀身之祸呢？"很显然，文活着或者被杀，都保不住石哥。他只能含泪跟妻子相拥告别。完颜亮终于如愿以偿，但他仍不满足。他会把文召到偏殿，羞辱一番，以为戏谑。

在攫取女色的问题上，完颜亮展现了一副饥不择食的丑态。阿里虎曾先后嫁给两位女真贵族，不过这俩人短命，让阿里虎两度守寡。完颜亮发现阿里虎有几分姿色，便强行将其纳入后宫，封为昭妃。阿里虎大大咧咧，嗜酒如命，每次喝得酩酊大醉，花容失态。完颜亮多次让她戒酒，可她仍我行我素。渐渐地，她也就失了宠。

“奇葩”的事很快就发生了。

阿里虎当初进宫的时候，把她与前夫的女儿重节也带进了皇宫。重节年少貌美，楚楚动人。完颜亮毫无廉耻，竟然跟重节有了奸情。阿里虎听说后，非常生气，掌掴了重节。这事让完颜亮很不高兴，两口子由此结怨。

俗话说，上梁不正下梁歪。完颜亮纵情声色，后宫嫔妃也是丑态百出。有的嫔妃由于被皇帝冷落，索性偷偷让贴身丫鬟假扮成男子，与自己同床共枕。阿里虎失宠后，就跟贴身侍女胜哥卿卿我我。

没有不透风的墙。这丑事被厨婢三娘告发了。完颜亮大概是对阿里虎早已失望，没有处置，只是告诫她不要报复三娘。可是，阿里虎对三娘不依不饶，把她活活打死了。完颜亮听说后，大发雷霆，但恰好那个月太子要过生日，完颜亮便没急着动手。阿里虎这才感到后怕，又是绝食，又是焚香祷告，祈求免死。可一个月后，她还是被完颜亮处死了。

完颜亮的风流史还不止这些，他很快又瞄准了新的“猎物”——葛王妃乌林答氏。

葛王完颜雍，同样是完颜阿骨打的孙子。他的父亲完颜宗尧是阿骨打的第三子，在战争中运筹帷幄，主张以汉制统治汉族人，比起那些只知道打打杀杀的女真贵族，完颜宗尧更有政治头脑。受父母的影响，完颜雍不仅精于骑射，而且宽厚沉稳，在军中威望很高。

葛王妃乌林答氏貌美聪慧，才色俱佳，在完颜雍人生的几次重大关头，都扮演着贤内助和高级参谋的角色。

完颜雍曾有一件传家宝，是父亲攻打宋朝时得到的一条白玉带，由于宋朝皇帝曾经用过，故而倍加珍贵。乌林答氏告诉他：“此非王邸所宜有也，当献之天子。”完颜雍觉得有理，就把白玉带献给了金熙宗。要知道，就因为此，金熙宗后期酗酒嗜杀，唯独对完颜雍比较信任。

完颜亮上台后，深知完颜雍能文能武，威望很高，难以驾驭，便借故频繁调动他的官职。完颜雍先后做过会宁牧、东京（今辽宁辽阳）留守、燕京留守、济南府尹、西京（今山西大同）留守。

即便如此，完颜亮还是很不放心。乌林答氏就建议丈夫给完颜亮送礼，以消除疑虑，免遭杀身之祸。完颜雍照做了，送了一些珍宝给完颜亮，而且表现得很恭顺，从而打消了完颜亮的猜忌。可是，这助长了完颜亮的贪欲，他不但放心大胆地收礼，还想抢人——乌林答氏。

按照金朝的制度，朝廷会把高级地方官的家眷留在京城，作为人质，以便牵制和防范。完颜亮觉得，利用这个制度就能名正言顺地把乌林答氏霸占。于是，他把时任燕京留守的完颜雍调往济南。待完颜雍夫妇抵达济南后，他又下令，让乌林答氏来中都做人质。

乌林答氏很清楚，完颜亮是个“色魔”，自己进了中都，就意味着羊入虎穴。如果不去，完颜亮就会猜疑甚至杀掉完颜雍，而自己一旦没了丈夫保护，还是迟早被霸占，下场悲惨。横竖都是个死局，不如深入虎穴，起码能保住自己的夫君。于是，她毅然决定，前往中都。

临行前，乌林答氏把葛王府的臣仆张仅言找来，对他交代：“汝，王之腹心人也。为我祷诸东岳，我不负王，使皇天后土明鉴我心。”她只希望家里能够向泰山神灵祈祷，让所有人都能理解她的心思——“我不负王”。

这趟进京行程，陪在葛王妃左右的使者，很清楚乌林答氏不愿见完颜亮，更不可能屈从。他们最担心的，就是乌林答氏在半路上寻短见。于是，一路之上，他们小心谨慎，看护很严。到了房山良乡后，夜宿良乡驿。这里距中都只有70里，一路陪同的使者以为即将大功告成，稍稍松了口气，看护也没那么严了。

没想到，看护稍一放松，乌林答氏就抓住了机会，趁夜在良乡驿自杀身亡了。

临死前，乌林答氏给完颜雍留下了一份遗书，历史上称为《上雍王书》（或称《上世宗书》）这份遗书里究竟写了什么呢？

三、真情告白

乌林答氏给完颜雍的《上雍王书》是这样写的：

> 尝谓女之事夫，犹臣之事君。臣之事君，其心惟一，而后谓之忠；女之事夫，其心惟一，而后谓之节。故曰，忠臣不事二君，贞女不更二夫，良以此也。
>
> 妾自揆蒲柳微躯，草茅贱质，荷蒙殿下不弃，得谐琴瑟之欢。奈何时运不齐，命途多舛，打开水面鸳鸯，拆散花间鸾凤。
>
> 妾幼读诗书，颇知义命，非不谅坠楼之可嘉，见金之可愧，第欲投其鼠，恐伤其器，是诚羝羊触藩，进退两难耳。故饮恨以行，挥涕而别。然其心岂得已哉？诚恐"楚国亡猿，祸延林木；城门失火，殃及池鱼"云尔。妾既勉从，君危幸免。
>
> 逆亮不知此意，以为移花就蝶，饥鱼吞饵矣。吁！燕雀岂知鸿鹄志哉！今至良乡，密迩京国，则妾洁身之机可以逞矣。妾之死为纲常计，纵偷生忍辱，延残喘于一旦，受唾骂于万年，而甘聚麀鹑奔之诮，讵谓之有廉耻者乎！妾之一死，为后世为臣不忠、为妇不节之劝也！非若自经沟渎而莫知者比焉。
>
> 逆亮罪恶滔天，其亡立待！妾愿殿下修德政，肃纪纲，延揽英雄，务悦民心，以仁易暴，不占有孚矣。殿下其卧薪尝胆，一怒而安天下，勿以贱妾故，哀毁以伤生，而作儿女子态也。裁书永诀，不胜呜咽痛愤之至。（《金文最》卷二五）

《上雍王书》原载于明代人孙惟熊撰写的《采璧》，并有"未详何本，姑录之，以俟续考"之语。不过，从内容、口气和字里行间蕴含的情感来看，它应该是出自乌林答氏的手笔。全文共五段话：

第一段，她强调自己始终坚持“女之事夫，其心惟一”的道德操守。这是她的处事原则，也是儒家“从一而终”的伦理道德。

第二段，她回忆了自己和完颜雍的婚后幸福生活，这是一段美好的记忆。可是，完颜亮的出现，破坏了这段美好。乌林答氏觉得，这是“时运不齐，命途多舛”。她在慨叹自己运气不好的同时，也在发泄着对完颜亮的不满。

第三段，面对完颜亮的征召，乌林答氏陷入了进退两难的境地。这不禁让人想起石崇和绿珠的故事。

西晋时期，官员孙秀看上了石崇的宠妾绿珠，想把她弄到手，但惹不起石崇，只好作罢。

后来，赵王司马伦专权，司马伦跟石崇的外甥欧阳建有仇，孙秀又是司马伦的爪牙。于是，仗着这位权倾朝野的靠山，孙秀竟明目张胆地派人登门向石崇索要绿珠。石崇当即宣布：其他女人可以随便挑，绿珠是我的最爱，绝对不给。

孙秀的使者跟石崇讲：“君侯博古通今，察远照迩，愿加三思。”言外之意是今非昔比，还是审时度势，别惹孙秀不高兴。可是，石崇固执己见，坚决不给。这件事让孙秀很不高兴。于是，他撺掇司马伦出兵，诛杀石崇。

石崇乃一介文官，哪里挡得住司马伦的兵。最后时刻，他对绿珠一声叹息：“我今为尔得罪。”绿珠也泪流满面地说：“当效死于君前。”言讫，坠楼而死。可是，这个毅然决然的举动并没有扭转乾坤。石崇在洛阳东市被斩，临刑前还不服气地嘟囔：“这些人还不是为了我的钱财？”倒是押解他的人更清醒：“你既然懂得人为财死，为什么不早点把家财散了，做点好事？”石崇无言以对。

乌林答氏很清楚，如果自己向绿珠学习，一死了之，虽然气节可嘉，但还是会激怒完颜亮，给丈夫带来杀身之祸。如果遵从完颜亮的征召，又有辱自己的贞洁。不得以，她只能“饮恨以行”，为的是让夫君能够免祸。这么做，展现了一个弱女子为保全丈夫而不惜牺牲自己的大无畏精神。

第四段，她强调了自己并非真的屈从。在良乡驿选择自杀，既可“洁身”，又可“为纲常计”；既可免于“受唾骂于万年”，又可劝勉后世那些“为臣不忠、为妇不节”的人。

第五段，作为结尾，乌林答氏道出了自己对完颜雍的希望。她相信，完颜亮迟早完蛋，完颜雍应当抛弃儿女之情，不必为她哀伤，把心思花在“修德政，肃纪纲，延揽英雄，务悦民心，以仁易暴”上，卧薪尝胆，等待时机，“一怒而安天下”。

面对强势和残暴的完颜亮，乌林答氏身处险境，却用纲常伦理作为反抗强暴的武器，展现了忠贞不渝的高贵节操和坚持正义的过人胆识，她是女真族女性中的典范。

完颜亮听说乌林答氏自杀身亡，捶胸顿足，为没能得到这么个美人大呼遗憾。情绪稳定下来后，他突然冒出个念头：乌林答氏自杀这事，是不是完颜雍教唆的呢？于是，他打算好好观察和考验，就把完颜雍从济南府尹调任西京留守。

完颜雍睹文思人，伤心欲绝，但他还是听从亡妻的建议，忍辱负重，隐藏悲痛。调任路上，途经良乡驿，他没有亲自去操办后事，也没有流露出对完颜亮的任何怨恨，而是让女儿鲁国公主代劳，把乌林答氏安葬在距离良乡驿不远的宛平县土鲁原，草草埋葬了事。

完颜亮看不出什么破绽，就放了完颜雍一马，只是派人暗中监视而已。而完颜雍，则将夺妻之仇暗藏于心，“君子报仇，十年不晚”。

四、曙光终至

转机发生在金国正隆六年（1161）。

完颜亮认为他的三个梦想已经实现了俩，只剩“帅师伐国，执其君长问罪于前”尚未实现。他自以为江山稳固，便厉兵秣马，动员大量兵力、财力、物力，气势汹汹攻打南宋。虽然金国连战连捷，打到了长江边，但南宋似乎并没有崩溃的迹象。

北方已近二十年不打仗了，突然发动大规模战争，大家都不适应。“民皆被困，衣食不给”，“民不堪命，盗贼蜂起”。东北的契丹人不愿意当兵，杀了金朝官吏，发动起义。

此时，完颜雍已经调任东京留守，驻扎在辽阳。他深知，完颜亮此时在江淮前线，北边的事根本顾不上，这是替乌林答氏报仇的历史性契机。于是，他下令秘密修造兵甲，准备发动政变。这个消息很快就传到了完颜亮耳朵里，完颜亮担心“后院”失火，马上派人去杀完颜雍。

此时此刻，完颜雍不能再迟疑了。他立即将完颜亮安插在自己身边的奸细抓了起来，而后召集将军商议大计。在大家的推举下，完颜雍在辽阳正式称帝，亲赴太庙祭告祖先，改年号“大定”。这就是号称金国“小尧舜”的金世宗。

完颜亮在前线听说完颜雍称帝，自己被架空了。摆在他面前的只有两个选项：要么结束战争，赶紧回中都“平叛”，夺回皇位；要么继续跟南宋打下去，等打赢了这场战争，再回过头来，背靠江南地区丰硕的经济积累，跟金世宗开战。

形势万分危急，完颜亮却自作主张，准备先打过长江，占领临安，迫使南宋皇帝投降。结果，金国大军在采石矶遭到虞允文指挥的宋军痛击，碰了一鼻子灰。就在这时，前线的金国将士们厌战情绪高涨，听说完颜雍在辽阳称帝，就觉得不能再这样继续下去了，必须找好后路，全身而退。

于是，一场前线军人的哗变爆发了。完颜亮成了众矢之的，被乱箭射死。向南宋进攻的金国大军也如潮水般退出战场。至此，完颜亮发动的这场“统一”战争，以失败告终。

完颜雍是有政治头脑的。十二月十九日，他带兵进入中都，凭借他“久典外郡，明祸乱之故，知吏治之得失”的丰富治理地方经验，在女真贵族、契丹贵族中强化了自己的威信和声誉。

完颜亮全力指挥作战，远离京城和王朝腹地，忽视了内部风险的控制。金世宗抓住这个机会，迅速崛起，用他的皇帝身份，对完颜亮死后的爵位一降再降。大定二年（1162），完颜亮被降为海陵郡王，谥号为“炀”，十九年后，又被降为庶人。

取代完颜亮的完颜雍，在上台的第二年就追封乌林答氏为昭德皇后，单独立庙。为了寄托对亡妻的哀思，他一辈子没再立新皇后。

对于乌林答氏和完颜雍的爱情悲剧，《金史·后妃传上》是有官方记载的："世宗为济南尹，海陵召夫人乌林答氏。夫人谓世宗曰：'我不行，上必杀王。我当自勉，不以相累也。'夫人行至良乡自杀，是以世宗在位二十九年，不复立后焉。"

明代蒋一葵《长安客话》也记载："金主完颜亮荒淫不道……召葛王乌禄妃乌林答氏。妃谓乌禄曰：'妾不行，上怒必杀王，我当自裁，不以相累。'行至良乡驿，妃问何名，左右以固节对。妃曰：'吾得死所矣。'遂自杀。"

《良乡县志·艺文志》也收录了一首前人所写的诗《固节驿》，诗首有《序》云："良乡县署东偏为固节驿之旧址，金世宗之昭德皇后尽节处也。世宗先为噶王，兼济南尹，其妃乌凌噶氏，仪容整肃，金主亮悦而召之。……行至良乡，夜宿此驿，得间自杀。及世宗即位，追称为后，感其尽节而死，终身不再立后矣。……此驿固吾良之古迹也。"

这段故事还被明代小说家冯梦龙编入了《醒世恒言》，名为《金海陵纵欲亡身》。

乌林答氏自杀之所良乡驿，还有个名字叫"固节驿"。关于它的来历，清代官员徐炯的《使滇日记》载："唐《地理志》，圣历元年改良乡曰固节，神龙元年复为良乡。今驿名固节，尚仍其旧云。"因此，固节驿的名字，源于良乡县曾经的县名。

或许乌林答氏路过这里，觉得"固节"之名与自己保全节操的追求高度一致，于是选择在这里自杀，固节驿也因这幕悲剧青史留名。

五、古驿怀古

固节驿究竟在哪儿？

固节驿，旧在良乡县城南门内，后来搬迁到县衙东侧。县衙的位置如今变成了北京房山区供电局家属院，其东侧，靠近罗府街这条小巷子，就是固节驿的大致位置。这一带以前曾有"马号街""饮马井"的名号，就是源自固节驿养马、饮马的这些事。

良乡距离京城70里，位于京城西南方向的陆路交通要冲，素有“幽州门户”“陆路咽喉”之称。因此，固节驿作为出京第一站，成为南方各省官员、客商和使者陆路进京的一个必经之地。

南宋乾道六年（1170），爱国诗人范成大奉命出使金国，在前往金中都途中，路过固节驿，在那里受到了热烈欢迎。他有感而发，赋诗《良乡》一首：

新寒冻指似排签，村酒虽酸未可嫌。
紫烂山梨红皱枣，总输易栗十分甜。

自注：燕山属邑，驿中供金粟梨、天生子，皆珍果，又有易州栗，甚小而甘。

这或许是现存记载固节驿风貌的最早诗篇，展现了金国接待南宋使节的真实场景，也表达了范成大在驿中品尝北方水果时的喜悦心情。

固节驿周围最显眼的建筑，当属良乡多宝佛塔，民间俗称“良乡塔”。《良乡县志》记载：“多宝佛塔，隋建在燎石冈上。”现存佛塔为辽代所建。这座五级空心楼阁式佛塔，是北京地区唯一的楼阁式佛塔。顺梯而上，登临塔顶，居高举目，北望京城，南眺涿州，发思古之幽情，别有一番滋味。

良乡塔又叫“昊天塔”。10世纪末，这里一度成为宋辽鏖兵的战场。相传北宋名将杨继业在两狼山牺牲后，萧银宗将其尸骨藏于昊天塔内，杨六郎命孟良前往盗骨。元末戏剧家朱凯据此编写了杂剧《昊天塔孟良盗骨》。

元、明、清三代，从加强中央集权和巩固发展统一多民族政权的角度考虑，北京被定位为全国驿站体系的总枢纽。

据《元史·兵志四》记载，元代的驿站称站赤，“陆则以马以牛，或以驴，或以车，而水则以舟”。于是，四方往来之使，“止则有馆舍，顿则有供帐，饥渴则有饮食”，能够做到“梯航毕达，海宇会同”。以元大都（今北京）为起点，通过层层辐射，逐站接力，人们可到达全国各地。其中，元大都所管辖的站赤有15座，包括良乡站（固节驿）。据载，良乡站拥有123匹马和24头驴，属于规模较大的重要驿站。

明代将驿站体系视为天下命脉，规定其主要负责递送公文、接送使客、转运物资。申时行《明会典》载：“自京师达于四方，设有驿传，在京曰会同馆，在外曰水马驿并递运所，以便公差人员往来。其间有军情重务，必给符验以防诈伪。至于公文递送，又置铺舍以免稽迟，及应役人等，各有事例。”朝廷对驿站的分类、分工、核验身份等方面都做了明确规定。

固节驿位居交通要冲，日常业务繁忙。从明代进士李应升的《出夏发良乡固节驿》一诗中就能管窥一斑：“驿程过固节，望眼入长安。气暖知依旧，风轻好整冠。襟山西映紫，宸极北浮丹。自笑迂疏意，徘徊择木难。”景色固然可人，但对驿丞和驿夫来说，实在是忙得顾不上观赏。

业务繁忙带来的直接后果就是差使浩繁、负担沉重、民不堪命。这不光是固节驿一站的问题，事实上，到嘉靖四十二年（1563），全国驿站已经出现了“十夫九逃，十马九缺”的情况。固节驿的驿署廨宇也是年久失修，形同危房。顺天府尹王国光不得不向朝廷求援，据《明世宗实录》卷五一八记载：

> 良乡最近京，供应劳顿，会岁比不稔，各省直协济银两久不征解，廨宇驿递倾废，其丞簿率僦民屋，以公使往来多露宿者。顺天府尹王国光言其非宜，请丞加修缮，并请以本府所属征解马价贮太仆寺者，量借一万两供费。从之。

业务繁忙、农业歉收、银两不够，这些都不该成为驿站荒废的理由。然而，固节驿房倒屋塌，职工租房，住客露宿，已经到了非整治不可的地步。

“会哭的孩子有奶吃。”王国光的奏章起了作用。就在这年，朝廷拨付款项，固节驿的房屋得到大规模修缮，面貌焕然一新。

然而，硬件的改善并不意味着驿站自身的经济负担就能减轻一些。随着时间的推移，负担层层加码，到了难以承受的地步。不但驿丞、驿夫不堪其苦、不胜其烦，而且为驿站供应物资的老百姓也是越来越累，不堪重负。有些百姓实在是供应不起，就会遭到小吏催逼、鞭打，甚至走投无路，全家上吊自杀。

据《崇祯长编》和《良乡县志·艺文志》记载，驿站有六大弊病：

其一，管理混乱，公私不分。“今日驿递用之公者十二，用之私者十八。”

其二，上支下派，层层加码。“驿递之苦累，由于往来过客者十四，由本省衙门者十六。出于抚按衙门者十三，出于司府衙门者十七。”

其三，假公济私，成本高昂。“抚按承差，初不过十余名，今增而一百名与二百名矣”“马一匹加工食一百六十两”。

其四，摊派无度，拳打脚踢。“无论官差十倍于前，即本役春秋两班，必给马牌，每牌注马二匹，私加马引马三五匹不止。除酒食外，每匹借马银一两二两不止。少不如意，拳殴驿官，鞭挞驿卒，身无完肤矣。若银色不足，砂置马背，棰楚马胁，绳缄马口，急鞭疾跑，马不倒死，亦不可再驰矣。”

其五，工作繁忙，加班加点。良乡县“路控东、西、南三方，内外大小臣工之宣纳诏令者、禀承职事者、朝者、贺者，往返必信宿焉。将迎无虚日，令以下，若丞、若簿、若典史，皆分属诸路以候，及暮始归，秉烛视事”。

其六，差役繁重，民不聊生。“帑藏竭于供馈，车徒困于奔驰，民不能支，至转徙他郡。”

很显然，这种官办的驿站体系，只使用，不维护，缺乏必要的监督和绩效考核，其资源滥用、成本高昂、效益低下、公私混用、小官巨贪等问题层出不穷。对于农业社会来说，维持如此庞大的驿站体系，耗资甚巨，成为王朝难以承受之重。于是，驿站体系只能走入骑虎难下的死循环。

明朝驿站体系的大麻烦，在良乡县县令樊巍的《良乡行》诗里有着生动的描述：

君不见，畿南首邑有良乡，寥寥一塔自隋唐。襟喉京省当燕名，水似玻璃控远方。万国朝金阙，九重乐未央。八蛮通道称宾贡，四夷款塞纷来王。鲜芝献川岳，玉米走苏常。金砖与醮盏，骞茗并鱼缸。西番载皮柜，南缅供象房。中官络绎驰丹毂，侯伯新封就土疆。车马常百计，夫皂不可量。既索旗帜引，仍求鼓吹扬。箱奁笼锦绣，笑筲过邱冈。武夫排道路，尘埃蔽穹苍。更有皇华使，驰驱日夜忙。羽檄报声息，黄符催运粮。县官冲风雪，驿递立冰霜。迎送已劳苦，需索尤难当。一朝用不敷，下吏被鞭伤。那移还惹罪，包赔倒私囊。千家门户皆深闭，各行头役俱逃亡。午夜沿街索灯火，关文挂号空彷徨。过客咸嗔不应付，可怜苦楚谁能尝？父窜霸州东，子走房山阳。吁嗟六百丁，鱼游釜中汤。纵有一万二千协济数，解纳后时多赔偿。官钱私债频年借，前官后官总凄凉。寄语四方游宦客，选官切莫选良乡。

明朝末年对驿站的改革是一裁了之，不计后果。李自成就在这场大裁员中失去了“铁饭碗”，成为他后来走上反明道路的重要原因。吊死在歪脖树的崇祯帝至死也没想明白，李自成跟他推行的驿站改革究竟有什么关系。

六、古驿新生

清朝定都北京后，在明朝驿站体系的基础上，扩建形成了自己的驿站体系。

固节驿仍定位为北京西南方向出京第一站。《光绪顺天府志·地理志》载：“凡奉钦命查办事件，及出膺疆寄、典试、督学诸臣，首经其地。”

清初的固节驿，位于良乡县城南门内西侧，有门1间，堂3间，后堂5间，厢房30间，马神庙1间，丞宅1所，监房3间，角门2间。由于房屋年久失修，凡客使军旅，乘传往来者，只能自己想办法找房租房。如此一来，固节驿接待量锐减，客源流失，畅通的驿站体系由此荒废。

顺治、康熙年间，固节驿进行了大规模翻建，软硬件设施上了个台阶，其中，拥有驿马162匹，马夫80人，杠轿夫140人，兽医2人，抄牌夫1人，驴帮牌1人，都察院听事门子3人，拨皂头2人，接递皂隶35人。在顺天府辖内各驿站里，固节驿的马匹数量最多，规模最庞大，分工最细致。

相比来说，固节驿的开支标准是较高的。仅以养马的开销而言，《光绪顺天府志》载，良乡固节驿，“每马日给银七分九厘四毫七丝，良乡长新店驿（长辛店驿）每马日给银六分一厘二毫”。

当然，开销标准高意味着服务待遇好，也意味着消耗额度大。《良乡县志·赋役志》载，固节驿全年各项开支额定12357两银子（不包括接待往来官员的吃住开销和硬件折旧损耗）。要知道，清前期朝廷岁入不过3000多万两，1万多两银子可是笔巨款。

庞大的驿站体系，只有国力强盛、经济富庶、财政宽裕的年代才能支撑得起。到了清朝后期，国力衰退、财政亏空，朝廷无力顾及驿站的软硬件维护。固节驿的馆舍逐渐老化，无钱修复，又陷入了住客不得不另外租房、物资供应日渐枯竭的境地。面对这一困难，又有官员站了出来。只不过，这次固节驿没指望朝廷，而是主动自救了。

光绪四年（1878），良乡县知县杨炳谦带头捐钱，多方筹措，最终花费1100两白银，在县城东门外以南建了一座宾馆，名曰“皇华馆”，解决了往来官员、使节的食宿困难。按照《光绪顺天府志》的记载，皇华馆占地2亩5分，拥有北正房5间，东西厢房各3间，门楼1座，官厅2间，大门1座，两旁门房各2间，车门1间，中厕2间，也建有周围墙垣及门前照壁、东西辕门等。

住宿问题解决了，但固节驿居高不下的运营成本给朝廷财政和周边居民带来了很大的经济负担。为了根治这个困难，良乡县决心顺应近代改革潮流，改弦更张。光绪十年（1884），良乡县设立官车局，以应差需。

“官车局”是个怎样的机构呢？

按照《良乡县志》的说法，良乡县一次投入2000两银子，设立官车局，集中购买45头骡子，13辆大车，13辆轿车，用于驿站的日常运营。此外，县里多方筹措资金6000两白银，投资商业或进行放贷，每年可得经营利润和利息576两，用于官车局的日常开支，不足部分由县里补贴。

至此，固节驿的食宿和交通这两项功能全被剥离，驿站本身已经名存实亡。随着清末邮政局的设立和现代邮政事业的推广，驿站体系加速衰落，走向末路。1913年，北洋政府宣布裁撤全部驿站，固节驿的历史使命随即宣告结束。1919

年，皇华馆被良乡县政府拍卖，如今其遗址已荡然无存。

固节驿如今已经变成了居民区，只有读到清代诗人孙廷铨的《良乡邮亭读友人壁间旧题》一诗时，或许才能依稀感受到属于这座千年驿站的兴盛与凄凉：

门柳交深绿，萧条驿馆虚。
孤灯今夕梦，断壁故人书。
岁月飞蓬尽，风霜伏枕余。
离心将旧感，旅夜独踌躇。

小贴士　辽、西夏和金的驿站

辽、西夏和金之所以能成为宋朝的劲敌，不光靠武力，靠发展经济，更靠兼容并包的精神。尤其在各自驿站体系的营建和经营上，体现了他们立足本民族特色、广泛吸收汉族和其他民族经验的为政理念。

先说辽国。宋朝使臣每次进入辽境，都会乘坐车马，奔驰在驿道上。这条驿道，将上京（今内蒙古巴林左旗林东镇）、中京（今内蒙古宁城）、东京（今辽宁辽阳）和南京（今北京）串联起来。道上有许多驿馆，虽然条件简陋，但饮食和车马配备还算齐全。

辽国驿道的中心，不是正式国都上京，而是作为陪都的东京。它位于唐代粟末靺鞨建立的渤海国境内，有粟末靺鞨人的长期经营，东京的经济更发达，交通更便捷。

北宋名臣曾公亮在《武经总要》中讲述了辽国东京到中京的驿道上，沿途共有14座驿馆，两两之间相邻50里到100里。辽国还开辟了上京到奴儿干城的驿道，将触角伸向黑龙江下游，全长5000多里。世代居住于此的女真人，就经由这条道路向辽国进贡海东青。

辽国虽然建设了连接主要城市的驿道干线，但通往中原地区的驿道还要翻山越岭，两国大臣走这段路都很费劲，更别说那些信使。许多人为了负担驿站的徭役，倾家荡产。

逼上绝路的人们，有的选择揭竿而起，有的则是找地方吐槽。比如辽天祚帝时期，燕京一座驿舍的墙壁上，画着一只乌鸦，上面还附了“星稀月明夜，皆欲向南飞”的诗句，表达了诗人对回归宋朝的渴望。

再说西夏。开国君主李元昊把宋朝的驿站制度照搬了过来。当时西夏境内南北向的驿道上有10座驿站，东西向有25座，从黄河东岸到辽国境内又有12座。在与北宋争夺陕甘的战争中，李元昊下令在甘肃靖远的黄河上铺设铁索桥，打通了陕甘宁交界地带的驿道。

比起辽国和西夏，金国创立之初，通信手段很落后。完颜阿骨打攻打辽国时，金国只有国号，没有文字，军情都由他向将官口授。如果口授有困难，就让一个名叫耨碗温敦思忠的使者代为传话。这个人记性很好，即便是几千字的军令，他也能复述个八九不离十。

后来，金国仿契丹字和汉字创立了自己的文字，有了书信和公文，驿站体系才真正派上用场。金太宗攻灭北宋后，从上京会宁府（今黑龙江阿城）到南京开封府开辟了一条漫长的驿道，每50里设一座驿站。

有一次，金世宗对大臣们说：“朕尝欲得新荔枝。”大臣们觉得，皇帝为国事操劳，提这点要求不算过分。于是，金朝仿照唐玄宗给杨贵妃送荔枝的旧例，在驿道上每10里设置一个急递铺，内有1名铺头，3名铺兵（递夫）。如果铺兵骑马送信，可以日行300里。至于急递铺的养马费用，则都要老百姓来出，名曰“铺马钱”。

这些信使的腰间都别有驿牌。辽国的银牌，长1尺，刻有契丹文“宜速”，以及“敕走马牌”字样，每天最快要骑行700里；西夏的敕牌上刻有西夏文字“敕燃马焚”，意为饬令驿站马匹昼夜疾驰；金国的驿牌有金、银、木三种，绿漆红字。信使要想证明身份，入住驿站，必须靠这些牌牌。

榆林驿
——草原文明的兴衰见证

榆林驿，乍一看这个地名，以为是在陕西北部榆林附近。其实，它离陕西很远，倒是离北京不远。

榆林驿的得名，与当地曾经的一片榆树林有关。元代诗人陈孚在一首题为《妫州》的诗里说："榆林青茫茫，塞烟三十里。"由此可见，至少在元代，那里的榆树林郁郁葱葱，十分茂密。其实，此地早在汉代就被称为"榆林"了。

不过，榆林有驿站，那是元、明、清三代的事了。这座驿站，见证了草原文明的兴衰荣辱，见证了草原文明和农耕文明在长城沿线的互动与融合。

一、草原站赤：元代榆林驿

元代的榆林驿，位于今天河北省怀来县西榆林。它是元代数量众多的站赤之一。

众所周知，元朝的统治区域广阔。为了加强对这么大地盘的控制，就必须修驿路，方便中央政府随时掌握各地的情况。于是，元朝便在前代驿站制度的基础上，创造并推广了站赤制度。

元代的站赤，遍布全国各地。大量设置站赤的结果，是"四方往来之使，止则有馆舍，顿则有供帐，饥渴则有饮食”，让过往官员、使臣和信使能够减轻旅途劳顿，吃饱喝足，睡个踏实。只要持有官方授予的铺马圣旨、金字圆牌，就相当于拿到了一本通行证，在站赤里可以白吃、白住、白骑马，这些开销都要官府买单。

元代的站赤，分布广泛，驿路密集，但总要有一个中心，这个中心就是元大都（今北京）。全国的驿路网，都是以大都作为枢纽的。意大利旅行家马可·波罗在他口述的《马可·波罗游记》里说道：

> 从汗八里城（即大都），有通往各省四通八达的道路。每条路上，也就是说每一条大路上，按照市镇坐落的位置，每隔四十或五十公里之间，都设有驿站，筑有旅馆，接待过往商旅住宿，这些就叫做驿站或邮传所。这些建筑物宏伟壮丽，有陈设华丽的房间，挂着绸缎的窗帘和门帘，供给达官贵人使用。即使王侯在这样的馆驿下榻，也不会有失体面的……每一个驿站，常备有四百匹良马，供大汗信使来往备用。所有专使都可以有替班的驿马，凡他们留下疲惫不堪的马匹，可在那里换上健壮的马匹……这真是一个十分美妙奇异的制度，而且贯彻得这样有效，确是难以用语言来形容的。

马可·波罗被元代站赤制度展现出的舒适度和高效率震撼了，羡慕之情洋溢在字里行间。

元大都是全国驿路网的核心，大都驿自然就成了全国规模最大的驿站。这里分为马站和车站，马站有1334匹马，20头驴；车站有220辆车，1760头驴。这些交通工具成了信息和物资的重要载体，往返于京城和外地之间，让这个习惯于逐水草而居的草原王朝，在农耕技术成熟的中原逗留了下来。

大都是首都，但它毕竟是汉地。元朝皇帝对定居和农耕生活多少还是不太适应，于是，每年春夏之交，元朝皇帝都会开拔向北，到塞外的上都去避暑，到了秋天，再从塞外返回大都。

元朝皇帝每年都要从大都到上都折腾个来回，两地之间的这条路的重要性可想而知。因此，这条驿路上设置了12座站赤。每个站赤除了设有驿令、驿丞，还设置了提领3名、司吏3名，人员编制比外地的站赤多。榆林驿就是这12座站赤之一。

《永乐大典》卷一九四一七引《经世大典》载：

> （中统六年）五月十二日，中书右丞相安童、平章政事忽都答儿奏：中都（今北京）至上都站赤以聚会故，递运系官及投下诸物数多，滞不能发，至甚劳苦。臣等与枢密院制国用使司、御史台宣徽院及四怯薛官同议，洪赞至独石四站，各增车驴三十具，榆林站增牛驴十具。

这应该是元代官方文献对榆林驿的较早记载。学者们推断，榆林驿很可能始建于中统五年（1264）。

元代设置的榆林驿，隶属于上都路管辖。根据《永乐大典》卷一九四二二记载，上都路所辖陆站18座，共有1936匹马、600辆车、2020头驴、1340头牛。其中，榆林驿拥有250匹马、40辆车、400头驴。到至元十六年（1279），朝廷又给榆林驿等3座站赤各增加了150匹马、200辆车和200头牛。仅从物资装备看，榆林驿就是个大站。而大站彰显了元朝对北部边疆的控制能力，可以调配的资源众多。

不过，大站可不是好干的。每年皇帝巡行，皇亲国戚、各国使臣、朝廷命官频繁往来，榆林驿的接待任务繁重。当地站户既要出钱养着这座站赤，又要忙着出力搞接待，经济负担很重。

只要首都附近发生内战，榆林驿就是战场之一。致和元年（1328）八月，上都梁王王禅、右丞相塔失铁木儿、太尉不花、平章政事买闾、御史大夫纽泽等人驻军榆林驿，跟朝中权臣燕铁木儿对抗。次月，燕铁木儿率军奔袭榆林驿，将王禅等人打得大败，一直追到怀来。由此可见，榆林驿地理位置重要，实乃兵家必争之地。

内战并未改变元朝在忽必烈之后走下坡路的态势，反倒加速了统治阶层的分裂。与其说元朝“死”于朱元璋北伐或者红巾军起义，不如说元朝“死”于内讧。即便大敌当前，依然“窝里斗”。

洪武元年（1368），朱元璋派出的大军在徐达、常遇春率领下，攻占大都，结束了元朝的统治。元顺帝妥欢帖睦尔带领家眷逃往漠北，路上就曾在榆林驿小住。然而，这也成了榆林驿在元朝的最后一次亮相。

二、大拆大建：明代榆林驿

元朝灭亡后，大都变成了北平，从首都降格为北部边防重镇。加强驿站建设在军事上就显得更有意义了。洪武二十七年（1394），兵部派员到北平重建驿站体系。从北平到开平沿线，朝廷设置了榆河驿、居庸驿、榆林驿等13座驿站，并在榆林驿和土木驿各修筑了一座城堡。

由于是重建，明代初年的榆林驿跟元代的榆林驿已经是两码事了。它的位置，是在今天河北省怀来县的东榆林。目前，这个地方是个村子，还保留了几段土城墙。经过考古学家勘测，榆林驿的城堡大致为正方形，边长280米左右，占地约7.8万平方米。

明代前期，榆林驿一直在平庸地存在着。毕竟，朱元璋、朱棣多次发动对蒙古草原的进攻，把蒙古残余力量打得落花流水，不敢再犯。榆林驿只承接一些传递军情，特别是捷报的差事。虽然忙忙碌碌，但日子过得很平静。然而，这样的宁静生活却被一场突如其来的惨败打破了。

正统十四年（1449）八月，土木堡之变。御驾亲征的明英宗做了瓦剌军的俘虏，他带去的几十万大军也被击溃，损失惨重。紧接着，瓦剌军长驱直入，逼近北京，沿途烧杀抢掠，从居庸关到大同、宣府的驿站大多遭到洗劫，馆舍残破，城堡被毁，驿马惊散。

尽管经此一战，明军元气大伤，但在兵部尚书于谦的统筹指挥下，拱卫首都的明军背城一战，在北京击败了瓦剌军。北京保卫战胜利后，为了增强防御能力，继续发挥驿站传递军情和运送物资的重要作用，于谦下令重整塞外驿站。

明代榆林驿的牌匾（榆林堡南城东孙家房基地出土榆林堡城石刻城门匾一块，楷书“新榆林堡”四字，上款为“钦差分守居庸关等处指挥同知孙，委官千户吉宗文”，落款为“大明正德十三年夏六月吉日立”）

榆林驿由于地理位置得天独厚，当然也在重建之列。

位于东榆林的榆林驿城堡，在战乱中被毁得差不多了，原址修复已经意义不大。朝廷研究后决定另选新址，重建新驿站。现存的榆林驿便是在这种情况下新建的，它的位置就在今天北京市延庆区康庄镇西南的榆林堡村。根据地方志记载和出土文物显示，新建的榆林驿隶属于隆庆卫，于正统十四年（1449）开工，景泰五年（1454）才竣工。

正德十三年（1518），自封“总兵”的明武宗朱厚照，经常带兵到塞外“溜达”，他对塞外的驿站很重视，便对榆林驿城堡的南城进行了扩建。隆庆三年（1569），榆林驿城堡的北城修缮竣工。万历四十五年（1617），榆林驿城堡又进行了重修翻新。

修建新的榆林驿，其实是明朝加强北部边防的诸多措施之一。万历以后，边疆警报逐渐减少，榆林驿迎来了难得的太平日子，正如罗存礼《榆林夕照》载“戍卒已无烽燧警，田家多有稻粱肥”。即便是清兵入关，明清鼎革，对这里的冲击也微乎其微。

三、战事洗礼：清代榆林驿

清承明制，在驿站领域体现得尤为明显。康熙年间，不管上级行政区划怎么调整，榆林驿作为一座重要驿站，从未被裁撤。康熙三十二年（1693），榆林驿被划入宣化府怀来县管辖，专设驿丞管理驿站事务。

据《乾隆宣化府志》记载，顺治年间，榆林驿额定拥有驿马48匹，马夫、杠轿夫等工勤人员93名，每年财政支出311两草折银、1209石6斗豆子、345石6斗麸子，以及工食银1004两，月米334石8斗。康熙年间，考虑到榆林驿任务繁重，驿中先后两次共增加了42匹驿马、25名马夫、2名马牌子、8名铡草夫、1名兽医，财政支出增加了2299两白银。

到乾隆年间，榆林驿额定拥有94匹驿马、101名工勤人员，每年财政支出3819两白银、1209石6斗豆子、345石6斗麸子，月米248石4斗。这个规模一直维持到了同治、光绪年间。

榆林驿的工勤人员众多，但真正管事的只有6人，分别是驿丞1人、攒典1人、皂隶2人、馆夫2人。驿丞的年俸银不过31两5钱2分，皂隶的工食银更少，每年只有12两。这个钱不仅低于知县（45两），而且按照购买力核算，大概属于贫困户。

这种局面到乾隆中叶才有改善。乾隆二十年（1755），榆林驿的财政收归州县管理，这样就可以纳入火耗归公和养廉银的体系之中。第二年，朝廷允许驿丞支取养廉银，并从州县的办公经费里挤出公费银80两，作为榆林驿的办公费。直到乾隆五十八年（1793），榆林驿的驿丞索性被裁撤了。

比起明朝，清朝的北部边疆压力要小得多。由于入关前就结成了满蒙联盟，漠南蒙古和漠北蒙古先后在皇太极和康熙年间纳入清朝版图。清朝北方最大的竞争对手，就是沙皇俄国和漠西蒙古准噶尔部。

相对来说，漠南和漠北蒙古出自鞑靼，比出自瓦剌的漠西蒙古，血缘上离成吉思汗更近，这就让漠西蒙古在正统归属上存在天然劣势，对抗性更强。而沙皇俄国作为外来的新势力，更是被排斥在大漠草原之外。

对于这两个竞争对手的想法，清王朝决策层是心中有数的。沙皇俄国是在扩张抢地盘，顺便捞点经济利益，无意跟清朝死磕。而准噶尔部则是要恢复成吉思汗大蒙古国的故土，进而与清王朝争夺中国北方的控制权。两者对清朝统治的威胁程度有差异，因而清朝应对两者的策略也有不同。

康熙二十四年（1685），清军在雅克萨击败沙俄侵略军。四年后，双方签署了《尼布楚条约》，雍正年间又签署了《恰克图条约》和《布连斯奇条约》。双方通过国际条约的形式划定了中俄东段和中段边界（当然，俄国人在谈判中占了一些便宜），从而让中俄两国从对抗走向和解与互市。清朝正北和东北方向的安全形势稳定了下来。

稳住了俄国人，清王朝腾出手来就要对准噶尔用兵了。康熙、雍正、乾隆三朝，清廷屡屡在西北边陲用兵，乾隆帝把它称为“西师”。这场战争断断续续打了近70年，最终，清军获胜，占领了天山北路（即今新疆北部），准噶尔部不复存在。

战争打起来时，军报繁多，军情紧急。为了方便传递“六百里加急”这样的紧急军情，朝廷专门在榆林驿旁边增设军站，提高信息传递速度，不占用驿站的正常使用空间。

不过，战端一开，情报太多，递送不过来，军站对马匹的需求就会倍增。于是，宣化府沿途各个驿站都要调拨所属马匹，赶赴昌平、延庆等军站。这种通过官府调拨而来的马匹，被称为“协昌马”。俗话说，有借有还，再借不难。可是，“协昌马”似乎是一锤子买卖，即便是前方胜利归来，由于担心战事随时启动，这些马也不会被轻易放走。

有时候，为了满足战事需要，清廷还会增设一些临时台站，抽调军官充实力量。雍正七年（1729），清廷为了准备与准噶尔的作战，从榆林驿到枳儿岭设置了12座临时台站，从驻军中抽调千总、把总等低级军官，每站2人，专门递送公文，特别是加急公文，人员每半年更替一轮。其中，榆林驿的台站规格最高。乾隆元年（1736），清廷与准噶尔暂时议和，这些临时台站中的大部分都予以裁撤，千总、把总们大多返回了军营。

乾隆二十二年（1757），清军平定准噶尔部，两年后平定大、小和卓，西北战事宣告结束。此后，榆林驿过手的紧急军报越来越少，工作越来越闲，管理越来越松。到了清朝后期，日趋松懈的管理让驿站体系变得越发糟糕，《清史稿·兵志·马政》载，驿政弊坏，“越数诛求，横索滋扰，蠹国病民，势所必至”。驿站体系到了非改不可的地步了。

电报的应用和邮政概念的引入，给近代中国的信息传递和物资运输带来了革命性变革。驿站体系与之相比，速度缓慢，成本太高，内部腐败严重，已经跟不上时代需要，到了要退出历史舞台的时候了。

光绪二十九年（1903），湖广总督张之洞等人奏请清廷裁撤驿站，建立全国邮政体系。他们的理由有三：一是“驿站耗财”，二是“驿政文报迟”，三是驿站缺马缺人，“有驿州县马缺额，又复疲瘦，驿丁或倚为利薮，因致稽延”。

当时清廷正在推行新政，接受了张之洞等人的建议，一方面开办邮政，另一方面并未大规模裁撤驿站，而是通过市场的力量逐渐淘汰驿站，让它自生自灭。1913年，北洋政府宣布裁撤全部驿站，榆林驿作为驿站的历史也就走到了尽头。

四、历史遗存：现代榆林驿

现存的榆林驿遗址，早已没了当初信息情报中转站的风采，但还是留下了一些历史印记，承载了元明清时期草原文明与农耕文明交融的历史记忆。

尽管只是残迹，但文物考古学者公认的结论是：位于延庆区康庄镇榆林堡村的榆林驿城堡，是北京地区现存最大的古驿站遗址。

榆林驿城堡的城台遗址

说它“最大”，实至名归：

——城堡规模大。根据实测，榆林驿城堡呈“凸”字形，分为北城和南城两部分，这有点像明清时期的北京城。北城有东门和南门，南城有东门和西门。古驿道穿越南城，城内东西大街称“人和街”，两边店铺鳞次栉比。

——占地面积大。北城近似正方形，周长974米，占地约6公顷。南城为长方形，东西长423米，南北宽245米，占地约10公顷。南北两城加起来有16公顷，面积相当于现在的一个中等小区。

——残存总量大。早在20世纪五六十年代，榆林驿城堡的6座城楼就被拆掉了，城砖、石条大都被当地居民拿去建房子了。当20世纪90年代考古工作者进入调研时，只剩断断续续的土城墙，加起来有800多米，蜿蜒起伏，高低不平，有的地方年久风化，杂草丛生。南北二城的“凸”字形轮廓仍依稀可辨。环绕城墙的护城河早已填平，或种了庄稼，或盖了房子。不过，护城河岸边的古柳，几百年来依旧郁郁葱葱。

——文化价值大。榆林驿城堡内保存着30多处富有明清特色的古建筑、古民居，数量不亚于名气更大的鸡鸣驿。跟鸡鸣驿一样，榆林驿也接待过慈禧太后和光绪皇帝。1900年八国联军攻陷北京，慈禧、光绪西逃时就曾在榆林驿古城堡的刘家公馆小住过，至今那里还保留了南房5间，东、西厢房各1间，颇有塞外民居特色。

——文物数量大。榆林驿城堡内现存文物资源丰富，通过文物普查，在榆林驿总共发现了各类流散文物257件，包括石槽、碾子、磨盘、条石、拴马桩等。在人和西街路南的孙家，还发现了一块明代嘉靖年间紫禁城铺地用的“金砖”，9.5厘米厚，上面有“江南苏州知府黄鹤鸣署知事丁士英管造”等字样。这些文物充分说明，明清时期这里不仅具有军事用途，也有民间接待功能，成为过往官员、客商的必经、必停、必住之地。

2014年，作为长城修缮的一部分，延庆区有关方面启动了榆林驿城堡的城墙遗址抢险修缮工程。如今，这座集邮驿、要塞、交通枢纽为一体的驿站，正在文物部门的精心修缮下，逐渐恢复往日的峥嵘。城墙脚下“全国重点文物保护单位：长城（榆林堡）”字样的文保碑，或许意味着希望和未来。

相信在若干年后，榆林驿城堡将焕然一新，重现“妫川八景”之一的“榆林夕照”，正所谓“阵阵牛羊下远坡，疏林返照夕阳多。数声牧笛归村疃，几缕炊烟出薜萝”。

小贴士　急递铺及其速度

宋朝的信件传输，速度最快的当属“急脚递”，可以做到日行400里。注意，他们不是骑马坐车，而是全凭两条腿，绝对是长跑高手。

一封紧急军事情报的传送，并不是由一名信使从始到终完成，而是由众多长跑能手接力完成的。在攻打交趾的战争中，朝廷专门在东京到广西的沿途设立多个“急递铺”，方便信使休息和换人接力。

蒙古族人很善于学习汉族王朝的统治经验。在他们看来，急脚递的核心技术，不是跑不死的信使，而是沿途设置的急递铺。在元朝的站赤体系中，急递铺出现在全国各个驿道。急脚递也逐渐取代了步递，成为公文传递的主要途径。

在元朝，一般每10里、15里或25里设一个急递铺。每铺的设施规格大体差不多，都有一枚12时轮子、一座红色门楼、一枚牌额，这些是急递铺的典型标志。

急递铺里最重要的角色当属铺兵。他们得准备夹板、铃铛、缨枪、包袱、蓑衣和油绢。准备夹板和包袱是用来确保信件完好不破损；准备蓑衣则意味着信件随到随送，即便刮风下雨，也要毅然前行，用蓑衣不仅可以给自己挡雨，也能确保信件不被淋湿；至于缨枪，当然是防身武器了。

送信的时候，他们系皮带，挂铃铛，持武器，带雨衣，怀揣文书前行，晚上还得举着火把。听到铃声由远及近，驿道上的行人和车马都要避让。跑到下一铺时，信使把揣在怀中的信件拿出来，交给在此等候多时的另一位信使。后者继续赶路，一站站传递下去，直至抵达目的地。前者累得气喘吁吁，就地休息，而后等待下一个任务。

虽说铺兵最多只跑25里就能抵达下一铺，换人继续跑，但腿脚不利索的人依然进不了这个队伍。至元二十八年（1291），中书省规定，“铺兵须壮健善走者，不堪之人，随即易换”。想占着铺兵的名额吃皇粮，跑腿时雇人顶替的人，根本无机可乘，因为随时都有官员前来巡视和督查，验明正身，谨防假冒；想路上偷懒延误日期的信使，更是逃不脱相应的惩罚，因为每铺都有一名书记官，把两个信使交接的时间记录在案。

急递铺送信的效率确实很高。按照马可·波罗的说法，步递10天才能送到的信件，靠急递铺的依次传递，只要两天两夜。从大都摘下的水果，原先要10天才能运到上都，通过急递铺运输，前一天早上摘好，次日傍晚就能送到。这样的速度，在当时是够快的。

元朝统一后，公务不减反增，送信量直线上升，而铺兵没有相应的增补。许多铺兵疲于奔命，难以完成任务。至元二十八年（1291），官府不得不对原先一律要求每昼夜跑400里的规定做出修正：“转递匣子内文字，一昼夜须行四百里；其余文字发遣，既无繁文，转递亦多省力，一昼夜拟行四百里。”

“须”和“拟”，一字之差，意味着要求的放松。后来，这样的放松被具体化了：“除边远军情、紧速等事，差委使臣勾当外，据应合入递文字，责令总铺依例类缄发遣，限一昼夜行三百里。渡涉江河，风浪险阻，不拘此限。”一般文书的递送程限，被削减到了每昼夜300里甚至更低。

龙场九驿
——奢香夫人的理想与现实

乌江上游的鸭池河，是贵州境内的一条重要界河，河西称为水西地区，河东称为水东地区。长期以来，水西是彝族的聚居区，水东是苗族的聚居区。

水西地区位于黔西北，内接贵阳，西毗四川、云南的彝族区，战略地位非常重要。历代中原王朝欲经营西南，必须首先控制水西地区。要想真正控制水西地区，必须跨越崇山峻岭修路，把水西和内地连通起来。

明代初年，水西修建了龙场九驿，开辟了从贵阳出发，直达黔西北地区的重要通道，使朱元璋经略西南的理想落地，成为现实，对川黔滇交界地区的政治、经济、社会和民族融合产生了深远影响。

谁能想到，实现这一理想的水西土司，竟是一位女中豪杰，她就是奢香夫人。而修建龙场九驿的初衷，居然是为了兑现一个承诺。这是怎么回事呢？

一、平静水西

水西，原本是一个地理概念。这个地方，涵盖了乌江上游鸭池河以西的黔西北地区。后来，水西又演化为一个政治概念，泛指彝族阿者部贵族长期统治的区域。它包括了两部分：

一是“水内”，也就是水西的本土，主要是今天的大方、水城、黔西、六枝、纳雍、织金、金沙一带，基本上在毕节、六盘水的辖区里。

一是“水外”，也就是水西的“郊区”，主要是今天的息烽、修文、清镇、平坝、普定一带，它们地处鸭池河以东、三岔河以南。

先说说水西。

水西地区的阿者部，是个古老的家族。按照彝族文献记载，这个家族早年从云南东川进入贵州，以今天大方县为中心，建立了地方政权。

阿者部跟内地政权也早有联系。三国时期，诸葛亮七擒孟获，这个家族就曾经帮着诸葛亮运粮派兵，立下功劳。蜀汉政权赐予其“罗甸国王”的封号，相当于承认了阿者部家族在水西的统治。

再说说水东。

水东地区的统治家族宋氏，祖上是真定府（今河北正定）的名门望族。北宋初年，这个家族的首领宋景阳奉命率军出征，平定西南，立下战功，宋太祖赵匡胤就封他做了“大万谷落总管”。从此，宋氏家族就世世代代留在贵州，成了水东地区的实际控制者。

很显然，一千多年前，要想在黔西北出人头地，既要靠战功，更要靠背景。跟中原王朝结盟，为王朝统一事业做贡献，才是成功之道。

千百年来，水西和水东地区，虽然经济落后，交通闭塞，但生活平静，过着与世无争的日子。即便是元朝统一全国后，朝廷也只是实行羁縻政策，给个官衔，让这两个地方名义上归属元朝，实际上还是各自为政，自己说了算，也就时不时给元朝进贡而已。

明代初年，朱元璋经略西南，兵锋直指仍被元朝残余势力控制的云南。要想进军云南，要么取道四川，要么取道广西，要么取道贵州。取道四川，蜀道难于上青天，道路艰险，走起来费时费力；取道广西，路程绕远，气候湿热，瘟疫横行，当时的中原人受不了。相比之下，从贵州入滇是最佳选项。

但万一贵州乱起来，跟明朝对着干，要么是明军进不了云南，要么是进了云南的明军粮道中断，陷入孤立无援的境地。

对于朱元璋来说，要想进军云南，必先搞定贵州。因此，朱元璋确定了“先安贵州，后取云南”的战略方针。他很清楚，贵州地区影响最大的两股势力，就是水西土司霭翠和水东土司宋钦。这两个人的态度至关重要。

其实，霭翠和宋钦都接受过元朝的册封，霭翠担任四川行中书省左丞兼顺元等处宣慰使，宋钦担任昭勇大将军、顺元都元帅。相比来说，霭翠地位更高。可是，眼下摆在他们面前的只有两个选项：要么归附明朝，帮着明朝消灭云南的元朝残余；要么跟定元朝，与朱元璋斗到底。

霭翠和宋钦审时度势，看到了明朝统一已是大势所趋，与其逆潮流而动，不如顺势而为。洪武四年（1371），霭翠和宋钦正式接受招抚，效忠明朝。第二年，二人来到明朝的首都南京，接受册封。

面对两个倾心来归的首领，怎样册封？如何恰当平衡二人的关系？这是摆在朱元璋面前的难题。对此，朱元璋的处理原则是看前朝给的官衔，以及各自管辖区域的重要性。

水西在贵州彝族的各大土司里势力最大、地盘最大，它与乌撒、乌蒙、东川、芒部、普定、普安、永宁等土司辖区毗连。稳定了水西，就可以稳定周边各个土司辖区，从而稳定贵州。

长期以来，水西形成了一套政权、族权、军权合一的政治制度，权力集中；相比之下，水东的权力结构比较松散。况且，元朝给霭翠的官职比宋钦更高。这样一来，朱元璋的天平就向霭翠倾斜了。

于是，明朝在贵州设立了贵州、播州、思南、思州等4个宣慰司。其中，贵州宣慰司就管辖水西和水东。霭翠被封为世袭贵州宣慰使。要知道，在明朝的职官体系中，宣慰使是从三品，是土司里的最高官职。而且朱元璋还给了霭翠一项特权：“贵州宣慰使霭翠位居各宣慰之上”，这就充分拔高了霭翠的政治地位。

宋钦为贵州宣慰同知，相当于霭翠的副手。他俩的办公场所就设在贵阳。

面对“皇恩浩荡”，霭翠自然有所回馈。他主动为进军云南的明军借道、运兵、提供给养，先后准备了1万匹马、1万石米、1万顶毡子、1万头牛、1万只羊。在霭翠和宋钦的配合下，明军迅速平定云南，完成了统一。

王朝统一，并不意味着天下太平。贵州的乌撒、云南的乌蒙和东川先后发生骚乱。明军大举镇压，一片血雨腥风。

老百姓无家可归，呼天抢地之际，猛然发现，与它们毗邻的水西地区并没有参与叛乱，保持和平稳定。于是，大家扶老携幼，甚至举着火把连夜跑到水西来避难。

事实证明，霭翠的政治选择是正确的。他不仅获得了独特的政治地位，而且享受了长期的和平环境，麾下也扩张到四十八部，实力强劲。可以说，水西地区风景这边独好。

这样的太平日子里，最幸福的莫过于霭翠的妻子奢香夫人。奢香夫人，彝族恒部扯勒首领的女儿。这个部落位于今四川古蔺，属于泸州的一部分，因而奢香是地地道道的川妹子。据说她14岁那年就嫁给了霭翠，过起了贵妇人的舒服日子。

可是，这样的岁月静好被一场突如其来的变故打破了。

洪武十四年（1381），霭翠病逝，长子年幼。为了稳定水西政局，考虑到奢香夫人在水西的政治影响力比较大，朱元璋毅然摒弃传统，让奢香夫人出面，代理贵州宣慰使。就这样，川妹子奢香走上了政治舞台。

二、飞来横祸

熟悉清代历史的朋友都知道，雍正皇帝对云贵地区实行了改土归流，废除了当地世袭的土司，全部改由朝廷委派官员去治理，彻底实现了中央政府对西南地区的直接管辖。这是对巩固王朝统一非常有意义的一件事。

其实，改土归流这件事，早在明朝初年就开始筹划了。这是朱元璋经略云贵念兹在兹的梦想。因为在他看来，虽然霭翠、宋钦归顺了朝廷，但毕竟不是朝廷直接委派的官员，用起来总是不太放心。

据《明太祖实录》卷七五载，洪武五年（1372），霭翠奏请朝廷出兵帮忙镇压叛乱。可朱元璋的表态非常决绝："蛮夷多诈，不足信也。中国之兵，岂外夷报怨之具耶？宜遣使谕蛮中守将，慎守边境，霭翠所请不从，将启边衅，宜预防之。"

意思是说，少数民族头领都很奸诈狡猾，他们说的话不能全信。官府的军队怎能帮他们镇压叛乱？传令西南前线的将士都要小心谨慎，守好边境。霭翠的奏请有可能会引发边疆战争，因此要做好防范。

十年后，在霭翠为进攻云南的明军运粮运兵，提供帮助的情况下，朱元璋还是对前线统帅傅友德说："至如霭翠辈不尽服之，虽有云南，亦难守也。"意思是说，倘若霭翠等人没有完全臣服，我们就算是打下云南，也守不住。

朱元璋甚至曾想过"其水西霭翠地方，必会十万之上军数踏尽了，然后方是平定"。不管霭翠是否真心臣服，直接派兵把水西踏平，心里才踏实。

这些话语，字里行间表达的，其实就三个字：不信任。也正是因为不信任，朱元璋才有了改土归流的考虑。然而，贸然取消土司，改派朝廷命官，容易惹出乱子。于是，他设计了一个渐进式渗透的办法：

一方面，朝廷对云贵采取羁縻政策，放手让霭翠、宋钦这些土司管理当地；另一方面，朝廷在贵阳设置都指挥使司，派驻军队，搞军事渗透。他把一个叫马烨的家伙调来做都指挥同知，相当于军队二把手。

别看是二把手，马烨新官上任，立功心切，打算干掉所有土司，换上朝廷命官，给改土归流提提速。于是，他到处找茬，随意杀戮，搞得彝族各部人人自危，大家给他起了个外号叫"马阎王"。

马烨也知道"抓主要矛盾"的道理，他很清楚，奢香夫人在贵州各个土司里地位最高、势力最大。如果把她拿下，其他土司就会树倒猢狲散。于是，他给奢香夫人扣了一顶谋反的帽子，把她抓了起来。

如果仅仅是有事说事，倒也无可厚非。可马烨盛气凌人，上来就称奢香是"鬼方蛮女"，竟"叱壮士裸香衣而笞其背"，也就是让人脱了奢香的衣服，用竹片子抽打她的脊背。

"裸香衣"意味着人格侮辱，少数民族首领因受辱而起兵的历史案例并不罕见。马烨打算制造事端，激怒彝族民众，让土司们坐实“谋反”的名声，从而顺理成章地出兵剿灭。

不出所料，水西四十八部首领齐集奢香的大营，纷纷要求起兵，为奢香报仇。情势危急，一触即发。奢香虽然忍得了剧痛，却不知该怎样面对汹汹群情。

当此关键时刻，贵州宣慰同知刘淑贞站了出来。

刘淑贞是水东土司宋钦的遗孀。宋钦死后，她奉旨接管了水东地区。跟奢香经历相似、地位相仿，使刘淑贞对奢香的遭遇非常同情。不过，刘淑贞表现得更克制，她劝奢香不要轻易起兵，最好还是进京申诉，争取和平解决，“天子不听，反未晚也”。

奢香听进去了，明确表态“反非吾愿”。接下来，她该怎么办呢？

三、一诺千金

奢香夫人画像

关于奢香夫人的故事，最早的版本当属明成化十年到十二年（1474—1476）间问世的《安氏家传序》。这是由奢香的后裔、贵州宣慰使安贵荣出面，邀请国子监祭酒周洪谟为自己家族写的家传。其中简短记述了奢香夫人的遭遇：

洪武二十二年（1389），马烨殴打奢香的事情发生。恰好侍郎郑彦文在贵州出差，奢香夫人就偷偷找到郑彦文，请他代为奏报朝廷。朱元璋获悉这一事件后，不但将马烨召回，而且宣奢香夫人进京朝见。朱元璋命内臣引奢香入宫觐见太后，还给了很多赏赐进行抚慰。

这段记述虽然简短，但至少有两个槽点：

首先，早在元朝末年朱元璋就已经父母双亡，因此，他的宫里根本没有太后。

其次，按照《明太祖实录》记载，洪武二十二年（1389）以后，奢香夫人都是派人进京朝贡的，没有当面朝见朱元璋。

我们今天所熟知的奢香夫人的故事，比较成熟的版本是明嘉靖年间田汝成写的《炎徼纪闻》，叙述非常详细。在田汝成笔下，奢香夫人蒙难的事情发生后，刘淑贞替她出面，去京城告状。

见到朱元璋后，刘淑贞表示，水西的彝族各部已经归顺多年，没有过错。马烨无事生非，一旦把乱子闹大，后果不堪设想。

朱元璋虽然深以为然，但没有马上决断，而是先回宫征求马皇后的意见去了。这是为什么呢？

原来，马烨就是马皇后的亲侄子。要不要惩治马烨，马皇后的意见很重要。按正常逻辑，马皇后会为马烨说好话。不过，朱元璋放出一句话来，把马皇后的嘴堵上了："朕固知马煜（即马烨）忠洁无他肠，第何惜借一人以安一隅也。"意思是说，我深知马烨的忠心，也知道马烨鞭打奢香的真正用意，但如果回护他一人，就没法安定西南一方啊！朱元璋的言外之意，就是要牺牲马烨，换取贵州太平。

很显然，马烨没救了。马皇后必须深明大义，顾全大局。她把刘淑贞召进后宫，请她把奢香夫人请到京城来。于是，奢香夫人得到消息，星夜兼程，赶到京城。

见到朱元璋后，奢香夫人先是陈述了自己守土有功，反遭马烨殴打的经过。没想到，朱元璋提了个问题："汝等诚苦马都督乎？吾将为汝除之。然汝何以报我？"意思是说，你们肯定恨透了马烨，如果我把他收拾了，你们准备怎么报答我？

奢香夫人答：愿世世代代谨守各部，让他们不敢造反。

朱元璋说：这是你的职责所在，怎么能算报答呢？

奢香夫人答：贵州与四川的通路长期阻塞，我愿出面修路，方便驿使往来。

就这样，朱元璋和奢香夫人达成了一桩交易。朱元璋替奢香夫人出气，奢香夫人替朱元璋修路。朱元璋争取了人心，消弭了叛乱的苗头，奢香夫人为云贵地区加强与内地的联系做出了贡献。这是一桩双赢的交易。

接下来，朱元璋召见马烨，历数其罪，将其处斩。他册封奢香为“顺德夫人”，刘淑贞为“明德夫人”。马皇后也赐宴谨身殿，赏赐丰厚。朱元璋还传旨：奢香夫人和刘淑贞回贵州时，途中所到之处，当地官员都要陈兵列队，夹道欢送。

奢香夫人沉冤昭雪，回到水西，游说各部，一场行将发生的叛乱还没开始就结束了。

田汝成的这段记述，情节丰富，惟妙惟肖。各种地方志、私家著述、学术专著、通俗读物都加以采用。就连《明史》和《明史纪事本末》也对田汝成的记述深信不疑，基本沿袭。不过，如果细究起来，其中的破绽还是有很多的。

四、槽点丛生

如果我们拿出《明实录》来比对，会发现田汝成的记述里满是硬伤：

——马皇后有没有马烨这么个侄子？

在马皇后家族里，没有子嗣继承家业。这就意味着马皇后别说侄子了，连兄弟都没有。马烨不可能是马皇后的侄子。

——马烨在贵州军事系统中究竟算老几？

洪武十五年（1382），朝廷设立贵州都指挥使司，作为贵州最高军事机构。据《明史》载，洪武十八年（1385），顾成升为贵州都指挥同知，相当于军队二把手。洪武二十九年（1396），他又升为右军都督佥事。期间根本没说马烨任贵州都指挥同知一事。

更何况，作为军队一把手的都指挥使程暹，在这个位子上待了十几年，直到洪武二十九年（1396）还在任上。怎么可能坐视自己的副手如此跋扈呢？

——奢香和马烨有没有交集？

马烨在调到贵州之前，长期在陕甘地区指挥作战，先后担任岷州军民指挥使司指挥佥事、陕西都指挥同知。他如果与奢香夫人有交集，也只会在洪武二十四年至二十六年（1391—1393）。这个时候，奢香夫人主导的驿道工程基本完工，因而不可能出现拿马烨的性命换取奢香在贵州修路的情节。

——马烨究竟有没有被处死？

洪武二十九年（1396），奢香夫人去世，年仅38岁。四十多年后，也就是正统四年（1439），马烨率军在贵州镇压叛乱，依旧活跃在边疆战事的第一线。如此说来，马烨活得好好的，根本没有被处死这档子事。

《明实录》是明朝隔代纂修的正史，其中的《明太祖实录》经过三次纂修，到永乐年间才算编完。由于它近乎当代人修当代史，又有官方背景加持，自然很有权威。

值得一提的是，虽然《明太祖实录》里为了美化朱元璋和朱棣的形象，有篡改史实的现象，但关于奢香夫人、马烨等人的记载，并没有政治禁忌，也就没有篡改的必要了，可信度是比较高的。

尽管清代学者邹汉勋在道光年间编纂的《大定府志》里，对奢香蒙难的情节做了调整，比如把故事发生的时间安在洪武十六年到十七年（1383—1384），把马皇后的戏份调整为淑妃，试图弥补奢香故事里的种种槽点，但仍旧百密一疏，许多硬伤还是被保留了下来。

那么，奢香夫人挨打这件事，究竟是不是子虚乌有呢？

马烨的确是个性格蛮横的军事长官，以“政令明肃，人莫敢犯”著称。修建贵阳城的时候，他要求城砖的厚度要达到5寸，只要有哪块砖达不到这个厚度，就要处死这块砖的烧制者。如此严苛的要求，使得贵州城的城墙的确坚固。

从马烨的行事风格看，他以粗暴态度冒犯甚至殴打奢香的可能性是存在的。这么做当然会招致众怒。田汝成把马烨的下场定位为被处死，其实也反映了贵州彝族百姓的这种情绪。

五、修路初衷

按照田汝成《炎徼纪闻》和谷应泰《明史纪事本末》的说法，奢香夫人和刘淑贞在申冤雪耻后，就履行承诺，在贵州展开了声势浩大的修路行动。在两位女英雄的领导下，当地百姓克服艰难险阻，劈山开路，轰轰烈烈，豪气万丈。

这里有个问题：奢香夫人为什么对修路有那么高的积极性呢？难道仅仅是为了兑现一个承诺吗？如果不修路，中原王朝对贵州的控制就会更难，这不就有利于她继续在水西搞“独立王国”吗？

从《明太祖实录》中不难发现，最早提出在贵州修路的人并非奢香夫人，而是朱元璋。

洪武十五年（1382），明军进攻云南取得决定性胜利。朱元璋连续发布了两道谕旨：第一道是让征南大将军傅友德宣云南、贵州各土司到南京来，特别强调霭翠夫妇也要来；第二道是让水西、乌撒、乌蒙、东川、芒部、沾益等土司参与修建内地直通云南的驿路。这第二道谕旨的原文如下：

> 今遣人置邮驿通云南，宜率土人随其疆界远迩，开筑道路，其广十丈，准古法以六十里为一驿。符至奉行。

这里面提到的水西、乌撒在黔西北地区，乌蒙、东川、沾益、芒部在云南境内。由此可见，朱元璋下令修建的应该是从四川经由黔西北连通云南的道路。

其实，这条路在元代已经大致定型，只是不太好走。朱元璋此举只是为了修缮、疏通原有道路，增加驿站，而不是新开道路。

既然皇帝有旨意，作为水西地区的军政首脑，奢香夫人当然要照办。因此，奢香夫人在水西组织修建驿路，是奉旨办事，不是主动而为。

那么，朱元璋为什么力主在贵州修路呢？

首先，这与贵州重要的地理位置有关。

我们前面讲过，从内地进入云南有三条传统路线：取道四川，取道广西，取道贵州。当时四川蜀道艰险，广西疫病肆虐，只有贵州看起来还好一些。因此，只有把贵州的路修通，才能保障朝廷控制西南，特别是控制云南。

贵州到云南的驿路，简称滇黔驿路，可以分为东线和西线。东线从湖南经由黔东，穿越贵州全境，进入云南；西线从四川泸州、永宁进入水西、乌撒，最后抵达云南沾益。

看得出来，西线穿越水西，东线靠近水西。不管是西线还是东线，水西的位置都很重要。清代学者彭而述就强调："水西僻处黔壤中，实蜀滇三省要害也。"因此，修路这件事必须让奢香夫人来操办。

其次，这与贵州驻军的后勤补给有关。

有明一代，贵州经济落后，赋税收入微薄，连本地的官员和军队都养不起，地方财政只能靠四川、湖南、云南三省接济，三省接济的数额甚至超过了贵州全省的税收。即便如此，当地仍然存在官府钱不够花、拖欠官兵粮饷的情况，甚至有些低级别官员"饿死不得返"。

如果没有畅通的驿路，朝廷派到当地的官员以及都指挥使司的驻军就被隔断，信息闭塞。而这些官员和驻军的本职工作之一，就是维护滇黔驿路的畅通。

洪武十七年（1384），奢香夫人进京朝贡，朝廷赐给她文锦、绮、珠翠、如意冠、金环、袭衣，等等。赏赐之多、恩遇之隆，远远超出了其他土司。

其后几年，朱元璋多次称赞水西"诚恪"。当明军在贵州平定叛乱的时候，有将领提出顺便扫平水西，被朱元璋当即否决。洪武二十九年（1396），奢香夫人病逝，朝廷不远万里派使臣前来悼念。

看得出来，朱元璋对水西土司的态度发生了根本性转变，从将信将疑变成了信任尊重。这个变化，跟奢香夫人落实朱元璋的旨意，修建龙场九驿有很大关系。

那么，什么是"龙场九驿"呢？

六、驿路神话

田汝成长期宦游西南，他在《炎徼纪闻》中讲述了奢香夫人修路的壮举："奢香乃开赤水、乌撒道以通乌蒙，立龙场九驿。"

谷应泰在《明史纪事本末》里也记载：奢香"除赤水、乌撒道，立龙场九驿，达蜀"。《明史》更提到，奢香"遂开偏桥、水东，以达乌蒙、乌撒及容山、草塘诸境，立龙场九驿"。

这里出现了一个名词，叫作“龙场九驿”。这是什么呢？

龙场九驿，指贵阳通向黔西北地区的通道上分布的9座驿站。它们分别是：龙场驿（今在修文县城）、六广驿（今在修文县六广镇）、谷里驿（今在黔西县谷里镇）、水西驿（今在黔西县城）、西溪驿（今在黔西县西南大渡桥侧）、金鸡驿（今在大方县城南）、阁鸦驿（今在大方县西北）、归化驿（今在大方县内）和毕节驿（今在毕节市）。

9座驿站像一条珍珠链把水西和水东地区连了起来，构成了黔西北地区重要的交通大动脉。

历史地理专家结合史料记载和实地勘察，复原了奢香修建的驿路工程。奢香以贵阳为中心，新开辟或整修了五条古驿道：

第一条向东，经龙里、平越（今贵州福泉）、黄平，抵达偏桥（今贵州施秉）。

第二条向西，从水西出发，经毕节过乌撒（今贵州威宁），抵达乌蒙（今云南昭通）。

第三条向东北，经水东过草塘（今贵州瓮安），抵达容山（今贵州湄潭）。

第四条向西北，经毕节、赤水进入四川。

第五条连接水西和水东，沿线修建了龙场九驿。

虽然龙场九驿只是连通了省内道路，但它能在毕节驿连上第二条道路，直通乌撒、乌蒙，从而打开贵州通往云南之路。

路通了，贵州与云南、四川的联系更加紧密，经由贵州进出内地更加方便，正所谓“九驿邮初置，三巴路已通”，“自是大道通而西南益辟”。

路通了，奢香得以多次造访南京，“每岁贡献不绝，报施之隆，亦非他土司所敢望也”。她还把长子送到南京国子监读书，接受儒家思想熏陶。

路通了，朝廷借以推进改土归流，于永乐年间设立贵州布政使司，从此，贵州由土司割据变成了中央直辖，政治局面焕然一新。

路通了，贵州经济、社会面貌发生了巨变。有明一代，迁入贵州的汉族移民多达百万，既有随军家属，也有商人工匠，他们改变了当地的民族构成，促进了民族融合。在他们的推动下，贵州农技大大改进，垦田增加一倍，依托商业的小城镇也迅速成长起来。

路通了，贵州充分开发了文教资源。奢香夫人“躬亲倡文明”，聘请汉儒兴办宣慰司学堂。贵州布政使司创办了一批卫学、司学、府学、社学。正德年间，王阳明在龙场悟道讲学，带动贵州各地兴建了30多所书院。

值得注意的是，奢香夫人在给各个驿站配发装备的时候，并没有平均分配，而是有多有少。《嘉靖贵州通志·徭役》记载了龙场九驿各个驿站的装备情况：龙场驿有马23匹，铺陈23副；六广驿有马18匹，铺陈18副；谷里驿有马19匹，铺陈19副；水西驿有马22匹，铺陈22副；西溪驿有马17匹，铺陈17副；金鸡驿有马21匹，铺陈21副；阁鸦驿有马18匹，铺陈18副；归化驿有马和驴共24匹（头），铺陈24副；毕节驿有马和驴共24匹（头），铺陈24副。

这里的“铺陈”就是床位。现在的大城市都有高档宾馆，城市越大、级别越高、人口越多，高档宾馆相应就越多。按理来说，明代驿站的装备也应该是这个道理，越靠近中心城市，驿站的使用频率越高，装备的马匹和铺陈就应该越多。可是，龙场九驿不是这样。

在龙场九驿里，距离水西的统治中心慕俄格城最近的西溪驿，配备的马匹和铺陈是最少的。这是为什么呢？

《道光大定府志·山水记》里似乎给出了一部分答案：“奢香置九驿，不欲道出于所居，故自黔西南门绕出大方之南而辏阁鸦、西溪。”意思是说，奢香夫人虽然修了龙场九驿，却不想让这些驿站靠近她的居所，因此这条驿路没有取直线，而是拐弯绕道。

西溪驿还有个别称，就叫“奢香驿”，这是为了纪念奢香夫人修建驿路的丰功伟绩而命名的。既然打上了“奢香”的烙印，选址又靠近水西的统治中心，难以绕开，那就干脆少配车马床位，让这座驿站经常处在“客满”的状态，婉拒路人，给奢香留几分清静。

奢香为什么要这么做呢？

其实，奢香很清楚朱元璋修驿路的战略谋划。对于修路这件事，她的心态是矛盾的。一方面，修路有利于巩固王朝统一，这是民族大义；另一方面，修路意味着水西失去了“独立王国”的资本，只能对明王朝长期臣服，她于心不甘。

其实，奢香面对的，就是王朝利益和地方利益、整体利益和局部利益的矛盾。在挡不住的历史大势面前，她选择了顺应潮流，毅然修通龙场九驿；然而，两种利益的冲突让她难以取舍，特别是反对修路的土司大有人在。在这种情况下，她能做的只有回避。有时候，回避也是一种政治智慧。

可以说，奢香为巩固王朝统一所付出的牺牲，不仅仅有人力、物力上的，更有精神上的。

走要走大路，大路通，文化通，王朝统。走要走大路，曲径通幽，格物致知。龙场九驿不仅开辟了王朝统一之路，更成就了阳明心学之路，不断书写着新的历史传奇。

小贴士　“花式”送信

历史上出现过不少有趣的送信方式：

——鸡毛信。明朝正德年间，云南有部落滋扰地方州县，“令人分投赍报鸡毛木刻，上写‘本司大小村寨，若不顺从，定在日下统兵杀害’”。鸡毛附于木刻文书之上，用来标示内容紧急重要。

——“千里牛”。西晋地方官员荀晞为了向朝廷表忠心，送礼品，自然希望越快越好，于是设计了“千里牛”的通信速递业务。从兖州（今山东济宁）到洛阳，“千里牛”可以“旦发暮还”，往返千里。

——骑骆驼送快递。南北朝时期，北方统治者大多身处边疆，习惯于使用骆驼作为交通工具。北魏孝文帝进行汉化改革，督促鲜卑贵族改用汉姓。在那个年代，不同的姓氏差别很大。如果能够冠以社会公认的豪门大姓，就意味着身份地位高人一等。许多贵族便以最快速度向朝廷寄自荐信，汇报本族的历史多么悠久，先人多么伟大，最近几代人都做过什么大官，立过什么战功，以求博得豪门大姓。有些人甚至派人“星夜乘明驼，倍程至洛”，骑着骆驼，日夜兼程把自荐信送到洛阳。

——悬鼓抓贼。北魏孝文帝时期，兖州刺史李崇刚上任就遇到盗匪横行的问题。他下令每个村建一鼓楼，高悬一鼓。如有盗贼前来抢劫，立即击鼓，向全村和邻村报警。村村配合，使盗贼无处躲藏，通通被击退。这种靠声音传递信息的方式，与烽火台有异曲同工之妙。

——狗当信使。西晋诗人陆机养了一条大狗，名曰黄耳。陆机久居洛阳，思念江南家乡，便有一搭没一搭地对黄耳说：“我跟家里已经很久没通信了，你能不能帮我捎信啊？”没想到这狗摇着尾巴，汪汪叫起来，似乎同意了。陆机很惊讶，马上写了封家信，找个竹筒装信并绑在狗脖子上，放它出门。黄耳竟自寻道路，向南行进，居然找到了老家，还带着家里的回信返回洛阳，交给陆机。其后，陆机索性就让黄耳当信使，在江南和洛阳之间来回跑。

——鲜花速递。南朝宋有个诗人叫陆凯，跟著有《后汉书》的大学问家范晔是好朋友。两个人一个在江南，一个在长安。一天，陆凯赏梅时遇到北去的驿站信使。他想起远在长安的范晔，甚为想念，便摘了一朵含苞待放的梅花，挥毫写下一首五言诗：“折花逢驿使，寄与陇头人。江南无所有，聊赠一枝春。”请信使将花和诗一并带给范晔。这恐怕就是中国最早的鲜花速递了。

——风筝报信。南朝梁太清三年(549)，降将侯景叛乱，包围建康。南朝梁武帝萧衍困守台城，消息断绝，外援不济。这时，有个孩子建议用风筝向外报信求救。太子萧纲认为可以一试，就扎了个像鸟一样的大风筝，背面绑上告急文书，用长绳子放出。然而，纸风筝放出去几次都被叛军用箭射落。大批援军就在城外，但都畏葸不前，等着老皇帝困死，再收拾残局。结果，守了130天的台城陷落，86岁的萧衍在台城被活活饿死，萧纲被俘，当了两年傀儡皇帝就被侯景杀死。

银川驿
——养外室引发的明末大变局

明崇祯十七年（1644）三月十九日拂晓，崇祯帝上吊自杀。

生前，他曾抱怨“诸臣误朕”，死后请李自成起义军“无伤百姓一人”。然而，当他的遗体被抬出紫禁城时，“诸臣哭拜者三十人，拜而不哭者六十人，余皆睥睨过之”。

这样的场景，想必胜利者李自成也会唏嘘不已。他一定在想：如果你真的怜悯百姓，为什么我会起义？如果你真的知人善任，为什么会抱怨“诸臣误朕”？如果你真的深得人心，为什么多数人对你的遗体“拜而不哭”或“睥睨过之”呢？

崇祯生前是个改革家，夙兴夜寐，励精图治，致力于革除弊政，重振大明。然而，他至死都没搞清楚：明朝灭亡跟他的改革不无关系。其中最致命的一项改革，竟然跟银川驿和养外室有关。这又是怎样的“奇葩”事呢？

一、养外室引发的闹剧

天启年间，宦官魏忠贤专权，官场黑暗，朝政日非。

监察御史毛羽健为人正直，弹劾奸臣，得罪了魏忠贤，不仅丢了官，还被除籍（开除宦籍）。他非常泄气，灰溜溜地回了老家。

几年后，天启帝驾崩，崇祯帝继位，魏忠贤倒台。原先被魏忠贤打击陷害的官员纷纷复职，毛羽健也不例外。

复任监察御史的调令传来，毛羽健得意扬扬，孑然一身从老家回到京城。或许是自我感觉太好，他趁糟糠之妻不在身边之机，就在京城养了一个外室。两个人出双入对，如胶似漆。

突然有一天，糟糠之妻找上门来，对外室拳打脚踢。毛羽健自知理亏，跪了一天一夜，祈求老婆大人高抬贵手。

挨过这一关，毛羽健躺在床上辗转反侧，怎么也想不明白：老婆怎会知道我在京城养了外室，又靠什么从湖北老家迅速赶到千里之外的京城呢？显然，唯有驿站能帮她。没错，老婆正是调用了驿站的资源，沿着驿道一路向北，直达北京。

红颜美事被毁，他不敢对老婆说三道四，只能赌气认定：一切都是驿站惹的祸。毛羽健越想越窝火，恨得咬牙切齿，决心奏请裁撤驿站。

在写给崇祯皇帝的奏疏里，毛羽健把驿站狠批了一通："兵部勘合有发出，无缴入。士绅递相假，一纸洗补数四。差役之威如虎，小民之命如丝。"他把驿站的弊病概括为两方面：一是管理失控，二是成本太高。

毛羽健的老婆，要么是伪造了兵部的函件，要么是利用官太太的身份从兵部要来了函件。不管她通过哪种途径获得了使用驿站的资格，有一点是可以肯定的：驿站管理严重失控，什么人都能用。

毛羽健的奏疏，无非是重复以前的驿站改革论调。话说得在理，但崇祯还是觉得，驿站体系规模浩大，牵扯人员和利益太多、太复杂，不能说裁就裁。毛羽健的奏疏算是白写了。

正巧，毛羽健有个亲戚叫刘懋，在刑部当官，觉得毛羽健的建议有道理，也奏请朝廷裁撤驿站，说裁掉驿站可以省出100万两银子，足以弥补军费亏空，保障对后金战事所需。

这话说到了崇祯的心坎上。关外后金崛起，被崇祯视为心腹之患。然而万历以来，由于朝廷连年征战，花销巨大，财政吃紧，加上气候异常，灾害频发，粮食减产，时有饥荒，加剧了财政经济状况的恶化。任何一个可以省钱的主意，都会被崇祯视为救命稻草。

对于崇祯来说，解决财政困难，最简便易行的办法就是在自家一亩三分地做文章。既然裁撤驿站不仅能缓解钱荒，还能根除积弊，还等什么？那就裁吧！

究竟该裁哪些驿站？谁又会成为这轮驿站改革的倒霉蛋呢？

二、海瑞的“五马三驴”

对于驿站的积弊，朝野上下早有共识。正如嘉靖二十年（1541）一份诏书中所说，“近年以来，驿递疲惫太甚，良由差役浩繁，加以包揽之徒，倚公侵费”。的确，明朝后期的驿站管理非常糟糕。有些驿站非常奢华，成了拉关系、求升官的场所；更多驿站年久失修，管理混乱。决策层意识到，驿站非改不可。

嘉靖三十四年（1555），清官海瑞还只是福建南平的一名教谕。不过，细心观察时务的他发现，驿站的最大难题是耗费太巨，地方官府苦不堪言。造成这个局面的原因，竟然是明朝的财政支出科目里没有“差旅费”一项。

驿站名义上隶属于兵部，过境官员凭兵部开具的函件就可享受驿站提供的相应待遇。不过，兵部只开单子不拨款，驿站的招待费都是由所在州县衙门自行承担。明初，官僚机构规模较小，而且朱元璋管得很严，据说一品官出门，随行不得超过10人，行李不得超过200斤。因此，这方面的开支不算多。到嘉靖年间，官僚机构膨胀，繁文缛节增多，官员出差频繁，接待开支骤增。有些官员出行，排场很大，车马、随从数量严重超标，驿站苦不堪言。一旦州县衙门供给出现问题，驿站就会难以维系，甚至逐渐荒废。

著名理学家王阳明曾被贬为龙场驿丞，他亲身体验了官员们对“关文”（兵部出具的给驿凭证）的造假舞弊。据他透露，“近来多有奸诈之徒，起一关文，辄就洗改。或改一名为二三名者，或改红船为站舡者，或改口粮为廪给者，或改下等马为中等上等马者，或改有司支应而夤缘驿递应付者”。

在驿站事务上，不仅官员们舞弊，而且皇帝和身边的太监带头违法，真是“上梁不正下梁歪”。正德年间，明武宗朱厚照多次出巡，每走一遭，都耗费甚巨。他下江南，要沿途驿站准备美女和珍宝，供他寻欢作乐。他倒是乐了，沿途水驿的驿夫不够，就大量征发临时劳力，多达几十万人，不仅农活耽误了，而且由于疫病流行，因患病死去的人很多。而这些，荒淫的朱厚照是不管不问的。

司礼监太监刘允奉命到西藏迎接活佛，在沿途水驿不仅吃饱喝足，而且大肆挥霍和勒索钱粮。他的排场很大，水面上的船只首尾相连，长达200多里。在成都的锦官驿，他不仅每天支用粮食百石，蔬菜银百两，而且置办了价值13万两的入藏物资。或许这个驿站一百多年来都没碰上过如此难伺候的主儿，只好向周围驿站求救。这样做的后果就是驿站苦不堪言，驿官大量逃亡，驿站管理渐渐荒废。

朱元璋曾规定，乘用驿站提供的车马，必须到内府领取符验，相当于通行证。而符验是被严格管控的，不能随便发放。只有军情重务和奉旨差遣者，以及亲王、公侯、驸马等才能使用。另外，外国使臣和土司来朝、官员赴任距离超过1500里、年老有病的军人以及官员遗属还乡也可以使用驿站车马。其他情况一律禁止。符验在办完事后必须交回。

可到了永乐十年（1412），朝廷对来京朝见的1500多名官员进行检查后发现，真正持有符验的只有80人，其他人手中或没有符验，或已经过期。但他们都想尽各种办法，使用了公家买单的驿站车马。这给驿站带来的负担之大，前所未有。

理清驿站的问题后，海瑞提出了解决之法，并将其整理到他的两篇文章《驿传议》和《驿传申文》里。在他看来，“驿递之疲”，根子就在“关文冒滥”。解决这个问题，有三个办法，分为上、中、下三策。

上策为治本之举。“当一切裁其不合法例者，而复国初五马三驴之法。”意思是说，废除一切不合理的规章制度，恢复本朝初年立下的“五马三驴”之法。

什么是“五马三驴”呢？

其实很简单，就是每个驿站只配备5匹马、3头驴。如果有信使或官员路过驿站，需要使用脚力时，长途的骑马，短途的骑驴。朱元璋这么做，就是要减少官僚机构里的繁文缛节，尽可能精兵简政，限制不良风气的滋长。

海瑞认为，一匹可以拉1000斤货物的马，如果只让拉1000斤，它可以走得很轻松；但如果让它拉1万斤，它就会很吃力，甚至连蹄子都抬不起来，最终被压垮。现在的各州县就有点像这匹马，如果负担超负荷，财政就会破产，经济就会垮掉，难以恢复。所以，根治驿站问题，归结到一点上，就是千方百计减轻州县的负担。

在海瑞看来，朱元璋的办法最行之有效，作为“祖宗之法”，实行起来阻力也小。然而，减轻负担绝非朝夕之功，实行起来肯定有难度。于是，他还提出了一个中策。那就是按照相关规定，制订各州县对过境官员的接待标准。执行公务的官员过境，如果愿意接受本州县的接待，凭兵部的给驿凭证就可以入住驿站，一切按规矩来；如果嫌档次低，或者压根不是执行公务，没有兵部的给驿凭证，对不起，希望您绕开本州县，别来叨扰，本州县有权不予接待。

他还提了个下策，就是接待任何过境官员都不搞迎送仪式，只管必要的吃住用度。

很明显，中策和下策都是当时的官员很难接受的，实行起来会得罪不少人。其实，海瑞是希望决策层能采纳上策的。可是，在其后很长一段时间里，这个上策也未得到重视，被束之高阁了。

在海瑞之前，宣德年间的兵部尚书张本、东平州知州李湘，以及景泰年间的兵部尚书于谦，都曾提过类似建议，或禁止“常事泛滥给驿”，或解决地方恶棍把持驿站管理权，借以残害百姓的事情，或建议将罪犯发往闹灾地区的驿站，输纳粮草以赎罪，缓解驿站的物资供应紧张局面。不过，他们的建议终归只是建议，即便实施，影响也微不足道。驿站改革的关键，还得靠决策层。具体来说，就是皇帝的决心。

三、张居正改革

嘉靖皇帝虽然信奉炼丹术，追求长生不老，长期不理朝政，但不得不佩服的是，他紧抓核心权力不放，对朝廷控制严密，令奸臣和宦官虽然有机会上下其手，但绝不敢超越底线。能做到这一点，说明他并未因服食丹药过量而神志恍惚，反倒头脑格外清醒。

嘉靖三十七年（1558），嘉靖皇帝亲自责令兵部拿出裁撤驿站船只、马匹的具体方案，以根治驿站开支浩大的麻烦事。有皇帝一句话，兵部赶紧草拟了一份《裁省驿递事宜》的工作方案，提出用削减下来的驿站经费来充抵军饷。同时，将符验改成勘合，朝廷颁发5种勘合，将有资格乘坐驿站车马的人员分门别类。在这个基础上，除两京会同馆，其余驿站削减30%～50%的经费，将省下来的钱拿出一半供给军队。

谁都以为皇帝重视了，问题就会迎刃而解，但恰恰事与愿违。后来兵部也被迫承认，这次克扣驿站经费充抵军饷的做法，只为户部和军饷各增加了区区几万两银子，"其利于军饷者十之一二，其害于驿传者十之八九"。克扣来的驿站经费，跟军饷的巨大需求相比，就是"九牛之一毛耳"。但驿站经费减少后，驿夫逃亡和马匹缺乏的问题日益凸显。

嘉靖四十一年（1562），倭寇突然攻占兴化府（今福建莆田），大肆洗劫。更糟糕的是，由于驿站缺少马匹，这么重大的军情竟被耽搁，直至40多天后才送到北京。吃了大亏的明王朝终于意识到，仅仅机械地限制驿站经费，无助于解决长期积累的矛盾。于是，嘉靖帝批准了兵部提出的"驿递钱粮宜复旧规"的奏疏。此前的改革算是彻底失败，白忙活了。

嘉靖后期到隆庆年间，内阁大学士之间的派系倾轧此起彼伏，最终的胜利者是张居正。他在年仅10岁的万历皇帝登基之后，迅速成为权倾朝野的内阁首辅。针对明王朝沉积已久的问题和矛盾，他进行了一次外科手术式的改革。对于驿站的改革，他首先选择从限制特权入手，推出了6条禁令。包括：

——官员非奉公差和军务，不得使用驿站。随行的人员、车马超过规定数量，驿站可不用应付。

——抚按司府各衙门所属官员“不许托故远行参谒，经扰驿递”。

——使用驿站的官员，只能由驿站供给吃住，“有司不许擅派里甲”。

——过往驿站的官员，只能按照朝廷规定的标准接待，按级别享受相应待遇，不得多吃多占。

——凡是官员丁忧、起复、给由、升转、改调、到任等，一律不得使用驿站。

——严禁驿站办送各种金钱、礼品、宴席等。

他还对给驿凭证的管理进行了改革，提高了驿站递送信件的效率。让他这么一改，全国驿站的经费开支削减了1/3，负担减轻了不少。

为了推进改革，张居正以身作则，严于律己，做出榜样。他儿子参加乡试，按规定应该在家乡应考。北京到江陵相距近两千里，张居正还是宁愿花钱租车，也不让儿子占公家的便宜，使用驿站车马。他父亲过寿辰，张居正回乡祝贺，也不用驿站车马，而是叫仆人背着行李，自己骑着毛驴回老家。他弟弟回乡养病，保定巡抚根据病情，特批了一张驰驿勘合（给驿凭证），允许他使用驿站车马。张居正听说后，马上叫人把驿站的车马追回，并附上一封信责问弟弟，意思是说，我正在进行改革，为朝廷立法，在这种情况下，你怎么能搞特殊？

在律己的基础上，张居正对身边的大臣要求也很严。一次，甘肃巡抚侯东莱的儿子擅自使用驿站车马。张居正得知后，立即下令革除这个孩子的官荫（因官吏有功于国而荫其子孙为官）。这就相当于断了孩子的政治前途，处罚是很重的。这样的整顿，确实让许多达官贵人在打驿站的主意之前，得先想想这样做值不值。

张居正的这场改革的确取得了一些效果。万历四十八年（1620），户科给事中应震评价：“从来驿传困民，无能厘革，而居正当国，士大夫非奉尺一（指给驿凭证），虽修涂县不得续劳所在干糇，两都大臣、诸方面赴任，至僦民舟车，就旅店食，岁省夫舆庖廪之费若干。”他把“清驿递以恤民劳”的功劳，主要记在了张居正头上。确实，张居正的改革令朝野震动，小民欢呼歌颂。

四、崇祯时的“大拐弯”

遗憾的是，张居正改革只推行了十年便在他去世后被废止了。保守派借口“裁削过当”“致累贫民”，呼吁“宽驿站之禁”。禁令解除了，开支浩大的问题依旧困扰着各地的驿站。

其后的几十年间，明王朝的决策层把改革成果的老本吃了个精光。皇帝本人，要么如万历皇帝一样怠政，要么如天启皇帝一样做木匠活，总之是不理朝政，不务正业。皇帝身边的人，比如万历皇帝枕边的郑贵妃，天启皇帝身边的宦官魏忠贤，都上下其手，弄权祸国，搞得朝政日非，党同伐异。不仅官场日渐黑暗，而且朝廷的处境越发危险。

明王朝的处境危险突出表现在三个方面：

一是外患频仍。万历年间打了三次大仗，号称“万历三大征”，包括平定蒙古族人哱拜叛变的宁夏之役、抗击日本丰臣秀吉政权入侵的朝鲜之役，以及平定苗疆土司杨应龙叛变的播州之役。虽然这三场战事明朝打赢了，却花费了巨额军费，财力为之虚耗。17世纪初，女真在东北兴起，建立了后金国，并与明王朝分庭抗礼，大有取代之势。明朝与后金的战争，败多胜少，丢城失地，损兵折将。朝廷军饷不济，只好施加于百姓，向他们加派辽饷。

二是内忧严重。比起前任，崇祯帝确实更勤政，但谈不上更贤明。他疑心很重，动辄以小的过错惩治人。他在位17年，大学士换了50人，兵部尚书换了14人。在关外英勇抗击后金的著名将领袁崇焕就被多方猜忌，乃至以谋反罪名被凌迟处死。崇祯时期的官场已经人人自危，无暇顾及朝廷的生死。

三是气候异常。17世纪前期的中国，气候多变，旱灾、蝗灾频发，许多农田减产，甚至颗粒无收。朝廷收不上来税，只好在账面上欠着。而军队要打仗，很多机构要正常运转，这似乎都成了朝廷的负担。崇祯帝渴望减负，但又不知从何下手。

财政危机、人事危机、气候危机，已经把崇祯帝逼上了绝路。他选择断臂求生，先在自己的一亩三分地想办法，那就是裁撤冗员和冗余机构。驿站被列入了裁撤名单。

崇祯帝上台的第二年就下令大幅度裁撤驿站，以实现“苏驿递，足国用”的目的。这么多的驿站，怎么裁呢？他指派官员把万历年间钦定的《给驿条例》找出来，按照“俱裁十分之六”的标准进行修订。就这样，原先51条的条例缩水到12条，原先划定的官员给驿特权大为缩减。

新条例里规定，京官三品以上才能发给勘合，使用驿站，四品以下一概没资格使用。虽然还是充满了“官本位”色彩，但三品以上的官员毕竟人数较少，如果实施，驿站的负担能够减轻很多。可当新条例稿本呈报到崇祯帝面前时，他还是认为“裁酌尚滥”，要求继续删改。这时，主管大臣哭丧着脸说，都从51条变成了12条，早就超出了“俱裁十分之六”的标准。要是再删，干脆把整个条例废除得了。崇祯帝这才作罢，签字认可，同意实行。

从这个事例可以看出，崇祯帝裁撤驿站的决心很大。可有时候，矫枉过正不见得是好事，用力过猛会适得其反。有官员认为，明朝江山已经“溃烂而莫可救”，如果改革措施操之过急，可能会造成“欲安而得危，图治而得乱”的不良后果，甚至会将明朝推入万劫不复的境地。还有官员认为，“驿递之设，贫民不得自食者赖之，裁之太过，将铤而走险”。开设驿站，可以让那些不能自食其力的穷人靠它混口饭吃，万一裁撤太过，这些人将陷入绝境，什么事都干得出来。这些善意的提醒，崇祯帝根本听不进去。

过度的“裁驿”，本想省出更多的银子，实现“苏民困，恤邮传”的目标，但真正的效果是，这些银子全部变成了军费，老百姓并没有享受到改革的红利，负担一点都没减轻。更可怕的是，许多驿夫、驿卒甚至驿官因为自己供职数十年的驿站被撤，既丢了饭碗，又没了出路。留给他们的只有三条路：要么坐地等死，要么逃亡异地，要么揭竿而起。

“官逼民反”，是所有人耳熟能详的成语。其中的“逼”字，有时候并非官府刻意攫取百姓利益，而是官府主观上带有正义性的改革，结果由于政策失误而办砸，客观上损害了百姓的利益。官府显得很无辜，但受伤的总是百姓。崇祯的裁驿改革就是这样。它将引起一场政治风暴，足以掀翻明朝近300年的社稷。而这场导致明清鼎革的风暴，竟然源自前述的那场养外室的闹剧。

银川驿的一个驿卒，就成了这场闹剧的牺牲品之一。他的名字，叫李自成。

五、银川驿的倒霉蛋

李自成早年当过兵，退伍后托关系进了银川驿。根据《米脂县志》和《延绥镇志》记载，他进银川驿是在天启六年（1626）。这年，他20岁。

银川驿，其实并不在今天宁夏首府银川。关于银川驿的具体地理位置，我们至少查到了两种说法：

其一，在今甘肃积石山县银川乡，位于银川河谷中段。从河州（今甘肃临夏州）出发，沿着银川河，可以直通河西走廊，乃至青海。银川驿就是这条路线上的第一座驿站，也是银川河畔的渡口之一。作为交通要冲，其战略位置得天独厚。明代中叶以来，朝廷在这里开通茶马互市，开设榷场，银川驿的接待量骤增，发挥了更重要的作用。

其二，在今陕西米脂县老城的马号圪台。按照《康熙米脂县志》的记载，李自成跑"快递"的范围，是北到榆林鱼河堡，南至绥德州，分别距米脂县90里和80里。

两相对比，第二种说法更可靠一些。因为李自成就是米脂人，当初找工作应该还是首选本县的驿站，既方便托关系，又能兼顾家里。

李自成在这样的驿站工作，虽说只是当个驿卒，薪水也不高，但好歹算是"铁饭碗"，旱涝保收。有时迎来送往，他还能吃点回扣，赚点外快，日子过得不差。

正是毛羽健和刘懋的奏请，改变了李自成的命运。崇祯年间，朝廷宣布裁撤驿站。李自成就在这轮裁撤大潮中丢了饭碗。

李自成为什么会被裁呢？历史文献显示，李自成是犯了事，被知县晏子宾"炒了鱿鱼"。《明史·李自成传》记载："及长，充银川驿卒。善骑射，斗很无赖，数犯法。知县晏子宾捕之，将置诸死，脱去为屠。"李自成被裁掉，是因为他"数犯法"，而且情节严重，"将置诸死"。

那么，他究竟是犯了多大的事呢？

据史书记载，银川驿接连死了3匹驿马，可能是公务太忙，长时间奔跑，累死了。李自成身为驿卒，相当于"弼马温"，当然要承担主要责任。恰好赶上裁员大潮，上级给了裁员名额。裁谁呢？知县晏子宾想来想去，还是觉得应该把犯事的人裁掉，既对上完成了任务，也对下说得过去。于是，李自成就被裁了。

晏子宾公事公办，给李自成的处理意见就两条：第一，驿马死了，得赔钱；第二，就地辞退。

"铁饭碗"没了，李自成只好回老家谋生。他运气还不错，回去以后先是做了屠夫，后来谋了个里长的差事，跟当年刘邦那个"泗水亭长"的级别差不多，负责催收赋税之类的杂事。

可是，家里也不太平。很快，他就吃了官司。

吃的是什么官司呢?《民国米脂县志》有这样一句话："值催科甚迫。"怎么解释呢？大概有两种说法。

第一种，李自成回到老家，囊中羞涩，为了给那3匹死掉的驿马赔钱，他只好去找乡绅艾诏借钱，欠了一屁股债。

第二种，李自成当了里长以后，由于管的片区人口大量逃荒，但赋税仍按黄册上的人口摊派，他根本收不齐，完不成任务。为了不被知县老爷问责，他只好向艾诏借钱，先把税银垫上再说。

不管真相是哪种，结果是一样的：李自成根本没有偿还能力，到期还不起本息，就被艾诏告到了县衙。

虽然文献记载残缺凌乱，但多种文献对比表明，在晏子宾离任后，王象兑走马上任，成为米脂县知县。王象兑，山东新城（今山东桓台）人。新城王氏是当地名门望族，明清两代出过30位进士、50位举人。由于这个家族出了太多官员，故而号称"王半朝"。王象兑没中过进士，只是通过明经走入仕途，从曹州训导做起。由于组织曹州军民抵抗白莲教起义军有功，才被越级提拔为米脂县知县。

比起王氏家族的那些显贵，王象兑只有贡生功名，官职最大也就做到了知县，在家族中实在排不上号。可是，崇祯七年（1634）王象兑去世后，其子孙在王氏宗祠旁建了座"米脂祠"，称王象兑为"米脂公"。几百年来，米脂祠在桓台县屹立不倒，说明王象兑的影响力，比王氏家族的那些高官、进士要大得多。这又是为什么呢？

《民国米脂县志》给出了答案："县令笞之，加以杻。"也就是说，李自成吃了官司后，被押上大堂，挨了一顿揍，然后带上了刑具。还有一则文献记载，说李自成被"械而游于市"。这就不仅限制了李自成的人身自由，而且还进行了"游街"这样的人格侮辱。

其实，王象兑是个做事情很负责任的基层官员。《康熙新城县志·王象兑传》记载："米脂，边邑，岁输榆林粟数千石，吏相缘为奸，富民至荡资产。象兑立合同票，发官民各执其半，吏用屏息。"意思是说，米脂县是边塞重镇，每年要承担向榆林驻军供应粮食的任务。当地胥吏从中舞弊，擅自增加富户的纳粮额度，从中克扣，中饱私囊，把富户逼得倾家荡产。王象兑到任后，为了克服这一弊端，就当场立字据，写清楚权责义务，一式两份，官府留一份，纳粮人留一份。这样一来，胥吏就没空子可钻了。

既然打击作弊这种事王象兑都能做得清清楚楚，明明白白，那么对于欠债还钱这种事，王象兑当然是眼里揉不得沙子。对付欠债不还的"老赖"，不管有千般理由，一律从重处理。

王氏族人至今还流传着王象兑当年责打李自成的故事：

王象兑当米脂县知县的时候，李自成在县衙当捕快班头。乡下有人领头闹事，王象兑就让李自成带人去抓捕。可是，由于李自成跟闹事的领头者有姻亲关系，所以他经常"跑风漏气"，导致抓不到人。王象兑很生气，就在县衙大堂上让人用棍子揍了李自成一顿。

李自成也很委屈，离开大堂时顿足捶胸，长吁短叹。就在这时，堂檐上掉了几片瓦。王象兑见状，非常吃惊："李声震屋瓦，非碌碌辈也！"他觉得得罪了李自成，以后没好果子吃，赶紧给上级打了报告，辞官不做，告老还乡了。

回到老家之前，王象兑还带走了一块一尺八寸见方的青石。据说，这是李自成跪过的石头。如今，这块青石就镶嵌在米脂祠正前方的地面上，用护栏围了起来，以示纪念。

传说毕竟是传说，跟历史事实有些出入，比如把李自成在米脂县的职位搞错了。不过，有一条信息是没有争议的，那就是王象兑在米脂县知县任上，曾“笞打”李自成。当然，后来王象兑确实辞官而去。

李自成吃了官司，挨了打，受了辱，还是还不起钱。这可怎么办呢？

六、闹剧变成了战争剧

李自成运气不错，在监狱里待的时间不长就有亲戚出面保释，捡了一条命。

回家以后，他又发现一件不堪的事：老婆趁自己常年在外，居然跟别人有了奸情。

欠债蹲监狱，头顶“一片绿”，这两件事让乡亲们议论纷纷，李自成颜面丢尽，在家乡没法待下去了。

出狱之后，李自成一直在琢磨自己为什么这么倒霉，他把一切都归咎于债主艾诏以及自己的老婆。于是，他把这俩人先后杀了。

两桩命案，震惊全县，倘若落网，必死无疑，李自成只好离开米脂。由于通信条件所限，李自成隐姓埋名，竟然又逃过一劫。

命案暂时避过去了，但吃饭问题依旧迫在眉睫。当年被裁出驿站，最让他头痛的，就是“铁饭碗”没了。如今，陕甘各地都在遭灾，务农经商都不容易，更何况李自成不是那块料。对他来说，当务之急，还是先找个吃皇粮的差使。于是，李自成在甘肃甘州（今张掖甘州区）投军，再次端起了“铁饭碗”。

李自成当过兵，也当过驿卒，再次入伍，自然技艺娴熟，俨然老兵，故而很快就被提拔为把总，在基层士兵里有些威信。可是，让他不如意的是，这支部队经常欠发军饷。李自成不满意，其他士兵们也不满意，怒火在军中一触即燃。

不久，部队行军，途经榆中（今兰州榆中），欠发饷银的事让大家忍无可忍。于是，李自成振臂一呼，发动兵变，杀死参将和知县，揭竿而起。一年后，李自成投靠了农民军里实力最强的“闯王”高迎祥。又过了六年，高迎祥阵亡，李自成被推为新的“闯王”，率军席卷中原。崇祯十七年（1644），李自成攻陷北京，“埋葬”了明王朝。

至于毛羽健，并没有因奏请裁撤驿站而得宠升官。不久，名将袁崇焕被诬陷处死，毛羽健替他求情，被视为党羽，再次丢官，郁郁而终。

有人说，如果不养外室，或者没被捉奸，毛羽健或许就不会提议裁撤驿站，也就不会抢走李自成的饭碗，逼他起义。有人说，即便李自成不起义，也会有别的失业驿卒起义。正如南京右都御史唐世济所说，“流寇有四：一乱民，一驿卒，一饥黎，一难氓”。

当李自成步入承天门，享受胜利的欢呼时，他一定想不到，逼他起义的，竟和一位七品监察御史养外室惹的祸有关。

改革不是疾风骤雨，改革不能一蹴而就，改革家须有自我修正的勇气，更须有循序渐进的耐心。改革不光是利益重新分配的过程，更是解放生产力、创造新财富的过程。与其在分配份额上斤斤计较，不如把蛋糕做大，在发展中克服阻力，在发展中推进改革，实现共赢。这或许是明末驿站改革留给今人的最深刻启迪。

也许是李自成的缘故，清王朝对银川驿有些忌讳。顺治五年（1648），银川驿被裁撤。如今，该地只留下围墙遗址，长宽各150米，仍在继续诉说着那个由于养外室引发的裁撤驿站大事件，以及由此给明代末年中国历史大变局带来的深刻影响。

小贴士　驰道的规矩

驰道虽宽，却分三六九等，不是什么人都能走的。

驰道的“中央三丈”，也就是路中间宽七八米的范围内，是“天子道”，只有皇帝及其车辇才能行走。官员、贵族和信使经过特许，可以在“天子道”外两旁行走。这样，皇帝走“主路”，大臣走“辅路”就成了规矩。“尊卑有差”在路权上的反映，就是驰道上出现了分隔带。谁也不准乱走别人的道，尤其是

“中央三丈”，那是绝对意义的禁区。不过，这么宽的好路，还是让许多人心驰神往，总想尝试突破禁区，享受一把畅快前行的感觉。

馆陶公主是窦太后的女儿，又是汉武帝的姑母兼丈母娘，在贵族圈里享有崇高声望。一天，她的车队行走在驰道中央，碰到绣衣使者江充。公主以为江充会恭恭敬敬地让道，没想到却被他拦住去路，一顿呵斥。

公主非常生气，厉声说道：“我有太后的诏书。”江充也毫不客气地回道：“既然你有太后诏书，你就走吧，但车马充公！”绣衣使者是汉武帝钦定的监察官员，负责督捕长安附近的盗贼，监察勋贵的越礼过分行为。堂堂馆陶公主刚好“中枪”，只好灰溜溜地下车，独自一人离去。

江充敢对馆陶公主发飙，不仅因为他霸道，更说明驰道的规矩的确“尊卑有差”。

当然，驰道的规矩也有例外。汉武帝很敬重自己的乳母，就给她特权，可以在驰道中央行走。但这只是特例，不具有普遍性。

除了驰道中央非经允许不得行走，还有一条规矩也比较严，那就是不允许随意穿行驰道。这条规矩，一方面是确保驰道畅通无阻，避免发生交通事故耽误事；另一方面更好理解，穿行驰道必定经过“天子道”的区域，这是不能随便乱走的。

汉成帝刘骜当太子时，曾接到父亲汉元帝的紧急召见。来到长安城下，看着四通八达的道路，刘骜脑子有点乱。虽有太子之尊，他也“不敢绝驰道”，只好绕着走，走到直城门，这里有平交路口，刘骜才“得绝乃度”。获悉这个消息，汉元帝感到这些规矩确实过分，但毕竟是祖宗定下的制度，不能轻易更改。于是，他干脆法外开恩，特许太子穿行驰道。

驰道的路肩虽然没有护栏，但也形同半封闭式的城市快速路。由于没有过街天桥，有穿行需求的人必须从每隔几里才有的平交路口穿越驰道，而不能直接跨越。为了显示君王的尊贵，驰道中央对绝大多数人禁行，这与后世皇帝和高官出巡地方，净水泼街、鸣锣开道如出一辙。为了维护等级制度，确保驰道畅通，任何人都不得直接穿行驰道，由此带来的麻烦数不胜数。

虎皮驿

——书写英雄传奇

后金天命十年（1625）四月初九，虎皮驿。

这是位于今辽宁沈阳郊区的一座驿站，全称“虎皮营驿城”，它距离沈阳和辽阳都是30公里。明清时期，它是辽沈两地主干道上的中转站之一，也是路人在两地间往来时停歇的最佳场所。

这天，努尔哈赤在这里住了一宿。这是他从辽阳迁都沈阳的路上必经的一站。躺在卧榻上的努尔哈赤，想必不仅憧憬着进驻沈阳时的荣光，也会忆起几年前在这里的殊死血战。

虎皮驿，成为明亡清兴历史瞬间的诸多见证者之一。

一、明代东北驿递体系

虎皮驿设立于洪武二十一年（1388），作为明代全国驿站体系的一部分，它是明王朝加强对东北地区影响和管辖的重要节点。

洪武元年（1368）正月，刚刚称帝的朱元璋就下令“置各处水马站及递运所、急递铺……专在递送使客、飞报军务、转运军需等物。应用马、驴、舡、车、人夫，必因地里量宜设置”。

这套驿站体系是分了层次的。京城设有会同馆，作为全国驿站的总枢纽；京外各地设置水马驿、递运所、急递铺，这三种驿站类型层次不同、职能有所差别。

水马驿，又叫水马站，是最常见的驿站类型。它又细分为水驿、马驿和水马驿三种，主要是服务水路、陆路和水陆两用的交通通信，主要职能是“递送使客”和“飞报军务”。

按照明朝的规定，驿道上每60里到80里设一座驿站，这一密度显然不如唐朝（每30里设一座驿站）。每座驿站配备的车船、马匹、脚夫数量，皆可因地制宜。比如，位于交通要冲的驿站，配备驴马30～80匹，不在交通要冲的驿站，配备驴马5～20匹。

同样是马匹，品种档次不同，提供的草料数量也不同。上等马每年每匹配备草料100石，中等马80石，下等马60石。根据信使随身携带信函的轻重缓急，驿站会提供不同等级的马匹。

驿站的正常运营，离不开“人吃马喂”。接待过客是必不可少的一项业务，明朝官方规定，每座驿站宴请重要过客标准为每日廪米5升，接待普通过客的标准为每日廪米3升。

当然，无论是马匹的草料，还是宴请接待的酒菜，这些运营成本都要摊派给驿站所在州县的老百姓，这是一笔躲不掉的非税负担。

递运所，比起水马驿，规模要小一些，档次要低一些。它跟水马驿配套设置，有的跟水马驿同处驿城，有的跟水马驿分城设置，主要职能是“转运军需”。因此，递运所跟水马驿的最大区别，就是水马驿既有水运，也有陆运，既有送信，也有运货，还要接待过往客人，而递运所只负责运货，而且这个“货”主要是军用物资。

虎皮驿的前身就是递运所，洪武二十年（1387）在虎皮营城内开设，由定辽后卫左所管理。

明代的递运所会配备两辆车，一大一小，大的可装载10石大米，配套3个脚夫、3头牛、10条布袋；小的可装载3石大米，配套1个脚夫、1头牛。这些脚夫，一般都要自己出粮出牛，所以通常都得家底殷实。这也成了那个时代百姓给朝廷效力的“义务”，躲不掉的。

急递铺，规模更小，档次更低，主要职能是“公文递送”，也就是送信。辽阳、广宁（今辽宁锦州）都设有急递铺。

很显然，水马驿、递运所、急递铺对任务做了区分。水马驿综合性更强，递运所和急递铺则分担了水马驿的运货和送信的任务。

这三种类型的驿站在明代的辽东都有存在，它们以辽东都指挥使司驻地辽阳为中心，向西经海州（今辽宁海城）、广宁、宁远（今辽宁兴城）到山海关，向北经沈阳、铁岭至开原，向南经盖州、复州（今辽宁瓦房店复州城）、金州至旅顺口，向东经通远堡、凤凰城（今辽宁凤城）至鸭绿江西岸的镇江堡（在今辽宁丹东）。这四条驿道及其水马驿、递运所、急递铺，共同构成了相对完整的明代辽东驿递体系。

四条驿道中，向北从辽阳到开原的那条，第一站就是虎皮驿，第二站是沈阳驿，第三站是懿路驿，第四站是铁岭卫银州驿，第五站是抚顺驿，第六站是开原驿。它们就像高速公路的六个服务区一样，迎来送往，虎皮驿的重要性也不言而喻。

二、清代东北驿递体系

到了清代，虎皮驿又是什么样的呢？

《盛京通志》记载：“十里河城，（盛京）城南六十里，周围一里一百三十步，南一门。明时设兵防守，称虎皮驿。”盛京就是沈阳，它在清代取代了辽阳的地位，成了整个辽东，乃至整个东北的交通中枢。

以盛京为中心，清王朝开辟了通向山海关、开原、凤凰城、法库、兴京（新宾，也就是后金旧都赫图阿拉）、金州的6条驿道，途中各设3～13座驿站，各驿站之间相距40～80里，形成效率较高的干线交通网，继续承担着传送命令、飞报军情、转运军需的任务。

其中，盛京到凤凰城的驿道设置了8座驿站，分别是虎皮驿站（又叫“十里

勘合

河站”）、迎水寺站（在今辽阳东北10公里的迎水寺）、浪子山站（在今辽阳东南）、甜水站、连山关站、通远堡站、雪里站、凤凰城站，再往南就要跨过鸭绿江直达朝鲜了。

在明代，各地的驿站归各省的承宣布政使司管理。考虑到承宣布政使司是全省最高长官，可见驿站的地位很高。不过，辽东的定位是军事辖区，没有设置主管民政的承宣布政使司。于是，辽东的驿站包括虎皮驿，都归辽东都指挥使司管理，相当于纳入了军管。清承明制，驿站仍由省里最高长官管理。辽东的最高长官是盛京将军，当然也就兼管驿站了。

清代官方有明确规定，凡是官员、信使、士兵因差驰驿者，必须持有兵部发给的邮符，方能免费使用驿站的各种资源。

什么是邮符呢？其实就类似于今天的批文、执照。邮符分两种，一种叫“勘合”，一种叫“火牌”。官员由京出差发给勘合，驿站按该官员的级别，配备相应的坐骑以及陪同人员的车马，如果走水路，还可以提供船只和船夫。如果是信使、士兵，从京城出发，携带公务或公文，会同时携带兵部给的火牌作为凭证，向沿途驿站亮明并接受查验后，领取口粮，享受相应的食宿和交通待遇。

虎皮驿也不例外。

关于虎皮驿，日本人曾根俊虎在《北中国纪行》一书中，曾记述了1875年7月4日至8月9日，从天津至盛京游历时的所见所闻，其中写道：

> 此日（1875年7月24日）大晴天，暑气稍强。行程九十里。先前经过的十里河驿站，路旁有两座庙。庙的围墙上横刻着“虎皮驿”三个大

字，左右还刻有“万历某年某月重修”几个小字。我想大概十里河在明代称为虎皮驿。

经过历史地理学家的考证，在沈阳市苏家屯区辖境东南，有一条发源于辽阳的十里长河奔流而过，这个地方由此得名“十里河”，演变为今天的十里河街道十里河村。虎皮驿就坐落于此。如今，它是沈阳市第六十五中学校址。

那么，努尔哈赤是怎么看上这座驿站的呢？

三、辽东战场的前哨站

万历四十七年（1619）三月初一，萨尔浒（今辽宁抚顺大伙房水库附近）。

明军总兵杜松率领3万大军，在这里兵分两部：主力原地待命，1万人作为先锋进攻吉林崖。他没想到，这将是他人生中的最后一战。

一年前，努尔哈赤打出了“七大恨”的旗号，出兵攻陷抚顺、清河堡，毁城而去。辽东明军接连溃败，让太久不理朝政的万历皇帝也颇感忧虑。他决心抽调四川、甘肃、浙江、福建等地兵力，号令朝鲜、叶赫部出兵策应，并加派饷银，拼凑了11万人的军队，兵分四路，讨伐努尔哈赤。明军的统帅是兵部左侍郎杨镐，他坐镇沈阳，统筹各路。

杨镐指挥过二十多年前的抗倭援朝战争。跟那个时候相比，明朝军队的战斗力严重削弱。虽说明军在辽东集结的总兵力比后金约多一倍，但因为欠饷缺粮，将领掣肘，搞得士气低落，士兵屡有逃亡。而且朝廷财政亏空，根本无力长期维持这支大军。

因此，杨镐是不打算打这一仗的。他期待用这支大军，吓退努尔哈赤，争取逼其讲和，体面地撤军。可是，努尔哈赤不吃这一套，拒绝讲和。万历皇帝又三天两头催促，杨镐只好硬着头皮，兵分四路，对后金发起进攻。四路大军分进合击，准备在赫图阿拉城下会师。

没有现代通信工具，四路大军很难做到齐头并进，杜松部行军最快，李如柏部行军最慢。分路进攻，实际上相当于分散了兵力，给后金各个击破提供了时间差。努尔哈赤敏锐地发现了这个问题，确定了“凭尔几路来，我只一路去”的打法，集中优势兵力，逐个击破敌人。

杜松孤军冒进，被后金主力军分割包围，全部歼灭。随后，努尔哈赤转过头来，先后击败马林和刘綎，李如柏见势不妙，只好掉头撤回了沈阳。配合刘綎作战的朝鲜和叶赫部的军队也全军覆灭。杜松、刘綎在此战中阵亡，马林也在随后的开原保卫战中阵亡。

萨尔浒之战，成为明朝和后金争夺东北控制权的转折点。经此一战，明朝君臣吓破了胆，无力组织军队主动进攻。后金将士打出了威风，掌握了战场主动权。明朝在辽东的统治岌岌可危。

当此危急关头，万历皇帝决定换帅。杨镐引咎辞职，随后被拘押、处决，李如柏遭到弹劾，自杀身亡。兵部右侍郎熊廷弼临危受命，担任辽东经略，指挥辽东军事。

熊廷弼是来收拾烂摊子的。他抵达当时辽东的首府辽阳后，第一件事肯定是到前方调研，了解情况。他派佥事韩原善到沈阳安抚慰问前线将士，韩原善害怕，不肯去。接着，他又派佥事阎鸣泰去，阎鸣泰走到虎皮驿，吓得大哭，不敢往前。谁都知道，从虎皮驿往沈阳方向走，随时有可能遇到后金骑兵。

无奈之下，熊廷弼只好亲自去巡视，途经虎皮驿抵达沈阳，后又冒着大雪连夜赶往抚顺。总兵贺世贤劝他，那里太靠近敌人了，千万别去。可是，熊廷弼表示：“冰雪满地，敌人想不到我来。”于是，他带人敲锣打鼓就进了抚顺城，而后公开祭祀死难将士，检阅军队，勘察地形。在当时连遭败仗、几百里不见人影的情况下，主帅如此高调，起到了稳定军心和振奋士气的作用。

熊廷弼，身高七尺，擅长左右开弓射箭，有胆量，晓军事，是业务很强的将领。他到辽东后，认为当前敌我态势对明朝很不利，明军无力发动进攻。他主张以守为战，具体来说，就是召集流民，修整战备，分兵驻扎，相互策应，守住各个战略据点，稳住局势，伺机游击，攻击后金的小股部队，扰乱其日常农牧业生产，积小胜为大胜，逐步蚕食后金的控制区。

可以说，熊廷弼的思路符合当时明朝在辽东战局的实际情况，这样操作也确实稳住了局面，阻止了溃败的态势。可是，熊廷弼脾气火爆，性格耿直，不为人下，爱骂下属，得罪了不少人。

熊廷弼最大的底气，来自万历皇帝的信任。可是，就在熊廷弼上任不久，万历皇帝死了。恰好这个时候，后金攻打蒲河，双方互有伤亡。这本来不是个多大的事，但给事中姚宗文在朝廷里制造舆论，攻击熊廷弼。事情闹大了。

姚宗文为什么对熊廷弼不依不饶呢？因为他曾经找熊廷弼谋求官职，被婉拒了。姚宗文小肚鸡肠，对熊廷弼有怨恨。后来，这家伙一路靠巴结，混到了吏科给事中。不久，他奉命到辽东检阅兵马，毕竟是带着积怨，跟熊廷弼说不到一块儿去，双方意见分歧很大。

恰好，辽东人刘国缙和熊廷弼以前同为御史，交情不错。后来，刘国缙由于考核不合格被降职。直到萨尔浒战后，由于朝廷决定起用辽人，他才做到了兵部主事。刘国缙主张，辽东明军不能东拼西凑，要多多招募本地人。这个想法也没错。朝廷就按他的建议去招兵，结果招来17000多人，跑了一大半。

招到的兵留不住，最窝火的当然是熊廷弼，毕竟他是军队统帅。熊廷弼也没给老同事留面子，就向朝廷告了一状。这下子，刘国缙跟熊廷弼算结下梁子了。需要注意的是，姚宗文本就出自刘国缙的门下。既然俩人都对熊廷弼有意见，索性联合起来，将熊廷弼拉下马来。

接下来，姚宗文和刘国缙就掀起了一轮又一轮弹劾。姚宗文奏称：熊廷弼上任后，军马不训练，将领不部署，人心不亲附，刑威有时穷，工作无时止。

紧接着，姚宗文和刘国缙又纠集一大批御史，写奏章弹劾熊廷弼，说他缺乏谋略，欺瞒皇帝，刚愎自用，一意孤行，拎着尚方宝剑作威作福。他们还拿出了十多件案例，说如果不把熊廷弼罢免，辽东迟早保不住。

人言可畏，三人成虎。熊廷弼在前线辛苦支撑，还要应付同僚的拆台，他心力交瘁，百口莫辩，只好请求罢官回乡。天启皇帝刚上台，不太了解情况，只好先接受辞呈，再派人前去调查。

还好，天启皇帝派去辽东实地调查的兵科给事中朱童蒙，回来后说了几句公道话。他说，自己抵达辽东后，当地军民都讲，几十万生灵都因熊廷弼一人才得以保全。他突然辞职还乡，将置皇上的知遇之恩于何地？他功在存辽，罪在负君，违背了君臣大义，这就是罪大于功了。

朱童蒙的话，有些正话反说的感觉。天启皇帝这才意识到，熊廷弼是个人物。不过，现在辽东经略已经换成了袁应泰，没有熊廷弼的位子了。朝中又对这位熊大人意见那么大，那就以后再找机会起用他吧。

没想到的是，努尔哈赤根本没给明王朝纠错的机会。

四、虎皮驿不战而胜

天命六年（1621）三月，努尔哈赤率军长驱直入，准备攻打辽阳、沈阳。此时此刻，他的对手是袁应泰。

袁应泰是个办事很认真的官员。当年他任河内知县的时候，带头捐款，兴修水利。任兵部武选司郎中时，愣是把假冒身份的几百人全都淘汰掉。在任淮徐兵备参议期间，赶上山东遭灾，他开设粥厂救济灾民，解燃眉之急；再用以工代赈的方法，动员灾民修城墙和孔庙、疏浚护城河，让灾民都能吃上饭；他还自作主张，截留部分税收和漕运粮饷，全部用来赈济灾民，为此还被人弹劾，只好请病假回老家。

多年以后，他被重新起用，以按察使身份给熊廷弼筹备粮草、火药，后勤供应及时给力，得到熊廷弼信赖。因此，当熊廷弼下台后，袁应泰顺理成章取而代之，代理辽东经略。

后勤管得好，不见得打仗就是一把好手。袁应泰就是这样，精明强干，却不懂军事。他深知，朝廷对熊廷弼以守为战的打法颇有微词。于是，他一上位，就改弦更张，制订作战计划，准备集中兵力，收复辽东。可是，他多次更改规章制度，执法不严，部署不周密。

更糟糕的是，袁应泰竟然大量收留蒙古各部的灾民，编入部队，安置在辽阳和沈阳。这些人里，有间谍，有土匪，他们或奸淫掳掠，或盗窃情报。百姓深受其苦，部队隐患重重。虽然有不少人提醒袁应泰小心提防，但他都不以为意，觉得用蒙古兵来抵挡后金兵，能给自己省不少心。

袁应泰的大意，给自己带来了灭顶之灾。三月十二日，后金军大举进攻沈阳。第二天，编入沈阳守城部队的蒙古人叛变，打开城门，后金军蜂拥而入，沈阳陷落。袁应泰只好收拢各部，死守辽阳。

要想攻克辽阳，必须先打下沈阳和辽阳之间的虎皮驿。三月十八日，努尔哈赤亲率后金军抵达虎皮驿。没想到，明朝派驻在这里的驿丞、马夫、士兵全都跑光了。后金军兵不血刃，拿下了虎皮驿。努尔哈赤随即在此扎营。

与此同时，明军的探子将这一消息迅速告知辽阳的官员们："满洲大兵已取沈阳，援兵尽败。今又来攻辽阳，旌旗蔽日，弥山亘野，莫测首尾，已营于虎皮驿矣！"这个说法，让驻守辽阳的将士们懵了，心生恐惧。袁应泰出了个狠招：在太子河上挖个缺口，让河水灌入城外，抬高护城河的水位，关闭西闸门；而后在城墙上排满枪炮，准备战斗。

后金军攻城，跟明军的方法不同。明军攻城，会先根据城内部署，寻找薄弱环节，明确主攻方向。一般是让主攻部队去捏软柿子，争取迅速打开缺口。后金军没有主攻方向，八旗兵按照各自规定好的方位，从八个方向同时向辽阳城进攻。明军根本搞不清哪里是主攻，哪里是佯攻，首尾不能相顾。

三月十九日，辽阳大战开始。袁应泰虽然指挥若定，但还是挡不住后金军的围攻，也防不住蒙古兵的叛变。仅仅三天时间，辽阳陷落。袁应泰深感大势已去，自己失职，无颜回京面君，就拔剑自缢。他的仆人放火烧楼，随他而去。

袁应泰的表现，虽然称不上"无事袖手谈心性"，但还是做到了"临危一死报君王"。他军事指挥能力很差，但起码还是忠君的。因此，历史上对他的评价，多半只限于批评他的业务能力，而不是人品。

辽阳、沈阳落入后金之手，虎皮驿也摇身一变，成了后金的辖地，继续承担着交通中转的使命。

五、迁都改写历史

袁应泰死了，辽东的重镇沈阳、首府辽阳，在不到一年的时间里全部陷落。

后金控制了辽河以东的大片地盘。辽河以西的老百姓吓得全部向西逃窜，搞得辽西几百里荒无人烟，形成了防御真空。如果努尔哈赤再来一个冲锋，可能就冲到锦州了。

辽东的崩盘局面，让天启皇帝大惊失色。这时，一些御史又跳出来吹捧熊廷弼，说如果当时他在，辽东不会落到这步田地。这么一鼓噪，歌颂熊廷弼、起用熊廷弼就成了朝廷的政治新风向。

天启帝“从善如流”，下令处置那些当年弹劾熊廷弼的御史，尤其是姚宗文，直接开除官籍。熊廷弼被请回了北京，就任兵部尚书兼右副都御史，驻守山海关，经略辽东军务。

这次，熊廷弼提出了“三方布置”的战略：在广宁集中部署步兵和骑兵，牵制后金军主力；在天津、登州、蓬莱等港口部署水军，作为偏师，袭扰后金的后方；在山海关特设经略，节制三方，统一事权。这是一个正奇结合的辽西防御思路。在当时的危局中，他能让残兵败将构筑起一条辽西防线，已经不错了。

辽东巡抚王化贞的部署有所不同。他是沿辽河布防，设置6座军营，各自画地为牢，分兵把守。熊廷弼认为，这么做不仅分散了兵力，而且辽河河道狭窄，如果敌人渡河抢滩，明军根本守不住。当务之急，是把分散的兵力集中起来，镇守广宁。至于辽河西岸，部署一些游击队，轮番袭扰，让后金方面搞不清虚实即可。

回到辽东前线的熊廷弼，已经不再像第一次那样大权独揽了。王化贞手握重兵，对他形成了掣肘。对熊廷弼来说，为了辽东大局，应该设法团结王化贞。然而，他没这么做，反倒是向朝廷参了一本，把自己的想法如何正确，王化贞的想法硬伤如何多讲给了皇帝。天启皇帝又不懂军事，当然对熊廷弼言听计从了。就这样，王化贞的想法没能被朝廷采纳。

王化贞有点沮丧，索性把军政事务都甩给了熊廷弼。而熊廷弼不依不饶，又奏请朝廷警告王化贞不要在背后搞小动作，坐失战机。

后来，王化贞把从全国各地调来支援辽东的军队，统一更名为“平辽”军。这样一来，明军中的辽人就不干了，觉得自己给朝廷效力，在名分上还是被

“平”的那一拨，无法接受。熊廷弼建议改成“平东”或者“征东”，免得引起辽人误会。

王化贞发现，自己每每有些创见，都被熊廷弼给驳回去。他觉得自己很窝囊，便跟熊廷弼结了怨。

经略和巡抚这一翻脸，直接影响到“三方布置”战略的落实。一有军事行动，王化贞的部队和熊廷弼的部队就相互观望，谁也不去冲在最前面当冤大头。更糟糕的是，王化贞的业务不扎实，轻敌，好说大话，刚愎自用，组织了几次军事行动都收效不大。

将帅不和，后患无穷。

天启二年（1622）正月，后金军包围西平。王化贞调集广宁全部兵力前去救援，打了一场遭遇战。刚一交锋，有明军将领扭头就跑，一下子带垮了全军，西平之后也失守了。紧接着，王化贞身边出了叛徒，诈称后金军杀到了城下，引发广宁全城混乱。王化贞不辨真伪，仓皇逃走。广宁就这样丢了。

熊廷弼手里只有5000名援辽士兵，根本挡不住王化贞带出来的溃兵和百姓。眼看“三方布置”业已破功，无法挽回，他只好护送难民入关，扼守山海关。这样一来，明朝在关外的据点，只剩下宁远、大凌河等少数几个。明朝辽西防线荡然无存。

辽东全部和辽西大部都落入了后金手中，努尔哈赤可以放心大胆地将都城从赫图阿拉迁到辽阳了。毕竟，在整个东北，辽阳是传统的政治中心。

广宁惨败，王化贞、熊廷弼当然要负主要责任。他们都丢了官，被送进了监狱，判了死刑。本来，熊廷弼又是找人，又是送钱，很有可能免于死罪。可是，权阉魏忠贤看不上熊廷弼，非要罗织罪名，置之于死地。

以魏忠贤在朝中的权势，熊廷弼在劫难逃了。天启五年（1625）八月，熊廷弼被斩，传首九边，抄没家产。他的冤屈，直到崇祯帝上台后才得以平反昭雪。

就在熊廷弼身陷囹圄即将丧命之际，努尔哈赤不顾群臣反对，从辽阳出发，一路向北，前往沈阳。黄昏时分，大队人马来到了虎皮驿。努尔哈赤看到，虎皮驿驿城完好，设施完备，恰好位于辽阳和沈阳之间。他决定，今晚在这里过

虎皮驿遗址中具有满族特色的房屋

夜。就这样，虎皮驿成了后金迁都途中的中转站，并由此被拉进了历史的视线。

虎皮驿长什么样呢？

《沈阳县志》记载，虎皮驿的驿城，周长630米，最初只有南门，后来增加了北门。历经明清两代近六百年的风雨，驿城北面已经完全毁掉，看不出明显的遗迹。西北和西南各有一个小土包，算是驿城的残存了。

虎皮驿不是纯粹的休息站，也不是纯粹的军事功能区，作为明清两代的交通驿站，它还吸引了南来北往的商贾云集于此。虽说周长只有600多米，但这座小驿城竟然也曾挤满大小店铺几十家，开凿了20多口水井来满足大家的日常吃喝。

虎皮驿遗址虽小，但出土文物还不少，包括几门铁炮以及一块“虎皮驿”石碑（现收藏在沈阳故宫博物院），仿佛在诉说着这座驿站听到的英雄悲歌，看到的英雄往事。

小贴士　朱元璋整肃驿站

朱元璋上台后，对驿站体系进行了全面整顿。第一步就是正名，他将“站赤”更名为“驿”，彻底去掉元朝的色彩；还要求230多座名称不雅的驿站都换个好听的名字。

接下来的政策更厉害——“非军国重事不许给驿”。也就是说，除了军国大事，一律不准动用驿站的任何资源，包括车马、馆舍，乃至饮食。

洪武二十六年（1393），朝廷专门颁布了《应合给驿条例》12条，强调“擅自乘驿传船马”者将遭到严惩。

一些功臣和勋戚天真地以为皇帝的决心只是雷声大、雨点小，仗着靠山过硬，根本没把新出台的条例放在眼里，鞭打驿夫、多要车马的现象屡禁不止。

吉安侯陆仲亨从陕西回京师，未经许可，擅自乘坐驿站车马。朱元璋得报，龙颜大怒，厉声指责他：百姓刚刚过上太平日子，生活还很艰苦，都像你这样为所欲为，百姓就算卖儿鬻女，也满足不了你啊！陆仲亨本来是功臣，但这件事之后，他就被冷落了，后来还因谋反罪被杀。

驸马郭镇到辽东出差，回京时私带了三扛榛子，还擅自要求沿途驿站派人运送。朱元璋闻讯，立即要他拿出银子，补给替他挑担的驿夫，算作酬金。同时他下令在山海关沿线各驿张贴榜文，郑重宣布：“凡公差人员，不许捎带松榛等物进口渡海。违者，一二斤、三五两俱分尸号令，所过官司纵容，一体治罪。”郭镇以权谋私的结果，是赔钱加丢人。

驸马欧阳伦长期经营茶叶走私买卖，强令驿站车辆为其运货，地方官不敢过问。他的家奴周保竟然动辄调用驿站车辆数十部，运送私茶到兰州贩卖。在当时，贩运私茶是违法行为，但周保依然我行我素。

终于有一次，运茶的车辆在过桥时被拦住盘问。周保担心露馅，就对守桥官吏拳脚相加。这下惹恼了地方官，一封奏疏告到了京师。朱元璋闻讯大怒，核实情况后将欧阳伦赐死，周保等人皆伏诛。这件事给所有高级官员提了个醒：

必须管好身边人。

高官和勋戚意识到：皇帝不是在逗大家玩，而是玩真的，还是老实点吧。于是，驿站公物私用现象减少，运转秩序也趋于正常。“驿递清乐，而里甲不扰”，王朝的财政负担也减轻了不少。

盂城驿——蒲松龄的高邮传奇

清康熙十年（1671）三月二十八日，江苏高邮。

新任知州孙蕙乘船到任。同船前来的，还有他的老乡兼幕僚蒲松龄。

蒲松龄的一生，大多数时间是在山东老家当私塾先生。因为孙蕙盛邀，才出山给他当幕宾，跟着他辗转于扬州府辖内的宝应县和高邮州。

什么是幕宾？这不是朝廷命官，而是地方军政长官个人聘请的工作人员，主要在衙门里帮办行政事务。在清代地方行政体系里，幕宾没有编制，属于临时工。它还有两个更著名的别称，就是“师爷”“幕僚”。

“高邮”这个地名，顾名思义，与驿站和邮递脱不开干系。其实，高邮之所以出名，在很大程度上仰仗于大运河的水上交通便利，以及大运河畔一座名叫“盂城驿”的著名驿站。写《聊斋志异》的蒲松龄，就跟这座驿站结下了亦梦亦真的不解之缘。

盂城驿，究竟是座怎样的驿站呢？蒲松龄又跟它有着怎样的关系呢？

一、盂城往事

两千多年前的春秋晚期（前486），吴王夫差开凿邗沟。这条本来用于军事的人工运河，由于起到了沟通南北的作用，成了水陆交通要道。

邗沟，没能助夫差完成霸业，却见证了秦统一六国的历史进程。秦王政二十四年（前223），秦灭楚国。秦军在当年邗沟沿线选址，筑高台，建邮亭，其地便得名“秦邮”。

秦国人为什么会选在这里筑高台、建邮亭呢？主要还是跟当地的地理环境有关。由于此地四周地势低洼，显得邮亭高高在上，“高邮”这个地名便由此而来。

汉武帝元狩五年（前118），朝廷在这里设置了高邮县。其后两千多年，虽然此地行政级别屡有变化，但“高邮”这个名字始终未变。迄今为止，神州大地以“邮”命名的城市，唯有高邮。

高邮还有个小名，叫“盂城”，这很容易让人想起痰盂。那么，高邮为什么会别称“盂城”呢？总不至于是“痰盂之城”吧？

北宋诗人秦观就是高邮人，他曾为自己的老家写过一首诗，曰：“吾乡如覆盂，高据扬楚脊。环以万顷湖，粘天无四壁。”其中的“吾乡如覆盂”，如果按字面理解的话，大概意思是：我的老家高邮，就像个倒扣着的痰盂。

这是从何说起呢？秦观怎能这样形容自己的老家呢？

其实，对于“盂”这个字，不能只理解成“痰盂”。《说文解字》里说：“盂，饮器也。”《古汉语常用字字典》里说：“盂，盛水和酒的器具。”《现代汉语词典》里说：“盂，盛液体的敞口器具。”这样看来，“盂”其实就是装水的敞口容器。那么，“覆盂”的字面意思应当理解为“倒扣着的盆子”。

说高邮像“覆盂”，其实讲的主要是当地的地形地貌。“盂”是周边高，中间是空的，相对来说就低一些；而“覆盂”就刚好相反，周边低，中间高。

明代学者赵来亨曾任高邮知州，在他的《公馆记》里就说：“盂城……地当广陵、涟水交衢，两京通津。郡国之输将，华裔之朝贡，使节之巡行，咸取道焉。”高邮周边主要是低洼的沼泽湿地，唯有高邮这个地方地势略高。再加上当地有邮亭高台，这种中间高、周边低的地形，就跟倒扣着的“盂”一样。因此，高邮别称“盂城”，在很大程度上是地形使然。

之所以这么解释，也是能找到根据的。比如山西阳泉的盂县，最早的治所就在今阳曲县的大盂镇。该镇四周环山，中部平坦，地形就像个“盂”，再加上当地最早的地方官名叫盂丙，“盂县”由此得名。所以，地形地貌跟地名是有联系的。

需要强调的一点是，“覆盂”也是有典故的。汉武帝身边的谋臣东方朔曾写过一篇《答客难》，其中有云：“圣帝流德，天下震慑，诸侯宾服，连四海之外以为带，安于覆盂。”意思是说，圣明的帝王德泽布于四方，天下臣服，诸侯归附，四海统一，像腰带一样包围环绕，比翻过来扣着的盆子还安稳。这句话被收入到《汉书·东方朔传》，颜师古对“安于覆盂”的注释是：“言不可倾摇。”因此，“覆盂”的本意是倒扣着的盆子，引申为稳固、安稳。

这么说来，秦观的诗里歌颂的是高邮的地势开阔，湖水苍茫，登高远望，水天一色，给人一种安稳的感觉。“覆盂”没有贬义，而是充满了对家乡的赞颂和自豪。

南宋嘉定七年（1214），高邮在主城四周增设瓮城，从而形成了“盂”的样式。这样，高邮别称“盂城”，从城市格局上也名副其实了。

顾炎武在《日知录》里讲道：“今驿多用古地名者，洪武九年四月壬辰，以天下驿传之名多因俚俗，命翰林考古正之。如扬州府曰广陵驿，镇江府曰京口驿，凡改者二百三十二。”盂城驿就属于“改者二百三十二”之列，必须“考古正之”。

高邮的古地名并不多，包括高邮军、高邮州、高邮府等，变化不大，缺乏个性。于是，盂城便当仁不让地成了这座驿站的唯一命名选项。“盂城驿”由此得名。

盂城驿位于高邮古城的南门外，今南门大街东侧，是目前全国现存规模最大、保存最完整的明代驿站。明洪武八年（1375），盂城驿正式投入使用。永乐元年（1403），为了疏通大运河的漕运通道，永乐皇帝下令对大运河沿线的水陆驿站进行重新整修，盂城驿也在其中，得到了修缮。跟陈桥驿、班荆馆、马嵬驿等驿站不同的是，盂城驿靠近运河，交通便利，是水陆两用驿站。

那么，盂城驿究竟是一座怎样的驿站呢？

二、盂城驿的变迁

盂城驿是座规模很大的驿站。据《高邮州志》记载，永乐年间的盂城驿有正厅5间、后厅5间、库房3间、廊房14间、神祠1间、马房20间、前鼓楼3间、照壁牌楼1座。驿站前还建有皇华厅，既是整个驿站的管理中心，又是地方官迎候、宴请贵宾的场所。整个驿站旧址占地约16000平方米，俨然是一座深宅大院。

院子大，提供服务的人员就多。据文献记载，盂城驿配备马夫40名、水夫67名、旱夫35名、驿马65匹、驿船7艘。这么多人马，首先要解决的就是住的问题。

驿夫住在驿站北边的“夫院”，也就是员工宿舍。不过房间太少，只有6间。试想想，一间房里挤进来二三十号人，大概只能睡大通铺了。一到晚上就鼾声如雷，此起彼伏，也算是一道风景吧。

一般来说，驿马是驿站的核心资产，故而管理很严格。据《三续高邮州志》记载，为了管好这些马，盂城驿安排了6名棚头，也就是马棚主管；5名差头、兽医、麸头，负责喂马和给马医病；61名马夫。虽说都是管马的，但分工细致。

驿站从民间买马的时候，要详细登记每匹马的特征、齿口，不能作弊。为了能够养好这些驿马，盂城驿专门在高邮州衙门正堂西北侧设立马厂，有马神堂3间，东西马棚各12间，还修了能供上百匹驿马同时饮水的马饮塘。另有4个秦汉时期的上马石，饱经沧桑，已经成了盂城驿的镇驿之宝。马厂跟夫院、驿站拉开点距离，也让马粪味不至于熏到客人和驿夫。

跟前代不同，明代的大多数驿站是不设驿丞的，但盂城驿是个例外。

驿丞作为一驿之长，主要负责“邮传迎送之事”，具体来说，就是“专在递送使客、飞报军务、转运军需等物”。驿丞职位不高，未入流，但由吏部直接任免，而不是地方官任免，相当于中央垂直管理，社会地位并不低。

盂城驿的驿丞有自己的办公场所，还有资格公开出告示，俨然一副知县老爷的派头。他的府邸是独门独院，就在盂城驿北侧，里面有12间房，待遇是相当不错了。

为什么盂城驿配备的人马这么多、院子这么大、房间这么多呢？我觉得有三个原因：

其一，朱元璋重视。高邮离朱元璋的老家凤阳不远，于是，朱元璋把高邮的城墙整修加固，改为砖墙，还从长江下游移民过来种地。这样一来，高邮的经济就发展起来了，南来北往路过有住宿需求的官员、信使就多了，客观上必须有较大规模的驿站来接待。

其二，水陆交汇之地。洪武六年（1373），高邮城北60里新建了界首驿，官河之西新建了界首递运所。两年后，盂城驿在高邮城南建了起来。要知道，盂城驿以西的运河和运河堤，是当时南北水陆交通要道；盂城驿以东的南北城子河，又是两条入海通道。这就使得盂城驿不仅成了住客、信使的休息站，更带动高邮的南门大街演变成了运河边上的物资集散中心。

其三，功能完备。盂城驿主要承担两方面功能，一是接待过往官吏，类似于今天的政府招待所。按照官阶高低，驿站对持有证照的往来官员及其随员提供不同档次的膳食、住宿、马匹、船只和车辆。二是传递文书。传递文书的人员，只要持有官方发放的证照，都可以在这里享受膳食、休息和更换马匹等免费服务。

盂城驿是座老建筑，有明一代先后整修过两次。一次是永乐元年（1403），大概是被靖难之役的战火摧残，搞得驿舍受损，必须重修加固；另一次是嘉靖三十六年（1557），倭寇进犯江浙，盂城驿毁于战火，直到隆庆二年（1568）才重建完成。

盂城驿在清代前期迎来了黄金时代。200多间厅房、130多匹马、60多张床铺、200多名马夫，展现了这座水陆兼运的驿站的规模和实力。

盂城驿不仅仅是一座驿站，更是一个多功能综合性枢纽。由于靠近京杭大运河，身处水陆交通要冲，盂城驿集邮递、交通、旅馆三位于一体，这就让它在高邮具有了更高的政治地位，逐渐承担起水利漕运、司法监守、赋税征收、行政管理等多项职责，替高邮知州干了不少活儿。其中，它承担的报汛职责就很重要。

明代在黄河流域建立了正规的报汛制度，在黄河中下游沿堤每30里设一座驿站。只要上游有洪峰到来，地方官就通过这些驿站将汛情快速传报给下游州县，让大家及时做好防范。

清乾隆二十一年（1756），乾隆帝把这一制度推广到江淮地区，在高邮的御码头等处设立志桩，安排地方保长、乡约轮流看管，州县官每月派人巡查。一旦发现淮河涨水超过5寸，地方官就立即上报高邮知州。而后，知州大人一面以四百里加急飞报下游州县，一面具文上报江南河道总督和本省各衙门。盂城驿就承接了报汛任务。

明清两代，里运河东堤上设置了5座归海减水坝。它们的主要功能是将洪水排到里下河的洼地，最后流入大海，以确保里运河河堤的安全和漕运的畅通，体现了“疏”而不是“堵”的防洪思路。

里下河地区是个四周高、中间低的碟形洼地，每逢开放归海减水坝的时候，驿吏就要手持批文，骑马快跑，沿途经过驿站也换马不换人，以确保开放归海减水坝的命令能够第一时间传达到位。盂城驿，就是传递这一命令的中间一站。

当然，开放归海减水坝就意味着里下河地区要承受洪水的冲刷和损失，正如一首诗中所说：“一夜飞符开五坝，朝来屋上已牵船。田舍漂沉已可哀，中流往往见残骸。”

功能多而集中，使得盂城驿带动了高邮的商业走向繁荣。据《荷使初访中国记》载，清顺治十三年（1656），荷兰使臣约翰·尼霍夫路过高邮时就称赞盂城驿附近的商业繁华：“几处郊区人烟稠密，商业繁华，景色优美。”盂城驿附近的南门大街是高邮主要的商业区，买卖粮食、水产和跑运输、盖房子的行当成了支柱产业，旅店、饭馆、茶馆、浴室、烟馆等产业随之兴起，甚至连烟花柳巷都生意红火。

三、盂城驿的危与机

蒲松龄作为师爷来到高邮后，主要是给知州孙蕙代写公文。这些公文大都收录在《鹤轩笔札》中。路大荒在《蒲松龄年谱》里讲道：

康熙十年辛亥（一六七一），先生三十二岁。……三月，孙蕙调署高邮州，二十八日到任，先生同往。四月五日，拟《为劝民各安本业，以清盗源事》告示，又拟《为劝民息讼，以警刁风，以回天运事》告示。四月份内，拟书札十七通。五月十日，拟答吴工部书。五月十二日，拟上钞关周书。

来高邮不到两个月，蒲松龄就干了两件大事：一是写了20多份公文，二是管理盂城驿。

盂城驿不是有驿丞吗？为什么还要由蒲松龄这样的临时工来管理呢？

早在明朝后期，驿站自身的管理弊病以及由此带来的巨大消耗就给王朝造成了沉重的财政负担。于是，崇祯帝大笔一挥，裁撤了一大批驿站，也让身为驿卒的李自成丢了饭碗。不可否认，这是李自成落草为寇的重要动因。

李自成推翻了明朝，但驿站的固有弊病并未根治。于是，清王朝仍然在推进驿站改革。顺治初年，清廷首次裁撤了部分驿站的驿丞，将这些驿站划归当地州县管理。康熙、雍正、乾隆年间，“裁驿丞，归州县”的改革一直在持续。越来越多的驿站没了驿丞，成了州县官直接管理的对象。

这是个很明确的信号：驿站的功能正在萎缩，驿站的运营成本依旧居高不下。盂城驿也概莫能外。孙蕙让蒲松龄接手的，是个貌似庞大而四处漏水的烂摊子。究竟有多“烂”呢？蒲松龄替孙蕙写了一篇呈文，把情况讲得很清楚。

这篇呈文讲了三部分内容：

第一部分，盂城驿的糟糕现状：

高邮当水陆之冲，南北差使，势若云集，头站一到，家丁四出，登堂叫骂，鸡犬不宁。夫船有供应矣，而又索勒马匹，廪给有额规矣，而又索勒折干，稍不如意，凶焰立生，轮鞭绕眶，信口喷波，怒发则指刺乎睛，呵来则唾及于面，曾是搢绅家之婢仆所不屑受，而以朝廷之职官，竟吞声受之而不敢辞，为官如此，愤恨几不欲生！此等苦状，亦谁念之而谁知之？……且高邮之马，自佟知州在任，蒙驿道查点，二月内已缺额三十余匹，然尚有中膘三十匹，以竭蹶供应；而及卑职莅任，膘者已瘦，而瘦者已死矣。只今合驿不上瘦马三十匹，谓可以供七冲之差使否乎？矧有使无养，有毙无补，势不至于死尽不止也！……现今南北供应，如遭兵火，典衣鬻物，括凑数金，如火燎毛，一烘而尽。倘大差复到，挞辱当前，既不堪其叱詈，又无以作应酬，势非投环刎头，而他无所复之矣！

说了这么多，都讲了些什么呢？

蒲松龄认为，盂城驿面临三大难题：

一是勒索太多。往来官差，只要在盂城驿吃住，都要吃拿卡要，稍不如意，便会脏话连篇，甚至拳脚相加，把驿站的官员和驿卒当作大户人家的奴仆一样使唤。

二是马匹不足。盂城驿配备的马匹，不仅缺额越来越大，而且现存的马匹，由于饲养照顾不周，大多羸弱不堪，难以担当快马送信、运输货物的重任。如此一来，驿站便出现“有使无养，有毙无补”的糟糕现象。

三是接待能力脆弱。盂城驿的财政供应严重短缺，一旦有重要的接待任务，驿站根本就接不起、玩不转。到时候，一面是财力短缺，款待不周，一面是嫌款待太差，辱骂殴打，驿卒夹在中间，除了自杀，别无他路可走了。

对于盂城驿眼下的状态，蒲松龄给出的评价是：“站银毫厘莫办，差使斯须难支”“倒废在于呼吸”“粉身不足充夫马之度支，锉骨不足救驿站之倒毙”。盂城驿已经是一幅岌岌可危的景象了。

那么，蒲松龄讲的这些情况是否属实呢？

顺治年间，清兵南下，战乱不断，经济遭到破坏，社会严重不稳，驿站也是“覆巢之下，安有完卵”。根据《明清史料丙编》记载，保定巡抚王文奎视察驿站时，看到“道路荒凉，邮亭焚毁，人烟冷绝，车尘阒如”。

有限的财力必须有所倾斜。这个时期，打仗是重中之重。因而，其他一切开销都要为打仗让路。于是，顺治皇帝接过崇祯皇帝的接力棒，继续削减驿站经费。

可是，“银既减于昔，差复增于今”。驿站的经费少了，但打仗离不开信息传递，仗打得多，驿站的工作量就有增无减。这样一来，驿站的运营就陷入巧妇难为无米之炊的境地，顾此失彼，苦不堪言。《清代档案史料丛编》第7辑记载了这一糟糕状况：“以有限之钱粮，供无穷之费用，马毙夫逃，苦不胜言”“无米之炊，欲驿递之不日困日倒得乎”。连顺治皇帝也不得不承认：“近来各处驿递疲累至极，冲要地方尤为困苦，皆因马价、草料、工食等银，不敷支用。”

全国性的驿站危机直至康熙初年才有所缓解，一方面是由于全国性战争逐渐停止，战后重建提上议事日程；另一方面是由于顺治以来的整顿，驿站日常消耗过大的问题略有改善。可是，就在孙蕙上任前夕，高邮及其所在的江淮地区，由于连年水灾，引发“从来未有之奇荒”，这就让“大病初愈”的盂城驿再遭重创。

关于高邮的水灾，《高邮州志》有明确记载：

顺治十六年（1659），高邮淫雨为灾，民田尽没。

康熙元年（1662），淮水东下，堤决，自此水患不息。

康熙四年（1665），大水，堤决。七月三日，飓风大作，高邮湖水涨，城市水涌丈余，一片泽国。

康熙七年（1668），六月，暴风骤雨十日不止，高邮环城水高二丈，乡村溺死人民数万。

康熙八年（1669），清水潭堤决，民田被淹没。

康熙九年（1670），淮水大涨，由翟坝周桥入高邮湖，民田淹没殆尽。

康熙十年（1671），淮水涨，清水潭堤又决，田尽没。

高邮的水患引起了康熙帝的关注。康熙六下江南，十二次驻跸高邮。其中，第五次时就驻跸南水关，也就是龙舟停在盂城驿皇华厅旁边的大运河水面上。

现存御码头就是当时康熙离舟登岸视察灾情的遗迹。

高邮水患频仍，盂城驿的境况可想而知。可以说，蒲松龄讲出了盂城驿的实情。三个难题归根到底，就是俩字闹的：缺钱。

既然缺钱，那就赶紧想办法筹钱吧。可是，筹钱这种事，对于小小的驿站来说，谈何容易啊！

第二部分，蒲松龄专门说了筹钱的问题：

> 邮邑自佟知州在任，熟田钱粮，已征收无余矣，即诸项杂办，亦那移殆尽矣，以万金之驿，而令卑职以白手应之，其夫可不食而聚、马可不饲而生乎？应付可以不支而给乎？势有所必不能也。

驿站的经费来源，主要靠当地的财政支持。可是，蒲松龄注意到，无论是通过正式的赋税征收，还是巧立名目的杂项，总之，高邮的前任知州已经把当地能收的粮食、能收的钱都搜刮一空，应付别的用钱项目去了。蒲松龄根本筹不到钱，筹不到粮食。

于是，他发出了感叹：“以万金之驿，而令卑职以白手应之，其夫可不食而聚、马可不饲而生乎？应付可以不支而给乎？”意思是说，这么大的驿站要想维持下去，难道让我们这些人和这些马天天喝西北风吗？

既然自己筹不到钱，就得想别的办法。

第三部分，蒲松龄认为，要解决筹钱的难题，光靠高邮州是不够的，“不得不摇尾乞救于宪台之前”，也就是求助于上级领导。于是，他在呈文里向“宪台”提了两个建议：“一则另委闲员，以分重责，一则速谋通融，以保危驿。”

这两个建议提得很笼统，但抓住了两个要害：一是用人，二是思路。

蒲松龄充其量只是个临时工，怎能出面管理驿站这样的国家派出机构呢？虽然驿丞不再设置了，但朝廷还是得派专人把驿站的事情抓起来。古往今来，人才都是富国之本、兴邦大计。用对了人，满盘皆活，用错了人，四大皆空。

在他看来，化解驿站危机，一定不能墨守成规，必须跳出既有的思维框架和体制束缚，解放思想，开拓思路。

至于用什么人，怎样解放思想，蒲松龄没有说，或许是根本想不出什么高招，毕竟他不是这方面的专业人才，或许是觉得即便说了也没多大用，只能寄希望于上级领导了。

蒲松龄把自己看到、听到的情况向知州孙蕙做了汇报，并代孙蕙草拟了呈文，奏报给扬州府，疾呼“救一线危驿”。这篇呈文以《高邮驿站》为题，被收录在上海古籍出版社1986年版《蒲松龄集》里，成了人们研究蒲松龄和盂城驿的宝贵资料。

这份呈文经由扬州知府报到了省里，当时的江苏巡抚玛祜兼理驿站。不过，可能是孙蕙觉得远水解不了近渴，还是亲自跑到省城的巡抚衙门向玛祜报告，说高邮这地方的事情太难做了，恳请把自己换掉，另请高人来当这个知州。玛祜同意了。

于是，孙蕙又让蒲松龄代笔，把恳请换人来做高邮知州这事奏报给江苏布政使慕天颜，尤其强调了“驿站倒废，旦暮不能支撑”。不过，孙蕙的辞官报告没有获批。反倒是三个月后，蒲松龄辞去了师爷的差事，返回故里，继续去当私塾里的教书先生了。

那么，蒲松龄为什么要辞职呢？难道仅仅是因为他是个临时工吗？

四、盂城驿的蒲氏见闻

想当初，孙蕙和蒲松龄这对山东淄博老乡，意气风发地来到高邮上任。那一年（康熙十年，1671），蒲松龄31岁。

当官船顺着大运河来到高邮时，面对烟波浩渺的高邮湖，孙蕙诗兴大发：

一线危堤路，岩城对社湖。鱼龙晴近郭，风雨夜明珠。
笛外谁仙侣，旗旁羡酒徒。浮石催幻眼，论定总须臾。
湖海气仍在，关心复庙谋。东南财欲尽，土木役无休。
近市安鱼屋，长壕带驿楼。何年清鹿梦，情兴引沧州。

孙蕙为官正直，既陶醉于高邮湖的美景，也意识到了“东南财欲尽，土木役无休”的残酷现实。诗中提到的“驿楼”就是盂城驿。

上司兴致正高，身为师爷的蒲松龄当然也要唱和。于是，他也即兴赋诗一首：

湖外含烟烟似水，湖中凝水水如烟。
滩平细浪移沙岸，日落孤村系客船。
渔艇暮灯犹泛泛，桃花春色自年年。
长河北去帆无数，低尽寒空绿接天。

相比孙蕙诗中流露出的忧国忧民的沉重情绪，蒲松龄显然要轻松许多，还在享受美景带给他的愉悦。不过，他很快就感受到了孙蕙的担忧。毕竟，清初高邮百姓的生活境况可不像高邮湖那样美丽。

在跟随孙蕙进行了一番民情考察后，蒲松龄便代拟了一份告示，题名《为劝民息讼，以警刁风，以回天运事》。其中有这样一段话：“公门之中，魍魉魑魅，智者难除。每一票出，未与被告见面，先要原告尽情，不则呵骂责难，无所不至，其中苦状，备难殚述。到得一口气伸，而自己之人品家私，已萧索殆尽矣。”

这段话说的是很重的。蒲松龄讲道，孙蕙的前任是个贪官，吃了原告吃被告，以致高邮当地形成了民风刁钻的恶劣习气。他希望老百姓安分守己，少打官司。

孙蕙看了这则公示，觉得这段话毫不客气地抨击了前任，有损官府的权威，要蒲松龄把它给删了。不过，蒲松龄不以为然，反而觉得这段话是整个告示里最精彩的部分。在他看来，如果连正直的官员都只知道为自己脸上贴金，只知道自吹自擂，那么这个官府，乃至这个王朝，就离灭亡不远了。

蒲松龄说的很有道理，孙蕙也觉得不能做昧良心的事，就没再坚持删这段话。没想到，告示一经贴出，得到了老百姓的拥护。大家都觉得新任知州孙蕙跟前任不同，是个替老百姓办事的好官。得到好评的孙蕙，对蒲松龄高看一等，交情也更深了。此后，知州衙门里所有的公文，甚至包括他的私人书信，都交给蒲松龄来起草。

交情深了，草拟文稿的任务多了，蒲松龄待在衙门的时间也就变得更长了。这天，他刚起草完一篇公文，就到衙门旁边的花园里散步，顺便舒展舒展筋骨。就在这个花园里，他意外遇到了一个年方二九的妙龄少女。

这个女孩子，鸭蛋脸白里透红，明眸善睐，水汪汪的大眼睛很是迷人。这样的绝色魅力，让蒲松龄有些沉醉了。当女孩子莞尔一笑，转身离去的刹那，蒲松龄有些魂不守舍了。他回到自己的房间，更是孤枕难眠，双目一闭，女孩子的身形便浮现在他的眼前。

过了几天，他才知道，这女孩子是孙蕙新纳的宠妾，名叫顾青霞。自己喜爱的姑娘，居然是上司和朋友的小妾，这让蒲松龄有些感伤，甚至是遗憾。

又过了些日子，孙蕙带着顾青霞外出游玩，师爷也陪同在侧。蒲松龄终于捞到了一次跟顾青霞近距离接触的机会。

就是这次郊游，让蒲松龄知道了顾青霞不仅是美女，还是才女，不仅出口成章，而且声音动听。蒲松龄写了两首《听青霞吟诗》，以寄托自己的爱慕之情。

其一云："曼声发娇吟，入耳沁心脾。如披三月柳，斗酒听黄鹂。"

其二云："旗亭画壁较低昂，雅什犹沾粉黛香。宁料千秋有知己，爱歌树色隐昭阳。"

顾青霞何等聪明，当然明白诗中的寓意。就这样，蒲松龄和顾青霞开始了来往。

俗话说，没有不透风的墙。师爷和小妾的交往很快就传到了知州夫人那里。知州夫人本来就嫉妒顾青霞得宠，就以此为把柄跟孙蕙吹枕边风，添油加醋，说顾青霞给孙蕙戴了"绿帽子"。这种枕边风吹多了，孙蕙也将信将疑，便告诉顾青霞，不准她再去找蒲松龄。

蒲松龄听说这件事后，觉得很尴尬。虽说他爱慕顾青霞，跟她有来往，但俩人并没有出轨。不过这种事只要沾上了传闻，谁又能洗刷干净呢？

蒲松龄又是一宿辗转反侧，夜不能寐。这次倒不是思念顾青霞，而是他琢磨自己下一步该怎么办，该怎样跟自己的上司继续共事，怎样面对上司的夫人和小妾。是不是到了该走的时候了。

恰巧第二天早上，他收到了一封家书：妻子刘氏又给他生了个儿子，让他给儿子起名字。如果要走，这是个多么好的理由啊！于是，蒲松龄下定决心辞职回乡，并写了一首题为《感愤》的诗，交给了孙蕙：

漫向风尘试壮游，天涯浪迹一孤舟。
新闻总入夷坚志，斗酒难消磊块愁。
尚有孙阳怜瘦骨，欲从元石葬荒邱。
北邙芳草年年绿，碧血青磷恨不休。

孙蕙见诗，挽留一番，但蒲松龄执意要走。孙蕙无奈，只好给蒲松龄摆了酒席饯行。一次“桃色”事件，让蒲松龄的高邮之行，只维持了四个月就戛然而止了。

蒲松龄在高邮，特别是在盂城驿的工作经历，为他的文学创作提供了不少素材。他化名西周生撰写了《醒世姻缘传》，在其中第八十八回，讲了有关盂城驿的一组故事，标题为“薛素姐送回明水，吕厨子配死高邮”。

故事讲的是扬州府破获一起盗窃案，罪犯吕祥挨了二十板子后，被刺配盂城驿“摆站”，也就是到盂城驿干苦力。接下来，故事借助吕祥的遭遇，折射了盂城驿的一些内幕。

怎样才能在盂城驿当个不受罪的囚徒？“原来这徒夫新到了驿里，先送了驿书、驿卒、牢头、禁卒常例，这下边先通了关节，然后才送那驿官的旧例。礼送得厚的，连那杀威棒也可以不打，连那铁索也可以不带，连那冷饭也可以不讨，任他赁房居住，出入自由，还可告了假回家走动。遇着查盘官点闸，驿丞雇了人替他代点。这是那第一等的囚徒。”

说白了，只要送礼打点到位，并且有高官打了招呼，这囚徒就可以少受罪，甚至还能在牢城营里享福，比如可以不吃冷饭，不戴铁索，不住牢房，自由租房，自由出入，还可以请假回家。不过，这本钱花得有点大，一般人恐怕承受不起。

如果送礼了但送得不够多，而且没有高官打招呼，这样的囚徒待遇就会差一些。“这便些微打几下接风棍棒，上了铁索，许他总网巾，打伞络，讨饭糊口。这是第二等的囚徒。”会挨打，会戴铁索，但好歹还能吃个饱饭。

如果没钱送礼，但身强力壮，能给驿丞干活，虽然很累很辛苦，但也能不用太受罪。“若是年少精壮，膂力刚强，拈的轻，掇的重，拖得坯，打得墙，狠命的当一个短工觅汉，与那驿丞做活，这也还不十分叫他受苦。这是那第三等的囚徒。”

如果既不送礼，又没有官员给打招呼说情，还没体力替驿丞干活，这就麻烦了。“起初见面定是足足的三十个杀威大板，发在那黑暗的地狱里边，饭不许你讨碗吃在肚里……真是与鬼不差，与人相异！这是那第四等、五等、六等的囚徒。”

盂城驿内部做苦役的囚徒就这样分了三六九等，这与《水浒传》里林冲待过的沧州牢城营何其相似！

吕祥来到盂城驿的时候已经是穷光蛋了，挨打受罪是难免的。他怀恨在心，给驿丞的饭菜里投毒下药，谋害人命，最后落得在盂城驿的牢房里被折磨致死的下场。

蒲松龄对吕祥在盂城驿的经历和驿丞升堂断案的场景有着细致入微的描述，这与直隶省河西驿驿幕沈侨如撰写的《驿事纪略》有相似之处。要知道，《驿事纪略》是目前国内公认的对清代驿站内部运行情况叙述比较完备的历史文献。很显然，蒲松龄在这么短的时间里对盂城驿的日常生活有了深入了解，对驿站内幕有了深刻研究。他是个有心人。

作为曾经的教书先生，蒲松龄所具备的知识分子的才能，让他对盂城驿内部的各种潜规则，既熟谙又厌恶。这或许也构成了他辞别孙蕙的重要动因之一。

五、盂城驿的落幕与价值

清咸丰三年（1853），太平天国在南京建都，改名天京。随后，太平军西征，曾一度攻占扬州。为了反击太平军，清廷在扬州设立了江北大营。承平已久的高邮不得不直面兵灾战祸。

两年后，黄河在河南兰考附近的铜瓦厢决口，由夺淮入海变成了向北经山东流入渤海，从而造成黄河历史上的又一次大改道。这样一来，大运河江苏段的水源逐渐中断，运河淤塞干涸，盂城驿赖以兴盛的交通优势荡然无存。

几乎与此同时，试行近三十年的漕粮海运，由于运河淤塞，逐渐取代了河运。盂城驿作为物资运输中转枢纽的地位也不复存在。

光绪七年（1881），清廷在高邮运河东堤架设了收发电报专用的电线杆。二十年后，高邮出现了邮局。无论是电报还是邮递，比起传统的驿递，成本更低，速度更快，效率更高，规模更大。盂城驿的通信功能也被大大弱化了。

1913年，官方公文一律改走邮政渠道。驿站失去了存在的意义，全部裁撤。盂城驿也概莫能外，走到了职业生涯的终点。此时，清王朝已经灭亡两年了。

盂城驿与蒲松龄的缘分是短暂的，它的职业使命也在辛亥革命之后画上了句号，但它对中国历史的意义是长期的。它不仅具有传递公文和飞报军情的功能，也涵盖了交通、通信、接待、运输等多方面功能，堪称综合性交通枢纽。

盂城驿今貌

作为大运河世界文化遗产的遗产点之一，它见证了千年历史的沧桑巨变，具有跨越时空的魅力和永恒的历史文化价值。1995年，盂城驿的形象出现在邮票上，作为中国邮政文化的标本，走向全国，走向世界。

明代右副都御史邵宝，曾任总督漕运，他撰写了一首题为《盂城即事》的七律诗，字里行间，透露出盂城风光无限好，直到今天，这样的清新景象依然历历在目：

盂城驿前吟夕阳，高邮湖上好秋光。
红分菡萏初经雨，绿满蒹葭未受霜。
远浦有波皆浴鹭，近堤无路尚垂杨。
南来时见吴江棹，却倚船窗问故乡。

小贴士 清代的“红旗报捷”

乾隆五十三年（1788）正月初九，北京紫禁城。

一封发自台湾的六百里加急奏折呈到御前，乾隆帝大喜过望，以为是拿获天地会首领林爽文的捷报，赶忙拆开观瞧。里面只说到“拿获林爽文父母家属”。还没等他回过味来，又一封800里“红旗报捷”传来。然而，呈递到他面前的不是奏折，竟是一面红旗，上面写着“紧急军务”四字，旁边的小字已经模糊不清。

乾隆帝非常生气。在他看来，林爽文起义军不过是乌合之众，即便将他抓获，也不值得用红旗奏报。况且现在还没抓到他，“沿途驿站，何得混行编写红旗，随同军报驰递，实非寻常错误可比”。他传谕沿途各省督抚，将所管驿站逐一排查，这面红旗是哪个驿站发出的，对责任人要严惩。

乾隆帝为何那么在乎“红旗报捷”的使用呢？“红旗报捷”又是什么呢？

事情还要从一个多世纪前的康熙年间说起。

康熙十二年（1673），吴三桂从云南起兵。当时，朝廷有两位官员正在贵州出差，获悉叛乱发生，立即逃到镇远。然而，当地驿站已被叛军控制，没法使用驿站马匹。他俩又向东跑到沅州（今湖南芷江），才找到朝廷控制的驿站。随后，他们骑上驿马，连续驰行11个昼夜，直达北京，然后跑进兵部大院，把所见所闻告诉了兵部尚书。清廷这才得到了吴三桂叛乱的准确消息。

两位官员“飞驰告变”的事迹，反映了快速传递军情的重要性。于是，清廷下令各省设“笔帖式”，遇有紧急军情，必须连夜驰递，不能耽搁。康熙帝还另设临时机构，负责更快速度的信件传递。这种机构传递信件的速度，据说一昼夜可行千余里，而且途中能够做到换人换马，“事无稽误，人不疲劳”。

就这样，康熙帝通过这一渠道，源源不断地获悉最新军情，并将他的谕旨以最快速度传达到前线。不过，这个临时机构在平定三藩之乱后就被撤销了。

其后百余年间，边疆战事不断。每当获胜，前线将领就会派员手持红旗，骑快马将捷报文书送往京城。这里，红旗只是表达“此事特急”的标志，具体内容并不在红旗上，而在捷报文书里。因此，只给皇帝送红旗，涉嫌大不敬，属于重大责任事故。

各省督抚依旨照办，很快就查出原委。原来，浙江龙游县驿站接到六百里加急奏折后，看到排单上注有“拿获林爽文父母家属”字样，认为事情紧急，担心驿夫递送稍有耽搁。为引起其他沿途驿站的重视，他就临时做了一面红旗，上书“紧急军务”四个大字，旁边还有“八百里加急，此旗传至下站缴回”的一行小字，附在奏折上一并送走。

从龙游到建德，一路之上的驿站也都如法炮制：收回上一站的红旗，重做一面新的，跟奏折一起送往下一站。

差错发生在桐庐县。当地知县荆自新看到奏折紧急，不敢在自己手里耽搁，马上下令先行送走。至于上一站传下来的红旗，他照例收回。由于来不及购买红布，他慌慌张张地将自家三尺多长的红绫帐檐扯下，把龙游县驿站写的那行文字抄在上面，然后送走。就这样，奏折和红旗分开了，各送各的，有先有后。

事出紧急，红绫上的墨迹还没干透就被送了出去。恰巧那几天当地下雨，红绫被淋湿了，其上的“下站缴回”字样变得模糊不清。红绫大旗传到杭州府所属的富阳县，知县王奭武只看到上面有“紧急军务”四个大字，想都没想，不敢迁延，下令发往下一站。就这样，红绫大旗接力一路，直至皇帝御前，乾隆帝见了能不生气吗？

“红旗报捷”的闹剧，以荆自新革职，王奭武“交部严加议处”而告终。许多人把责任归咎于“急件”，是它搞得人们精神紧张，容易出错。

“红旗报捷”的闹剧，体现了清代君臣对军事情报的重视。没有四通八达的驿道，没有权责明确的驿站体系，想要实现皇帝提出的“日行千里”是根本不可能的。

“红旗报捷”经常是有水分的。其中的“报捷”，夸大或谎报居多，为的是讨好皇帝，这种情况在清后期屡次出现。

安德水驿

——漫长的缘分

乾隆十三年（1748）三月十一日，山东德州。

皇家船队的龙舟，静静地停在安德水驿码头旁的运河上。皇后富察氏的人生没能走完这个春天，在船上溘然长逝，享年37岁。

她是乾隆帝的结发妻子，也是他一生最钟爱的女人。关于她的“贤德”名声，不仅誉满当朝，还在热播电视剧《延禧攻略》中再现，为更多的今人所熟知。乾隆帝追封她为“孝贤皇后”，一个“贤”字，是对她短暂一生的最好概括。

乾隆帝对她的思念从未停止过。他把对亡妻的哀思都寄托在自己的诗篇之中，为富察氏写诗贯穿了乾隆一生。86岁那年，乾隆撰写了对孝贤皇后的最后一首怀念诗：“吉地临旋跸，种松茂入云。暮春中浣忆，四十八年分。”他还自注：“孝贤皇后于戊辰三月十一日大故，偕老愿虚，不堪追忆！自戊辰至今，已四十八年矣。”三年后，乾隆帝去世。

富察氏去世的三年后，乾隆帝第一次南巡。德州是运河枢纽，是他南巡的必经之地。然而，他途经安德水驿却不停船驻足，似乎一心只想逃离这处伤心地。山东巡抚爱必达看出了他的心思，乾隆二十一年（1756），爱必达在德州南门外主持修建了恩泉行宫，建筑豪华，景致优雅。此后乾隆的五次南巡，途经德州，全都下榻此处。

只有安德水驿依旧矗立在运河畔，熙熙攘攘，忙碌不息。在它旁边，一座人称“娘娘庙”的庙宇，似乎在诉说着那段永不消逝的爱情。

一、孝贤皇后的传说与现实

雍正五年（1727）七月十八日，紫禁城乾西二所（即重华宫）。

皇四子弘历和富察氏举行了隆重的结婚典礼。这桩婚事，是雍正皇帝钦点的。

富察氏出身满族镶黄旗，位居上三旗，血统高贵；祖父米思翰是康熙年间的户部尚书，父亲李荣保累迁至察哈尔总管，官宦人家，名门之后；她从小接受正统教育，熟悉礼法，深明大义，文化修养较高，无论是写字、吟诗，还是谈吐、仪态，都堪称模范。雍正帝对这个儿媳妇非常满意。

接下来二十一年的婚姻生活，让弘历感到，父皇不但选人用人眼光独到，挑选儿媳妇的本事也很高超。

雍正驾崩，弘历上位，这就是乾隆皇帝。富察氏顺理成章升任皇后。她身上所展现的品质，不仅让宫里的女眷钦佩，而且给皇后这个岗位树立了“行业标杆”。

——俭朴。富察氏“恭俭，平居以通草绒花为饰，不御珠翠”。缝制袍服，取鹿尾谲毛代替金丝，最大限度兼顾节约和美观。乾隆初期，虽然财政状况有所好转，但王朝仍需积累财富。富察氏以身作则，带头节省宫中开销，用实际行动支持夫君的工作。

——条理。清代皇后的权力，比历史上任何朝代都有削弱。可是，富察氏在执行后宫的规矩上，尺度拿捏适当，打理后宫事务井井有条，达到了上下得体、母仪天下的效果。乾隆对她“每加敬服，钟爱异常”。

——孝顺。古往今来，处理婆媳关系都是世界级难题。富察氏生性纯孝，服侍崇庆皇太后不遗余力，有时甚至不惜带病坚持，请安陪伴，喂汤喂药，变

孝贤皇后与乾隆（出自郎世宁的《心写治平图》，现藏于美国克利夫兰艺术博物馆）

着法哄太后高兴，总体上维系了婆媳和睦。

——贴心。台北故宫博物院收藏了一枚“火镰荷包”，又叫“燧囊”，这是行军时随身携带的小袋子，里面一般装有火种、打火石。富察氏为乾隆亲自缝制，并将其作为爱情信物赠给乾隆。一件信物，一桩心意，一份体贴，相互提携，相敬如宾。

乾隆对富察氏的赞美，主要有两个层面：一是姿容“窈窕”的外在美，二是性格品质的内在美。乾隆认为，富察氏“绝伦轶巾帼”，是他一生的知音。“愁喜惟予共，寒暄无刻忘”“山亭水榭间，并辇同舟所”“一日不见如三月”“深情赢得梦魂牵”“忆昔室家赋琴瑟”，种种诗句，都表明二人的恩爱。

富察氏在紫禁城的居所为长春宫，在圆明园的居所为长春仙馆，这不是偶然的。雍正十一年（1733），雍正帝赐弘历“长春居士”的名号。乾隆上位后，把跟自己名号相匹配的地方赐给富察氏居住，其中用意不言而喻。后来，乾隆在怀念富察氏时曾写过“九御咸备位，对之吁若空”的诗句，意为偌大的紫禁城，众多的嫔妃，没有谁能取代富察氏。

乾隆与富察氏的爱情很快就有了结晶。雍正六年（1728），大格格出生。雍正八年（1730），皇次子永琏出生。雍正九年（1731），三格格，也就是和敬公主出生。

乾隆对永琏非常喜爱，称赞“朕之嫡子，聪明贵重，气宇不凡”。他曾经秘密建储，立永琏为皇太子。遗憾的是，8岁那年，永琏因病夭折。此前，大格格也夭折了。

乾隆很难过，富察氏更伤心。永琏夭折的时候，富察氏已经26岁了，尚处在最佳生育年龄，但在那个母以子贵的时代，看着其他嫔妃生育的孩子茁壮成长，她当然心急。越心急，越焦虑，越不容易怀孕。

直到乾隆十一年（1746），她终于诞下皇七子永琮。乾隆很兴奋，曾赋诗一首：

廉纤夜雨枕边传，天眷常承独厚焉。
饶有对时增惕若，那无抚节庆油然。
晬盘嘉祉征图策，佛钵良因自竺乾。
恰忆去年得句日，果然岁岁结为缘。

诗尾专门注了一笔：“去岁中宫生子，今日适逢周晬。”纪念永琮一周岁。可是，仅仅一年多工夫，这个孩子出痘夭折。此时，富察氏已经35岁了，对她来说，最佳生育年龄正在渐行渐远。

就在富察氏为爱子夭折而伤心痛苦之际，钦天监传来了不好的消息：“客星见离宫，占属中宫有眚。”这里的“眚”，顾名思义，就是眼睛上长了遮挡物，类似白内障，引申为灾难。“中宫”，自然就是皇后了。在那个相信天人感应的时代里，星象家对天文现象的解释会影响决策的。

既然有可能面临劫难，对于皇后来说，最好哪都别去，静静地待着，等待灾难过去。可是，乾隆准备东巡泰山，富察氏执意要跟着一起去。这又是为什么呢？

公开的原因有二：一是伺候太后，责无旁贷。此次东巡，太后也要去。在富察氏看来，太后在哪，自己也要在哪，尽儿媳妇的一份孝心。二是病愈还愿。

此前，由于永琮夭折，富察氏曾大病一场。据说病重时梦见碧霞元君召唤，许下心愿，大概这个心愿就是希望自己的病赶紧痊愈。如今病好了，她觉得应该去碧霞元君的道场——泰山还愿。

富察氏拖着刚刚痊愈还比较虚弱的病体，随着车驾出发了。

皇帝祭祀泰山，流程是非常复杂的。皇后既然随往，自然要配合，况且她还要还愿，当然也得爬山。加上往返的舟车劳顿，一会儿乘车，一会儿坐船，一会儿坐轿子，每天还要给太后请安，照顾随行的后宫女眷，她忙前忙后，免疫力下降，偶感风寒，就又病倒了。

皇后病倒于归途中，缺乏足够好的医疗条件，尽管日夜兼程回京，还是没能回到北京。安德水驿成了富察氏人生的最后一站。

皇后故去了。她所乘坐的青雀舫保留了她最后的体温，载着她的遗体离开了安德水驿，向北缓缓而去。

关于皇后之死，坊间有许多传说。比如，乾隆跟傅恒夫人有染，而傅恒又是富察氏的弟弟，这件事让富察氏非常生气，跟乾隆发生了激烈冲突，最终乾隆恼羞成怒，富察氏被迫投水自杀。又比如，乾隆与富察氏发生了争吵，富察氏又气又急，失足落水而死。

这些说法虽然有些“奇葩”，历史学界并不采信，但流传甚广。一方面，乾隆作为“风流天子”的名号天下皆知；另一方面，乾隆把富察氏之死称为“事故”，也让人觉得其中有蹊跷。

富察氏之死，让乾隆很是伤心。他曾赋诗一首，题为《一去无还意》，寄托自己的哀思：“记得分离日，相期不日还。如何一契阔，长此望边关。”

富察氏之死，让乾隆秉性大变，甚至影响了他的为政风格以及乾隆时期的政治走向。文学家高阳曾说过：“乾隆十三、十四年间，为高宗生平的第一变，由寅畏小心，一切务从宽大而一变为生杀予夺，逞情而为。”当然，这个变化，是乾隆中年丧偶丧子和金川战争失利共同作用的叠加效果。

乾隆十三年（1748），有许多人在这场“第一变”里“中枪落马”。

——皇长子永璜被乾隆帝认为服丧期间不够悲伤，遭到严厉训斥，最后竟然惊忧而死，也就是吓死了。

——别人都是化悲痛为力量，乾隆是化悲痛为整人的力量。他在文武大臣上报的册文和奏折里挑毛病，动辄严厉训斥。大臣们个个胆战心惊，生怕哪天上朝期间就脑袋搬家。

——乾隆传旨规定，皇后丧期百日，禁止官民剃发。有些官员和老百姓不当回事，该剃发就剃发。“百日”期间，天气逐渐转热，进入盛夏，剃个发确实凉快，跟风者如云。虽说这事法不责众，但总有好事者向皇帝举报。于是，几个违规剃发的高官掉了脑袋，其中就包括江南河道总督周学健。

——金川前线打了败仗，本来胜败乃兵家常事，但赶上皇后去世，皇帝盛怒的节骨眼，前线两位主帅就倒霉了。军机大臣讷亲赐自尽，川陕总督张广泗被革职处斩。

——在乾隆眼中，什么女人都无法取代富察氏在他心目中的地位。因此，他宁愿皇后大位空着，也不给后宫排名第二的皇贵妃辉发那拉氏，只是让她摄皇后事。直到两年后，他耐不住太后的一再催促，才极不情愿地册封辉发那拉氏为皇后。这种别扭与不愉快，为十几年后皇后断发的悲剧埋下了伏笔。

这些惹了乾隆不高兴的皇亲国戚、大小官员，或许根本没有读懂乾隆这首挽诗所表达的心境，当然，他们确实做不到感同身受：

恩情廿二载，内治十三年。忽作春风梦，偏于旅岸边。

圣慈深忆孝，宫壶尽钦贤。忍诵关雎什，朱琴已断弦。

只有安德水驿的驿丞和驿卒，还在每天周而复始地搞接待、送信件，不管皇帝来，还是不来。

二、德州及其驿站

德州，地处黄河故道之畔、京杭大运河之滨，享黄河泥沙淤积形成的平坦地势，因河而名，因河而兴，因河而美，因河而有历史、有底蕴、有灵魂。

在中国历史上，黄河多次改道。可是，不管怎样改道，德州都离不开河流。唐宋金元时期比邻黄河，明清时期比邻京杭大运河。因此，德州的名称要么叫“广川”，要么叫“长河”，总跟河流结缘。也正是由于紧靠河流，德州具备了“要害之处、通川之道”的交通优势，从而具备了水路运输的特质，开创了以漕运带动地方经济发展的新局面。

德州经济的大发展，经历了由运设仓、由仓设城、由城设卫的转型。这些都离不开当地便捷的交通条件。

金天会七年（1129），朝廷建将陵仓。元代改将陵仓为陵州仓，并设捕盗司、达鲁花赤、监支大使等职，驻扎大量军队统管漕粮运输和安全。这一时期，德州是北方的漕粮存储和中转基地。

明洪武七年（1374），为管理运河仓储，朝廷将陵县升格为德州，将知州衙门搬到运河西，完成了由仓而城的转变。这样一来，德州就具备了行政管辖和仓储管理的双重职能。

明洪武九年（1376），朝廷设立德州正卫。明永乐五年（1407），朝廷又设立德州左卫。卫是明朝的驻军单位，各卫设指挥使统之，额定驻军5600人。德州一下子设立了两个卫，军事地位显著提升。德州的城市定位，就从运河仓储基地变成了运河军事重镇。当然，驻军的主要任务还是守城、治城、管河、护漕、修堤、护仓，一切都是为了漕运服务。

明清两代，首都北京仰赖南方的漕粮物资。德州守着运河，堪称“神京门户”“九达天衢”。南北漕船往返穿梭，自然吸引了商旅会聚。由于德州城面积狭小，商人们的经营活动大多集中于城外的运河两岸，安德水驿码头附近的北市和浮桥口就是商品交易的主要集散地。

不过，德州商业的繁荣，靠的是“四方商旅”的推动。这就使其只有“四方百货”输入，却没有本地货物输出。直至今天，德州驰名中外的特产，大概只有“德州扒鸡”了。难怪傅崇兰在《中国运河城市发展史》一书中说：“德州从十五世纪初就已晋入全国大商业城市的行列，与其说是由于德州商业的发展，不如说是由于它在交通上的地位所决定的。”

到了清代，德州的两个卫被裁掉了，德州的城市定位从军事重镇转型为工商业城市，出现了“舟车所会、名士所经、食货集散”的局面。当地既有瑞兴烟店，颐寿堂、延寿堂、广德堂中药店，益和成衣局、东和成布店，中立斋制鞋作坊，大成炉铁作坊，森森木器厂这样的手工作坊，又有粮行、（棉）花行、杂货、当铺、客店和饭馆这样的商业业态，比明代更繁荣、更有活力。

具有交通优势的城市，拥有驿站是标配。德州既有京杭大运河流经，又有南方各省进京的旱路官道，这就使它不仅兼有水驿和马驿，而且规模还不小，繁忙程度在山东也首屈一指。

先说说安德马驿。

德州的驿站，最早位于旧城西边的运河河畔，水陆两用，既有船，也有马。大约始建于金元时期，但缺乏文字记载。明代初年，这里专门给永乐皇帝修了院落，建了一座“皇殿”，让皇帝在来往南北两京的途中当行宫来用。

如果皇帝老是把驿站当行宫住，这驿站就没法干别的活了。既然皇帝征用了老驿站当行宫，德州的驿站势必得搬迁。永乐九年（1411），德州驿站一分为二，在州城南门的驿道上建起了旱官驿，也就是俗称的“安德马驿”。

或许是觉得德州太重要，或许是永乐皇帝太垂青，过了几年，永乐皇帝在安德马驿里建了银安殿，专供皇帝和太子在穿梭两京途中临时居住，比如明宣宗朱瞻基就曾在这里住过。不过，当朝廷明确北京作为首都，南京作为陪都以后，皇帝就不再来回跑了，安德马驿可算长出了一口气，不用再劳神接待皇上，可以专心忙业务了。

明代中后期，安德马驿得到了两次扩建。

第一次是在弘治后期。扩建只用了两个多月就完工了。扩建后的安德马驿，大门口竖有两根装饰华丽的立柱，门前牌匾上写着“东藩第一楼”。牌坊后是驿站，门上题有“安德马驿”四字。进门是正堂，悬匾“宾馆”。正堂后是新楼，悬匾“广川胜概”。楼前后是东西厢房，作为驿站办公场所和普通客房，西厢房后面是厨房、餐厅、浴室、仓库和工役人员的宿舍。

第二次是在嘉靖三年（1524）。不仅重修了安德马驿，还整修了银安殿。考虑到皇帝不会再来下榻，索性将银安殿更名为“广川楼”。这次整修之后，许多官员过往造访，留下不少诗词，比如右副都御史陈凤梧的《夜宿广川楼下》、南京兵部尚书张时彻的《德州馆中》等。

安德马驿的运营规模，跟它的业务是匹配的。明代中期，这里常年备有驿马43匹、驴30头，供过客换乘使用。拥有驿夫19人，主要负责管理仓库、客房和餐厅。该驿还征集驴马、雇佣驿夫，这些都摊派给附近州县去落实。这里的各项开支都由驿丞算好，经德州知州、济南知府、山东省驿传道道员层层审批后，按月向安德马驿划拨。

清代前期，安德马驿的规模不断扩大，驿马增至60匹，驴减至20头。不过，驿站体制在沿用明朝旧制半个多世纪后，在雍正七年（1729）发生改变。以前驿站是垂直管理，由省里的驿传道统管，驿丞作为驿站最高负责人，属于九品之外不入流的官吏。雍正改革后，驿站改为地方管理，驿站的衙署直接设在德州知州衙门里，驿丞也随之被裁撤。这就意味着，知州多了一项兼差——管理驿站。改制后，安德马驿名称没变，驿马增至120匹，这应该是安德马驿规模最大的时期了。

乾隆年间，安德马驿的规模略有调整，驿马减至60匹，驴减至7头，马夫35人，飞递马夫3人，兽医1人，抄牌2人，每年各项支出2400多两银子。

与其他陆路驿站一样，安德马驿的衰落跟近代中国的工业化进程有很大关系。津浦铁路的通车，电报、邮局的出现和广泛使用，使信息传输效率大幅提升，而安德马驿难以望其项背，又没能找到合适的转型之路，只能走向没落，于光绪末年被裁撤。

民国初年，德州各界募集善款，在安德马驿遗址开设了染织厂。1972年，这里又变成了德州市第五中学所在地。安德马驿由此成了历史概念，消失在历史的长河里。

三、水驿风云

再说说安德水驿。

它位于德州城西边，京杭大运河德州段东岸，又名“德州水馆驿”，始建于明代永乐九年（1411）。它的具体位置，南靠大竹竿巷，东临顺城街，北与米市街毗连。

之所以名叫安德水驿，是因为它是安陵县到德州这60里运河河段上唯一的水驿。换句话说，它负责这60里水路的邮驿事务。这也基本符合运河每70里设一座驿站的规定。

安德水驿坐东朝西，为砖木结构，大门3楹，中间为5尺宽券门，左右为正圆形花窗，大门前两旁置5尺高朱红木板栅栏护卫。建筑造型挺拔秀丽，古色古香。明嘉靖三年（1524），安德水驿曾大规模重修。

明清两朝对驿站的规模都有一定之规。根据驿站的位置和重要程度，置办数量不等的船只，建造规模不等的馆舍、餐厅，人员编制也各不相同。明代中期，安德水驿有站夫424人、库子18人、馆夫3人，都由附近州县出钱雇佣，每年光工食费开支就需要700两银子。这个规模，比安德马驿大多了。

明清时期的大运河，是漕运的黄金水道，也是进出京城的必选路线。安德水驿作为出京水路第一站，成了进出京官员的必经之地。大家都要在此吃住停留。

凡能留下来吃住，虽然都是公家报销，但也能带动安德水驿周边的消费。更何况，安德水驿离大西门、小西门和陆上交通要道都不远，南有董子读书台（传说是董仲舒当年读书的地方），北有米市街，靠近运河码头，处在德州的经济文化要地和交通枢纽的位置上。周围商铺林立，各类船只装货卸货、上客落客，带动了人流量和货流量。

如此胜景，也引得许多有着官员身份的文人途经这里，留下不少题壁诗。明代诗人王世贞曾任山东青州兵备副使，他在安德水驿小住期间，曾以一首《题安德驿壁》诗，展现了其作为晚明“后七子”之一和诗坛盟主的风采：“二十年前官柳条，春风绿遍德州桥。于今秃尽如僧老，怪得行人鬓易凋。”

与安德马驿一样，安德水驿也跟明清时期的不少皇帝有交集。

明建文元年（1399），燕王朱棣发动了“靖难之役”，打算推翻他的侄子建文帝朱允炆的统治。在这场历时三年多的战争中，德州、济南一带是朱棣南下的必经之地，也就成了主战场。名将盛庸、铁铉坚守济南，朱棣吃了很大的亏，最终只能绕道南下，才打下京师应天（今江苏南京），当上皇帝，这就是永乐皇帝。

永乐十八年（1420），永乐帝宣布迁都北京。可是，迁都是个系统工程，不是一声令下就能搬完的。于是，他免不了在南京和北京之间来回跑，安德水驿也就成了他的必停之所。

到了清朝，康熙和乾隆都曾六下江南，多次途经德州，安德水驿更是他们的必经之地。一次，康熙帝路过德州，诗人田雯年迈多病，在德州老家闲居。康熙帝接见了他，读了他的诗集，还御笔题赠“寒绿堂”三个大字，一时间传为佳话。

曾几何时，安德水驿曾举行过盛大仪式，迎接皇帝驾临，场景热闹非凡。而这一切，自乾隆以后就再也没有了。

道光年间，大运河部分河段逐渐淤塞，朝廷没钱疏浚，只好任其发展。漕运逐渐放弃运河，改走海上。海运取代河运，使这一区域发生了巨大变化。安德水驿没了业务，也就逐渐废弃了。后来，这里建过关帝庙、粥厂、兵营。旧址上的建筑早已荡然无存，只剩下记忆里的风云际会以及现实中的迎宾路小学。

四、苏禄王的最后时光

2016年10月20日，习近平主席在北京会见了菲律宾总统杜特尔特。

会谈期间，习近平主席提到了中菲交往的一个历史人物——苏禄王。他提议，两国就2017年菲律宾苏禄王首次赴华600周年开展系列纪念活动。

苏禄王到底是谁？习近平主席为什么会专门提到他？他跟安德水驿有什么关系呢？

苏禄国，位于今菲律宾苏禄群岛，14世纪时中国的文献就对这个国家有了记载。元代学者汪大渊的《岛夷志略》里，还详细记载了苏禄国的地理位置和主要物产。

在西班牙入侵之前，苏禄国是当地经济比较发达的国家之一。这既得益于其自身的物产丰富，比如珍珠，又得益于当地独特的交通位置。苏禄国是沟通东南亚和东亚贸易的中转站，也是中国古代海上丝绸之路的重要节点。

尽管明王朝长期厉行海禁政策，禁止海外私人贸易，但仍有东南沿海的商人铤而走险，驾驶远洋大船，把中国的丝绸、瓷器、铁器运到苏禄，把苏禄的香料、珍珠、药材运回中国，赚取贸易利润。

永乐三年（1405），宦官郑和奉旨从江苏太仓的刘家港出发，启动了中国历史上规模最大的官办航海行动。62艘超级战舰，2.7万余名士兵，这个阵容“秒杀”了哥伦布、麦哲伦。

郑和的使命是多元化的，既要耀兵异域，宣扬永乐皇帝的正统形象，实现“万国朝宗”的愿望，也要寻找建文帝的下落。

郑和船队三次访问苏禄国，受到热烈欢迎。苏禄国是个政教合一的信奉伊斯兰教的酋长国，掌握国家权力的主要是三家贵族：东王、西王和峒王。其中，东王权力最大。

根据文献记载，郑和曾与苏禄东王巴都葛叭哈剌会面，二人一见如故。苏禄东王对明王朝倾慕已久，决定带领西王麻哈剌叱葛剌麻丁和峒王叭都葛巴剌卜前往中国“朝贡”。事实上，这次以“朝贡”为名的访华，就是对郑和访问苏禄的回访。

来中国“朝贡”并不是一件轻松的事，虽然苏禄群岛与中国福建的直线距离只有几千海里，但为了搭上太平洋夏季东南季风，方便行船，苏禄王的帆船必须先一路向西，途经浡泥（今文莱）、满剌加（今马六甲），再贴着真腊（今柬埔寨）和占城（今越南中部和南部地区）的海岸线向北，抵达广州，而后贴着中国东南沿海的海岸线，抵达泉州。

这条被称为“南洋航线”的路线，全程1万多海里，海上波涛汹涌，时有台风威胁。然而，苏禄东王毫不犹豫，还是决定克服困难，来华“朝贡”。

明永乐十五年（1417），苏禄三王率领了一支340余人的庞大使团，携带珍珠、宝石、玳瑁等礼物起航出发了。历经三个多月的航程，他们终于在这年七月抵达泉州，而后稍作休整，又一路向北，从吴淞口进入长江，取道京杭大运河，于八月抵达北京。当时的北京还不是首都，但作为永乐皇帝曾经的燕王府所在地，这里已经是他长期居住和北伐蒙古的根据地。

这是永乐皇帝接待过的阵容最壮观的外国使团，也是世界史上比较重要的外交活动之一。苏禄东王递交了相当于国书的“金镂表文”，极大满足了永乐皇帝“万邦来朝”的虚荣心，让他龙颜大悦。苏禄使团获得了空前的国宾礼遇，永乐皇帝和太子朱高炽不仅分别举行宴请，还赏赐了“印诰、袭衣、冠带及鞍马、仪仗器物”。

接下来，永乐皇帝破例允许苏禄使团在华逗留27天，了解中国民间的风土人情，也借此对外展示了明朝初年的大国气象。

天下没有不散的宴席，苏禄王即将结束访华行程，踏上归途。可同样是秋天，北京远比苏禄国冷得多，这让苏禄东王很不适应，偶感风寒，一病不起。船队行至德州，下榻安德水驿，苏禄东王已是气息奄奄。尽管永乐皇帝派京官慰问、御医救治、地方官协助，还是无力回天。

安德水驿，成了苏禄东王在中国的最后一站，也成了送别苏禄东王的伤心地。

永乐皇帝闻讯，“不胜痛悼”，这样的情绪在他的人生中极其罕见。他专门撰写祭文，盛赞苏禄东王为两国友好关系做出的杰出贡献，“昭播后世,与天地相为悠久”。还下令按照藩王礼制，为东王在德州城北建墓立碑，赐东王“恭定”的谥号。

苏禄东王墓并不孤独寂寞。此后600多年，虽然历经朝代更迭，但中国政府对苏禄东王墓的祭祀从未中断。永乐皇帝宣布，按照中国传统习俗，除了东王长子回国继承王位，王妃葛木宁、次子安都鲁、三子温哈喇等十余人留在德州守墓。

守墓三年后，他们并没有返回苏禄，而是适应了中国风俗，以耕读为业，跟德州的回族百姓通婚，死后也葬在了苏禄东王墓园里。他们的后裔继续坚持祭祀，以苏禄国的风俗诵经纪念。

清代雍正年间，清廷允许苏禄东王后裔正式“以温、安为姓入籍德州”，成为清朝的编户齐民，并逐步形成了名曰“北营村”的自然村，繁衍生息，香火不绝。清代德州籍诗人田雳访谒苏禄东王墓时，曾赋诗记录下北营村的景象：“白帽相迎余裔在，松门北是九江营。”

德州苏禄东王墓

几百年风雨交错，几百年时光荏苒，苏禄东王墓依旧保存完好，苏禄东王的后裔群体不断扩大，不仅成为中华民族的一分子，而且足迹遍布神州大地。他们不仅在德州建了清真寺，还考科举金榜题名，有的还成了朝廷命官、爱国将领。在菲律宾，这个家族仍有非同一般的影响力，其王室地位也一直被菲律宾官方承认。这些也成了中国和菲律宾两国世代友好的象征。

苏禄东王去世两个世纪后，著名思想家顾炎武造访德州，曾在苏禄东王墓前咏叹道：

丰碑遥见炳奎题，尚忆先朝宠日殚。
世有国人供洒扫，每勤词客驻轮蹄。
九河冰壮龙狐出，十二城荒白鹤栖。
下马一为郯子问，中原云鸟正凄迷。

如今，在德州城区北部的北营村，苏禄东王墓依旧保存完好，成为中国境内仅有的两座外国国君陵墓之一（另一座是南京的浡泥国王墓），也是中国境内唯一有外国王室后裔守陵村落的异邦王陵。

1988年1月13日，苏禄东王墓被国务院公布为第三批全国重点文物保护单位。

历史上的安德水驿，依旧静静地见证着这漫长的缘分、悲情和遗憾，就像乾隆为富察氏撰写的怀念诗那样：

其来不告去无辞，两字平安报我知。
只有叮咛思圣母，更教顾复惜诸儿。
醒防泪雨犹沾枕，静觉悲风乍拂帷。
似昔慧贤曾入梦，尚余慰者到今谁。

小贴士　真假胡公子

嘉靖三十七年（1558），浙江淳安。

这天，一队人马进入当地驿站，驿官按照规定标准接待。结果，领头的年轻人可能是平时吃惯了山珍海味，没想到规定标准的饭菜竟是如此差劲，顿时大怒，认为驿站怠慢了他。于是，他让手下人把这位驿官五花大绑，吊在树上，一顿抽打。

这事传到了海瑞的耳朵里。向来眼里不揉沙子的海大人义愤填膺，立即赶到驿站，下令打人者住手，给驿官松绑。年轻人见状，带人一下子就围住了海瑞，摇着扇子，挥着马鞭，趾高气扬地对海瑞说："你知道大爷我是谁吗？"

海瑞义正词严地讲："我不管你是谁，都不准在我管辖的地面上撒野！"

这时，年轻人身边的家丁冲上前来，厉声叫道："狗官，瞎了你的眼吧！这是总督胡大人的公子！"

惹了上司的儿子，这不是闹着玩的，相信海瑞听罢也心里一怔。不过，他毕竟在官场摸爬滚打多年，临场反应神速，哈哈一笑道："我听说胡大人巡视地方，要求各个州县的接待工作不许铺张。今天看你胡作非为，气焰嚣张，显然不是胡大人的公子，肯定是假冒的！”

话音未落，他一挥手，衙役冲上前来。年轻人还没回过神来就被绑了，投入大牢，准备法办。年轻人哪见过这阵势，吓得傲气全无，脸色大变，跪倒求饶。最后，他将沿途勒索的金银上交官库才被放了出来。

其实，这年轻人确实是胡宗宪胡总督的公子。正因如此，海瑞马上修书一封，递送给胡宗宪，一本正经地禀告说：“有人自称是胡家公子，沿途仗势欺人。我认为胡总督为官清正，肯定没有这样的儿子，因而断定此人是假冒的。为了避免其败坏总督的好名声，我把他沿途收受的金银全部罚没，并把他赶出了淳安县。”

胡宗宪听说此事，又看了海瑞的书信，哭笑不得。他如果报复海瑞，就等于承认为非作歹的就是自己儿子，那样的话会让他颜面扫地，不利于仕途发展；如果按兵不动，那就是默认了海瑞所说的一切，儿子吃了个哑巴亏，自己还没处说理。他毕竟是抗倭名将，懂得孰轻孰重，最后选择了按兵不动，吃点暗亏，息事宁人了事。

海瑞崇尚“己不正，难以正人”，凡事要求别人，首先自己要身体力行，起表率作用。或许是朝廷太需要这样的榜样了，他的官越做越大。可是，他无论出差调任，都不乘坐驿站提供的车马，而是自费租赁车马船只，随行人员也自备饭菜，绝不骚扰地方。即便是万历年间，年逾古稀的他到南京任职，依旧乘坐自己租赁的船只，绝不麻烦驿站。海瑞能做到这样，胡宗宪当然也就没什么好指摘的了。

鸡鸣驿

——风沙黄昏的历史瞬间

夕阳西下，沙土堆砌而又饱含风霜侵蚀的城门楼子上，一对直面矗立的恩怨情侣，共同构成了周星驰电影《大话西游》中的经典场景。至尊宝和紫霞仙子的深情热吻，让多少人为之潸然泪下。不过，令人印象深刻的，除了这出感情戏，还有这个城门楼子，它有点儿破旧，但又充满情怀和沧桑感。

据说这个城门楼子，就在距北京西北140公里的鸡鸣驿。

这里是千年驿城，但更像是实景影视城，《大决战》《血战台儿庄》等老电影也在这里取过景。如今，它早已演变成河北省张家口市怀来县新保安镇的一个小村庄。保存完好的城墙和修葺一新的城门楼子，让人依稀还能看到它作为驿站的影子。不过，《大话西游》等电影中黄沙漫天的感觉已经踪迹全无了。

城不大，城墙周长也就2公里。不过，城墙里蕴含的历史瞬间丰富多彩。作为全国重点文物保护单位，这里的故事很细碎，但又很值得回味。

一、岁月留痕

南宋嘉定十二年（1219），成吉思汗的蒙古铁骑在席卷华北的同时，进行了第一次西征，兵锋直逼中亚地区。为了确保行军、通信和后勤供应，成吉思汗开辟了通往西域的驿路，沿途修建了许多站赤（驿站）。鸡鸣驿就是其中之一。

鸡鸣驿的得名，主要是因为它位于鸡鸣山南麓，大概是这里的公鸡打鸣比较勤快吧。鸡鸣驿南墙外的官道，就是当年驿卒的传令干道。

当然，在鸡鸣驿建立之前，这里的历史也并非一片空白。辽代萧太后曾修建上、中、下三座皇家花园，其中，下花园旧址就在鸡鸣山北麓。可以说，鸡鸣驿这个地方，看起来不起眼，但历代帝王都还很重视。

鸡鸣驿真正从驿站演变成驿城是明朝的事。永乐十八年（1420），永乐帝从巩固北部边防、拱卫新首都北京的角度考虑，下令扩建鸡鸣驿，将其定位为塞外进京第一站。此后明清皇帝巡幸大同、宣府，鸡鸣驿都是必经之地。每到夜晚，城门楼子上岗哨林立，灯火通明。

成化八年（1472），鸡鸣驿修建了土垣。隆庆四年（1570），由于土垣年久坍塌，城墙改用青砖包裹，外砖内土，历经数百年而不垮。鸡鸣驿见证了每日身着邮服，腰挂“火印木牌”的驿卒，乘骑传信，昼夜不停。

此时此刻，鸡鸣驿已经成为北方重要的交通枢纽。它北通库伦（今蒙古国首都乌兰巴托），连接草原丝绸之路；东出居庸关，直达京城；西走大同，直抵新疆，打通传统的陆地丝绸之路；南通紫荆关，连接口内、口外。地理位置得天独厚。

鸡鸣驿城楼

如今，鸡鸣驿的驿城占地约22万平方米，接近正方形的布局。11米高的城墙上，四周各有一个角台。驿城并非四面都有城门，而是只在东西各开一门，建有两层城楼。

走进驿城，5条道路纵横交错，把城区分成了12个功能区。其中，公馆院是当时负有军国大事的重要官员过往下榻的地方；位于西北区的马号则是养马的地方，里面有水井；位于中心区的驿署，位于东北区的驿仓，则分别是这座驿城的指挥中枢和后勤基地。城内还有商铺、民居和庙宇，俨然自成一体。

值得一提的是驿城里的庙宇，它们为长期戍守驿城的驿卒们带来了些许心灵慰藉。马神庙供奉马神，是为祈求驿站的人和马匹平安而建；泰山庙里的明代壁画，色彩鲜明，画面完整。

作为驿站，军事和通信用途是放在首位的，那为什么鸡鸣驿里还会有大量民居设施呢？

二、兵民一体

康熙三十五年（1696），康熙帝远征噶尔丹，曾途经鸡鸣驿。康熙年间，朝廷在鸡鸣驿设置了驿丞，主管驿站事务，还规定该驿额定驿兵158名，驿马82匹，年支马料44石，月耗米493.2石，年支军饷3287两白银。但由于西征战事需要，鸡鸣驿集中了443匹驿马和200多名驿卒。这是鸡鸣驿拥有马匹和人员数量最多的时期。

长年待在塞外，驿卒难免思乡，人吃马喂，消耗量大，物资供给总有断顿的时候。于是，鸡鸣驿的驿卒自力更生，在此安家、种地、做买卖，愣是把军旅生涯过成了男耕女织的日子。

明朝末年，崇祯皇帝为了缓解财政困难，对全国驿站进行了大规模裁撤。李自成原本是银川驿的驿卒，但就在这场裁撤中没了饭碗，走投无路，只好起义。换句话说，崇祯帝此举本想为明朝续命，却不幸给自己掘了墓。

清朝的决策者跟李自成交过手，经历了李自成推翻明朝的历史巨变。因而，在他们眼中，驿站、驿马和驿卒的状态如何，是关系到王朝兴亡的重大政治问题。一旦处理不好，就会重蹈覆辙。因而，清代前期决策层很重视驿站的管理。

鸡鸣驿这样兵民一体的做法，相当于把驿卒的身家和驿站的命运捆绑在了一起，有利于驿卒排除后顾之忧，安心当差，有利于驿站自给自足，减轻朝廷财政负担，因而得到了清朝决策层的默许。乾隆三年（1738），朝廷又斥资把鸡鸣驿的城墙进行了一番整修。于是，鸡鸣驿越来越像一个有城墙的小村子了。

一个多世纪后的1900年，这里迎来了一群狼狈不堪的逃难贵族，让鸡鸣驿的知名度又高了不少。这又是怎么回事呢？

三、慈禧落难

光绪二十六年（1900），八国联军攻陷北京，中华民族的命运跌落到近代以来的最低点。慈禧太后带着光绪皇帝、隆裕皇后、瑾妃、大太监李莲英、大阿哥溥儁等人，化装成老百姓模样，乘坐3辆马车，仓皇逃离紫禁城，开始了一年多的逃亡生涯。

到底往哪儿逃呢？

四十年前，慈禧曾逃离过一次北京。那时英法联军进攻北京，咸丰皇帝打着“北狩”的名义，逃到了承德避暑山庄。此时，避暑山庄早已破败，且离俄国人占领的中国东北不远。因此，这地方不能去。

北京南边的直隶省中南部和山东省，义和团早就闹得天翻地覆，社会动荡，且地形上一马平川，八国联军一路追过来并不难。因此，这些地方也不能去。

于是，山西太原乃至陕西西安，凭借地势险要、远离战祸的“优势”，就成了慈禧一行逃难可选的唯一目的地了。

要想抵达山西，必须先“走西口”，进入北京西北的山区，再折向西南，过雁门关。这样一来，鸡鸣驿就是慈禧一行的必经之地。

慈禧满心希望，沿途之上能有地方官照应，让她这第二趟逃难之旅不至于太受罪。可是，当平时难得一见的“老佛爷”主动送上门来的时候，沿途的地方官竟然都忙着逃命，根本顾不上接待了。一路之上，映入慈禧眼帘的，净是些溃兵和难民，没人来主动献殷勤。

慈禧和光绪等人只能凑合着睡土炕，吃干粮，渴了如果没水喝，就去玉米地里掰青玉米秆嚼着。这样的苦日子，他们从未经历过，相当狼狈。直到来到怀来县鸡鸣驿，情况才有改观。

听说皇上和太后驾临怀来，知县吴永赶紧出城迎接。或许这是他这辈子第一次，也是唯一一次目睹“天颜”了。可是，当太后和皇帝钻出马车的那一刹那，简直让吴永不敢相信自己的眼睛。难道眼前村妇和读书郎模样的人，就是“尊贵”的太后和皇上吗？

吴知县来不及多想，赶紧献上菜肴、饮品和换洗衣服。虽然品相和档次比宫里差太远，但还是比前些天忍饥挨饿的处境强太多了。慈禧太后这颗悬着的心，这才稍稍放下了。

吃饱喝足，吴知县把太后一行安排到了鸡鸣驿的贺家大院住下。为什么要住在这里呢？

——政治地位高，地理位置好。清康熙三十五年（1696）以前，贺家大院作为指挥署大院，是这里的最高军事长官驻地，地理位置居于驿城中心，负责鸡鸣驿及其周边的军事指挥。后来，这里被当地有名的财主贺家兄弟买了下来。慈禧到来的时候，贺家大院的房主是财主贺二少。

——建筑规格高，居住条件好。贺家大院是砖木结构的五进连环院，院子大，房屋多，雕梁画栋，看起来也比驿城里的其他房子更结实、更讲究、更干净一些。

于是，慈禧太后也没法再“穷讲究”了，便跟光绪皇帝住在第二进院内。慈禧住在正庭北屋东间，光绪皇帝住在东厢房，随从文武官员和妃子各有住处。要知道，跟随慈禧逃难的宫眷，连同护驾的官兵，得有几千人。很难想象，小小的鸡鸣驿能装得下这么多人！

在贺家大院的炕上，慈禧松了一口气，终于能睡个囫囵觉了。白天的疲劳感让她觉得这里比宫里的龙床更好，感觉更舒坦。对于鸡鸣驿来说，这一宿留下了深刻的历史印记。

如今，贺家大院的五进连环院已经变成了各自独立的院落，失去了往日的

慈禧太后及其住过的鸡鸣驿贺家大院

豪门风采。只不过，慈禧太后离开后，在很长一段时间里，她住过的房间没人敢住了。只有二进院的山墙上还留有刻砖“鸿禧接福”四个楷书大字，据说是慈禧所赐，似乎还在含蓄地诉说着太后驾临的难忘一夜。

四、神奇的鸡鸣山

就在慈禧太后还在贺家大院酣睡之际，突然，一阵嘹亮的公鸡打鸣声把她吵醒了。紧接着，驿站里所有的公鸡跟着开始此起彼伏地打起鸣来。

这大概是个规律，只要有一只鸡打鸣，无论是到点了还是没到点，所有的鸡都会被带动起来，跟着叫唤。这时候天还没亮，但慈禧觉得既然鸡都叫了，自己也睡不着了，干脆起身赶路吧。随后，光绪皇帝也从睡梦中被弄醒，大家迷迷瞪瞪地就上路了。

一行人刚离开鸡鸣驿不久，只听后面响起了凌乱的枪炮声。慈禧吓得面如灰土，赶紧下令快马加鞭向西逃跑。一口气跑了几十里，直到缓过劲儿来，再也听不到远处的枪声时，她才停下来歇一歇。可就在这时，大家又听到了公鸡打鸣的声音。

所有人都懵了：在鸡鸣驿起身的时候就听见公鸡打鸣，跑了几十里了，天也大亮了，怎么还能听见公鸡打鸣啊！慈禧也是满腹狐疑，但又找不到答案，只好带着疑问继续向西。

一年后，《辛丑条约》在北京签署。列强承诺不将慈禧太后列入“祸首”名单而加以“惩办”。慈禧大喜过望，抛出了那句“量中华之物力，结与国之欢心”的耻辱性言论。几个月后，当列强的军队撤出北京后，慈禧太后终于壮起胆来，从西安起驾回銮了。

回到了北京，一切都安顿下来后，当年逃难的见闻时不时地浮现在慈禧的眼前。她最纳闷地，还是鸡鸣驿的那段奇怪的经历，总觉得那天鸡叫得比较蹊跷，于是就派随从去鸡鸣驿调查“鸡鸣之谜”。

随从抵达鸡鸣驿，说明来意后，驿站的工作人员就讲：这大概是鸡鸣山上的“神鸡”救了太后。“神鸡”可能知道太后有难，就反复鸣叫，催着太后快走。它这一叫唤，其他公鸡跟着也叫唤起来。太后误以为到点了，该起床出发了，就这样竟然躲过了八国联军的追兵。

回到京城，随从就把这件事一五一十地奏报给了慈禧。慈禧太后听罢，心情大好。在她看来，“神鸡”的横空出世，意味着清王朝气数未尽。有神灵护佑，慈禧倍感心情舒畅，踏实多了。她觉得这一切应该归功于鸡鸣山，决定派出重臣前去朝拜。

光绪二十九年（1903），受慈禧太后委托，庆亲王奕劻率领百余名皇家人员，浩浩荡荡来到鸡鸣山，举行了隆重的朝拜仪式。他宣布，慈禧太后将鸡鸣山封为“神山”。

有慈禧太后和庆亲王这样造势，鸡鸣山瞬间声名鹊起，成了那个时代的“网红圣地”。许多达官贵人慕名前来“打卡”，上香朝拜，捐金捐银，为的就是求得“神鸡”保佑。每个月的初一和十五是上香的日子，北京的满族贵族和蒙古族贵族，不远数百里来到鸡鸣山朝拜，场面很大。直到慈禧死后，这样的热闹场面才渐渐冷却下来。

五、“神山”的来历

唐天宝十一载（752），幽州以北的塞外草原。

诗人李白漫游至此，仰望苍穹，感慨人生。忽见雪花从天而降，边城瞬间银装素裹。他诗兴大发，即兴赋诗云：

烛龙栖寒门，光曜犹旦开。日月照之何不及此，唯有北风号怒天上来。燕山雪花大如席，片片吹落轩辕台。幽州思妇十二月，停歌罢笑双蛾摧。倚门望行人，念君长城苦寒良可哀。别时提剑救边去，遗此虎纹金鞞靫。中有一双白羽箭，蜘蛛结网生尘埃。箭空在，人今战死不复回。不忍见此物，焚之已成灰。黄河捧土尚可塞，北风雨雪恨难裁。

这首《北风行》中提到了一个地方，即“轩辕台”。它究竟在哪里呢？根据《新编唐诗三百首译释》的说法，轩辕台在今河北省怀来县的乔山上。

“乔山”在哪里？《史记·五帝本纪》记载：“黄帝崩，葬桥山。”考虑到“乔山”与“桥山”谐音，而且黄帝号轩辕氏，跟“轩辕台”有点沾边，因此，“乔山”很可能就是“桥山”。

从地理位置上看，李白沿着驿路向北行进，只要途经桥山，极有可能也曾看到过鸡鸣山。只不过，他并没有机会领略鸡鸣山的“神奇”。

鸡鸣山之“神”，既有巧合，也有讲究。

传说很久以前，这里有个黑风口，住着一个黑风妖怪。只要它一作法，就会飞沙走石，周边老百姓深受其苦。玉皇大帝听说后，便从南方调来了这座鸡鸣山，堵住黑风口，活捉了黑风妖怪。从此，百姓恢复了平静的生活。大家觉得这座山是一夜之间飞过来拯救黎民苍生的，就给它起了个名字，叫“飞来峰”。

春秋末年，晋国的执政大夫赵简子去世，儿子赵襄子接班。赵襄子为了扩张势力，就把在代国当国君的姐夫请到夏屋山会盟，在会盟之后的宴会上设下埋伏，把姐夫给杀了。姐夫的随从也死伤累累，只有少数亲兵逃回去报信。

就在这场事变发生前，赵襄子曾派人去代国接姐姐回来，给老爹赵简子奔丧。可是，由于晋国和代国之间横亘着夏屋山和句注山，山势陡峭，绵延千里，交通很不方便，姐姐一行根本爬不了山，只能绕道而行，前往晋国。

当他们抵达飞来峰脚下的时候，姐姐恰遇逃回来的亲兵，获悉弟弟赵襄子为了夺占代国的地盘，不惜杀掉姐夫，震惊之余，哭天抢地。即便是弟弟赵襄子带兵追来，姐姐的哭声也没停。她边哭边指着赵襄子大发雷霆："以弟慢夫，非仁也；以夫怨弟，非义也。"说完这番话，她随即拔掉了头上的金笄，在山石上磨了几下，自杀身亡。

对这位姐姐忠肝义胆的精神，许多当地百姓都自发点赞，为其修祠堂、供塑像，甚至干脆把"飞来峰"改名为"磨笄山"，还给这座山起了个小名，叫"奶奶山"。

后来，人们在这位姐姐的墓地和祠堂附近，常常看到有雉鸡鸣叫飞舞，索性又把"磨笄山"改名为"鸡鸣山"。于是，鸡鸣驿的名字就有了出处。

其实，关于鸡鸣山名字的来历，还有不同的说法。《怀来县志》记载，唐贞观年间，李世民亲率大军远征东突厥，驻跸磨笄山，夜间听闻山上有鸡鸣声，故将此山称为"鸡鸣山"。

由于鸡鸣山的神奇传说，许多皇帝都慕名而来。北魏文成帝、唐太宗、辽圣宗、元顺帝、明英宗、清圣祖（康熙）都曾登临。

名人效应也带动了鸡鸣山上的香火繁盛，甚至出现了佛寺、道观并存的奇观。北魏时期兴建的碧霞元君殿，是山中最老的道观。半山腰上的永宁寺，则是山里最大的寺院。

说起永宁寺，不得不提及它的建设者萧太后和辽圣宗。

萧太后曾执掌辽国朝政多年，"明达治道，闻善必从"。在她和辽圣宗的共同努力下，宋辽双方达成了澶渊之盟，从而巩固了辽国在长城南北的统治，辽国还通过岁币获得了稳定的经济收益。

鸡鸣山的风光是萧太后的最爱之一。萧太后把这里打造成皇家花园，种植珍贵花木，召集大臣议事。鸡鸣山俨然成了辽国的决策中心，也见证了在萧太后和辽圣宗擘画下辽国走上强盛之路的历史场景。

在鸡鸣山下，萧太后曾以打猎为名，组织军事演习，鼓舞军队士气。有诗人感慨良多，赋诗一首："阏支此地曾歌舞，别起妆楼对暮山。马首垂杨青一带，锦裆红袜射雕还。"其中的"阏氏"，原指匈奴的王后，这里借指萧太后；"暮山"，其实就是鸡鸣山。

有了"神山"的庇佑，鸡鸣驿就显得更传奇、更独特。可是，鸡鸣驿还是没能逃脱走向衰落的命运。这又是为什么呢？

六、走向末路

步入现存的鸡鸣驿，会觉得满眼黄土色，除了老旧的城楼似乎还在诉说着往日的荣光，驿城里的其他院落跟别的村子已没什么区别。可以说，鸡鸣驿已经泯然众人了，再也不复"千里驿路传烽火，万里山川走家书"的兴盛了。

这幅衰败的末路景象，究竟是谁造成的呢？

——驿城村庄化与生态破坏。

两宋时期，华北地区战乱频仍，生态环境遭到严重破坏。不过，当13世纪初蒙古人进攻金中都（今北京）的时候，蒙古骑兵从居庸关突入关内，在山林里走了一整宿，这说明居庸关附近的部分山林还算保存完好。

清兵入关以后，特别是康乾盛世的一百多年里，中国人口出现较快增长。乾隆六年（1741）的官方数据是1.41亿，到乾隆五十五年（1790）达到2.92亿。这个人口规模已经超越了历史上任何时期，奠定了今天中国的人口基数。

清前期之所以发生人口爆炸的现象，除了社会稳定、经济发展、开垦耕地和轻徭薄赋等因素，还有一个不可忽视的原因，那就是美洲耐旱高产作物的引入和大面积种植。比如在鸡鸣驿的驿城里，村民们就开始种植玉米、番薯，种植面积逐年增加。

引进高产作物是为了填饱人们的肚皮，然而，当原有耕地基本种满作物，潜力耗尽，但还是无法喂饱新增人口的时候，人们只能选择毁林开荒，既腾出一大片耕地，又获取了大量木头当柴火。明清时期，黄河中下游的森林覆盖率就迅速降到了3%左右。

鸡鸣驿地处“大漠孤烟直”的塞外，风大雨少，土地贫瘠，缺少肥沃耕地，粮食产量有限，“近山可耕者仅五十余顷，以故家鲜盖藏，仓乏储蓄”。驿站本身根本无法自给自足，这就注定了它要想把全村男女老少都养活的话，必须克服耕地少、平原少、农耕条件差的现实困难，想办法开源节流，推动实现“应通尽通”。

想什么办法呢？要想养活更多的人，也只能走上毁林开荒之路。长此以往，鸡鸣驿周边的生态环境便不再如花园般楚楚动人了，而是变得越来越索然无味。至于驿城里，连零星空地也成了农田，鸡鸣驿俨然变成了种植园。肚子大概是填饱了，但驿站里满是春耕秋收的繁忙景象，满是粪肥的味道和鸡鸭的叫声，这就有点“不务正业”的感觉了。

当驿站不再像个驿站的时候，当驿站周边的生态环境逐渐被侵蚀乃至破坏的时候，这座驿站就离衰落不远了。

——交通条件没能与时俱进，由畅通转为闭塞。

长城原本是中原农耕民族防范草原游牧民族侵扰的重要手段之一，中原王朝和草原民族在长城内外打了几千年仗。

16世纪末，明王朝与蒙古族土默特部的首领俺答汗和好。以土默特部为代表的一部分草原部落与中原王朝的关系显著改善，茶马互市变成了常态化、机制化的贸易形式，长城的防御作用就显著下降了。

到了清代，清廷致力于巩固“满蒙联盟”，“以蒙古为长城”，草原民族基本不再作为中原王朝的敌人，而是有效融入中华民族的大家庭中，成为助推清朝走向盛世的重要动力。从此，长城内外化干戈为玉帛，边塞战争被越来越频繁的长途贸易和信使往来所取代。这个局面最大的受益者，就是鸡鸣驿。

明清时期，借助山林开发、农技更新和高产作物的引入，鸡鸣驿的种植业有了长足发展。同时，鸡鸣驿处在草原丝绸之路上，成了连接内地与蒙古草原的重要节点。从张家口到库伦的张库大道开通后，往来商队、国际信使都在这条道路上来回穿梭。更重要的是，鸡鸣驿位于北京西北，这样的地理位置，这样的经济基础，其优势显而易见。

然而，鸡鸣驿的交通优势地位没能一直保持下去。清朝末年，交通通信技术有了长足进步。电报的使用、邮局的普及、京张铁路的通车都是在跟鸡鸣驿“抢生意”，论速度、论效率、论安全系数，电报、邮局和火车运输都比驿站强太多了。而鸡鸣驿却没能跳出传统驿站的管理模式，只在旧框框里打转转。长此以往，就会把末路走成死路。

鸡鸣驿的衰落也跟交通闭塞的先天不足有关系。一方面，鸡鸣驿周边群山环抱，与外界沟通不畅。想要构建四通八达的陆地交通网络，在鸡鸣驿周边很难实现。另一方面，清廷在驿站改革中与时俱进的精神动力不足，从而使鸡鸣驿主动丧失了交通通信枢纽的历史地位。

清光绪三十二年（1906），清政府设立邮传部，将驿站事务从地方划归邮传部管理，将驿站业务和邮政业务同等看待，同样管理。宣统元年（1909），京张铁路通车，驿站运输的业务被叫停了。1913年，北洋政府宣布进一步“裁汰驿站，开办邮政”。自此，鸡鸣驿就在这场新一轮改革中完成了历史使命，退出了历史舞台，正如《大话西游》里的一句台词：“清风舞明月，幽梦落花间。”

不过，在斑驳的黄土墙上还留下了一些印记，告诉后来人：这里虽然默默无闻，但仍有不少故事，值得反复回味。

从这个意义上讲，鸡鸣驿走向的不是末路，而是一条凤凰涅槃、浴火重生之路，是一条改天换地、重获新生之路，是一条虽然是黄昏、虽然写满了沧桑，但风景这边独好的美丽之路。

小贴士　传舍与邮程

传舍，从字面上说，传是车子，舍是屋子，合在一起就是提供车子的屋子。不过，这只说明了传舍的外在特点，却没有点透它的核心特征。

《汉书·魏相传》讲了这样一个故事：有个自称朝廷御史的人跑到茂陵传舍，因为传舍丞没有出来迎候，御史大怒，将其绑了起来，厉声痛斥。茂陵县令魏相获悉此事，怀疑有诈，就将御史抓捕，验明身份。原来，他哪是什么御史，只是御史大夫桑弘羊的门客。魏相将其处以弃市之刑。此事震动全县，治安大为好转。

这个故事透露了两个信息：传舍是为官员服务的；按规矩，有上级官员来住，传舍丞必须出来迎接。事实上，传舍就是郡县的官办招待所，为一定级别的官员提供旅途住宿的服务。如朝廷高官到来，哪怕只是个使者，地方行政长官也要到传舍来拜谒。

作为官办招待所，传舍一般不接待平民百姓。但如果有朝廷特许，也能破例。汉昭帝曾把涿郡人韩福召到长安，表彰其德行高尚，后来礼送回籍，皇帝特许“行道舍传舍，县次具酒肉，食从者及马”，即准许这位平民百姓在沿途传舍休息，要求沿途各县款待酒肉，安排好随从饮食和马匹饲料。

如果有通行证，即便是低级官员造访，传舍也得接待。元延二年（前11），亭长王丰奉命到河西走廊买马。由于持有上级开的通行证，上有“酒泉、敦煌、张掖郡中，当舍传舍，从者如律令”的字样，王丰虽然官小，也有资格住这三个郡的传舍。此后，连级别更低的信使，只要有上级出具的通行证，也能在传舍歇脚，比如居延汉简里就有“传舍以邮行”的文字。

再说说邮程。

王温舒是西汉著名酷吏，他在担任河内太守期间，让本郡准备50匹私马，充为驿站用马，往返河内和长安之间。他每每处理案件，奏请朝廷批准的上书，往返不过两三天，时人以为“神速”。河内郡位于今河南焦作，距离长安近千里，两三天一个来回，就意味着这些送信的人基本上要日行六七百里。这样的速度当然很快。

正因为信使的高效快捷，西汉朝廷“列邮置于要害之路，驰命走驿，不绝于时月”。同时，朝廷对养马颇为重视，汉文帝和汉昭帝都曾要求减少宫廷用马，腾出足够马匹交给驿站。

也正因为信使能实现信件快递，秦汉时期才建立了邮程制度，规定重要急件必须限期送达，以收发记录为准。信件能在规定时限内送达，称为“中程”；超过规定时限，称为“邮书失期”或“留迟不中程”，信使是要受惩罚的。有时候，由于信件超期，为免惩罚，主管官员会睁一只眼闭一只眼，信使会设法篡改收发记录，伪造“中程”假象。这样做固然瞒得了一时，但倘若暴露，相关人员罪责更大。

邮程制度使信息速递有了保证。西汉后期，将军赵充国率军在湟中（今属青海）与羌人作战。战前，他向长安发出紧急文书，请示作战部署，等待汉宣帝批准。湟中到长安的距离超过2500里，竟然只用了7天就打了个来回，把请战文书和汉宣帝的批示都送了回来，这相当于日行800里左右。没有邮程制度的约束，谁会玩命跑下来？

《汉旧仪》记载，“奉玺书使者乘驰传。其驿骑也，三骑行，昼夜千里为程”。通过三骑交替驰行的方式，既可完成传达皇帝旨意的任务，又不至于让马和人累死。按照当时的规定，这样的方式每昼夜要行进1000里。因而，赵充国的文书从上报到获批送回只用了7天时间，在当时的交通条件下是完全可能的。

河西驿

——日记里的驿幕生活

清光绪十三年（1887）八月二十六日，顺天府武清县（今天津武清）迎来了新知县——湖北汉阳人杨增。新官上任，他带了8位幕僚来到县衙，分别安排工作。其中，幕僚沈侨如（字惠荫）被派到了河西驿（在今天津武清河西务），负责管理驿务。

河西驿迎来的这位新领导，跟前任有很大不同。这位江苏平江人不太善于搞接待，但笔头很快，善于写材料，最大的爱好就是写日记，走哪写哪。八月二十六日至十二月二十二日，沈侨如当了将近四个月的驿幕，也就写了快四个月的日记。后来，这卷日记手稿被整理出来，命名为《驿事纪略》。

这是一本很有价值的日记，包括两个部分：一是《河西驿日记》，每日一记；二是河西驿文书摘记，比如“河西驿须知册”、“送公文时刻”、“铺递设置”及各种邮符、牌票等。在沈侨如的笔下，尘封已久的河西驿跃然纸上，活灵活现，展示了清代北方驿站的日常生活、内幕信息和微观世界。

一、驿站改革

乾隆二十年（1755），清廷宣布“裁驿丞，归州县”。对于中国驿递体系来说，这是一次重大改革。

改革前，每个驿站都是相对独立的单位，最高领导是驿丞，“掌邮传迎送。凡舟车夫马，廪糗庖馔，视使客品秩为差”，也就是负责喂养驿马，迎送官员，给往来官差提供食宿。

由于驿丞在清代职官体系里“不入流”，人微言轻，在管理工作中出现很多问题。在顺治、康熙、雍正时期，就有官员不断反映，希望裁撤驿丞，为驿站“瘦身”，加强管理，改善经营。可是，改革进展迟缓。

这无非就两个原因：其一，驿丞毕竟是基层的专业干部，一裁了之，既不好安置，也不能在短期内找到熟悉业务的合适替代者；其二，驿站的经营状况好坏，关键要看驿道的繁忙程度。如果这条驿道往来的官员少，自然也很难给驿站带来客源，收入少，刚性运营成本压不下来，驿站仍然经营困难。

乾隆年间，皇帝准备用兵西北，与准噶尔部决战。这一方面需要节约各项开支，支援前线；另一方面也希望提升驿站的管理水平，让军报信息的传递、后勤物资的转运不掉链子。因此，他决心在大战爆发前，对全国驿站体系进行改革。可是，要下这个决心，还需要大臣们给他出出主意。

乾隆十八年（1753），两江总督鄂容安写了一份奏折，主张大规模裁撤驿丞，驿站改由州县直接管理。他拿调动驿站钱粮这件事来论证自己的观点：尽管每个驿站都有购买草料的专款，经费不少，但在资金使用方面管得太死。一年当中，草料价格有贵有贱，价格低的时候，驿丞无权多买草料储备；价格高的时候，如果草料储备不足，驿丞想紧急购买，又缺乏多余资金。无奈之下，驿丞只能到处赊借腾挪，财务账目乱七八糟。草料不够，驿马就吃不饱，关键时刻也会掉链子。

如果让州县官来管理境内驿站，情况就会大不相同。州县官掌握的钱粮较多，有一定的自主支配权，可以灵活调用。即便草料价格暴涨，他也能从别处临时调拨，确保驿站草料充足。

鄂容安的奏折说到了乾隆帝的心坎上。乾隆帝随即表态：“驿丞乃应裁之赘员，何得不事其事而食其食？”

皇上都开口了，各省总督肯定要群起响应，赞成裁撤驿丞的大臣占了多数。直隶总督方观承就表态：“直隶驿站有离城不远，州县尚能兼管，无需专设驿丞者，似宜酌量归并，以专责成。”陕西巡抚陈宏谋也认为：“盖以驿丞官微力薄，经管夫马工料及一切往来差务，究不如州县之易于料理也。”

真正刺激乾隆帝加快驿站改革进程的，是安徽巡抚卫哲治。不知道他是领悟能力太差，还是大脑异想天开，就在朝野上下裁撤驿丞呼声强烈，连皇帝都准备下决心的当口，他居然“完美逆行”，奏请给驿丞发养廉银：“驿丞系分草料之余润，养赡家口，若钱粮改归州县经理，驿丞无余润可沾，应行添给养廉。”

在卫哲治看来，驿丞从草料里克扣银两是司空见惯的事，要是把驿站事务划归州县，驿丞就没处克扣了，靠他那点工资怎么养家糊口啊！应该给驿丞发养廉银。

要知道，养廉银是雍正朝“火耗归公”改革的成果。它把地方官在正税之外加征的“火耗银”固定下来，运到省里的藩库，再由省里抽取其中一部分，以养廉银的名义发给地方官，作为生活补贴和工作津贴。

这个钱将以前处在灰色地带的“火耗银”合法化了，它比正俸高几十倍（比如知县的正俸为每年45两银子，养廉银可拿到1000~1800两），在很大程度上解决了清朝地方官普遍“低薪”的问题，降低了他们贪腐的客观动能。

可是，驿丞在地方官里“不入流”，他克扣的草料钱，不属于“火耗”，也没上交藩库，凭什么给他发养廉银呢？

乾隆帝先让户部研究讨论。户部一看，肯定不高兴。这卫哲治简直异想天开，哪有钱给驿丞发养廉银啊！于是，户部把卫哲治的奏折驳回了。乾隆帝也憋着一肚子火，觉得卫哲治纯粹是在笼络基层干部，利令智昏，于是把他罢官发配。

接下来，乾隆帝就让户部制定一套将驿站划归州县的办法。户部考虑再三，觉得州县官都很忙，不可能亲自管理驿站，肯定会派身边的长随（幕僚）去管。可是，这些长随毕竟都是州县官的私人雇员，容易欺上瞒下，利用驿站贪污牟利。因此，有必要进行分类改革。

户部的建议是，对于距离州城、县城较远，州县官无法亲自管理的驿站，交给佐杂官照看管理，但买办马料、迎送官员等事仍归州县官管理。如果是靠近州城、县城的驿站，州县官必须亲自去管。

这个建议得到了乾隆帝的肯定。于是，建议变成了改革方案。乾隆帝要求各省督抚核查境内驿站，确定裁撤驿丞的人数。乾隆二十年（1755），第一批裁撤名单出炉，全国共裁122名驿丞。这就意味着，有122个驿站划归所在州县管理。

改革后，全国驿站分成三类：绝大多数划归州县管理，少数交给佐杂官驻守照管，个别的保留驿丞，实行专管。

乾隆二十九年（1764）完成的《大清会典》记载，此时全国范围内有驿丞的驿站已经所剩无几："驿丞，未入流，直隶十有三人，山西、陕西各九人，河南、湖北各八人，江西、贵州各二人，浙江四人，湖南十有五人，四川三人。"

有驿丞的驿站越来越少，驿站逐渐失去了独立性。绝大多数驿站成了州县衙门的下属单位。驿丞没了，但每个驿站的工作还得有人去抓、有人去管。事实上，知州、知县不可能天天待在驿站里管具体事，于是，他们就选派幕僚去当驿站的领导，简称"驿幕"。这些驿幕并非国家干部，而是州县官的私人雇员，工资当然由州县官来开了。

裁撤驿丞，将驿站划归州县管理，是乾隆年间驿递体系改革的重要措施之一。与明末崇祯对驿站的改革思路不同，乾隆并未裁撤具体的驿站、遣散底层的驿卒，只是裁撤驿丞，将裁员带来的影响最小化，最大限度实现"省钱"和"保就业"之间的平衡。乾隆把供养驿站的财政压力从中央甩给了地方，相当于给中央财政省了钱。当然，从权责匹配的角度看，这样也有利于驿站就近调配他方资源，增强驿站的生存和自保能力，对于驿站支持西北、西南前线的战事，保障军报传递和物资供应畅通，发挥了积极作用。

河西驿也参与了这项改革。驿丞没了，知县老爷派幕僚去当驿站领导，也就是驿幕。沈侨如就扮演了这个角色。从此，河西驿就成了武清县衙的下属单位，其职能只剩喂马、办差等具体事务了。

二、生活空间

元明清三朝，北京在绝大部分时间里是王朝首都。不过，由于全国经济重心已经移向南方，加上华北平原多次战乱导致经济衰退，使得京畿地区“百司庶府之繁，卫士编民之众，无不仰给于江南”。

于是，京杭大运河成了首都的生命线、王朝的经济命脉。比邻大运河的城镇，无论大小，都跟着沾了光，不仅靠着区位优势，重要性升级，而且靠着漕运刺激了人流量和物流量增长，带动了地方经济发展。

沈侨如工作的河西驿，比邻京杭大运河，也跟着沾了光。元至元二十四年（1287）八月，官方正式设置河西务马站，也就是河西驿的前身。它的具体位置，就在武清县城东北30里。

河西驿是出入京城的水路咽喉。据黄训编《名臣经济录·工部》载，“漕河水程，自通州至仪真水路三千里，凡为驿四十有二。通州路河水马驿至本州和合驿一百里，和合驿至武清县河西驿九十里，河西驿至本县杨村驿九十里，杨村驿至本县阳青驿八十里，阳青驿至静海县奉新驿一百里”。

河西驿的位置，恰好是运河出北京后的第一站。根据《乾隆武清县志》卷首《县境全图》的标注，河西驿位于运河西岸，在京津驿路和武清至天津铺路的途中，其定位为“繁冲棘手”。独特的交通优势，使河西驿所在的河西务镇成为清代武清县境内13个市镇中最繁华的。当然，这里市集上卖的日用商品，大多来自京津两地。

河西驿所在的河西务镇，官方机构和官员还是比较多的。沈侨如在《驿事纪略》里讲，“其镇曰河西务镇，管河同知、主簿、巡检驻焉”。此外，河西务设置了河西务铺、河西务渡、朝阳寺公馆、义学等机构，分别负责递送文件、安排渡船、接待过往官员、教书育人等。可以说，河西务镇麻雀虽小，五脏俱全。这也意味着，沈侨如要想当好驿幕，要打交道的基层官员不少。

别看是个镇，其实明清时期的河西务还建有城墙。《光绪武清县志》卷二

《建置志·城池》载："正德六年，知县陈希文筑土垣。隆庆三年，知县段云鸿、张鹏等相继甃以砖……国朝康熙七年大水，间段冲塌。乾隆三十一年重修。嘉庆六年以后历被水患。道光七年，知县刘体仁捐修西北面，旋圮，知县陈述之修补。咸丰三年，知县胡启文捐修东北城角，并挑croissant城濠，四隅添设小桥。今又淤塞。同治六年，知县谌命年增建城东南隅奎星阁。光绪七年，城中商民捐修西北隅城垣。"河西务城墙历经明清两代几百年，反复修修补补，一直维持到清朝灭亡。

由于河西务靠近运河，水陆交通便利，商业活动发达，因而官府在这里设立了钞关与税口，负责征税。河西务钞关还是明代大运河沿线的七大钞关之一，当然，它在清代依然发挥着重要作用。

顺治十二年（1655），荷兰人约翰·尼霍夫跟随荷兰使团来到中国，在进京途中路过河西务。他把自己目睹的场景记录在一本名叫《荷使初访中国记》的书里，书中讲道：

> 七月十一日，我们来到河西务，此地距天津卫一百八十里，位于运河的左岸。该城方圆步行约半个小时，有一道城墙，郊区沿运河两岸伸展颇远，所有前往北京的船都必须经过此地，在此缴纳通行税，所以这个小城非常出名。

乾隆年间，河西务税口查验货物还是比较严格的，据《钦定户部漕运全书》载，"河西务税口查验时，有逾额多带之货，照漏税例加倍征收，旗丁治罪，运员参处"。也正是由于执法严格，河西务的关税收入颇丰。《光绪顺天府志》记载，河西务税口全年征收商税14633两6钱8分。要知道，光绪年间全国的财政收入不过八九千万两。

有这样的经济实力做后盾，沈侨如的工作单位——河西驿，软硬件设施应该是不错的。

按照《光绪武清县志》记载，河西驿额定驿马40匹，实有33匹，驿夫16

名。可是，据沈侨如《驿事纪略》记载，该驿只有29匹驿马，其中，原有18匹，县里派发给6匹，“兑槽马”，即跟县衙和邻县驿站交换使用的驿马5匹。很显然，清末河西驿的物资登记管理存在漏洞，连驿马的数量都对不上。

对于河西驿的内部陈设，县志里没有记载，《驿事纪略》弥补了这一不足。其中有张《河西驿鞍屉镫壇家俱(具)交代册》，相当于提供了一份驿站日常生活用品的详细清单：

马鞍，八盘。马镫，三付。新旧屉，八块。壇子，三块。包袱，四块。木门，二付。簸箕，三个。席蒌子，三个。苇席，八领。恍绳，四条。筛子，二个。木板，一块。大油布，一块。大油纸，一块。小油纸，二张。玻璃，一块。酒提溜，一把。木锅盖，一个。大小锅，二口。箩罗，三个。大秤，一杆。木床，四张。铡刀，一把。苇帘子，二领。木牌架，十四座。

日用品看起来种类不少，但没什么值钱货。驿幕沈侨如的生活也过得俭朴、简单。在河西驿，他孑然一身，没有把家眷接来。

对于沈侨如来说，每年最盼望的就是春节。毕竟自己全年身处异乡，只有春节才能放下手头工作，回家过年。不过，在离开前，他还是要把公务料理好。《驿事纪略》记载，十二月“十四日攒总账，拟交代清楚进署面叙公事，二十外回津过年”。

沈侨如很敬业，这一方面源于职责使命，起码要对得起知县老爷开的薪水，另一方面源于工作中确实遇到了竞争对手。光绪四年(1878)，武清县开设了骑差邮路，杨村、河西务为中继站。这是由西方引入中国的邮政所的前身。骑差邮路送信的速度更快、效率更高，给河西驿的信件递送工作带来了压力。

光绪二十六年(1900)，武清县开办了杨村、河西务两处邮政办事处，河西驿的竞争对手越来越强。当然，此时沈侨如早已告别了这里。

三、日常工作

驿幕是一驿之长，整个驿站的工作，事无巨细，他都要管。

——公务接待。

对驿幕来说，工作千头万绪，最重要的还是搞接待，特别是迎接上级官员的各种检查和视察。光绪十三年（1887）九月，顺天府派来个领导郝太守，到河西务查看灾情，武清县和河西务各级官员热情接待。《驿事纪略》就记载了这次接待上司的经过：

> 初八日，闻本府郝太守来此查灾，当早伺候，飞函致县中。未刻，接宝坻差信，云本府定于初十日莅武清，又专马县中送信，饬地方郭祥，看公馆朝阳寺。候县中信，再备酒席。大风一日，下午息，甚寒。
>
> 初九日早，接署中账房信，云随即派人来办差，酒席由署中预备。即派长探赴宝坻，俟有的信再致县署。唐庆回杨村。未刻，署中办差家人王玉携厨子来，而朝阳寺照壁吹手停业，于午后催齐。
>
> 初十日早，益之兄由县来驿接差，余捧袂欣幸，久叙各事。其出门拜客回来，吃早饭。姚莲生及捕盗营隋千总先后来见居停。午后，同至朝阳寺公馆，拥候接差。申刻，东路刑钱府郝太守莅此，阖镇文武进见，扰攘半日。晚饭后，仝与居停久谈。子刻，回驿，代致县署账房转饬刑招件等于次早赴大屯伺候相验。

为了迎接郝太守，河西驿在这三天里做了五件事：报信、备饭、迎候、陪同、应询。报信、备饭这两件事要在两天内全部做完，第三天就踏踏实实做好东道主。

郝太守的职务是“东路刑钱府同知”。这是个什么官呢？

乾隆八年（1743），顺天府的辖区固定下来，包括通州、蓟州、涿州、霸州、昌平5州和大兴、宛平、良乡、房山、东安、固安、永清、保定、大城、文安、武清、香河、宝坻、宁河、三河、平谷、顺义、密云、怀柔19县，合称“顺天府二十四州县”。

顺天府下辖的州县较多，但正式官员数量稀少，只有一个主官（府尹）和几个副手（同知），大部分工作都要仰仗书吏和幕僚去做。可是，这么多州县，管起来实在是麻烦，总不能都坐在衙门里等着基层报材料吧，深入基层了解情况还是很有必要的。知府要坐镇府衙，不能轻易外出，那就把同知派到基层，处理盐务、征税、治安、水利等事务。

为了方便管理，顺天府把这些州县分成了4个片区，每个片区派1位同知。可是，片区里的公务太多，根本办不完。同知一年到头回不了府衙，索性就在片区里常驻。久而久之，这些片区就演化成了府之下、州县之上的行政区。同知就是这级行政区的负责人。

在清朝，皇帝召见大臣处理政务称为“听政”，比如“御门听政”“垂帘听政”；地方官处理日常事务称为“听事”，简称“听”。同知长期待在片区“听事”，他们在片区的办公室也就演变成了“厅”，成为知府派出的独立机构，进而演化为这级行政区的名称。

顺天府的辖区划分为4个厅：西路厅的同知驻卢沟桥拱极城，分管涿州、大兴、宛平、良乡、房山；东路厅驻张家湾，分管通州、蓟州、三河、武清、宝坻、宁河、香河；南路厅驻黄村，分管霸州、保定、文安、大城、固安、永清、东安；北路厅驻沙河镇巩华城，分管昌平州、顺义、怀柔、密云、平谷。

至于这4个厅下辖的24个州县里，大兴和宛平以中轴线为界，将北京城一分为二，城东部及郊区属大兴，城西部及郊区属宛平。它们归顺天府尹直接领导；其他22个州县由直隶总督和顺天府尹双重领导，大事会商。

现在搞清楚了，顺天府东路刑钱府同知，就是管辖通州、蓟州、三河、武清、宝坻、宁河、香河等7个州县治安、司法、征税等事务的官员。武清县和河西驿直接归他领导。如今，顶头上司下来视察，知县老爷和驿幕肯定不敢怠慢。

接待上司最大的开销就是吃、住、行，《驿事纪略》详细记录了这次接待的花费情况：

府差（九月初十日）：

府宪，上全席；门印，八八一桌；书工，八八一桌；顶马，八八一桌；小号，四四一桌；轿夫，水席一桌；差役，六六一桌。跟班银封，二两；前站，一两；顶马，一两；书工，一两；执帖，一两；随封，二千；号房，五千；轿夫头，五千；号头，五千；车价，八千；三班人役、轿夫、小号、灯笼夫、书跟，共十四名，每名饭食九百。

羊烛二斤，一千六百；茶叶二十包，三百六十；水烟，二百四十；烧酒一斤，四百五十；绍酒二斤，一千；水，二百四十；洋火柴，七十；二□酒，二百四十；短轿夫十二名，七千二百；各役赏，三千六百一十；吹手，四百五十；盘夫三名，七百二十；水火壶，四百八十；茶炉玉米秸，九百八十；更夫，四百八十；水火壶夫一名，四百八十；表心低，一百五十；红头绳，一百二十；羊烛二斤，一千六百；本署三班，三千；捕盗营，二千四百；赏朝阳寺茶夫，四千；办差饭补，二千四百；厨房，一千二百；赏□手，二千。

根据上述记载，这次接待郝太守一事，河西驿支出白银6两，制钱73070文。乾隆年间，1两白银可以兑换不超过1000文制钱。因此，河西驿的总开支不低于79两银子。这相当于《儒林外史》里范进的岳父胡屠户卖两年肉的辛苦钱，或乾隆年间一个长工30年的工钱。官府的公务接待开支，从来都是驿站运营的一个巨大负担，由此可见一斑。

——劝架促和。

除了搞接待，驿幕还有个任务，就是劝架促和。驿站的住客由于具有官方身份，经常摆架子，因为吃住不满意而颐指气使，有时候驿夫伺候得不到位，盛饭给少了，房间不暖了，马匹太瘦了，各种瑕疵都会引发冲突。更糟糕的是，州县兼管驿站后，由于州县官一手遮天，权力缺乏监督，滥用驿马和驿舍的事情屡见不鲜，这也会激化矛盾冲突。

沈侨如在河西驿主政近四个月，就目睹了5次驿站人员和过往住客的冲突。

（八月）二十九日，天将明，押饷兵役被船户唆挑，前来将办差家人扭打，拥赴饷船，经解饷委员自加船户钱文方得寝事。

（九月）十七日……申刻，江西银两过境，来领船价，自申至亥扰攘不了。允加纤夫数名，方得了手。子刻，漕运回差又来争讨纤夫，直闹至四鼓方息。办差之难，莫过如斯者。

（十月）十二日，巳刻，山东饷船过境，将船价领去，复来争讨纤夫，致将办差家人扭打，从其所欲，方得了手。适余赴集，未在驿中，回来志此事后亦无可如何，身立其境方知驿站之苦。

（十一月）初二日，未刻，浙江饷银来此换车，与办差家人争加车套，稍以不遂即行撕打。或是家人办理不善，亦不能事出一辙，而家人屡受殴毁。殊不成事体，当即派役持帖请本地武汛前来弹压。去役回称汛官安，不但不派兵前来，尚有不欲色。然如此情形，俟当函致居停。

（十一月）二十二日早，道委业普铿额司马冬差过此换马，不意马夫冲撞其小管家，来驿哭诉。当即送司责处。一面令管号家人前往央求，而司马先怒后平，寝事。

这些冲突都起于鸡毛蒜皮的小事，挨打挨骂的总是驿站的驿夫。他们的窘迫与无奈，跟郝太守视察基层时的大排场相比，简直是天壤之别，对比过于鲜明。沈侨如身为驿幕，既要想办法保护自己的手下人，又不能得罪官差、贵客，只能赔笑脸、说好话，连哄带骗平息事态。这样的工作确实不好干。

——征收集税。

集税是清朝的一种商业税，正所谓“关津有过路之税，镇集有落地之税”。无论是陆路还是水路，商品过关（进关）都要交关税，而在集市摆摊卖东西，也得交营业税，这就是集税。清代河西务的集市繁荣，商业发达，沈侨如人就在河西驿，又是知县的幕僚，自然就近担起了协助收税的职责。《驿事纪略》也记录了他的征税经历：

> （八月）二十九日……是日，本镇集，派宋福前往收税，余亦上集一看。又崔黄口集，系寿泉前往。
>
> （九月）十五日……县中寄来河西务税单并八行马封各件。
>
> （九月）二十二日……晚饭后，专差由县回来，并收兑票四百千文。
>
> （十月）初二日早，漕运折差过境。本镇集市，余巳刻上集收驴马税。
>
> （十月）初六日早，寿泉回县署，赴保领款。巳刻，到集收税。
>
> （十月）初八日，因崔黄税事，又专信致居停。未刻，遣陈玉赴崔黄口收税。
>
> （十月）初九日……午后，派宋福收本镇税。

到了赶集的日子，沈侨如要么亲自，要么派人去集市现场收税。不过，河西务并非只有一处集市。武清县全县一共有13处集市，河西驿负责其中3处。据《驿事纪略》载：“河西务集，逢二四六九。崔黄口集，逢二四七九。小猪税，逢四九。”

抵达集市以后，沈侨如收取的集税都有哪些细目呢？《驿事纪略》没有记载，但绥阳县知县唐椿的《详免场税文》在一定程度上弥补了这个缺憾：

> 若遇场日，货物齐集，巡栏逐一查照，如布一匹，则取银贰叁厘；烟叶十斤，则抽其叁肆两不等；棉线、棉花，每十斤或叁伍厘不等；盐十斤，或抽至肆伍两不等；至猪一只，则有两税，活卖与屠者，上税叁分，屠者杀之，又取叁分。诸如此类，难以悉举。

这段史料，讲述的是贵州绥阳县的情况，集税在当地被称为“场税”。河西驿征税的细目大致也是这个样子，只是税率会略有差异。

——测绘地图。

当个驿幕不容易，不光要有口才，能陪上司能劝架，还要脑子好使，能把收的税算清楚，更要有立体思维，会辨方向会画图。事实上，这些工作是相通的。迎来送往，现场征税，肯定要熟悉驿站周边的地理环境，不然怎么给人领路，怎么快速抵达集市呢？对于驿幕画地图一事，《驿事纪略》有这样的记载：

> （十一月）初四日……午后，带听差夏顺赴河干勘河形，拟绘本镇图，归来已四点钟矣。
>
> （十一月）初九日，天气晴和，午后有暇，绘武清县图，拟带回津去送裱。缘前裱之图被赵差官携去，今再画再裱也。
>
> （十一月）初十日，致署中信一件，绘武清县图。
>
> （十一月）十一日早，绘武清县图，赶太阳光写图上小字。
>
> （十二月）十二日早，雪，未刻晴，午后画图。

驿幕的日常工作很忙，除了公务接待、劝架促和、征收集税、测绘地图这些工作，还要处理往来公文、管理账目、查验牌照、登记住宿、管理仓储物料、修缮驿舍马棚、点验马匹、选用兽医、购买驿马、喂养驿马、处理倒毙马匹、监管驿夫工作等，甚至连修理驿站附近的道路、桥梁、寺庙等也会摊派给驿幕去张罗。可以说，事无巨细，什么都要过问。《驿事纪略》就记载了这样一件事：

> （十一月）十五日……余因喂马夫向不经心，逞此大风，正好往查。去时该喂马夫正在加草之际，稍立即回。仍不放心，至一点钟时，又迎风前往。该喂马夫韩二，见余复来，口称：师爷夜深不睡，特来偷查我等，而万不敢松懈，为现在身无棉裤，寒冷难当。余只得允其代买棉裤一条，俟集上派人去买也，拟次早专信送县中取钱。

狂风大作的天气里，马夫能不能按时给马匹添加草料？黑灯瞎火的夜晚，马夫能不能坚守岗位？沈侨如实在不放心，要反复检查。马夫值夜班，缺条棉裤，冻得哆哆嗦嗦，驿幕连买棉裤这种事都要亲自代劳。

驿站一般位于交通要道的节点，是逃犯和娼妓经常光顾的地方。因此，稽查逃犯、驱逐娼妓也是驿幕必须接管的差事。

驿幕身处基层，每天周而复始地处理繁复的工作，必须具有较高的业务素质和过硬的道德操守。黄六鸿《福惠全书·邮政部》载："一则钱粮出纳，工料用费，无丝毫染指扣克。一则兵书马牌等，不与通同作弊及受贿徇私。一则草料喂养，勤行察勘。一则支销用度，账目分明。一则应差马匹，酌量分拨得宜而劳逸适均。一则看待驿中马夫等，宽严并用，情法兼施，使其群相悦服。一则行止老成，专意办公，而不交接浮浇，赌嫖酗饮。数者具备，而后可与言总理也。"

驿幕身处基层，日子过得还是很苦的。"上面千条线，下面一根针"，千万重担压下来，驿幕不想接也得接，因为甩不出去，别无选择。

只不过，不管干得再好再差，驿幕都不会像驿丞一样，需要每三年去省会、每九年去京城接受考核。因为他们只是知县大人的幕僚，他们的政绩如何，完全看知县大人一句话。

四、社交生活

河西驿是个充满生活气息的地方。

元朝始建这座驿站的时候，忽必烈曾经组织了一次长跑比赛，起点是河西驿，终点是大都的皇城。这样的比赛，就是为了试试看，那些担负急递任务的"贵赤卫"，长跑耐力究竟如何。

明清时期，河西驿地处交通要道和漕运重地，万船云集，尽显繁华。进京朝见的地方官、奉旨办差的京官、科场比拼的学子、逐利市场的商贾，以及五行八作、三教九流，都在这里留下了足迹，自然也增添了许多生活情趣。

途经河西驿的文人墨客也不少。元朝诗人傅若金就曾写过题为《河西务》的五言诗：

驿路通畿甸，敖仓俯漕河。骑瞻西日去，帆听北风过。

燕蓟舟车会，江淮贡赋多。近闻愁米价，素食定如何？

京畿国道，舟车相会，驿骑往返，一派忙碌的生活景象。

不过，这一切似乎跟沈侨如关系不大。作为一名基层的编外小领导，沈侨如在河西驿的社交活动跟工作几乎混在一起，没有属于自己的私人社交圈，生活很简单。

反倒是跟相隔千里的老家联系密切，经常写信。在当时的交通通信条件下，寄一封信在路上耽搁半个月、一个月是常有的事。而他任职河西驿近四个月，跟家里的信件往来达7次，足见思乡心切，家庭在生活中的地位之高，也反映出他在河西驿的业余生活枯燥乏味。《驿事纪略》记载如下：

（九月）十一日……写家信及蔼卿、振之、锡三各信带去。

（九月）二十六日早，接津信一件，布鞋一双，由估衣客带来。

十月初一日……由津带来家信并棉背心、洋灯拈各件收讫。

（十月）初四日……二更，写信致杨淡如兄并家信。

（十月）十三日早，天晴无风。午刻，李顺来接家信并洋铁挂灯一个、洋灯一个……夜写家信，拟次早遣李顺回津。

（十月）十九日早，发马封寄津信一件。

（十一月）十二日……晚写家信并寄银两，拟早遣李顺回津。

因工作关系而形成的社交圈里，跟沈侨如联系最频繁的，当属武清知县杨增以及他带来的其他13位幕僚（一开始共8位幕僚，可能因为工作变动，后变为14位）。

幕僚制度，是明清时期的一种特殊制度。地方主官大多靠科举考试获取做官资格，往往只有四书五经的理论修养，缺乏从事基层工作的具体经验。由于都是“文科生”、外乡人，初来乍到，连账都算不清，连当地风俗都适应不了。要想在地方干出政绩，起码混得下去，地方官就必须自己出钱，聘请书吏（幕僚），协助办理地方具体事务。

清代地方官的幕僚大多来自浙江绍兴，武清知县杨增也不例外。14位幕僚里，有4位来自浙江，占比最多。能够充当幕僚的人，至少要具备三项基本素质：文理粗通，能写会算；跟地方主官私交较好，工作默契；精明强干，办事麻利，不给主官添乱。这些幕僚，职业相同，文化背景近似，社会阅历相仿，彼此之间的交流就顺畅频繁。

沈侨如每天都要跟杨增汇报工作，也要跟这些幕僚交流沟通，甚至还要促膝长谈。时间长了，他们之间就不光是上下级和同僚关系，还增加了一层良师益友的关系。

除了上司和同事，沈侨如每天都要打交道的对象，还有两类人：河西驿的工作人员以及河西务的基层官员。前者是他的下属，后者是兄弟单位的合作伙伴。

由于有着等级差别，沈侨如跟下属之间主要还是工作关系。河西驿的工作人员还是很多的。清代中叶最盛之时，河西驿额定驿夫152名，驿马33匹，年经费3450余两。到了光绪年间，驿站规模逐渐萎缩，只剩驿夫30名，驿马24匹。

沈侨如在抵达河西驿的第二天，也就是光绪十三年（1887）八月二十八日，他主持了一次见面会，驿站全体人员都来拜见，包括1名抄书、2名号头、7名行差马夫、4名喂马夫、1名煮料夫、2名厨夫、1名催差、1名地方、2名骡马经纪、1名伙头、4名车行、2名溜马夫，一共28人。

早期的河西驿还设置了“探事”，负责探查途经上一站，即将经过本站的官差，以便提早准备车马，供官差第一时间使用。

关于河西务的其他基层官员，《驿事纪略》列了个名单，有务关同知、主簿、巡检、务关参将、守备、千总、河营、捕盗营外委、务关税局等，大概十几个人。这些人联系不多，但由于身在同一个镇，彼此比较熟悉。此外，沈侨如还跟盐店、粮店、钱铺的老板和朝阳寺的人保持联系，方便调用资源，满足过往客人需求。

沈侨如用他的坚持与爱好，为后人留下了鲜活翔实的资料，再现了清末驿站的日常生活。《驿事纪略》记录了驿站工作人员的生活状态。

身为驿幕，沈侨如差多事滥，紧张繁忙，连"塞鼠洞，修门窗"这种琐事都要管。驿夫更忙，接待官员，急檄飞递，传送奏章，悯劳恤死。大差、紧差、小差、散差，桩桩件件，接二连三，昼夜不停。

然而，他们的薪水跟付出并不成正比。行差马夫每天工食银5分3厘，抄牌书手每天工食银只有3分，收入微薄，食不果腹，衣不得暖，还经常遭到住客的肆意打骂。

在沈侨如眼里，驿站的驿舍破败、马棚倒塌、驿马羸弱、驿夫穷困，它的衰败就像走下坡路的清王朝一样，无可奈何花落去。

就在沈侨如边当驿幕，边写日记的时候，中国近代邮政已经在河西务跃跃欲试，古老的驿站即将走向历史的尽头。一百多年后的今天，河西驿早已荡然无存，只留下这本《驿事纪略》，有幸收录在《历代日记丛抄》中，让更多人能够还原曾经的津门首驿——河西驿。

小贴士　民信局

自从有"驿站"这个概念以来，送信的业务大抵是由官方垄断的。民间自发经营的信件递送机构，在15世纪以前是不见于史料的。然而，从明朝永乐年间（1403—1424）开始，由于经济的发展，商人们开展货物运输和资金汇兑的需求不断增长，而他们没有资格使用官营的驿站，其私人联络问题只能自行解决，由此，民营通信机构也就应运而生。

永乐年间，四川境内住着一批来自湖北麻城、孝感地区的移民。他们长年在外，思念故乡。然而，道路遥远，路费昂贵，回去一趟并不容易。于是，他们自发成立了同乡会，每年集会一次，推选代表，返乡探亲。大家就把各自的家书交给代表捎带回去，并托他把家乡的特产带回来。久而久之，这种捎信方式就成了固定模式，被称为“麻城约”。就这样，“麻城约”成了中国历史上第一个民营通信组织。它的主营业务就是捎带私人书信和货物。

民信局的大门

比“麻城约”稍晚一点的，是江浙地区的民营通信机构。在明代，地方官场多用绍兴人当幕僚，俗称“绍兴师爷”。他们分散在各地的衙门里，但并非单打独斗，而是互通书信，消息共享，形成帮派。由于需求量大，递送师爷们的私信就由专业人士去做，渐渐地发展成了专业机构。15—16世纪，宁波作为中国东南沿海的重要商埠，商旅聚集，信息交换和货物集散的需求也很大，为他们服务的通信机构也就应运而生。

四川的“麻城约”和江浙的师爷、商人帮，带动了中国民营通信机构的初创，在那个通信官营化的时代打开了一个小小的缺口，不能不说是一种历史性的跨越。更为可贵的是，明朝的官府并没有刻意打压这样的创新。毕竟，它还很弱，不足以冲击官营驿站的垄断地位，甚至成了它的有益补充。

到了清朝，这种机构被统称为“民信局”，主要负责递送民间信件。其分支机构不仅覆盖国内各大商埠，而且以“侨批局”的名义进入东南亚和檀香山等华人聚居地区，实现了“冲出国门，走向亚太”。在近代邮政事业大行其道之前，民信局给老百姓提供了通信便利，其积极意义怎么高估都不过分。

后记

“一驿过一驿，驿骑如星流。”唐朝诗人岑参在远赴安西的途中，见证了驿站数量的繁多和驿夫递送的快速。那么，驿站究竟是什么样子？有着怎样鲜为人知的故事？对中国历史产生了怎样的影响呢？

驿站，是古代官府信使和出差官员在途歇脚的场所，也是大宗物资运输的官办中转站。

不过，历史上的驿站，绝非只有歇脚和中转之用。驿站的演变历程，以及发生在它身上的诸多精彩故事，都蕴含着经典和智慧，不仅改变着驿站自身，也改变着当时人们的生活，甚至改写了一段历史，成为促进国家统一、加强各地联系的纽带。驿站的兴盛衰亡，是中国古代历史发展的缩影。

本书选取了中国不同历史时期具有代表性的 23 座驿站，讲述了和这些驿站有关的历史故事。每篇结尾，附上一则小贴士，讲述与驿站有关的具有时代特色、推动驿站发展变化甚至改变历史发展轨迹的人物和事件，比如早期“民营驿站”、中国最早的报纸、“金科玉律”的来历、岳飞与“十二道金牌”等，帮助读者在阅读故事的同时，也能了解驿站的发展源流和运行状况。

这 23 座驿站，遍布祖国大江南北，涵盖了水驿、马驿、驿亭、置等不同类型。它们串联起来，构成了一张俯视天下的大网，一张行旅览胜的大图。如今，它们有的健在，以文物单位和教育基地的形式继续发挥着余热；有的荡然无存，只剩遗址或地名还能勾起些许历史记忆。

这些和驿站有关的故事，涵盖家国天下，交织悲欢离合，直面千年变局，彰显家风家教，弘扬正能量，揭露假恶丑，欢快与仇怨并存，幽默与冷酷同在。驿站方寸虽小，却折射世间冷暖和爱恨情仇。它就像一把钥匙，打开传统社会之门，在纵览驿站发展沿革的同时，见证历史的瞬间与永恒。

撰写这本书的灵感，来自于快递送货员匆匆而过的背影，高速服务区人声鼎沸的餐厅，还有马路上穿梭的厢式货车，乃至乡村的送货无人机。它们都是驿站在现代社会的新形态，依旧扮演着让世界互联互通的重要角色。今人离不开快递，犹如古人离不开驿站。研究历史，既要还原真相，正本清源，更要以史为鉴，指导当下。这或许正是我们回眸驿站的意义所在。

感谢齐鲁书社的傅光中先生和王亚茹女士。他们的思路点拨和后期加工，是这本书成稿的关键。感谢我的领导和家人，没有他们的支持，就没有这本书按时付梓。感谢奋战在抗击新冠肺炎疫情第一线的医生、护士、警官和社区工作者，以及所有支持防疫事业和努力复工复产的朋友们，没有他们的严防死守和无私奉献，就没有这本书安全、稳定的写作环境。

在撰写这本书的过程中，我的小公主急不可耐地呱呱坠地。看着她一天天长大，全家人都很欣慰。伴随她的啼哭声，这本书也成稿付梓。谨以这本小书，作为对她最好的出生礼物。

唐　博

2020年3月21日于北京